TRIBUTAÇÃO E DIGNIDADE HUMANA

— entre os direitos e deveres fundamentais —

B929t   Buffon, Marciano
        Tributação e dignidade humana: entre os direitos e deveres
        fundamentais / Marciano Buffon. – Porto Alegre: Livraria do
        Advogado Editora, 2009.
            276 p.; 16x23cm.
            ISBN 978-85-7348-611-7
            Apresentação de Ovídio A. Baptista da Silva.
            Inclui referências.

            1. Direito tributário. 2. Sistema tributário. 3. Direito consti-
        tucional – Direito tributário – Brasil. 3. Tributos – Política fis-
        cal – Evasão tributária – Brasil – Autonomia. 4. Carga tributá-
        ria. 5. Tributação. 6. Cidadania fiscal. I. Buffon, Marciano.
        II. Título.
                                    CDU   336.2:342(81)

CIP-Brasil. Dados Internacionais de Catalogação na Publicação.
(Ana Lucia Wagner – Bibliotecária responsável – CRB10/1396)

MARCIANO BUFFON

TRIBUTAÇÃO E DIGNIDADE HUMANA
— entre os direitos e deveres fundamentais —

livraria
DO ADVOGADO
editora

Porto Alegre, 2009

© Marciano Buffon, 2009

Capa, projeto gráfico e diagramação
Livraria do Advogado Editora

Revisão
Rosane Marques Borba

Direitos desta edição reservados por
Livraria do Advogado Editora Ltda.
Rua Riachuelo, 1338
90010-273 Porto Alegre RS
Fone/fax: 0800-51-7522
editora@livrariadoadvogado.com.br
www.doadvogado.com.br

Impresso no Brasil / Printed in Brazil

À minha família e aos meus amigos, com amor e carinho, pois há em mim uma parte de cada um deles.

À Universidade do Vale do Rio dos Sinos – UNISINOS –, pela formação, pelo incentivo e pelo orgulho de dela ser fruto;

Ao Programa de Pós-Graduação em Direito da UNISINOS, em especial aos Professores Drs. Lenio Luiz Streck, José Luis Bolzan de Morais e Leonel Severo Rocha, que me guiaram para além das teorias em busca da descoberta de novos horizontes;

Aos Professores Drs. Jonatas Machado e José Casalta Nabais, pela acolhida e orientação na Universidade de Coimbra;

À Professora Norma T. Zanchett, pela generosa e competente revisão da tese.

Por fim, agradeço especialmente ao Professor Dr. Ovídio Araújo Baptista da Silva, por sua inestimável orientação para o desenvolvimento deste trabalho, transmitindo conhecimento, dedicando seu tempo e compartilhando sua experiência para que minha formação fosse também um aprendizado de vida, construído sob a inspiração de seu humanismo e de sua percepção aguçada do mundo contemporâneo.

Será porventura justa, aos olhos dos pósteros, a sociedade que ama os animais superiores, mas continua destruindo, inexoravelmente, a natureza para conservar os privilégios ou assegurar a rentabilidade dos negócios? E que protege os animais superiores, mas vê as crianças viverem e morrerem nas sarjetas com a mesma indiferença "de quem comenta o tempo"?

Ovídio Araújo Baptista da Silva

Apresentação

Coube-me a singular oportunidade de recomendar ao mundo jurídico brasileiro, especialmente aos juristas comprometidos com o Direito Constitucional, a tese intitulada *Tributação e Dignidade Humana – entre os direitos e deveres fundamentais*, com a qual o Doutor Marciano Buffon obteve o doutoramento, na Universidade do Vale do Rio dos Sinos – UNISINOS.

Trata-se de um estudo inovador e instigante, cuja elaboração acompanhei como seu orientador. Inovador, em parte, porque vai além da grande maioria das teses acadêmicas que, ainda quando bem expostas e apoiadas em rica e extensa bibliografia, não vão além de exposições críticas reprodutoras dos pressupostos dogmáticos do sistema. Em geral, seu sentido crítico não ultrapassa a intenção de corrigir desvios pontuais do sistema, visando a seu aperfeiçoamento.

O núcleo desta tese está centrado no *"dever fundamental de pagar tributos"*. Este é o desafio que a obra suscita a seus leitores, especialmente aos tributaristas e, de um modo geral, aos empresários brasileiros, sempre arredios a esse dever básico da cidadania.

O sentimento, contrário aos "deveres" em geral, tem origem, como se sabe, no pensamento liberal, especialmente no pensamento de John Stuart Mill e nos demais representantes da ideologia burguesa, construída como um dos alicerces do pensamento moderno, pela oposição entre Estado e sociedade civil, de que nasceu a prática de duas éticas, inteiramente diversas entre si: a incorruptível ética privada, a que obedecemos e praticamos com devoção religiosa; e uma forma, degradada e imoral, de ética pública, para a qual os particulares ("cidadãos") consideram-se sempre autorizados a fraudar o Estado, que o burguês reputa seu inimigo, precisamente porque lhe tolhe o direito de ser inteira e absolutamente "livre", impondo-lhe ônus, dentre os quais, como é óbvio, a imposição de tributos.

Este compromisso com o liberalismo está abertamente visível em nossa Constituição, pródiga em direitos, sem mencionar, ao menos, os deveres que, numa concepção do Estado minimamente comprometida com a ética, deveria preceder aos direitos.

Suscitar a questão do *"dever fundamental de pagar tributos"* numa sociedade que se compraz na prática sistemática da sonegação fiscal, numa sociedade em que essa prática nem mesmo é considerada uma conduta ilícita – deve ser encarada como um dos méritos inegáveis desta obra, fruto de uma pesquisa séria e competente.

Embora a tese versasse questões distantes de minhas cogitações atuais, foi com justificado prazer que me associei a Buffon, procurando auxiliá-lo no desenvolvimento e na construção de sua tese, especialmente em vista da seriedade, da competência e do talento com que ele encarava a pesquisa.

Basta ver que, no momento adequado, não vacilou em haurir, pessoalmente, na Universidade de Coimbra, em prolongado período de sua pesquisa, uma proveitosa interlocução de J. Casalta Nabais, o jurista lusitano que o havia inicialmente estimulado a pesquisar o tema que afinal tornou-se objeto de sua tese.

Advogado militante, com experiência no campo do Direito Tributário, Marciano Buffon foi além do que consta nos livros de doutrina, estágio final, muitas vezes, das teses acadêmicas.

Basta ter presente o modo como o autor aborda temas próprios do atual direito constitucional brasileiro, como o princípio da "capacidade contributiva" do art. 145, § 1º, da Constituição, que ele interpreta hermeneuticamente, procurando dar sentido adequado a esse princípio, jamais praticado, com fidelidade, pela doutrina e pela jurisprudência brasileiras, de modo a extrair dele uma das fundações que o autor denomina "densificação do princípio da dignidade da pessoa humana".

A Parte II da obra é toda ela dedicada ao mencionado princípio teleológico da defesa da dignidade da pessoa humana, sustentada na construção de um sistema tributário eticamente comprometido, mas invariavelmente com os olhos postos na realidade brasileira.

Trata-se, portanto, de uma provocante tese universitária, uma preciosa contribuição à doutrina brasileira do Direito Tributário, sim, mas acima de tudo, ao Direito Constitucional.

É de esperar que os meios universitários e forenses lhe dediquem o interesse que ela merece, estimulando um debate científico criterioso sobre esta oportuna contribuição de Marciano Buffon.

Porto Alegre, janeiro de 2009.

Ovídio A. Baptista da Silva

Sumário

Introdução 17

Capítulo I – A crise estrutural do Estado contemporâneo e a falência da neotributação . . . 23

1.1. O Estado do Bem-Estar Social e sua evolução 24

1.2. A emergência dos novos riscos e a crise fiscal do Estado do Bem-Estar Social 32

1.3. A crise ideológica do Estado do Bem-Estar Social 37

1.4. O ideário neoliberal de Estado 42

1.5. Os efeitos sociais da globalização construída a partir do ideário neoliberal 48

1.6. Os limites da prudência financeira do Estado: combatendo o déficit público para evitar
a inflação a qualquer custo 57

1.7. Os caminhos alternativos ao modelo de globalização excludente 60

1.8. A neotributação construída a partir do paradigma liberal contemporâneo 64

1.9. As perspectivas de um novo modelo de Estado 71

**Capítulo II – A dupla face da cidadania fiscal: o dever fundamental de pagar tributos
e os direitos fundamentais** 79

Parte I – O dever fundamental de pagar tributos 79

2.1. O esquecimento dos deveres e a hipertrofia dos direitos 80

2.2. Conceito e eficácia jurídica dos deveres fundamentais 85

2.3. A moldura do dever fundamental de pagar tributos 89

2.4. O princípio da solidariedade social como alicerce do dever fundamental de pagar tributos . 94

2.5. A cidadania fiscal no Estado Democrático de Direito 100

2.6. O combate à evasão fiscal como condição de exigibilidade dos deveres de cidadania . . 104

*Parte II – A densificação do princípio da dignidade da pessoa humana, mediante a
concretização dos direitos fundamentais* 109

2.1. O Estado Democrático de Direito e a redução das desigualdades sociais e econômicas,
através da tributação 109

2.2. A definição e o alcance do princípio da dignidade da pessoa humana 119

2.2.1. O Princípio da Dignidade da Pessoa Humana na Constituição brasileira de 1988 . 122

2.2.2. A Questão da Unidade de Sentido dos Direitos Fundamentais 127

2.3. Os direitos fundamentais e suas dimensões 130

2.4. Os direitos fundamentais de primeira dimensão como limitadores da ação Estatal no
campo da tributação 137

2.5. Os direitos fundamentais de ordem social, econômica, cultural e de solidariedade e a
tributação como instrumento de concretização 139

Capítulo III – Um modelo tributário norteado pelo princípio da dignidade da pessoa humana: o direito/dever de contribuir conforme a capacidade contributiva e a extrafiscalidade na realização dos direitos fundamentais 149

Parte I – O Princípio da Capacidade Contributiva no Estado Democrático de Direito Brasileiro 149

3.1. O Princípio da Capacidade Contributiva: uma interpretação hermeneuticamente adequada do disposto no § 1° do art. 145 da Constituição brasileira 150

3.1.1. A Diferença Ontológica: O Ente Texto e o Ser Norma 150

3.1.2. Hermenêutica: compreensão, interpretação e aplicação no campo jurídico 154

3.1.3. A distinção entre Princípios e Regras 160

3.1.4. A prevalência da função normogenética dos princípios em relação às regras 164

3.1.4.1. A hermeneuticamente inadequada separação entre casos simples e casos difíceis 166

3.1.4.2. Da inexistência de conflito entre regra e princípio 168

3.1.5. A (re)construção de um sentido adequado ao disposto no § 1° do art. 145 da Constituição do Brasil 169

3.1.5.1. Um retomar hermenêutico para compreender o princípio da capacidade contributiva 171

3.1.5.2. A condição de regra do disposto no § 1° do art. 145 da Constituição brasileira e os princípios que a fundamentam 174

3.2. O conteúdo e o alcance do princípio da capacidade contributiva num Estado Democrático de Direito 176

3.2.1. Os contornos conceituais: o princípio da capacidade contributiva como decorrência lógica dos princípios fundamentais do Estado Democrático de Direito 176

3.2.2. A intributabilidade do mínimo existencial 181

3.2.3. A progressividade como meio de concretização do princípio da capacidade contributiva 186

3.2.3.1. A progressividade do imposto incidente sobre a renda e a preservação do mínimo existencial 190

3.2.3.2. A progressividade dos impostos incidentes sobre o patrimônio 194

3.2.3.2.1. A progressividade do Imposto sobre a Propriedade Predial e Territorial Urbana – IPTU e do Imposto sobre a Transmissão "inter vivos" de Bens Imóveis – ITBI 197

3.2.3.2.2. A progressividade e seletividade do IPTU instituída pela Emenda Constitucional n° 29/2000 200

3.2.4. Capacidade contributiva e tributos vinculados 205

3.2.4.1. Aplicabilidade em relação às taxas e contribuições de melhoria 206

3.2.4.2. Aplicabilidade em relação às contribuições especiais e aos empréstimos compulsórios 209

3.2.5. Capacidade contributiva e tributos indiretos: a preservação do mínimo existencial . 212

3.2.5.1. A seletividade como instrumento de adequação dos tributos indiretos à capacidade contributiva 212

3.2.5.2. A preservação do mínimo existencial da tributação indireta 215

Parte II – A extrafiscalidade como instrumento de concretização dos direitos fundamentais de ordem social, econômica, cultural e de solidariedade 217

3.1. Os contornos conceituais da extrafiscalidade 219

3.2. Extrafiscalidade e benefícios fiscais 221

3.3. A legitimidade constitucional da extrafiscalidade 224

3.4. A realização de direitos fundamentais mediante a tributação e a prevalência do interesse humano 227

3.4.1. A tributação como meio de cumprimento da função social da propriedade 234

3.4.1.1. A progressividade com conotação extrafiscal do IPTU 237

3.4.1.2. A progressividade do IPTU no Estatuto da Cidade 238

3.4.1.3. A progressividade com conotação extrafiscal do Imposto Territorial Rural . 240

3.4.2. O direito ao meio ambiente ecologicamente equilibrado e a tributação 242

3.4.2.1. O princípio do poluidor-pagador 245

3.4.2.2. Os instrumentos extrafiscais de preservação e proteção ambiental 249

Conclusão 255

Referências bibliográficas 271

Introdução

Vive-se um momento singular na história da humanidade, em que há desencanto, desalento e retorno a um verdadeiro "estado de natureza econômico", o que reduz, sobremaneira, as possibilidades de se vislumbrar como factível a construção de uma sociedade global mais fraterna, menos desigual e capaz de resolver seus conflitos através dos mecanismos de diplomacia e democracia.

No entanto, ainda é possível nutrir esperanças de que esta geração possa construir uma sociedade mais justa e fraterna. É possível perceber uma crescente reação às outrora indiscutíveis receitas de caminhos que conduziriam à prosperidade geral. Tal reação é uma decorrência óbvia e lógica da constatação de que as "promessas" correspondiam a engodos e que as receitas só serviram para realizar os sonhos de uma minoria, que soube muito bem tirar proveito das fórmulas que ela própria vendia.

Assim, era inevitável que a humanidade começasse a pensar novos caminhos, a conceber novas possibilidades e a imaginar novos formatos de relações interpessoais e interestatais. Era imprescindível que se começasse a delinear novos contornos para o processo de globalização e que se vislumbrassem novas razões para continuar a existir o velho Estado, emprestando-lhe uma nova roupagem, diferente daquela que o conduziu, por exemplo, à sua crise estrutural.

Embora não seja tão perceptível para muitos, isso está ocorrendo neste momento. Pode-se afirmar que se vive o termo inicial de um processo de reconstrução das relações sociais, de redefinição do papel do Estado e de gestação de um novo formato das relações internacionais. Esse processo, para obter êxito, deve ser pensado a partir do paradigma da solidariedade, pois o individualismo unilateral, que caracterizou as ações nos últimos tempos, encontrou literalmente seu ocaso.

É dentro dessa perspectiva, pois, que se insere o presente trabalho. Ou seja, conquanto se constate esse cenário tão preocupante, mantém-se a inarredável crença de que é possível construir uma nova realidade, na qual o ser humano seja o elemento central e quaisquer ações tenham como norte uma existência digna para todos. Isso pode parecer, atualmente, uma utopia, mas a história demonstra que é através de ideais utópicos que se constroem as grandes mudanças.

Partindo-se dessas premissas, a presente pesquisa tem como objetivo geral verificar quais as condições de possibilidades de que a tributação seja um eficaz meio de densificação do princípio da dignidade da pessoa humana. Isso se dará pela adequação da carga fiscal ao princípio da capacidade contributiva e da materialização dos direitos fundamentais, com o intuito de explorar todas as suas potencialidades na construção do modelo do Estado Democrático de Direito, mesmo num cenário em que o poder do Estado vem perdendo paulatinamente sua capacidade de ação, em face da sua denominada crise estrutural.

Neste estudo, aborda-se a temática relativa aos instrumentos tributários e às possibilidades de eles se constituírem em efetivos meios de densificação do princípio da dignidade da pessoa humana, entendido como condição de existência do Estado Democrático de Direito. Ou seja, a abordagem refere-se à forma de obtenção de receitas públicas derivadas (tributos) e à possibilidade de que, através delas, o Estado, mesmo num cenário de crise, possa conduzir à máxima eficácia do princípio jurídico, de que todos os seres humanos merecem ser iguais em dignidade.

Em vista disso, cabe estudar as condições de possibilidade de que a dignidade da pessoa humana seja o princípio norteador da tributação e, conseqüentemente, através dessa, seja maximizada a eficácia dos direitos fundamentais, porquanto aquele princípio se constitui – em maior ou menor grau – no elemento comum desses direitos.

Noutros termos, o problema consiste em analisar se a tributação, mesmo que limitada pelos tradicionais direitos de defesa (denominados de direitos fundamentais de primeira dimensão/geração), pode corresponder, concomitantemente, a um eficaz meio de realização dos direitos fundamentais econômicos, sociais, culturais e de solidariedade (segunda e terceira dimensão), bem como estar adequada a capacidade contributiva do cidadão, no âmbito de um Estado Democrático de Direito, apesar da crise estrutural ora suportada por esse modelo de Estado.

Para tanto, parte-se da premissa de que o princípio da dignidade da pessoa humana está tão umbilicalmente ligado ao Estado Democrático de Direito que não se pode sustentar que este exista sem a consagração formal daquele. Outrossim, o. homem necessita desse modelo de Estado para ter assegurada sua dignidade. Assim, a tributação desempenha um papel fundamental, pois, desde que adequadamente implementada, pode-se constituir num meio de concretização dos direitos sociais e, ao mesmo tempo, respeitar os limites inerentes aos tradicionais direitos de defesa, de acordo com sua hodierna concepção.

Atingir tais fins requer uma ação estatal efetiva – distanciada da neutralidade apregoada pelo modelo liberal individualista – no sentido de, sobretudo, reduzir as desigualdades econômicas e sociais através da realização daqueles direitos fundamentais que adequadamente servem a esse fim. Para isso, o Estado dispõe de poderosos instrumentos, entre os quais a imposição de uma carga tributária de acordo com a efetiva capacidade contributiva, entendida como tal, aquela adequadamente progressiva, seletiva, que não atinja o mínimo existencial e não seja confiscatória. Além disso, pode ser utilizada a extrafiscalidade, hipótese em que o Estado – via tributação – busca atingir os fins de sua existência, e não apenas obter receitas derivadas.

Caso esses instrumentos e mecanismos sejam adequadamente implantados e mantidos, caminhar-se-á no sentido da gradual implementação do Estado Democrático de Direito. Isso significa que, através de um sistema tributário que tenha como norte o princípio da dignidade da pessoa humana, é possível materializar o referido modelo de Estado e que, uma vez existente – num plano fático – estará apto a assegurar a máxima eficácia daquele princípio, que, em última análise, representa o "valor-guia" de qualquer ordenamento constitucional que pretenda o rótulo de "Democrático e Social de Direito", como é o caso do modelo brasileiro hoje formalmente vigente.

A escolha do tema se justifica porque, até o momento, vislumbra-se uma obscuridade indisfarçável no que tange aos critérios a serem seguidos e aos pressupostos a serem observados para uma divisão eqüitativa da carga tributária. Ademais, transita-se com evidente insegurança em relação ao estabelecimento de discriminações – positivas ou negativas – que sejam juridicamente compatíveis com o Estado Democrático de Direito e, por conseguinte, sirvam de meio para assegurar o princípio basilar que o fundamenta (dignidade da pessoa humana).

Além disso, persistem arraigados, na cultura jurídica e econômica – sobretudo nacional – preconceitos anacrônicos que, direta ou indiretamente, restringem as potencialidades da extrafiscalidade e sustentam uma tributação adstrita, tãosomente, à observância dos clássicos direitos fundamentais de cunho negativo (vinculados à liberdade e propriedade). Com isso, restam bastante esvaziadas as possibilidades de que a própria tributação se torne um eficaz meio de realização dos direitos sociais, econômicos e culturais; por decorrência, nega-se a possibilidade de que o Estado possa promover uma eficaz redução das desigualdades econômicas e sociais através de políticas fiscais.

Para que esse projeto seja exeqüível, primeiramente se faz necessário examinar a evolução do modelo do Estado Social, a crise por ele suportada e as alternativas que se apresentaram a esse modelo estatal. Além disso, cumpre analisar porque a tributação se constituiu num instrumento de concentração de renda, quando sua histórica função aponta para um sentido diametralmente oposto.

Após isso, avaliam-se os limites de ação do Estado na adoção de políticas públicas no campo tributário, aptas a concretizar as promessas contidas na própria Constituição, num cenário de crise decorrente, entre outras, da globalização das relações econômicas. Ou seja, busca-se analisar se o Estado Contemporâneo tem condições de dar as respostas necessárias à solução de questões decorrentes do modelo econômico ora vigente, especialmente através de políticas fiscais.

Essa abordagem consta no primeiro capítulo deste trabalho, em que se analisam previamente as referidas questões, com vistas ao enfrentamento do problema

TRIBUTAÇÃO E DIGNIDADE HUMANA

19

central desta tese. O segundo capítulo trata da questão da cidadania fiscal, visando a examinar a sua dupla face, caracterizada, de um lado, pelo dever fundamental de pagar tributos e, de outro, pelos direitos fundamentais, o que determinou a sua divisão em duas partes.

Primeiramente, analisa-se o fenômeno da hipertrofia dos direitos fundamentais, paralelamente ao esquecimento teórico dos deveres fundamentais, para, em seguida, examinar o denominado dever fundamental de pagar tributos e o princípio da solidariedade social que o sustenta. Posteriormente, verificam-se as condições de possibilidade para um exercício efetivo da denominada cidadania fiscal, em todos os seus aspectos.

Em seguida, examina-se como a eficácia do princípio da dignidade da pessoa humana pode ser densificada mediante a concretização dos direitos fundamentais. Para isso, aborda-se o conteúdo axiológico do princípio da dignidade da pessoa humana, no âmbito de um Estado Democrático de Direito e examina-se a condição de "valor-guia" do referido princípio como elemento comum de todos os direitos fundamentais, especialmente no que tange à Constituição brasileira.

Depois disso, focalizam-se os direitos fundamentais, com vistas a investigar os denominados direitos fundamentais de primeira dimensão e a necessidade de que a tributação esteja adstrita a sua observância. Examinam-se os direitos fundamentais de ordem social, econômica, cultural e de solidariedade, bem como as possibilidades de que a tributação seja imposta pelo Estado de forma que – em decorrência dessa imposição – esses direitos sejam concretizados.

No capítulo final do trabalho, apresentam-se as alternativas e os caminhos viáveis para que a tributação, concomitantemente, observe e seja instrumento de concretização dos direitos fundamentais de todas as dimensões e, via de conseqüência, seja compatível com a idéia de um modelo de Estado efetivamente alicerçado no princípio da dignidade da pessoa humana.

Defende-se que a tributação é um poderoso instrumento de densificação do princípio mencionado, sendo que, para que isso se viabilize, faz-se necessário: a) a adequação da tributação à efetiva capacidade contributiva do cidadão; b) a utilização da extrafiscalidade como instrumento de concretização dos direitos fundamentais.

Em decorrência disso, o último capítulo é dividido em duas partes. Na primeira, a abordagem centra-se na análise do princípio da capacidade contributiva, com vistas a construir uma interpretação que esteja apta a servir de meio de máxima eficácia ao princípio que alicerça este trabalho.

Para realizar esse intento, examina-se, num primeiro momento, a contribuição que a hermenêutica filosófica pode dar, para uma adequada interpretação dos dispositivos constitucionais que fundamentam a idéia de que a tributação deve estar adstrita ao princípio da capacidade contributiva. Nessa parte, aborda-se o processo de compreensão, interpretação e aplicação no campo jurídico, levando-se em consideração a distinção entre texto e norma, bem como a distinção existente entre princípios e regras, especialmente no sentido de se reconhecer naqueles o fundamento destas.

A partir desse aporte teórico de cunho hermenêutico, examina-se o conteúdo e o alcance do princípio da capacidade contributiva no Estado Democrático de Direito Brasileiro, direcionando-se o estudo para os aspectos que estejam intimamente ligados com o princípio da dignidade da pessoa humana. Por isso, é importante que se avalie a impossibilidade de haver tributação, relativamente ao denominado "mínimo existencial", bem como se analise o modo como a progressividade poderá servir de meio de concretização do princípio da capacidade contributiva, enfrentando-se, casuisticamente, as possibilidades de sua utilização.

Na segunda parte, o estudo da extrafiscalidade ocupa o papel central, visando-se a examinar as condições de possibilidade de que, através dela, o princípio da dignidade da pessoa humana tenha sua eficácia potencializada. Dessa forma, são estudados os critérios, os limites e as possibilidades de que a carga tributária seja imposta com o objetivo não apenas de propiciar recursos ao Estado, mas também de utilizá-la para estimular e desestimular comportamentos, com vistas à realização dos direitos fundamentais.

Para atingir tal fim, analisam-se os contornos conceituais da extrafiscalidade, apreciando-se a questão da sua legitimidade constitucional, principalmente com relação ao viés da exoneração fiscal. Em seguida, verificam-se as alternativas que permitem a realização dos direitos fundamentais através da tributação, dando-se ênfase ao aspecto da função social da propriedade, bem como à possibilidade de utilização da extrafiscalidade para garantir um meio ambiente ecologicamente equilibrado.

Enfim, o presente trabalho tem por escopo abordar a relação da tributação com o princípio da dignidade da pessoa humana, buscando-se meios que possibilitam a máxima eficácia do princípio-guia da Constituição. Defende-se, ainda, que tal intento pode ser viabilizado mediante a adequação da carga tributária à efetiva capacidade contributiva e a utilização da extrafiscalidade para a realização dos direitos fundamentais, especialmente os sociais, econômicos e culturais.

Quanto à questão metodológica, em geral há certa dificuldade em adotar determinado método para a elaboração de uma pesquisa, especialmente no campo jurídico, até porque restou superada a concepção de que é possível, mediante a adoção de um método, obter-se a verdade.

Em vista disso, este trabalho busca, através do exame de determinadas categorias principiológicas, refletir sobre o significado dos fundamentos que alicerçam o modelo de Estado ora vigente no Brasil, especialmente em relação ao princípio da dignidade da pessoa humana. Para tanto, faz-se primeiramente a abordagem descritiva sobre o Estado contemporâneo e as crises que vem suportando, para encontrar alternativas e caminhos viáveis, com vistas à reconstrução do fundamento da solidariedade social.

A partir daí, discute-se a questão central que se coloca: é possível que a tributação sirva de instrumento de densificação do princípio da dignidade da pessoa humana? Isso implica a realização de uma abordagem fenomenológica, de modo que, na parte final do trabalho, procura-se construir uma interpretação hermeneuticamente adequada ao princípio vetor da tributação: princípio da capacidade contributiva. Além disso, realiza-se a abordagem das condições de possibilidade de concretização, pontual e casuisticamente falando, dos direitos fundamentais através da tributação (extrafiscalidade).

Pode-se dizer, enfim, que o modelo tributário ora vigente não se coaduna com os critérios mais elementares de justiça, representando um instrumento de concentração de renda e colaborando significativamente para a ampliação do fosso da desigualdade social.

Em suma, é imprescindível a (re) introdução do interesse humano na tributação, para que o princípio sobre o qual se alicerça o Estado brasileiro possa romper com sua histórica condição de mera norma programática e sejam potencializadas as possibilidades de uma existência minimamente razoável, para que todos possam viver com igual dignidade.

Capítulo I

A crise estrutural do Estado contemporâneo e a falência da neotributação

Na parte inicial do trabalho, analisa-se a denominada crise estrutural do Estado contemporâneo e a reação a essa crise, consubstanciada com o surgimento do ideário neoliberal que, entre outras soluções, propugnou a minimização do papel do Estado.

Além disso, faz-se necessário avaliar o modelo de globalização que foi sendo construído sob a influência dos novos fundamentos ideológicos e as conseqüências da sua implementação, sobretudo em países ditos periféricos, dando-se ênfase ao modelo de tributação adotado, para, por fim, poderem ser apontadas alternativas e caminhos teoricamente viáveis à construção de uma nova concepção estatal.

Num primeiro momento, definir-se-ão os contornos e limites do modelo de Estado implantado, sobretudo, na Europa do pós-guerra, o qual representou um significativo avanço no campo social, à medida que esse modelo foi reconhecidamente eficaz, por um período significativo, no sentido de atingir os objetivos de sua existência: assegurar a proteção social e reduzir as desigualdades.

Com a emergência dos denominados novos riscos sociais, esse modelo de Estado entra em crise, a qual se torna especialmente visível a partir da década de oitenta, aprofundando-se na década de noventa do século XX. Paralelamente ao agravamento da crise, emerge um novo ideário, denominado de neoliberalismo,[1] o qual sustenta, entre outras concepções, que o Estado deve romper com o intervencionismo keynesiano e voltar a ser aquele Estado que assegura, exclusivamente, a vida, a liberdade e a propriedade (Estado mínimo).

Essa concepção foi ganhando força concomitantemente ao período em que o mundo experimentou uma verdadeira revolução sem precedentes, sobretudo no campo das relações econômicas, o que se convencionou denominar de globalização. Como não poderia deixar de ser, a globalização foi se aprofundando em

---

[1] O termo "neoliberalismo" vem sendo fortemente utilizado, não obstante essa nova ideologia guardar similitude um pouco distante do liberalismo clássico, o qual, em apertada síntese, surgiu como uma afirmação da liberdade e da própria igualdade formal, ante ao absolutismo reinante. Como explica Maria Oliveira: "O liberalismo foi um movimento que surgiu no século XVII, com a Revolução Gloriosa (1688) da Inglaterra, tendo como seu ápice a Revolução Americana (1776) e a Revolução Francesa (1789). O liberalismo identificou-se com a luta da burguesia contra os privilégios da nobreza, limitando os poderes do rei, instituindo um conjunto de ideais defendidas pelos mais diferentes autores, tais como, Locke, Montesquieu, Kant, Rosseau, Benjamim Franklin, David Ricardo, Jefferson, Bentham, Stuart Mill, Smith, Tocqueville e tantos outros que influenciaram e subverteram a História da Humanidade". SOUZA OLIVEIRA, Maria José Galleno de. A Globalização da Pobreza. In: *Revista da Faculdade de Direito da Universidade de São Paulo – USP*, São Paulo, v. 99, 2004, p. 465.

consonância com o "senso comum dominante" – neoliberal –, para o qual o crescimento econômico, por si só, traria a redução das desigualdades, entre os países e dentro deles. Ocorre que, paradoxalmente, essa promessa se confirmou num sentido diametralmente oposto àquele no qual foi formulada, uma vez que se constata um processo de exclusão social nunca dantes visto.

A partir do novo ideário dominante, foi sendo concebido um modelo de tributação divorciado daquelas concepções que alicerçavam o outrora Estado do Bem-Estar Social, posto que a tributação se distanciou longamente de um dos fundamentos basilares desse modelo de Estado: o pilar da solidariedade. Com a adoção do que será denominado de "neotributação", restou reforçada a idéia do tributo meramente no sentido de troca pelos serviços públicos prestados, em detrimento das já clássicas idéias de tributação segundo a efetiva capacidade econômica e da utilização da tributação como instrumento de redistribuição de renda.

Assim como o modelo de globalização adotado, a neotributação entra em crise, pois se constata que ela serviu como um importante instrumento de redistribuição de renda literalmente "às avessas". Ou seja, a tributação cumpriu significativo papel no agravamento das desigualdades sociais, especialmente em relação àqueles países em que o Estado do Bem-Estar Social foi concebido apenas como "obra literária", uma vez que existente, unicamente, sob o aspecto formal (o Brasil é o melhor exemplo).

Desse modo, vive-se um momento de transição. A percepção do não-cumprimento das promessas, segundo as quais o crescimento traria redução das desigualdades, demonstra que o modelo tributário vigente contribui para o processo de empobrecimento justamente da parcela da população com baixo ou médio poder aquisitivo.

A partir desse cenário, busca-se uma nova definição do papel do Estado, discute-se a definição de um novo contrato social, visando, sobretudo, a resgatar ou a reconstruir a idéia da solidariedade, como pilar de sustentação de um novo modelo de Estado, não desconsiderando, porém, a circunstância de que os novos contornos deverão ser traçados dentro da realidade multifacetada e complexa do século XXI.

1.1. O ESTADO DO BEM-ESTAR SOCIAL E SUA EVOLUÇÃO

O advento do Estado do Bem-Estar Social representou uma espécie de ruptura significativa com os alicerces que tradicionalmente fundamentavam o Estado, entendido este como fenômeno da modernidade, sendo, portanto, prescindível adjetivá-lo de "moderno".[2]

---

[2] Na medida em que a abordagem inicial, necessariamente, passa pela descrição do processo histórico do surgimento do Estado Social, cabe aqui a advertência feita por Canotilho no início de um artigo no qual examina a temática da liberdade num contexto histórico. Conforme dizia Canotilho (guardadas as devidas proporções e ressalvada a inaplicabilidade do rótulo de constitucionalista): "O autor desse trabalho é um constitucionalista e não um historiador. Não gostaria de se improvisar historiador porque tem perfeita consciência do aviso lançado

Os primeiros marcos identificadores do surgimento do Estado "Social" são encontrados na Alemanha, sendo que, como ocorreu na maior parte dos países, os passos iniciais foram dados em relação à questão de acidentes de trabalho. Assim que o Império foi constituído (1871), uma lei formulou o princípio de uma responsabilidade limitada dos industriais, em caso de culpa, nos acidentes de trabalho. Por outro lado, foi apenas em 1897, na Grã-Bretanha, e em 1898, na França, que leis semelhantes surgiram.[3]

Estava sedimentado, então, o terreno para que fossem aprovadas, de 1883 a 1889, três importantes leis sociais na Alemanha. A lei de 15 de junho de 1883, sobre o seguro-doença, foi a primeira e tornou esse benefício obrigatório, mas apenas para operários da indústria cujo rendimento anual não ultrapassasse 2.000 marcos, sendo que dois terços das cotizações estavam a cargo dos assalariados e, um terço, a cargo dos empregadores. Em 1884, surge a lei sobre acidentes de trabalho, em face da qual os patrões deveriam cotizar-se em caixas corporativas para cobrir os casos de invalidez permanente resultante de acidente de trabalho. Em 1889, é aprovada, na Alemanha, a lei da aposentaria e invalidez, cujos benefícios seriam custeados em partes iguais pelos empregados e empregadores. Em 1911, tais leis são objeto de um compêndio (Código dos seguros sociais), surgindo, assim, um primeiro modelo do gênero.[4]

O fato de os marcos iniciais serem identificados na Alemanha implicou a origem terminológica desse modelo de Estado. A expressão "Estado Social" é a primeira denominação utilizada naquele país, por obra de Lorenz von Stein, lá pela metade do século XIX. A importância dessa expressão evolui de tal forma que, na Lei Fundamental Alemã de 1949, passa a fazer parte da definição da nova República Federal.[5]

No entanto, conforme Esteruelas, o grande salto quantitativo e qualitativo ocorre no Reino Unido, com o plano Beveridge de 1942. Nesse momento, nasce propriamente o denominado "Welfare State", versão britânica do Estado Social.[6] O incremento da ação do Estado no campo social e sua ambiciosa meta na proteção fizeram nascer um novo conceito, com ressonância religiosa: o Estado-Providência,[7] que significa dizer que o Estado está obrigado a cuidar dos cidadãos, da mesma forma que Deus tem cuidado de todas as criaturas. Assim, o Estado-Provi-

---

há anos por P. Veyne: o perigo da história é que ela parece fácil e não é". GOMES CANOTILHO, José Joaquim. *Estudos Sobre Direitos Fundamentais*. Coimbra: Coimbra, 2004, p. 7.

[3] ROSANVALLON, Pierre. *A Crise do Estado-Providência*. Trad.: Joel Pimentel de Ulhôa. Goiânia: UFG; Brasília: UnB, 1997, p. 128.

[4] Idem, p. 128-129.

[5] ESTERUELAS, Cruz Martinez. *La Agonía del Estado*: ¿un nuevo orden mundial? Madrid: Laxes, S.L. Ediciones, p. 120.

[6] Idem, p.121.

[7] Conforme Rosanvallon, é no segundo império (francês) que surge a expressão Estado-providência na língua francesa. Ela é criada por pensadores liberais hostis ao aumento das atribuições do Estado, mas igualmente críticos em relação a uma filosofia individualista muito radical. Émile Ollivier, deputado republicano, partidário do Império a partir de 1860, desenvolveu essa abordagem em seu Relatório apresentado pela comissão encarregada

dência (terminologia adotada principalmente pelos franceses) vem a ser, prometeicamente, a assunção laica de tão gigantesca missão.[8]

É inegável, porém, que a consolidação do Estado Social, do Bem-Estar Social ou do Estado-Providência[9] está conectada intimamente ao constitucionalismo contemporâneo, tendo como marcos históricos a Constituição mexicana de 1917 e a Constituição de Weimer de 1919. Esse modelo diverge do anteriormente vigente, visto que, para o Estado Liberal, bastava garantir a paz social dos indivíduos livres e iguais para que seu papel restasse cumprido; já para o modelo do Bem-Estar, cabe ao Estado uma intervenção efetiva em diversos setores econômicos, sociais e culturais, no sentido de construir uma comunidade solidária, na qual cabe ao poder público a tarefa de produzir a incorporação dos grupos sociais aos benefícios da sociedade contemporânea.[10]

Segundo explica Rosanvallon, o Estado-Providência é, de fato, muito mais complexo que o Estado-protetor clássico, cuja obrigação restringia-se a assegurar a vida e a propriedade. Tal ocorre, porque esse modelo objetiva, além de suas obrigações clássicas, "ações positivas (de redistribuição de renda, de regulamentação das relações sociais, de responsabilização por certos serviços coletivos)".[11] Ou seja, conforme define Bobbio, o Estado do Bem-Estar seria aquele "que garante tipos mínimos de renda, alimentação, saúde, habitação, educação, assegurados a todo o cidadão, não como caridade, mas como direito político".[12]

Em resumo, Rosanvallon assim menciona a passagem do Estado moderno (clássico) para o modelo do Estado-Providência:

1. O Estado moderno define-se fundamentalmente como um Estado-Protetor;

2. O Estado-Providência é uma extensão e um aprofundamento do Estado-Protetor;

3. A passagem do Estado-Protetor ao Estado-Providência acompanha o movimento pelo qual a sociedade deixa de se pensar com base no modelo de corpo para se conceber sob o modo do mercado;

4. O Estado-Providência visa substituir a incerteza da providência religiosa pela certeza da providência estatal;

5. É a noção de probabilidade estatística que torna praticamente possível e teoricamente pensável a integração da idéia de Providência no Estado.[13]

---

de examinar o projeto de lei referente às coalizões. ROSANVALLON, Pierre. *A Crise do Estado-Providência.* Trad.: Joel Pimentel de Ulhôa. Goiânia: UFG; Brasília: UnB, 1997, p. 121.

[8] Idem, ibidem.

[9] Para fins desse trabalho, optou-se por utilizar as três expressões – Estado Social, Estado do Bem-Estar Social e Estado-Providência – como sinônimos, razão pela qual, para se referir a esse modelo de Estado, utilizar-se-á alternativamente as referidas expressões.

[10] BOLZAN DE MORAIS, José Luis. *As Crises do Estado e da Constituição e a Transformação Espacial dos Direitos Humanos.* Estado e Constituição 1. Porto Alegre: Livraria do Advogado, 2002, p. 30.

[11] ROSANVALLON, op. cit., p. 20.

[12] BOBBIO, Norberto. *Dicionário de Política.* Brasília: UnB, 1986, p. 416.

[13] ROSANVALLON, Pierre. *A Crise do Estado-Providência.* Trad.: Joel Pimentel de Ulhôa. Goiânia: UFG; Brasília: UnB, 1997, p. 20.

Conforme esclarece García-Pelayo, no Estado Social não se nega importância aos valores da liberdade e da propriedade, mas pretende-se torná-los mais efetivos, dando-lhes uma base e conteúdo material, pois parte-se do pressuposto de que o indivíduo e a sociedade não são categorias isoladas e contraditórias, uma vez que essas categorias estão conectadas numa relação de dependência.

Assim, não há possibilidade de garantir a liberdade, se o seu estabelecimento e as garantias formais não estão acompanhadas de condições mínimas que tornem possível seu exercício real. Enquanto, nos séculos XVIII e XIX, se pensava que a liberdade era uma exigência da dignidade humana, agora se pensa que a dignidade humana (manifestada nos pressupostos socioeconômicos) é uma condição para o exercício da liberdade.[14]

Para o Estado do Bem-Estar Social, portanto, não basta assegurar, por exemplo, o direito à liberdade de expressão num plano meramente formal – garantir a todos que manifestem livremente o pensamento. É necessário assegurar, também, os meios necessários para que os indivíduos tenham acesso à educação e à cultura de modo que tal direito possa ser exercido de uma forma plena, visto que de nada adianta garantir liberdade de expressão àquele que está desprovido das condições mínimas para exercê-la (o analfabeto, por exemplo).

Enfim, a idéia de liberdade está fundada na possibilidade de fazer escolhas, que apenas são factíveis se preenchidos os pressupostos materiais necessários, sendo que estes, embora correndo os riscos da brevidade, não podem ser entendidos como presentes quando inexistirem alimentação, habitação, saúde, educação, segurança e renda mínima.

O Estado do Bem-Estar Social não foi gerado com contornos definitivos. Trata-se de um modelo que foi se aperfeiçoando ao longo do século XX, mediante a incorporação dos denominados "novos direitos" à cidadania e o consenso acerca da necessidade de que o Estado estivesse presente como ator privilegiado dentro do cenário econômico. Conforme explica Bolzan de Morais:

> A construção de um Estado como Welfare State está ligada a um processo histórico que conta já de muitos anos. Pode-se dizer que o mesmo acompanha o desenvolvimento do projeto liberal transformado em Estado do Bem-Estar Social no transcurso da primeira metade do século XX e que ganha contornos definitivos após a Segunda Guerra Mundial.[15]
>
> [...]
>
> São os direitos relativos às relações de produção e seus reflexos, como a previdência e assistência sociais, o transporte, a salubridade pública, a moradia, etc. que vão impulsionar a passagem do chamado Estado mínimo – onde lhe cabia tão-só assegurar o não-impedimento do livre desenvolvimento das relações sociais no âmbito do mercado caracterizado por vínculos intersubjetivos a partir de indivíduos formalmente livres e iguais – para o Estado

---

[14] GARCIA-PELAYO, Manuel. *Las Transformaciones del Estado Contemporáneo.* 4. ed. Madrid: Ralianza, 1996, p. 26.

[15] ROSANVALLON, Pierre. *A Crise do Estado-Providência.* Trad.: Joel Pimentel de Ulhôa. Goiânia: UFG; Brasília: UnB, 1997, p. 34.

Social de caráter intervencionista – que passa a assumir tarefas até então próprias ao espaço privado através de seu ator principal: o indivíduo.[16]

Diferentemente do que possa advir de uma análise superficial, o aprofundamento do papel do Estado Social não significou apenas uma atuação voltada aos interesses das classes sociais menos favorecidas, através de mecanismos de proteção social. Ao contrário, constata-se que a atuação do Estado, pelo menos no que tange à gama de recursos empregada, esteve, paradoxalmente, a serviço do capital ou do que se convencionou denominar de "elites dominantes".

Além da construção de usinas hidrelétricas, estradas e financiamentos, exemplificadas por Bolzan de Morais,[17] cabe referir aqui a enxurrada de concessões de benefícios fiscais, ora explicitamente – mediante desonerações – ora mediante efetivas doações, travestidas de "empréstimos".

Nesse sentido, Scaff lembra Giannini,[18] o qual sustentava que "é também verdadeiro que a classe dominante transfere para a coletividade o custo dos próprios conflitos internos". Em vista disso, Scaff enumera a "tripla vantagem obtida pela burguesia com a implantação e o aprofundamento do Welfare State: 1) a flexibilização do sistema possibilitando sua manutenção de forma mitigada; 2) a divisão por todo o povo dos custos de infra-estrutura básica necessária para o desenvolvimento do capital; e 3) o benefício decorrente da concessão de obras e serviços públicos".[19]

Por outro lado, Streck menciona que a democratização das relações sociais implicou "a abertura de canais que permitiram o crescimento das demandas por parte da sociedade civil".[20] Esse fato, prossegue Streck,

[...] será, posteriormente, um dos obstáculos críticos ao próprio desenvolvimento do Estado do Bem-Estar Social se pensarmos que, com o aumento da atividade estatal, crescia, também, a sua burocracia, como instrumento de concretização dos serviços e, como sabido, a democracia e burocracia andam em caminhos com sentidos opostos.[21]

A idéia do Estado do Bem-Estar foi se desenvolvendo sob influências de particularidades políticas, econômicas e culturais, sendo que a própria questão da denominação é bastante controversa, conforme já examinado. Mesmo com a discussão terminológica, é imperioso reconhecer que esse modelo de Estado tem um núcleo temático comum: a proteção do cidadão contra os riscos sociais.

---

[16] ROSANVALLON, Pierre. op. cit., p. 35.

[17] BOLZAN DE MORAIS, José Luis. *As Crises do Estado e da Constituição e a Transformação Espacial dos Direitos Humanos*. Estado e Constituição 1. Porto Alegre: Livraria do Advogado, 2002, p. 35.

[18] GIANNINI, Massimo Severo. *Diritto Pubblico Dell'Economia*. Bologna: Mulino, 1977, p. 33.

[19] SCAFF, Fernando Facury. *Responsabilidade Civil do Estado Intervencionista*. 2. ed. rev. e ampl., Rio de Janeiro: Renovar, 2001, p. 96.

[20] STRECK, Lenio Luiz. *Jurisdição Constitucional e Hermenêutica*: uma nova crítica do direito. 2. ed. Rio de Janeiro: Forense, 2004, p. 55.

[21] Idem, 2004 p. 55-56.

Prosseguindo nessa abordagem, Boaventura de Sousa identifica quatro elementos estruturais que estão na base do desenvolvimento do Estado-Providência:

Primeiro, um pacto social entre o capital e trabalho sob a égide do Estado, cujo objectivo último é compatibilizar democracia e capitalismo; segundo, uma relação sustentada, mesmo se tensa entre duas tarefas do Estado potencialmente contraditórias: a promoção da acumulação capitalista e do crescimento económico e a salvaguarda da legitimação; terceiro, um elevado nível de despesas no consumo social; quarto, uma burocracia estatal que internalizou os direitos sociais como direitos dos cidadãos, em vez de benevolência estatal.[22]

No entanto, conforme relata esse autor, seria possível classificar as espécies de Estado-Providência em quatro grandes grupos, de acordo com o índice de desmercadorização do bem-estar-social,[23] a saber: a) O Estado-Providência liberal; b) o Estado-Providência corporativo; c) o Estado-Providência social democrático; e d) o Estado-Providência vigente no sul da Europa.[24]

O primeiro grupo se caracterizaria por um grau baixo de proteção pública seletiva e residual, dirigida especificamente às classes de menores rendimentos, pela promoção de um sistema de proteção a partir do dualismo público/privado, pela intervenção no mercado através de subsídios. Nesse grupo estariam relacionados os Estados Unidos e a Inglaterra.[25]

O segundo grupo corresponderia ao modelo de Estado cujos direitos sociais são garantidos em nível elevado, mas circunscritos aos trabalhadores, sendo que, paralelamente, existe um sistema de assistência social generoso para aqueles não abrangidos pelos regimes contributivos. Conforme afirma Boaventura, a "desmercadorização da protecção social tem, como contrapartida, o accionamento de efectivos mecanismos de controlo social".[26] Tal modelo seria o vigente na Alemanha e na Áustria.

De outro modo, o Estado-Providência social democrático é entendido como vigente nos países escandinavos, caracterizando-se pelo acesso, quase universal, aos benefícios, pelo acesso aos direitos como uma condição de cidadania e pela concessão de benefícios, bastante generosos, os quais são financiados por impos-

---

[22] SOUSA SANTOS, Boaventura de. A Reforma do Estado-Providência entre Globalizações Conflitantes. In: HESPANHA, Pedro; CARPINTEIRO, Graça (orgs). *Risco Social e Incerteza*: pode o estado social recuar mais? Porto: Afrontamento, 2001, p. 185.

[23] Essa expressão foi utilizada por Esping-Anderson para designar o grau em que os indivíduos ou famílias podem manter um nível de vida aceitável, independentemente da participação do mercado. Esse grau de desmercadorização não depende só do nível das prestações sociais, mas também das condições de elegibilidade e restrições nos direitos, do nível de substituição dos rendimentos e do leque dos direitos. SOUSA SANTOS, Boaventura de. (org.). Os Processos da Globalização. In: SOUSA SANTOS, Boaventura de. *A Globalização e as Ciências Sociais*. São Paulo: Cortez, 2005, p. 80.

[24] SOUSA SANTOS, Boaventura de. (org.). Os Processos da Globalização. In: SOUSA SANTOS, Boaventura de. *A Globalização e as Ciências Sociais*. São Paulo: Cortez, 2005, p. 80.

[25] Idem, ibidem.

[26] Idem, p. 81.

tos elevados, havendo, portanto, um elevado grau de desmercadorização do bem estar social.[27]

Por fim, o modelo de Estado vigente no sul da Europa, principalmente em Itália, Espanha, Portugal e Grécia, corresponderia a um "sistema corporativo de protecção social altamente fragmentado em termos ocupacionais", dando ensejo, dessa forma, a injustiças e disparidades, posto que fundado, concomitantemente, em generosas proteções, de um lado, e em grandes lacunas, de outro. Embora o acesso à saúde pública seja universal, tal proteção é de baixa qualidade, havendo também um baixo nível de despesas públicas sociais, a permanência do clientelismo e "misturas altamente promíscuas entre actores e instituições públicas, por um lado, e privados por outro".[28]

Quando são examinadas as características mencionadas em relação a esse último grupo, parece óbvio concluir que, no Brasil, se fosse possível identificar a presença de um arremedo de Estado-Providência, certamente tal modelo se assemelharia, na melhor das hipóteses, àquele existente nos países classificados dentro desse último grupo, justamente porque se percebem visíveis aqui, as características identificadas nos Estados-Providência do sul da Europa, especialmente no que tange ao clientelismo, à mistura promíscua entre o público e o privado e à baixa qualidade da proteção social.

De qualquer forma, como Bolzan de Morais sustenta, em que pese não ser possível falar na existência de um modelo único de Estado do Bem-Estar, é possível identificar características comuns, relativamente à intervenção Estatal e ao direito do cidadão, independentemente da sua condição social, de "ser protegido contra dependências de curta ou longa duração".[29]

Enfim, muito embora haja uma gama de variações de modelos estatais, é possível identificar um núcleo comum a indicar, nitidamente, que o caminho a ser percorrido pelo Estado Social, de Bem-Estar-Social ou Providência aponta no sentido de assegurar ao cidadão uma vida protegida dos riscos sociais, variando, no entanto, a intensidade e a amplitude dessa proteção.

Com o aprofundamento das experiências e em face às circunstâncias e contingências históricas, ocorre uma sofisticação desse modelo estatal, o qual se transforma no denominado Estado Democrático de Direito. Esse modelo estatal assume uma inegável função transformadora da realidade social, haja vista que essa nova concepção impõe ao Estado o papel de direcionar suas ações no sentido de construir uma sociedade menos desigual. Ou seja, cabe ao Estado Democrático

---

[27] SOUSA SANTOS, Boaventura de. (org.). Os Processos da Globalização. In: Sousa SANTOS, Boaventura de. *A Globalização e as Ciências Sociais*. São Paulo: Cortez, 2005, p. 80.

[28] Idem, p. 81

[29] BOLZAN DE MORAIS, José Luis. Revisitando o Estado!: da crise conceitual à crise institucional (constitucional). In: *Anuário do Programa de Pós-Graduação em Direito – Mestrado / Doutorado*. São Leopoldo: Unisinos – Centro de Ciências Jurídicas, 2000.

de Direito a utopia (?) da concretização da igualdade material, razão pela qual Bolzan de Morais explica:

> O *Estado Democrático de Direito* emerge como um aprofundamento da fórmula, de um lado, do Estado de Direito e, de outro, do Welfare state. Resumidamente pode-se dizer que, ao mesmo tempo em que se tem a permanência em voga da já tradicional questão social, há como quê sua qualificação pela questão da igualdade. Assim o conteúdo deste se aprimora e se complexifica, posto que impõe à ordem jurídica e à atividade estatal um conteúdo utópico de transformação *do status quo.* (grifos no original).[30]

Nessa nova organização social, o Estado tem um papel decisivo no sentido de não apenas assegurar a igualdade formal, mas, sobretudo, de alcançar a igualdade material, isto é, o Estado passa a ter como condição de existência a busca de meios que possam minimizar as desigualdades decorrentes do modelo econômico vigente. Nessa linha, Bonavides afirma:

> O Estado social é enfim Estado produtor de igualdade fática. Trata-se de um conceito que deve iluminar sempre toda a hermenêutica constitucional, em se tratando de estabelecer equivalência de direitos. Obriga o Estado, se for o caso, a prestações positivas; a prover meios, se necessário, para concretizar comandos normativos de isonomia.[31]

Entre as características marcantes desse modelo de Estado, conforme exposto por Garcia-Pelayo ao descrever o Estado Democrático de Direito espanhol, podem ser destacadas: a) a superação das possíveis contradições entre a titularidade formal dos direitos públicos subjetivos e o exercício efetivo; b) a ação estatal destinada a criar as condições de satisfação daquelas necessidades vitais que, nas complexas condições da sociedade atual, não podem ser satisfeitas, nem pelos indivíduos, nem por grupos; c) uma concepção de cidadania não apenas como participação em valores e direitos políticos, mas também dos bens econômicos e culturais; d) o fato de se caracterizar como um Estado de prestações, de modo que os preceitos constitucionais que limitam a sua atividade convivem com outros que estabelecem objetivos para a ação legislativa e administrativa.[32]

Enfim, do modelo Estado Liberal clássico passa-se, em menos de um século, para o modelo do Estado Democrático de Direito, numa velocidade típica do século XX, sem que as contradições e dificuldades tenham sido devidamente assimiladas e superadas; sem que, em muitos países, se consiga efetivamente perceber que o antigo Estado Liberal tenha sido definitivamente aposentado; e sem que importantes atores do cenário político, econômico e social tenham percebido que, num plano formal pelo menos, estavam vivendo uma realidade antagônica àquele outrora vigente.

---

[30] BOLZAN DE MORAIS, José Luis. Revisitando o Estado!: da crise conceitual à crise institucional (constitucional). In: *Anuário do Programa de Pós-Graduação em Direito – Mestrado / Doutorado.* São Leopoldo: Unisinos – Centro de Ciências Jurídicas, 2000, p. 82.

[31] BONAVIDES, Paulo. *Curso de Direito Constitucional.* 11. ed. São Paulo: Malheiros, 2001, p. 343.

[32] GARCIA-PELAYO, Manuel. *Las Transformaciones del Estado Contemporáneo.* 4. ed. Madrid: Ralianza, 1996, p. 95.

Diante desse contexto, seria perfeitamente possível projetar as inevitáveis crises que aguardavam para eclodir. Essas crises (conceitual, estrutural, institucional e funcional)[33] começam a ser constatadas ainda no final da década de sessenta do século XX, sendo que uma delas pode ser entendida como o marco zero das demais: a crise estrutural.

Uma vez que começam a faltar os recursos materiais para que o Estado de Bem-Estar cumpra seu papel e se aprofunde diante das novas demandas da sociedade, passa-se a questionar se o próprio modelo é viável e, se viável, até que ponto poderia ser reduzido ou minimizado. No entanto, tal discussão tem algo que a precede: a emergência dos novos riscos sociais e a sensação de impotência frente a eles, conforme análise que segue.

1.2. A EMERGÊNCIA DOS NOVOS RISCOS E A CRISE FISCAL DO ESTADO DO BEM-ESTAR SOCIAL

À medida que o Estado do Bem-Estar Social se aprofundava e incorporava elementos, os problemas relativamente à estrutura tornaram-se mais evidentes. Apareceram novos riscos sociais, pois o Estado deixou de ter apenas a obrigação de cobrir riscos clássicos (doença, desemprego e terceira idade) e passou a assumir a cobertura de novos riscos sociais, tais como o desemprego de longa duração, a proteção ao meio-ambiente e a necessidade de desenvolver políticas públicas aptas a minimizar as desigualdades econômicas e sociais decorrentes do modelo econômico vigente.

Ocorre a emergência do que se convencionou denominar "sociedade de risco", justamente porque as novas necessidades procedem de circunstâncias imprevisíveis e indesejáveis, as quais abalam os alicerces da segurança outrora vigente e minam as possibilidades de que as instituições possam dar uma resposta eficaz às demandas decorrentes. Relata Pedro Hespanha:

> O agravamento do risco social na contemporaneidade relaciona-se com a emergência de novos factores de incerteza e de imprevisibilidade que reduzem inelutavelmente a capacidade de resposta no quadro dos sistemas institucionalizados. Sociedades de risco, como passaram a ser designadas por Beck, distinguem-se pela presença crescente de conseqüências não esperadas, nem desejadas, do processo de modernização e pela generalização da insegurança.
>
> As mudanças atingem todas as esferas das sociedades e traduzem-se num esbater dos contornos das categorias que pareciam estruturar as relações sociais dentro dela: natureza, classes, família, emprego, público e privado, conhecimento científico. As próprias idéias e as respostas institucionais da época anterior deixaram de ser convincentes (Beck, 2000, p. 21): as desigualdades não passam apenas por diferenças de classe, a exploração da natureza tornou-se social e economicamente insustentável, a separação de papéis entre homem e

---

[33] Para examinar cada uma dessas ditas manifestações de crises, vide BOLZAN DE MORAIS, José Luis (org.). *O Estado e suas Crises*. Porto Alegre: Livraria do Advogado, 2005.

mulher deixou de ser "natural", a sociedade salarial inviabilizou-se perante o desemprego estrutural, o uso político da ciência reduziu a sua credibilidade.[34]

Analisando as origens desses novos riscos sociais, percebe-se que as alterações demográficas, provenientes do envelhecimento da população e da conseqüente diminuição da população ativa, pressionam o sistema de aposentadorias e pensões e aumentam a necessidade de cuidados de saúde e de serviços de apoio e proteção social para a terceira idade. Por outro lado, a maior participação das mulheres no mercado de trabalho traduz-se numa necessidade crescente de serviços sociais de proteção à infância, além de representar um aumento significativo da disputa por um posto de trabalho.

Em relação ao progresso tecnológico, experimentado principalmente no final do século XX, são inegáveis os resultados altamente positivos em setores como o da saúde, da produtividade e da comunicação humana, para citar apenas três exemplos. No entanto, como observa Ladislau Dowbor,

> [...] a verdade é que o dramático avanço tecnológico, sem um avanço comparável em termos institucionais, se torna explosivo para a humanidade: gigantescos barcos de pesca industrial limpam os mares sem se preocupar com o amanhã; a química fina e os transportes modernos levaram à constituição de uma rede mundial de produção e distribuição de drogas que destroem centenas de milhões de pessoas; milhares de laboratórios ensaiam hoje manipulações genéticas sem nenhum controle ou regulamentação; armas cada vez mais letais são vendidas de maneira cada vez mais irresponsável; a tecnificação da agricultura está destruindo os solos do planeta e gerando um caos climático de efeitos imprevisíveis e assim por diante.[35]

Dentro dessa linha, cabe lembrar que, concomitantemente ao avanço tecnológico, quase metade da humanidade não dispõe de infra-estrutura de saneamento; mais de um bilhão de pessoas não têm acesso a abastecimento de água potável; a concentração de dióxido de carbono cresce assustadoramente; e 10 a 30% das espécies de anfíbios, mamíferos e aves estão ameaçadas de extinção,[36] razão pela qual Konder Comparato afirma:

> A questão da sobrevivência da nossa espécie põe-se hoje, portanto, de forma iniludível, a todos os homens de consciência e de responsabilidade. A humanidade somente terá condições de enfrentar esse formidável desafio se souber encontrar uma forma de união na qual todos os povos do mundo possam viver livres e iguais em dignidade e direito.[37]

---

[34] HESPANHA, Pedro. Mal-Estar e Risco Social num Mundo Globalizado: novos problemas e novos desafios para a teoria social. In: SOUSA SANTOS, Boaventura de. (org.). Os Processos da Globalização. In: SOUSA SANTOS, Boaventura de. *A Globalização e as Ciências Sociais*. São Paulo: Cortez, 2005, p. 34-35.

[35] DOWBOR, Ladislau. Globalização e Tendências Institucionais. In: DOWBOR, Ladislau; IANNI, Octavio; RESENDE, Paulo-Edgar A. (orgs). *Desafios da Globalização*. Petrópolis: Vozes, 1997, p. 6.

[36] COMPARATO. Fábio Konder. *Ética*: direito moral e religião no mundo moderno. São Paulo: Companhia das Letras, 2006, p. 430.

[37] Idem, ibidem.

No campo social, o desenvolvimento tecnológico, inegavelmente, contribuiu para o aumento do desemprego de longa duração e o subemprego, que afetam, sobretudo, os jovens, as mulheres e os trabalhadores com mais idade e, em especial e cruelmente, aqueles que se encontram na base da pirâmide social.

Há de se reconhecer que essa verdadeira "revolução tecnológica" experimentada no final do século XX foi, em relação a um ponto, muito diferente das outras "revoluções" vividas pela humanidade, como a expansão do mercantilismo ou a revolução industrial. Tal ocorre porque, diferentemente das demais, a "era cibernética" foi a primeira das revoluções "poupadoras de mão-de-obra", pois ela implicou dramática redução de postos de trabalho, especialmente no setor da indústria e da agricultura.

Não bastasse isso, constata-se uma crescente precarização da relação de trabalho, mediante a flexibilização de direitos, insegurança quanto à manutenção do emprego e informalidade, o que dá ensejo a uma inequívoca vulnerabilidade social de largos segmentos da sociedade.[38] Paradoxalmente, constata-se que tudo isso é feito sob o pretexto de estimular a geração de emprego e protegê-lo.

Todos esses fatores colaboraram para a introdução de novos riscos sociais, em relação aos quais o Estado teria de fazer frente, pois se multiplicaram as demandas de proteção por parte daqueles que haviam sido, literalmente, excluídos do mercado de trabalho, ou estavam de tal forma submetidos à precarização da relação laboral, que a exposição aos riscos sociais crescia exponencialmente.

Acontece que, como sustentava Beveridge,[39] a política de previdência social só tem sentido se estiver ligada a uma política de pleno emprego. Segundo ele, o desemprego é o principal risco social, sendo que a função do Estado concernente a proteção de seus cidadãos contra o desemprego em massa é tão importante quanto a função concernente à defesa dos cidadãos contra os ataques externos e contra os roubos e violências internas.[40]

O debate acerca da crise estrutural, decorrente da emergência de novos riscos sociais, se inicia no final da década de 1960 e se aprofunda com a crise econômica internacional da década de 70, quando passa a ganhar força a crítica ao Estado de Bem-Estar Social. Tal crise ocorre após um período – quase trinta anos – de inequívoca prosperidade econômica, vivenciada depois da segunda grande guerra. O ápice do modelo é viabilizado por uma boa interação entre políticas de proteção, que minimizam os conflitos sociais e possibilitam o crescimento dos modelos econômicos, concebidos a partir de uma orientação intervencionista keynesiana.

---

[38] HESPANHA, Pedro; CARPINTEIRO, Graça (orgs). *Risco Social e Incerteza*: pode o estado social recuar mais? Porto: Afrontamento, 2001, p. 29.

[39] Sir Willian Beveridge elaborou, em 1942, o denominado "Plano Beveridge", que correspondia a um relatório sobre a organização de um sistema britânico de previdência, considerado o marco do advento do "Welfare State" inglês.

[40] ROSANVALLON, Pierre. *A Crise do Estado-Providência*. Trad.: Joel Pimentel de Ulhôa. Goiânia: UFG; Brasília: UnB, 1997, p. 127.

Quando se a constata a associação de um baixo crescimento econômico com a aceleração inflacionária e desequilíbrios orçamentários, surgem os primeiros conflitos entre política econômica e política social. Isso acaba, paulatinamente, acarretando descrença na possibilidade de se compatibilizar o crescimento econômico com justiça social, principalmente através de transferência de renda e de gastos sociais dos governos.

Aliado a isso, verifica-se um crescente descrédito na capacidade gerencial do próprio Estado para o enfrentamento das desigualdades e a erradicação da pobreza,[41] uma vez que mais significativa do que o baixo nível de despesas sociais é "a ineficácia que estas demonstram na prevenção ou erradicação da pobreza e da desigualdade social". Ou seja, os gastos com políticas públicas não atingem os grupos sociais mais vulneráveis de forma eficaz, além de essas políticas não serem suficientemente redistributivas.[42]

No que concerne aos países periféricos, especialmente o Brasil, há um outro componente decisivo: os custos suportados pelo endividamento do próprio Estado. Se, em relação aos países ditos desenvolvidos, os juros pagos para financiamento de eventual déficit público, presente ou passado, eram perfeitamente toleráveis, nos países periféricos isso representou a assunção de um ônus insuportável e a necessidade de carrear fabulosos recursos para fins de manutenção do denominado "serviço da dívida". Logicamente, isso contribuiu sobremaneira para que houvesse uma significativa redução de recursos disponíveis para atender às demandas sociais emergentes.

Além disso, nas economias periféricas, nos quais o Estado Social é muito mais frágil (quando não inexistente), esse processo de enfraquecimento ocorre com maior velocidade e profundidade, trazendo um novo e importante dado: o capital globalizado começa a se deslocar com enorme facilidade à procura de Estados que lhe ofereçam melhores condições para expansão dos seus lucros. Os investidores passam a exigir do Estado generosas concessões e benefícios como condição para realização de investimentos, especialmente aqueles geradores de mão-de-obra.

Há de se reconhecer também que o processo de globalização neoliberal colabora decisivamente na amplificação do risco social. Isso ocorre porque este é alicerçado no aspecto econômico e desconsidera, quase por completo, o elemento humano. Nesse sentido, constata Pedro Hespanha:

> Um efeito particularmente visível da globalização consiste na emergência ou na amplificação de situações de risco social, através de processos por vezes muito complexos de ruptura dos equilíbrios sociais à escala local. O desemprego cíclico, os empregos precários e mal

---

[41] Para fins desse trabalho, adotar-se-á o conceito de pobreza mencionado por Dupas (1999), no sentido ser "a incapacidade de satisfazer necessidades básicas". DUPAS, Gilberto. *Economia Global e Exclusão Social*: pobreza, emprego, estado e o futuro do capitalismo. São Paulo: Paz e Terra, 1999, p. 24.

[42] SOUSA SANTOS, Boaventura de. A Reforma do Estado-Providência entre Globalizações Conflitantes. In: HESPANHA, Pedro; CARPINTEIRO, Graça (orgs). *Risco Social e Incerteza*: pode o estado social recuar mais? Porto: Afrontamento, 2001, p. 189.

pagos, a insegurança social, a informalização do mercado de trabalho, o trabalho infantil, a sobreexploração das mulheres e dos idosos, as várias discriminações no trabalho, as migrações forçadas de famílias à procura de ocupação, a marginalização dos pobres e dos que sofrem incapacidade para trabalhar, a criminalização da droga, da miséria e da revolta, o renascimento dos racismos e da intolerância são apenas alguns sinais do lado negro do sistema económico em que vivemos, o capitalismo globalizado.[43]

Enfim, dentro desse quadro, seria pouco provável que deixassem de emergir problemas relacionados com o financiamento desses novos "riscos sociais", à proporção que as demandas se multiplicam numa velocidade desproporcional ao surgimento de fontes para financiá-las. Conforme relata Streck:

> Os problemas de caixa do *Welfare State* já estão presentes na década de 1960, quando os primeiros sinais de que receitas e despesas estão em descompasso, estas superando aquelas são percebidos. Os anos 70 irão aprofundá-la, à medida que o aumento da atividade estatal e a crise econômica mundial implicam um acréscimo ainda maior de gastos, o que implicará o crescimento do déficit público. Muitas das situações transitórias, para a solução das quais o modelo fora elaborado, passaram, dadas as conjunturas internacionais, a ser permanentes – o caso do desemprego nos países centrais exemplifica caracteristicamente este fato.[44]

A discussão acerca da questão do emprego, conforme abordado, passa a ser a tônica das discussões vinculadas à crise estrutural do Estado, à medida que se assiste a uma impiedosa exclusão e inacessibilidade de trabalhadores ao emprego formal. Tal exclusão produz um duplo efeito nefasto às finanças do Estado, porquanto uma vez alijados do emprego formal, os trabalhadores deixam de contribuir e, concomitantemente, passam a ter necessidades crescentes de assistência.

Relativamente à necessidade de assistência, esta é prestada diretamente, via programas de seguro-desemprego, renda mínima, concessão de "cesta básica", etc. Além disso, há o ônus a ser suportado, indiretamente, com necessidade de assistência, em face de os trabalhadores estarem mais expostos aos riscos inerentes à ausência de renda (violência, insegurança, etc.)

Nessa linha, François Ost, lembrando Beveridge, assim explica a crise em questão:

> Acontece que, hoje, o Estado-providência está em crise: o desemprego em massa, estrutural e de longa duração minou os seus fundamentos. Já em 1942 Beveridge estava consciente de que a nova política de segurança social que preconizava só fazia sentido ligada ao pleno emprego. Hoje, com efeito, a sociedade assistencial perde seu peso, à medida em que, devido ao desemprego estrutural, aqueles que descontam reduzem-se em proporção inversa aos potenciais beneficiários; nestas condições o risco muda de natureza e de escala e perguntamo-nos se ainda será reversível.[45]

---

[43] HESPANHA, Pedro; CARPINTEIRO, Graça (orgs). *Risco Social e Incerteza*: pode o estado social recuar mais? Porto: Afrontamento, 2001, p. 13.

[44] STRECK, Lenio Luiz. *Jurisdição Constitucional e Hermenêutica*: uma nova crítica do direito. 2. ed. Rio de Janeiro: Forense, 2004, p. 58.

[45] OST, François. *O Tempo do Direito*. Lisboa: Instituto Piaget, 1999, p. 339.

Em vista dessa crise, assiste-se, com evidente descontentamento social, a uma série de pequenos e grandes retrocessos do Estado do Bem-Estar, de tal forma que cabe questionar até onde tais retrocessos podem prosseguir sem que o modelo de Estado tenha que sofrer uma mutação de sua gênese ou até de sua denominação.

Esse recuo do Estado de Bem-Estar é facilmente perceptível numa série de países – da União Européia inclusive –, mediante a redução da proteção social, especialmente no que tange aos benefícios previdenciários, mas não exclusivamente. O recuo se verifica também em relação à assistência aos desempregados e aos desprovidos de renda e à redução de recursos destinados à educação, à saúde pública e à cultura, bem como ao aviltamento salarial dos responsáveis pelo serviço público (camadas que estão na base da pirâmide salarial principalmente), para mencionar apenas algumas manifestações mais significativas.

Essa crise, entretanto, não é apenas resultante do descompasso entre as receitas públicas e o desproporcional crescimento das demandas sociais em face da multiplicação dos riscos. A denominada "crise estrutural" é mais complexa, à medida que se entrelaçam outros componentes. Há uma espécie de abalo nos alicerces que fundamentam esse modelo do Estado do Bem-Estar Social. Esse abalo pode ser denominado de ideológico, pois mina os valores consensuais sobre os quais se apoiavam os dogmas, até então intatacáveis, desse modelo de Estado.

1.3. A CRISE IDEOLÓGICA DO ESTADO DO BEM-ESTAR SOCIAL

A princípio, entendia-se que a crise fiscal se confundia com a própria crise do Estado do Bem-Estar, tendo em vista que esse não mais conseguia fazer frente às demandas por prestações estatais, devido às crescentes necessidades de proteção do cidadão contra a emergência de novos riscos. Enfim, entendia-se que a crise decorria do próprio aprofundamento do papel do Estado.

No entanto, como já sustentava Rosanvallon, a crise não está relacionada apenas com o desequilíbrio econômico entre o que o Estado arrecada e as demandas sociais, que necessitam ser atendidas. O que está em causa, pois, é um abalo muito mais profundo, de forma que as relações da sociedade com o Estado passam a ser questionadas. Em vista disso, é possível reconhecer que a fonte da crise é muito mais extensa do que o simples desajuste das finanças públicas.[46]

É inegável que, paralelamente ao fato de o Estado do Bem-Estar Social ter desempenhado um papel fundamental como redutor das desigualdades, esse modelo de Estado também deu ensejo a um novo formato de cidadania. Se, por um lado, verificou-se a construção de uma idéia de cidadania, cuja titularidade de direitos reside tão-somente na própria condição de cidadão, por outro lado, verificou-se o esquecimento acerca dos deveres de cidadania, especialmente no que

---

[46] ROSANVALLON, Pierre. *A Crise do Estado-Providência*. Trad.: Joel Pimentel de Ulhôa. Goiânia: UFG; Brasília: UnB, 1997, p. 25.

TRIBUTAÇÃO E DIGNIDADE HUMANA

tange à questão da solidariedade. Explicando essa outra face do Estado do Bem-Estar, Bolzan de Morais constata o seguinte:

> [...] o que se observou foi, muitas vezes, apenas a transformação do indivíduo liberal em cliente da administração, apropriando privadamente a poupança pública ou adotando estratégias clientelistas de distribuição das respostas estatais e dos serviços públicos, quando não, naqueles locais onde a fórmula do Bem-Estar Social apenas como farsa foi forjada, elaborando-se mecanismos de constituição do consenso social desde um processo de infantilização dos atores. Aparentemente, enquanto houve abundância de recursos, a sociedade não se ressentiu profundamente destas insuficiências. Entretanto, à medida em que a capacidade de financiamento público estatal se reduzia, a coesão social parece ter perdido forças em seu caráter de grupo, passando a produzir-se uma disputa iníqua pela apropriação do que restava de pressupostos públicos.[47]

Ou seja, em vez de efetivos cidadãos, o Estado forjou o surgimento de verdadeiros "indivíduos-clientes", que exigem, sempre em proveito exclusivamente próprio, respostas cada vez mais significativas do Estado. Portanto, há uma quebra dos vínculos de solidariedade entre os atores sociais, que deixam de se responsabilizar pelos efeitos decorrentes da exposição aos riscos, transferindo ao Estado e dele exigindo o cumprimento integral dessa tarefa. Em outros termos, os cidadãos passam a ser tratados pelo "pai" (Estado) como filhos que, mesmo após a maioridade, permanecem dependentes e infantis, sendo que um dos traços mais evidentes dessa pseudocidadania é o individualismo.

Com isso, percebe-se uma despudorada manifestação do individualismo – um dos alicerces principais da modernidade – a partir do qual o sentimento de coletividade se perde, e com ele perde-se a concepção e o reconhecimento da importância da solidariedade social.

Cabe mencionar, então, o alerta de Tocqueville, lembrado por Bauman, segundo o qual "indivíduo é o pior inimigo do cidadão", uma vez que este é "uma pessoa que tende a buscar seu próprio bem-estar através do bem-estar da cidade"; já "o indivíduo tende a ser morno, cético ou prudente em relação à "causa comum", ao "bem comum" à "boa sociedade" ou a "sociedade justa".[48] Em vista disso, arremata Bauman:

> Se o indivíduo é o pior inimigo do cidadão, se a individualidade anuncia problemas para a cidadania e para a política fundada na cidadania, é porque os cuidados e preocupações dos indivíduos enquanto indivíduos enchem o espaço público até o topo, afirmando-se como seus únicos ocupantes legítimos e expulsando tudo mais do discurso público. O "público" é colonizado pelo privado; o interesse público é reduzido à curiosidade sobre as vidas privadas de figuras públicas e a arte da vida pública é reduzida à exposição pública das questões privadas e a confissão de sentimentos privados (quanto mais íntimos, melhor). As questões públicas que resistem a essa redução tornam-se quase incompreensíveis.[49]

---

[47] ROSANVALLON, Pierre. *A Crise do Estado-Providência*. Trad.: Joel Pimentel de Ulhôa. Goiânia: UFG; Brasília: UnB, 1997, p. 44.

[48] BAUMAN, Zygmunt. *Modernidade Líquida*. Trad.: Plínio Dentzien. Rio de Janeiro: Jorge Zahar, 2001, p. 45.

[49] Idem, p. 46.

Esse individualismo tem uma outra face, que consiste em condicionar a realização pessoal ao acesso aos bens de consumo. Ou seja, a concepção corrente de felicidade passa, inescapavelmente, pela possibilidade de consumo de bens, cada vez mais sofisticados e supérfluos, sendo que aquele que não tem a possibilidade de acesso a tais bens sente-se marginalizado, excluído e infeliz. Como explica Dupas:

> De fato, a sociedade contemporânea criou um sério problema ao centrar no consumo diferenciado boa parte da realização pessoal e social. Tal possibilidade de consumo transformou-se num principal sinal exterior de sucesso individual, o que faz com que o sentimento de exclusão possa ter um teor puramente relativo, ou seja, o de estar excluído não de necessidades consideradas básicas, mas daquilo que outras pessoas têm. Essa sensação pode, com efeito, ocorrer em qualquer faixa de renda.[50]

Retomando a questão, há de se reconhecer que o denominado abalo ideológico é muito mais letal aos fundamentos do Estado Social, visto que mina suas tradicionais estruturas. Segundo Rosanvallon: a) passa-se a discutir sobre a finalidade do Estado-Providência, ou seja, discute-se se a igualdade é algo a ser efetivamente pretendido, e surgem dúvidas acerca dos limites da solidariedade automática; b) num cenário de crise econômica, o crescimento deixa de desempenhar o papel de lubrificante social; c) o modelo do Estado-Providência passa a ser severamente atacado tanto pela direita como pela esquerda, havendo uma modificação daquilo que o autor denomina de compromisso keynesiano – sobre o qual se assentava esse modelo de Estado.[51]

Enfim, há uma verdadeira revolução conceitual dentro da própria sociedade, a partir da qual a solidez do modelo do Estado de Bem-Estar Social ou Providência literalmente "se desmancha no ar".[52] Os alicerces, sobre os quais está fundamentado esse modelo de Estado, são profundamente afetados e ameaçam ruir. Há um sentimento de insegurança que se espalha, como epidemia, por todas aquelas nações que, de uma forma mais ou menos profunda, conseguiram fazer do referido modelo uma perspectiva de vida factível e uma concreta possibilidade de coexistência coletiva mais harmônica e justa.

Além disso, pode-se identificar a manifestação de outros aspectos dessa crise, os quais afetam a estrutura do Estado do Bem-Estar. Em relação a eles, Streck menciona:

---

[50] DUPAS, Gilberto. *Economia Global e Exclusão Social*: pobreza, emprego, estado e o futuro do capitalismo. São Paulo: Paz e Terra, 1999, p. 17.

[51] ROSANVALLON, Pierre. *A Crise do Estado-Providência*. Trad.: Joel Pimentel de Ulhôa. Goiânia: UFG; Brasília: UnB, 1997, p. 26.

[52] Termo mencionado na obra de Bauman (2001) que se inspirou na famosa frase sobre "derreter os sólidos", contida no Manifesto Comunista, o qual "referia-se ao tratamento que o autoconfiante e exuberante espírito moderno dava à sociedade, que considerava estagnada demais para seu gosto e resistente demais para mudar e amoldar-se a suas ambições – porque congelada em seus caminhos habituais". BAUMAN, Zygmunt. *Modernidade Líquida*. Trad.: Plínio Dentzien. Rio de Janeiro: Jorge Zahar, 2001, p. 9.

Os anos 80 irão trazer à tona uma nova crise. Será, então, uma crise de legitimação que irá atingi-lo. A dúvida que se estabelece, então, é quanto às fórmulas de organização e gestão próprias ao Estado do Bem-Estar. Ocorre, então, uma crise ideológica patrocinada pelo embate antes mencionado entre a democratização do acesso e a burocracia do atendimento.[53]

Pode-se dizer, assim, que, a princípio, as deficiências estavam restritas à questão estrutural, porquanto havia um descompasso entre os recursos existentes e o exponencial crescimento das demandas decorrentes dos novos riscos sociais. À época, surgia um elemento novo para intensificar a crise: a dúvida quanto à possibilidades de o Estado de Bem-Estar Social conseguir organizar-se suficientemente para atender às demandas, pois contraria a todos a idéia de que o Estado viesse a existir, tão-somente para manter a sua própria burocracia e, com isso, a perder-se nela própria.

Segundo François Ost, a crise ideológica decorre do questionamento acerca da própria razão da existência desse modelo estatal. Para ele, a denominada crise ideológica é concebida dentro da seguinte perspectiva:

> A crise não é unicamente financeira, ela é também, e mais profundamente sem dúvida, ideológica: a dúvida instala-se quanto às finalidades do Estado-providência. Pierre Rosanvallon, que, desde 1981, estudava a crise do Estado-providência, vê nisso qualquer coisa como uma crise de representação do futuro. O futuro, escreve ele, já não pode ser pensado como continuação de uma tendência, execução de um movimento, desenvolvimento de um progresso cumulativo, realização de uma promessa primeira. A dúvida sobre o Estado-providência está ligada a uma espécie de avaria da imaginação social. Ninguém fala mais dos progressos sociais do futuro, nem formula os objectivos de uma nova etapa, nem se arrisca a descrever utopias concretas. Aquilo que domina é a perspectiva de manter direitos adquiridos. O mecanismo jurídico de standstill (efeito de linguete) que, a falta de consagrar novos direitos, opõe-se a que cerceiem as antigas protecções, ilustra bem esta situação de tempo de paragem. Mas quando já não se luta para que o futuro seja melhor, e apenas para que não seja pior, é porque mudámos de sociedade. O medo regressa novamente e, do Estado social solidário, passamos a sociedade de risco securitário.[54]

O referido autor esclarece que, atualmente, a sociedade de risco passa a ocupar espaço. Os indivíduos encontram-se novamente expostos às forças descontroladas do mercado, como se a desinstitucionalização das proteções sociais traduzisse a regressão ao estado de natureza econômico. Isso resulta numa forma extrema de atomização do indivíduo, seguida do fenômeno da exclusão. Essa mudança de paradigma, que transforma o indivíduo em vítima do sistema, deslocando a figura do agente social que promove a reivindicação política, faz apenas remendar as disfunções do passado. O risco e o medo voltam ao centro das preocupações coletivas, agravados pela despreocupação pelo futuro das gerações vindouras.[55]

---

[53] STRECK, Lenio Luiz. *Jurisdição Constitucional e Hermenêutica*: uma nova crítica do direito. 2. ed. Rio de Janeiro: Forense, 2004, p. 58.

[54] OST, François. *O Tempo do Direito*. Lisboa: Instituto Piaget, 1999, p. 340.

[55] Idem, p. 336-337.

Em estudo recentemente publicado, Bauman vai além, entendendo, inclusive, que, em face do medo coletivo, o Estado Social estaria com os "dias contados", surgindo, em sua substituição, o denominado Estado de Segurança. Conforme explica o autor:

> Os dias do Estado social podem estar chegando ao fim, mas os do Estado de segurança certamente não. Mas a segurança não era a principal razão de ser do Estado social? Claro que era. Então o que mudou? O significado da idéia de "segurança" se alterou, e em particular, as causas oficialmente reconhecidas de sua obstinada indefinição.[56]

Há de se reconhecer que a crise não está relacionada apenas à questão da estrutura de financiamento do Estado Social. Existem outros componentes importantes dessa crise. Constata-se, principalmente, que houve um abalo significativo nos laços de solidariedade que alicerçavam a concepção de Estado Social.

Para que esse modelo de Estado se sustente, é imprescindível, pois, a idéia de que o interesse coletivo deve se sobrepor ao particular e que os atores sociais devem agir dentro de uma comunidade compromissada com uma coexistência menos desigual, na qual os recursos sejam aplicados em políticas públicas direcionadas aqueles que mais do Estado precisam.

Diferentemente de representar um objetivo fundamental da prática política, a retórica da solidariedade transformou-se num discurso vazio e demagógico. Com isso, a idéia basilar sobre a qual se assentaria o Estado Social reduziu-se a um imperativo teórico, vigente apenas num plano formal. Em decorrência disso, Bolzan de Morais sustenta que emerge a crise denominada de filosófica, a qual é assim explicitada:

> A crise filosófica atinge exatamente os fundamentos sobre os quais se assenta o modelo do Bem-Estar Social. Esta crise aponta para a desagregação da base do Estado Social, calcada esta no seu fundamento a solidariedade, impondo um enfraquecimento ainda maior no conteúdo tradicional dos direitos sociais, das estratégias de políticas públicas a eles inerentes, bem como nas fórmulas interventivas características deste modelo de Estado.[57]

Enfim, esses abalos todos fizeram ruir as certezas relativamente à razão da existência, viabilidade e eficácia do Estado Social. Fizeram com que desmoronasse a crença de que o Estado pudesse ser um ator privilegiado na construção de uma sociedade menos desigual e com que a desesperança tomasse de assalto o imaginário coletivo. Com tudo isso, construíram o motivo perfeito para que se buscassem caminhos à superação do momento histórico.

A partir de todo esse cenário de crise, era inevitável, então, que surgissem e se afirmassem novas concepções em sentidos diametralmente opostos daqueles apontados pelo modelo de Estado que em crise estava. Tratava-se de algo lógico e previsível que, a uma velocidade impressionante, foi ganhando força e se impondo

---

[56] BAUMAN. Zygmunt. *Europa*. Trad.: Carlos Alberto Medeiros. Rio de Janeiro: Jorge Zahar, 2006, p. 84.

[57] BOLZAN DE MORAIS, José Luis. *As Crises do Estado e da Constituição e a Transformação Espacial dos Direitos Humanos*. Porto Alegre: Livraria do Advogado, 2002, p. 43.

no plano internacional, como até então poucas concepções o haviam conseguido. Essas novas concepções podem ser resumidas no que se convencionou denominar de "ideário neoliberal",[58] o qual, literalmente, "varreu o mundo".

Tal ideário foi impondo ao direito, à política, à economia e às instituições em geral uma nova fundamentação e, concomitantemente, foi apontando caminhos novos, e supostamente melhores, à humanidade. Isso implicou, por evidência, uma nova concepção de Estado, exposta a seguir.

1.4. O IDEÁRIO NEOLIBERAL DE ESTADO

Conforme visto acima, enquanto havia um acelerado crescimento econômico e níveis de emprego satisfatórios, o Estado Social pôde sofisticar-se, com serviços públicos cada vez melhores e proteção mais abrangente. No entanto, com a crise econômica, que se manifesta mais fortemente nas décadas de setenta e oitenta do século vinte, ocorre a conseqüente diminuição da arrecadação tributária e a emergência dos novos riscos sociais antes mencionados.

Além disso, a partir da eclosão da crise dos fundamentos que alicerçavam o Estado Social, em especial com o abalo do pilar da solidariedade, estavam presentes as condições necessárias para o surgimento de uma nova concepção de Estado.

Nesse novo cenário, o mercado assumiria o papel de regulador das relações econômicas e sociais, outrora ocupado pelo Estado, e este reduziria seu tamanho de tal forma que não representasse um ônus significativo àquele. Como menciona Gilberto Dupas:

> Nessa perspectiva, o mercado tendeu a ser reabilitado como instância reguladora por excelência das relações econômicas e sociais no capitalismo contemporâneo. A ele caberia determinar, inclusive, o tipo e a quantidade de investimento da economia, decisão privada com profundos impactos públicos.[59]

Retomando a questão anteriormente abordada, o autor reconhece que o "vácuo teórico e a incapacidade de gestão dos Estados nacionais, fenômenos que se seguiram à crise pós-keynesiana, abriram espaço para os sempre ardorosos defensores do *Estado mínimo*". Conforme o autor, a idéia segundo a qual o Estado é, naturalmente, ineficiente voltou com toda a força nos discursos mais conservadores, quando se evidenciaram problemas de financiamento e gestão dos governos nos países centrais.[60]

Pode-se dizer, então, que, em decorrência da crise do Estado Social, fortalece-se a concepção conservadora segundo a qual esse modelo corresponde a uma

---

[58] Novamente cabe a advertência de que o que visam os ditos liberais de hoje é algo que se distancia do que visavam os liberais de outrora.

[59] DUPAS, Gilberto. *Economia Global e Exclusão Social*: pobreza, emprego, estado e o futuro do capitalismo. São Paulo: Paz e Terra, 1999, p. 111.

[60] Idem, ibidem.

estrutura perniciosa, perversa e falida. Essa concepção é fundamentada em três argumentos básicos: 1) o desequilíbrio orçamentário decorrente da expansão dos gastos sociais do Estado produz déficits públicos, que penalizam a atividade produtiva, provocam inflação e desemprego; b) a amplitude dos programas sociais, no plano político, implica significativa regulação e intervenção do Estado na vida social, reduzindo a democracia e tendendo para um autoritarismo ou totalitarismo; c) os programas sociais estimulariam a passividade e a inatividade do cidadão, pois eliminariam os riscos, feririam a ética do trabalho e comprometeriam o mecanismo de mercado, à medida que reduzissem a competitividade da mão-de-obra.

A partir dessas constatações, a missão do Estado restaria bastante esvaziada, uma vez que conforme reitera Dupas:

> Ao governo caberia tão-somente o monopólio da defesa e das armas nacionais, a garantia da manutenção das leis, da ordem da justiça e da segurança e estabelecimento de um *level playing field* – um conjunto de regras básicas que permitissem aos agentes econômicos movimentarem-se livremente.[61]

Como conseqüência desse processo, "as atividades do governo deveriam ser encaradas como temporárias, sob pena de introduzirem distorções no jogo econômico", sendo que, quando as organizações não-governamentais (ONGs) de qualquer espécie se mostrassem capazes de fazer melhor do que o Estado, este teria de se retirar do campo privado.[62]

Historicamente, os anos 90 podem ser identificados como o momento em que essa concepção atinge seu ápice, pois essa década se iniciou sobre as ruínas do muro de Berlim, "entronizando o mercado como instância suprema de coordenação das atividades econômicas" e forçando o Estado a se retirar, não só das áreas em que não tinha competência para estar, como também de praticamente todas as suas áreas de atuação.[63]

Diante disso, ocorre um abalo nos fundamentos do Estado, atingindo significativamente os alicerces teóricos sobre os quais se mantinha o modelo do Bem-Estar, sobretudo na questão do enfrentamento das desigualdades. Dworkin relata que muitos economistas passam a acreditar que:

> [...] reduzir a desigualdade econômica por meio da redistribuição é prejudicial à economia geral e, há longo prazo fracassará por si só. Os programas de assistência social, dizem eles, são inflacionários, e o sistema tributário necessário para apoiá-los reduz o estímulo e, portanto, a produção. A economia, afirma-se, só pode ser reestimulada pela redução de impostos e pela adoção de outros programas que a curto prazo, irão gerar desemprego e prejudicar especialmente os que já estão na posição mais baixa da economia. Mas esse prejuízo será apenas temporário, pois uma economia mais dinâmica irá gerar prosperidade, o

---

[61] DUPAS, Gilberto. *Economia Global e Exclusão Social*: pobreza, emprego, estado e o futuro do capitalismo. São Paulo: Paz e Terra, 1999, p. 112.

[62] Idem, ibidem.

[63] Idem, p.115-116.

que, no fim oferecerá mais empregos e mais dinheiro para os deficientes e outros realmente necessitados.[64]

Em outros termos, pode-se dizer que, segundo essa lógica, era inevitável que houvesse uma parcela da população que suportaria gravosos prejuízos. Estes, todavia, se mostrariam toleráveis, já que, no futuro, todos desfrutariam da prosperidade oriunda da expansão do capital.

Seguindo essa receita contida na "bula" do neoliberalismo, para que o capital se expandisse e posteriormente fosse possível haver a dita "divisão do bolo", seria necessário que determinados pressupostos fossem preenchidos, entre os quais, sobretudo:

a) a redução do Estado mediante processos de privatização das atividades nas quais o Estado ocupava um posto de proeminência ou mesmo atuava como único ator;

b) a transferência para a classe assalariada do ônus concernente a manutenção do que subsistisse de serviços públicos, reduzindo-se ou diminuindo-se os tributos incidentes sobre o capital;

c) o enfraquecimento dos sindicatos, para que fosse viabilizada a redução dos salários dos trabalhadores, pois esses seriam responsáveis pelo desemprego;

d) a substituição gradual do trabalho humano pela automação para haver ganho de produtividade e redução dos custos de produção;

e) a diminuição dos direitos sociais, especialmente os direitos dos trabalhadores, haja vista que os ônus de tais direitos são responsáveis pelas imperfeições que produzem desemprego.

Conforme relata Boaventura, "o consenso neoliberal é o de que crescimento e a estabilidade económicos assentam na redução dos custos salariais", razão pela qual seria necessário romper as amarras do mercado de trabalho, reduzindo os direitos sociais, proibindo a indexação dos salários aos ganhos de produtividade e à desvalorização da moeda, bem como eliminando a legislação sobre salário mínimo. Segundo o autor, "o objectivo é impedir o impacto inflaccionário dos aumentos salariais".[65]

Na seara antropológica, a concepção neoliberal do homem restringe-se a identificá-lo tão-somente como um indivíduo econômico, dissociado de outros vínculos que não tenham essa natureza. Nessa linha explica Vergopoulos:

> O neoliberalismo assume o triunfo do indivíduo, sem nenhuma outra determinação que não seja a econômica. Todo vínculo não econômico é considerado uma pesada carga para a economia, a rentabilidade e a competitividade. O modelo antropológico neoliberal é o do *Homo economicus*, ou seja, o indivíduo nu, desprovido de qualquer determinação extra-

---

[64] DWORKIN, Ronald. *Uma Questão de Princípio*. Justiça e direito. Trad.: Luis Carlos Borges. São Paulo: Martins Fontes, 2000, p. 311-312.

[65] SOUSA SANTOS, Boaventura de. (org.). Os Processos da Globalização. In: SOUSA SANTOS, Boaventura de. *A Globalização e as Ciências Sociais*. São Paulo: Cortez, 2005, p. 34-35.

econômica. O fundamentalismo neoliberal decreta como arcaico e superado todo vínculo extra-econômico do indivíduo.[66]

Para a nova doutrina dominante, a escolha individual é a orientação ao mercado das práticas das organizações sociais, e qualquer atividade econômica deve ser regulada pela "mão invisível" do próprio mercado, retomando-se, nesse ponto, o liberalismo clássico de Smith. A partir dessa concepção, qualquer intervenção no "livre jogo do mercado" passa a ser, necessariamente, coercitiva, sendo que mesmo as distorções que possam aparecer no funcionamento do mercado livre (monopólios empresarial ou sindical ou a desigualdade social) devem ser resolvidas sem a intervenção do Estado.

Há, dessa forma, um rompimento com os fundamentos keynesianos, à medida que se passa a negar a legitimidade do Estado de intervir para regular as distorções produzidas pelo modelo econômico. Em suma, as atividades estatais devem ser as menores possíveis, (re) surgindo assim a concepção do "Estado-mínimo". Explica Maria Souza Oliveira:

> A ideologia do neoliberalismo preconiza a firme convicção de combater toda e qualquer política governamental baseada na orientação keynesiana do Estado de bem-estar-social (ou Estado-providência), considerado pelos pensadores de orientação neoliberal destruidor das liberdades dos cidadãos e da competição. Alertavam que a sobrecarga do Estado levaria impreterivelmente a ingovernabilidade das democracias. Portanto, fazia-se necessidade urgente limitar a participação política, distanciar a sociedade e o sistema político e subtrair as decisões políticas administrativas ao controle público.[67]

Essa nova perspectiva, enfim, é construída a partir da constatação, pelos ideólogos da minimização estatal, de que o Estado do Bem-Estar é o principal responsável pelas dimensões da crise que emerge. Essa interpretação considera que o financiamento do gasto público em programas sociais gerou uma ampliação do déficit público, inflação, redução da poupança privada, que acabaram desestimulando o trabalho e a concorrência. Nesse sentido, a ação do Estado no campo social deve estar restrita à caridade pública – atendimento aos pobres – de forma complementar à caridade privada, que passa a ser estimulada. Com isso a política social é entendida como um mero apêndice da política econômica.

Conforme esclarece Rosanvallon, "no cerne da argumentação liberal está a idéia de que dois Estados coexistem no Estado-moderno: um Estado de direito, guardião da democracia e fiador das liberdades essenciais, e um Estado intervencionista, destruidor dessas liberdades". Em vista disso, menciona o mesmo autor que, para essa concepção, seria necessário reduzir ou suprimir o segundo para conservar apenas o primeiro; destruir o "mau" Estado para deixar subsistir apenas

---

[66] VERGOPOULOS, Kostas. *Globalização, o Fim de um Ciclo*: ensaio sobre a instabilidade internacional. Trad.: Estela dos Santos Abreu. Rio de Janeiro: Contraponto, 2005, p. 130.

[67] SOUZA OLIVEIRA, Maria José Galleno de. A Globalização da Pobreza. In: *Revista da Faculdade de Direito da Universidade de São Paulo – USP*, São Paulo, v. 99, 2004, p. 465.

o "bom". A partir disso, no entanto, questiona: "Mas como distinguí-los? A partir de quais critérios? Como definir praticamente o "bom" Estado mínimo?"[68]

Além disso, a própria idéia de democracia sofre um processo de transmutação e adequação ao modelo econômico reinante. Como constata Boaventura de Sousa Santos:

> O neoliberalismo neutralizou, ou enfraqueceu grandemente, os mecanismos democráticos de redistribuição social – ou seja, os direitos socioeconòmicos e o Estado providência. Privada do seu potencial redistributivo, a democracia tornou-se completamente compatível com o capitalismo, e em tal grau que ambos se transformaram nos conceitos gémeos que presidem ao novo modelo global das questões políticas e sociais, um modelo imposto a nível mundial pela globalização neoliberal, pelas políticas de ajustamento estrutural e também, mais recentemente, pela guerra neocolonial.[69]

Por isso mesmo, constata-se uma inegável crise de legitimidade que afeta as democracias representativas, a qual mostra sua face mais expressiva, especialmente nos países de modernidade tardia, onde há um crescente processo de marginalização e exclusão social.

Aos pseudocidadãos das democracias representativas restou a prerrogativa de comparecer periodicamente às urnas para escolher seus representantes, dos quais poucos se lembram, depois de transcorrido determinado tempo. Uma vez eleitos, os compromissos que os motivam diferem dos interesses daqueles que os elegeram ao acreditarem em suas promessas de campanha, no mais das vezes vazias.

Para a ideologia corrente, não há qualquer ideologia, porquanto que o mercado representa uma ordem de coisas natural, ao passo que a política corresponde à ação e à intervenção deliberadas do fator humano.[70] Ou seja, a ideologia do mercado é a morte das ideologias, pois apenas o mercado representaria a ordem natural das coisas, constituindo-se, assim, num dogma indiscutível e transformando todos aqueles que o questionam em verdadeiros hereges. É por isso que autores como Fukuyama[71] chegam a apregoar o "fim da história", com a prevalência do modelo liberal e da pseudodemocracia dele decorrente.

Enfim, ao Estado cabia apenas não prejudicar o desenvolvimento econômico, pois se acreditava que a maneira mais eficiente de reduzir a pobreza e a desigualdade social seria através do crescimento econômico acelerado. Nessa linha, a opção pela liberdade excluiria a opção pela redução das desigualdades, pois,

---

[68] ROSANVALLON, Pierre. *A Crise do Estado-Providência*. Trad.: Joel Pimentel de Ulhôa. Goiânia: UFG; Brasília: UnB, 1997, p. 49.

[69] SOUSA SANTOS, Boaventura de. A Crítica da Governação Neoliberal. In: *Revista Crítica de Ciências Sociais*, Coimbra, n. 72, Centro de Estudos Sociais, out. 2005, p. 19.

[70] VERGOPOULOS, Kostas. *Globalização, o Fim de um Ciclo*: ensaio sobre a instabilidade internacional. Trad.: Estela dos Santos Abreu. Rio de Janeiro: Contraponto, 2005, p. 29.

[71] FUKUYAMA, Francis. *O Fim da História e o Último Homem*. Rio de Janeiro: Rocco, 1992.

conforme sustenta tal ideário, caso se optasse pela igualdade, não haveria nem liberdade, nem igualdade.

No entanto, Amartya Sen refuta esta idéia, pois, segundo ele, é difícil entender uma perspectiva de liberdade que não tenha a eqüidade como elemento central. Se a liberdade é realmente importante, não pode ser correto reservá-la unicamente para uns poucos escolhidos. Nesse contexto, é importante reconhecer que as negações e violações de liberdade representam uma forma de negar os benefícios da liberdade para alguns, enquanto outros têm a plena oportunidade de desfrutá-los. Segundo ele, a desigualdade é uma preocupação central na perspectiva da liberdade.[72]

Além disso, a evidência empírica tem demonstrado que, embora um elevado crescimento econômico seja uma condição necessária, não se constitui, porém, numa condição suficiente para a redução da pobreza e da desigualdade.[73] A lógica do "ideário", segundo a qual seria necessário suportar sacrifícios no primeiro momento para posteriormente usufruir os benefícios do crescimento, mostrou-se insustentável, Dworkin objeta:

> É muito improvável que pessoas destituídas há muitos anos, sem receber nenhum treinamento eficaz, recobrem seus prejuízos mais tarde, particularmente se forem considerados os danos psicológicos. Crianças que não tiverem alimentação adequada nem chances efetivas de uma educação superior sofrerão prejuízo permanente, mesmo que a economia siga o caminho mais otimista de recuperação. Parte daqueles a quem são negados empregos e assistência social agora, particularmente os idosos, não viverão suficiente para compartilhar essa recuperação, por mais generalizada que ela venha a ser.[74]

No campo geopolítico, constata-se uma crescente instabilidade, com eclosão de conflitos, crises financeiras periódicas e imprevisibilidade quanto ao futuro, pois nas palavras de Vergopoulos:

> A predominância ideológica do neoliberalismo nas duas últimas décadas não conseguiu definir um novo modo de crescimento para os países e muito menos para o sistema mundial. Ao contrário, pelo incremento da esfera financeira, pelas desregulamentações e pela neutralização do papel do Estado e das instituições internacionais, ela contribui para a crescente instabilidade e para a fragilidade do sistema internacional.[75]

Pode-se afirmar, ainda, que esse novo ideário acerca do Estado mínimo é causa e conseqüência de um fenômeno que se aprofunda de uma forma vertiginosa, sobretudo nas últimas duas décadas do século XX. Trata-se do fenômeno

---

[72] SEN, Amartya. Una Mirada Desde la Economia. In: KLIKSBERG, Bernardo. *Ética y Desarrollo*. Buenos Aires: El Ateneo, 2002, p. 39.

[73] KLIKSBERG, Bernardo. *Repensando o Estado para o Desenvolvimento Social*: superando dogmas e convencionalismos: Trad.: Joaquim Ozório Pires da Silva. 2. ed. São Paulo: Cortez, 2002, p. 22.

[74] DWORKIN, Ronald. *Uma Questão de Princípio*. Justiça e direito. Trad.: Luis Carlos Borges. São Paulo: Martins Fontes, 2000, p. 312.

[75] VERGOPOULOS, Kostas. *Globalização, o Fim de um Ciclo*: ensaio sobre a instabilidade internacional. Trad.: Estela dos Santos Abreu. Rio de Janeiro: Contraponto, 2005, p. 36.

denominado globalização (ou mundialização, como preferem os franceses), o qual produz uma mutação radical das relações econômicas e dá ensejo ao surgimento de um cenário perverso no campo social.

Se é possível entender que a crise estrutural do Estado Social é causa da emergência do denominado neoliberalismo econômico, também é razoável sustentar que esse ideário colabora, decisivamente, na construção de um modelo de globalização que desconsidera, quase por completo, as questões sociais, uma vez que concebido dentro da lógica da "não-intervenção" Estatal.

Noutros termos, o novo ideário surge a partir da crise do Estado e serve de fundamentação ideológica para a construção de um processo – em escala mundial – que rompe com quase todos os dogmas outrora existentes. Nesse cenário, pois, emerge a "globalização".

A despeito das posições segundo as quais não havia outra possibilidade que se apresentasse, analisar-se-á o que esse processo representou no campo social e quais as condições de possibilidade de que um outro caminho seja trilhado pela humanidade, ou seja, passar-se-á a analisar a questão central do debate que ora se instala: outro modelo de globalização é possível?

1.5. OS EFEITOS SOCIAIS DA GLOBALIZAÇÃO CONSTRUÍDA A PARTIR DO IDEÁRIO NEOLIBERAL

Conforme já mencionado, a crise fiscal do Estado toma corpo no decorrer das décadas de setenta e oitenta e, como alternativa a essa crise, surge o ideário neoliberal, a partir do qual passa-se a questionar os fundamentos que alicerçavam o Estado do Bem-Estar Social, sobretudo o pilar "solidariedade".

Nesse período, há um aprofundamento do que se convencionou chamar de "globalização econômica",[76] sobre a qual Dupas afirma:

> Algumas das características distintivas desse processo são a enorme integração dos mercados financeiros mundiais e um crescimento singular do comércio internacional – viabilizado pelo movimento de queda generalizada de barreiras protecionistas –, principalmente dentro dos grandes blocos econômicos. Um de seus traços mais marcantes, é que será crucial à análise apresentada, é a crescente presença de empresas transnacionais. Essas diferem bastante das corporações multinacionais típicas dos anos 60 e 70, constituindo um fenômeno novo.[77]

---

[76] Como afirma Vergopoulos (2005), "Convém deixar claro que, no momento, a referência à globalização não se limita a afirmar o caráter determinante da dimensão mundial, o que já era geralmente aceito desde o século XVI. Ela acrescenta outras afirmações ainda mais fortes e precisas: a integração dos países do Terceiro Mundo no sistema mundial, a exacerbação da concorrência internacional, a fuga dos capitais produtivos dos países industrializados para os países exóticos onde os custos do trabalho são pequenos e competitivos". VERGOPOULOS, Kostas. *Globalização, o Fim de um Ciclo*: ensaio sobre a instabilidade internacional. Trad.: Estela dos Santos Abreu. Rio de Janeiro: Contraponto, 2005, p. 43.

[77] DUPAS, Gilberto. *Economia Global e Exclusão Social*: pobreza, emprego, estado e o futuro do capitalismo. São Paulo: Paz e Terra, 1999, p. 14.

Como não poderia deixar de ser, esse fenômeno foi se materializando a partir de concepções ideológicas e políticas atreladas ao ideário do novo liberalismo. Ou seja, a aceleração do processo de globalização ocorre num período da história[78] no qual há um profundo questionamento acerca do papel do Estado intervencionista e da própria necessidade de se combater desigualdades econômicas e sociais. Como explica Boaventura de Sousa Santos:

Em suma, a globalização econômica é sustentada pelo consenso econômico neoliberal, cujas três principais inovações institucionais são: restrições drásticas à regulação estatal da economia; novos direitos de propriedade internacional para investidores estrangeiros, inventores e criadores de inovações susceptíveis a serem objecto de propriedade intelectual; subordinação dos Estados à agências multilaterais, tais como Banco Mundial, FMI e a Organização Mundial do Comércio.[79]

Nesse contexto, era inevitável que o processo de globalização tivesse, como conseqüência, um aprofundamento das desigualdades entre os países e dentro deles, como menciona Vergopoulos:

Segundo estimativa do Banco Mundial, Relatório Anual 2001, em cem países do mundo a renda real *per capita* é inferior ao nível de quinze anos atrás. Do mesmo modo, a relação entre a camada superior de 20% da renda mais alta e a de 20% da renda mais baixa, que era de 1 para 30 em 1960, aumentou de 1 para 72. Mais espetacular ainda é o aparecimento da nova pobreza e das exclusões sociais em sociedades européias e norte-americanas: 65 milhões de europeus, segundo estimativas da Comissão de Bruxelas, ou seja, 18 % da população, têm renda inferior ao nível de pobreza. Nos Estados Unidos, a pobreza já atinge 15% da população. Mais preocupante: os índices de pobreza e de exclusão, em vez de diminuírem, crescem de modo surpreendente – na União Européia, havia 38 milhões de pobres em 1975, 44 milhões em 1985, 53 milhões em 1992, 57 milhões em 1998, 65 milhões em 2001, segundo estimativas da Comissão de Bruxelas.[80]

De fato, segundo Dupas, "são confusas e retóricas as respostas políticas disponíveis para lidar com os fortes efeitos negativos da globalização". Como

---

[78] É certo que paira uma controvérsia muito grande sobre o início do processo de globalização. Nesse sentido explica Canclini que: "Sobre a data em que a globalização teria começado, vários autores a localizam no século XVI, no início da expansão capitalista e da modernidade ocidental (CHESNAUX, 1989; WallerSTEIN, 1989). Outros datam a origem em meados do século XX, quando as inovações tecnológicas e comunicacionais articulam os mercados em escala mundial. Essa conjunção de mudanças tecnológicas e mercantis só ganha contornos globais quando se estabelecem mercados planetários nas comunicações e na circulação do dinheiro, e se consolida com o desaparecimento da URSS e o esgotamento da divisão bipolar do mundo (ALBROW, 1997; GIDDENS, 1997; ORTIZ, 1997). Essas discrepâncias na datação têm que ver com diferentes modos de definir a globalização. Aqueles que lhe atribuem uma origem mais remota privilegiam seu aspecto econômico, ao passo que quem justifica a aparição recente desse processo dá mais peso a suas dimensões políticas, culturais e comunicacionais". No entanto, para fins desse trabalho, adotar-se-á a conclusão de Canclini sobre a questão: "Eu, de minha parte, entendo que há boas razões para afirmar, segundo a expressão de Giddens, que somos a primeira geração a ter acesso a uma era global" (GIDDENS, 1997). CANCLINI, Néstor Garcia. *A Globalização Imaginada*. trad.: Sérgio Molina. São Paulo: Iluminuras, 2003, p. 41.

[79] SOUSA SANTOS, Boaventura de. (org.). Os Processos da Globalização. In: SOUSA SANTOS, Boaventura de. *A Globalização e as Ciências Sociais*. São Paulo: Cortez, 2005, p. 31.

[80] VERGOPOULOS, Kostas. *Globalização, o Fim de um Ciclo*: ensaio sobre a instabilidade internacional. Trad.: Estela dos Santos Abreu. Rio de Janeiro: Contraponto, 2005, p. 49.

constata esse autor, "a ortodoxia neoliberal continua a recomendar a subordinação incondicional do Estado ao imperativo de uma integração social planetária por meio do mercado". Enfim, o Estado num mundo globalizado "continuaria a abandonar seus cidadãos à liberdade negativa de uma competição mundial e limitar-se-ia a colocar à disposição infra-estruturas que fomentassem as atividades empresariais".[81]

Aos poucos, constrói-se o consenso de que as proposições do ideário liberal, que serviram de pano de fundo à globalização econômica, conduziram a um processo de exclusão social sem precedentes, sobretudo nos países periféricos que seguiram a "cartilha" dos organismos internacionais comprometidos com referido ideário – Fundo Monetário Internacional e Consenso de Washington[82] especificamente. Para exemplificar, lembra Vergopoulos:

> A Argentina sempre foi "aluna brilhante" da globalização *made in Washington*, segundo expressão de Paul Krugman. O país foi de certa forma globalizado seguindo à risca as prescrições do FMI, do Consenso de Washington e do Ministério das Finanças norte-americano. Mas, ao termo de dez anos de êxito e de resultados positivos, aprovados com elogios do FMI, a aluna brilhante desabou com o mesmo fulgor, deixando milhões de pessoas na miséria, com fome, humilhação e desgraça, com falências maciças e os cofres públicos vazios.[83]

Não são necessários profundos estudos econômicos e sociológicos para se constatar que tal ideário falhou cruelmente ou, ao contrário (o que é muito pior) constitui-se numa forma deliberada, nunca dantes vista, de concentração de renda. Esse processo é assim relatado por Boaventura de Sousa:

> A década seguinte (de 1986 a 1996) foi o ponto alto do neoliberalismo, com o Estado a retirar-se do sector social e da regulação econômica, com a lei de mercado a presidir à regulação econômica e social, e com a proliferação de organizações da sociedade civil, genericamente denominadas de terceiro setor, cuja finalidade consiste em satisfazer as necessidades humanas a que o mercado não consegue dar resposta e o Estado já não está em condições de satisfazer. Esse é também o período em que os fracassos do mercado, enquanto grande princípio da regulação social, se tornam evidentes. O enorme aumento da polarização dos rendimentos e dos níveis de riqueza, com seu efeito devastador sobre a reprodução dos modos de subsistência de populações inteiras; o aumento generalizado da corrupção; os efeitos perversos da conjugação da lei do mercado com a democracia não-distributiva, conducente à implosão de alguns Estados e a guerras civis inter-étnicas – são

---

[81] DUPAS, Gilberto. *Economia Global e Exclusão Social*: pobreza, emprego, estado e o futuro do capitalismo. São Paulo: Paz e Terra, 1999, p. 216.

[82] O consenso de Washington foi proposto pelo economista John Williams em 1989, e consistiu em dez recomendações mínimas de caráter geral para condução da economia latino-americana, dentre as quais, a abertura das economias nacionais aos mercados mundiais, redução da inflação, normas claros e invioláveis a respeito do direito de propriedade privada, privatização do setor estatal, estabilização dos preços e política de juros altos, interferência mínima do Estado na economia, redução do peso das políticas sociais, priorização das exportações. SOUZA OLIVEIRA, Maria José Galleno de. A Globalização da Pobreza. In: *Revista da Faculdade de Direito da Universidade de São Paulo – USP*, São Paulo, v. 99, 2004, p. 467.

[83] VERGOPOULOS, Kostas. *Globalização, o Fim de um Ciclo*: ensaio sobre a instabilidade internacional. Trad.: Estela dos Santos Abreu. Rio de Janeiro: Contraponto, 2005, p. 130.

todos eles, factos com uma disseminação demasiado ampla e profunda para poderem ser descartados como meros desvios anômalos.[84]

É certo, pois, que a retórica contrária à globalização, culpando-a por todas as mazelas sociais e econômicas, é um discurso que, embora impressione, beira à ingenuidade. Ser contra a globalização é tão irracional como ser contra a comunicação, ou seja, "ser genericamente contra os mercados é tão estapafúrdio como ser contra a conversa entre as pessoas".[85]

Nesse sentido, Canclini afirma que "a reorganização mundializada das sociedades parece ser um processo irreversível, que deixa poucas chances de êxito a quem pretende voltar a épocas passadas ou construir sociedades alternativas desligadas do global".[86] No entanto, conforme arremata o autor:

> [...] esse realismo econômico, político e comunicacional não implica admitir com fatalismo o modo unidimensional em que economistas e empresários nos vêm globalizando, com a aprovação complacente ou contrariada de grande parte dos consumidores. Pensar a globalização como uma conseqüência lógica da convergência de mudanças econômicas, comunicacionais e migratórias não impede concebê-la ao mesmo tempo em várias direções.

Ou seja, não está em discussão se deve ou não haver um processo de integração e mundialização que, respeitadas as culturas locais, torne o planeta uma verdadeira "aldeia global". Isso já demonstrou que pode ser muito positivo. A discussão está centrada, sim, no modelo de globalização ora vigente, o qual reduziu-se, quase que exclusivamente, ao aspecto econômico, em detrimento de outros aspectos, sobretudo sociais.

Embora a globalização possa ser considerada uma "força para o bem" (globalização de idéias sobre a democracia e a sociedade civil, intensificação do comércio), é inegável que para milhões de pessoas isso não ocorreu, pois muitas se encontram desempregadas, sentindo-se inseguras, o que lhes causa um sentimento de impotência e passividade. Concomitantemente, vêem suas democracias serem solapadas e suas culturas serem erodidas.[87]

A face mais visível da perversidade desse modelo reside na questão da desigualdade social e econômica. Numerosas pesquisas dos últimos anos derrubaram as teses que relativizavam a importância de níveis satisfatórios de equidade para o desenvolvimento e, inclusive, defendiam que as altas desigualdades podiam favorecê-lo. No entanto, pesquisas mais recentes apontam para um sentido contrário, demonstrando que a maioria das economias mais desenvolvidas tem em comum

---

[84] SOUSA SANTOS, Boaventura de. A Crítica da Governação Neoliberal. In: *Revista Crítica de Ciências Sociais*, Coimbra, n. 72, Centro de Estudos Sociais, out. 2005, p.13.

[85] SEN, Amartya. *O Desenvolvimento como Liberdade*. Trad.: Laura Teixeira Motta. São Paulo: Companhia das Letras, 2000, p. 168.

[86] CANCLINI, Néstor Garcia. *A Globalização Imaginada*. trad.: Sérgio Molina. São Paulo: Iluminuras, 2003, p. 43.

[87] STIGLITZ, Joseph E. *A Globalização e seus Malefícios*. Trad.: Balzan Tecnologia e Lingüística. São Paulo: Futura, 2002, p. 299.

TRIBUTAÇÃO E DIGNIDADE HUMANA

baixos níveis de desigualdades e que, por outro lado, aquelas com maiores dificuldades para um crescimento sustentado, como é o caso da América Latina, apresentam, como característica principal, a presença de amplas polarizações sociais.[88]

Há um agravamento, nunca dantes visto, da distância entre pobres e ricos no mundo todo, e isso é especialmente perturbador na América Latina, onde esse modelo de globalização representou a marginalização de parcelas expressivas da população, que vive abaixo da denominada linha de pobreza.[89] Como constata Vergopoulos:

> Na realidade, o subcontinente latino-americano, há muito campeão mundial do fenômeno da marginalização, vê sua situação deteriorar-se seriamente, sobretudo desde que seus governos optaram pela "globalização". Ou seja, a política de "globalização", além de não livrar a América Latina da marginalização, cada vez mais impiedosa, ainda agrava seus efeitos. Nessas circunstâncias, é inútil pretender opor a globalização à marginalização: nesta parte do mundo, as duas noções coexistem e se reforçam reciprocamente. Os globalizados podem muito bem ser ao mesmo tempo marginalizados. A estrutura da distribuição de renda na América Latina continua a ser a mais desigual do mundo e não pára de se agravar: 5% das rendas mais elevadas representam 25% da renda nacional total, ao passo que 30% das rendas menores só participam com 7,5% dessa renda.[90]

A partir desses números, Kliksberg enfaticamente afirma:

> É a maior brecha social do planeta. Superior ainda à da África – 23,9 vs. 10,3% – e muitíssimo maior do que aquela dos países desenvolvidos – 13 vs. 12,8 %. Para medir a desigualdade, utiliza-se com freqüência o chamado coeficiente de Gini. Quanto mais ele se aproximar de 1, pior será a desigualdade. O coeficiente dos países mais eqüitativos do mundo, como os nórdicos, situa-se entre 0,20 e 0,25; o dos países desenvolvidos, em 0,30; a média mundial, considerada muito ruim, é de 0,40; na América Latina é da 0,57, o pior da Terra.[91]

Analisando os dados da América Latina, parece evidente que o lento desenvolvimento, aliado ao processo fabuloso de desigualdade social, deve-se, em parte, justamente ao fato de que este se constitui num obstáculo intransponível àquele. Tal constatação é corroborada por Vergopoulos, ao examinar o período histórico em que ocorre a ampliação das desigualdades:

---

[88] KLIKSBERG, Bernardo. La Sed de Ética. In: KLIKSBERG, Bernardo (org.). *Ética y Desarrollo*. Buenos Aires: El Ateneo, 2002, p. 39.

[89] Conforme explica Dupas (1999): "As linhas de pobreza que têm sido traçadas incluem, obviamente, mais do que simplesmente alimentos. Envolvem moradia, saneamento, educação e eventualmente até bens que algumas sociedades podem considerar supérfluos: idas ao teatro ou restaurantes, viagens, entre outros. Elas tentas mensurar a renda monetária necessária para que, dados os hábitos da população e os preços vigentes, os indivíduos possam usufruir de uma vida considerada socialmente aceitável". DUPAS, Gilberto. *Economia Global e Exclusão Social*: pobreza, emprego, estado e o futuro do capitalismo. São Paulo: Paz e Terra, 1999, p. 25.

[90] VERGOPOULOS, Kostas. *Globalização, o Fim de um Ciclo*: ensaio sobre a instabilidade internacional. Trad.: Estela dos Santos Abreu. Rio de Janeiro: Contraponto, 2005, p. 88.

[91] KLIKSBERG, Bernardo. *Por uma Economia com Face mais Humana*. Brasília: UNESCO, 2003, p. 32-33.

As desigualdades de renda registram um novo momento de grande desigualdade a partir do fim da década de 1980, precisamente quando se aceleram de forma substancial o crescimento e a formação do capital. Isso leva a presumir que há uma profunda relação entre o aumento das desigualdades sociais e a desaceleração do crescimento econômico.[92]

Sob essa ótica, Kliskberg reconhece que a desigualdade afeta o sistema de ensino, à medida que ela "constitui um obstáculo significativo para a melhoria da educação, sendo essa uma peça-chave do progresso tecnológico e um fim em si mesma". Dá ensejo, também, ao surgimento de "circuitos educativos totalmente diferenciados entre os diversos setores sociais". Além disso, a desigualdade desintegra as famílias, pois, como menciona, alguns estudos indicam que, atualmente, quase 30% das famílias da região, as quais, na maioria, estão em situação de pobreza têm apenas a mãe a cargo do lar. Ou seja, as graves dificuldades de subsistência financeira fragmentaram a família.[93]

A desigualdade é um tema chave da preocupação internacional no século XXI e um problema fundamental para o futuro da América Latina, considerado, unanimemente, o continente mais desigual de todo o planeta.[94]

Pode até parecer incompreensível que esse processo de marginalização ocorra num momento em que a América Latina esteja recebendo significativos investimentos internacionais. Como verifica Vergopoulos:

A América Latina recebe agora os mais elevados fluxos de investimento direto internacional em relação a seu PIB e em comparação com os outros continentes do planeta, sobretudo a Ásia e a África. Mas permanece também como a campeã da marginalidade em escala mundial. Desigualdades sociais graves e exclusões estão na origem da ruína dessas sociedades. Dezenas de milhões de homens têm cada vez menos acesso aos bens de sobrevivência: a terra, o trabalho, a renda, a saúde, a educação, a cultura, a informação, a alimentação, a segurança.[95]

Ocorre que, o impacto dos grandes investimentos externos é irrelevante frente às conseqüências desastrosas das grandes desigualdades. Ora, as elevadas desigualdades reduzem os mercados internos, dificultam a formação de poupança Nacional, travam a possibilidade do sistema educativo de propiciar à maioria uma educação de boa qualidade, conspiram contra a saúde pública, criam instabilidades que afetam a governabilidade democrática e são um fator importante para o aumento da pobreza.[96]

---

[92] VERGOPOULOS, Kostas. *Globalização, o Fim de um Ciclo*: ensaio sobre a instabilidade internacional. Trad.: Estela dos Santos Abreu. Rio de Janeiro: Contraponto, 2005, p. 88.

[93] KLIKSBERG, Bernardo. *Por uma Economia com Face mais Humana*. Brasília: UNESCO, 2003, p. 34-35.

[94] KLIKSBERG, Bernardo. La Sed de Ética. In: KLIKSBERG, Bernardo (org.). *Ética y Desarrollo*. Buenos Aires: El Ateneo, 2002, p. 39.

[95] VERGOPOULOS, Kostas. *Globalização, o Fim de um Ciclo*: ensaio sobre a instabilidade internacional. Trad.: Estela dos Santos Abreu. Rio de Janeiro: Contraponto, 2005, p. 103-104.

[96] KLIKSBERG, Bernardo. La Sed de Ética. In: KLIKSBERG, Bernardo (org.). *Ética y Desarrollo*. Buenos Aires: El Ateneo, 2002, p. 39.

A exclusão do "outro" (a não-aceitação da diferença)[97] é a conseqüência óbvia dessa nova "ordem natural das cousas", que se instala a partir, exclusivamente, do elemento econômico. Há uma espécie de viseira ideológica deliberadamente assimilada no sentido de se ver e analisar o mundo tão-somente a partir da lógica dos mercados, deixando-se à margem aspectos intrinsecamente relacionados com as próprias condições de coexistência coletiva. Como Canclini observa:

> Aqueles que reduzem a globalização ao globalismo, à sua lógica mercantil, atentam apenas para a agenda integradora e comunicadora. Os estudos sociológicos e antropológicos da globalização mal começaram a revelar sua agenda segregadora e dispersiva, a complexidade multidirecional resultante dos choques e hibridações entre os que permanecem diferentes. Pouco reconhecidas pela lógica hegemônica, as diferenças derivam em desigualdades que, em muitos casos, chegam até a exclusão.[98]

É inegável, portanto, que o atual processo de globalização está gerando resultados desiguais entre os países e dentro deles. Está sendo gerada riqueza, porém são muitos os países e pessoas que não participam dos benefícios. Para uma grande maioria de mulheres e homens, a globalização não tem sido capaz de satisfazer suas simples e legítimas aspirações de obter um trabalho decente e um futuro melhor para seus filhos. Muitos deles vivem no limbo da economia informal, sem direitos reconhecidos e em países pobres que subsistem de forma precária e à margem da economia global. Mesmo nos países com bons resultados econômicos, existem trabalhadores e comunidades que foram prejudicados pela globalização.[99]

Corroborando tais constatações, Konder Comparato alerta:

> A conclusão é inafastável: a globalização capitalista desagrega irreversivelmente a humanidade [...]
>
> A globalização capitalista é um corpo sem alma; é a louca tentativa de estender ao orbe terrestre uma mesma dominação oligárquica, sem o mínimo respeito ao princípio elementar de que todos os seres humanos partilham do mesmo genoma, pertencem à mesma espécie, e devem, portanto, viver em qualquer parte do mundo onde se encontrem, sempre livres e iguais, em dignidade e direitos.[100]

---

[97] Na esteira de Boaventura de Sousa Santos (2005) "a redistribuição social é o problema mais sério com que nos deparamos neste início do século XXI. Mas não é o único. Desde a década de 1980 que ao problema da redistribuição social veio juntar-se o problema do reconhecimento da diferença." De qualquer forma, é possível sustentar que, como afirma o referido autor "só a igualdade pode criar oportunidades reais para o reconhecimento da diferença". SOUSA SANTOS, Boaventura de. A Crítica da Governação Neoliberal. In: *Revista Crítica de Ciências Sociais*, Coimbra, n. 72, Centro de Estudos Sociais, out. 2005, p. 36.

[98] CANCLINI, Néstor Garcia. *A Globalização Imaginada*. trad.: Sérgio Molina. São Paulo: Iluminuras, 2003, p. 168.

[99] Resumo do estudo da Organização Internacional do Trabalho – OIT – denominado "A dimensão social da globalização", p. X, disponível desde fev/2004 no site www.oit.org, com versão original em espanhol, dentre outras.

[100] COMPARATO. Fábio Konder. *Ética*: direito moral e religião no mundo moderno. São Paulo: Companhia das Letras, 2006, p. 435.

As instituições internacionais estão inegavelmente comprometidas com interesses do mercado de capitais e das grandes corporações internacionais, sem considerar os efeitos sociais que a defesa de tais interesses possa representar. Tampouco é considerada a hipótese de reverter essa lógica e possibilitar que os países, ditos periféricos, possam vislumbrar uma alteração de cenário. Para exemplificar essa lógica, Stiglitz faz a seguinte observação relativamente à questão da reforma agrária:[101]

> A reforma agrária, feita de maneira adequada, pacífica e legal, garantindo que os trabalhadores recebam não só a terra, mas também acesso a crédito e a serviços de extensão que lhes ensinarão novas técnicas de plantio e falarão sobre sementes, poderia promover uma explosão enorme de resultados. Mas a reforma agrária representa uma mudança fundamental na estrutura da sociedade, uma mudança que aqueles que fazem parte da elite que povoa os ministérios da fazenda, com quem as instituições financeiras internacionais interagem, não costumam gostar. Se essas instituições realmente se preocupassem com o crescimento e a melhoria de vida dos pobres, elas teriam prestado muito mais atenção à seguinte questão: a reforma agrária precedeu diversos dos mais bem-sucedidos casos de desenvolvimento, como os da Coréia e de Taiwan.[102]

Esse verdadeiro "fundamentalismo de mercado", que conduziu as ações do Fundo Monetário Internacional,[103] ainda segue a cartilha segundo a qual, conforme já exposto, se houver desemprego, isso não é de responsabilidade dos mercados, uma vez que estes funcionam à perfeição e a demanda dever ser igual à oferta de trabalho. Ou seja, segundo tal cartilha, se existir o desemprego, a responsabilidade só pode ser dos sindicatos, dos políticos e da própria inaptidão para o trabalho (desemprego voluntário). Com isso, a solução, de acordo com tal formulação, passa necessariamente pela redução dos salários.[104]

Demonstraram-se, dessa forma, insustentáveis as teses do ideário neoliberal, segundo as quais o Estado não poderia ter, como uma de suas razões para existir, o combate às desigualdades. Tampouco comprovaram-se as teses que defendiam que, a longo prazo, haveria uma distribuição de renda em vista do crescimen-

---

[101] A opinião de Stiglitz pode causar uma certa surpresa, uma vez que não se trata de um economista vinculado com o que se convencionou denominar de esquerda. Stiglitz, um dos três ganhadores do Prêmio Nobel de Economia de 2001, foi chefe do Conselho de Consultores Econômicos do governo Clinton nos Estados Unidos, economista-chefe e vice-presidente sênior do Banco Mundial, durante sete anos.

[102] STIGLITZ, Joseph E. *A Globalização e seus Malefícios.* Trad.: Balzan Tecnologia e Lingüística. São Paulo: Futura, 2002, p. 117.

[103] "Se interesses financeiros dominaram o pensamento no Fundo Monetário Internacional, interesses comerciais tiveram um papel igualmente dominante na Organização Mundial do Comércio. Da mesma forma que o FMI não perde tempo com as preocupações dos pobres – existem bilhões de dólares disponíveis para socorrer bancos, não as somas desprezíveis destinadas ao fornecimento de subsídios para a compra de alimentos para aqueles que ficaram desempregados como resultado dos programas do Fundo – a OMC coloca o comércio acima de tudo. Aqueles que procuram proibir o uso de redes que pescam camarões, mas também aprisionam e põem tartarugas em perigo, ouvem da OMC que tal regulamentação seria uma intrusão injustificável no livre comércio. Eles descobrem que as considerações comerciais superam todas as outras, inclusive as relativas ao meio ambiente". STIGLITZ, op.cit., p. 265.

[104] STIGLITZ, Joseph E. *A Globalização e seus Malefícios.* Trad.: Balzan Tecnologia e Lingüística. São Paulo: Futura, 2002, p. 117.

to econômico. Isso não ocorreu porque, indubitavelmente, o crescimento trouxe como conseqüência uma concentração ainda maior da renda e implicou um processo de exclusão, sob o ponto de vista social, potencialmente explosivo.

Por outro lado, a radicalização de alguns movimentos ou o próprio fanatismo religioso constituem-se fenômenos que merecem uma atenção sociológica mais aprofundada, pois na gênese desses movimentos está a "ausência de expectativas" em relação às possibilidades de uma vida melhor. Com isso, qualquer causa ou crença que "venda" um futuro melhor passa a ser a única alternativa vislumbrada por parte daqueles que estão irremediavelmente excluídos da sociedade, por mais utópica que seja a causa, ou por mais absurda que seja a crença. Diferentemente do que se possa pensar, isso corresponde à mais inequívoca prova de desesperança, desalento e desistência dos valores comunitários e sociais.

Além disso, ingenuamente difundiu-se a crença de que o avanço tecnológico poderia colaborar decisivamente no processo de inclusão social. Ocorre que, conforme alerta Kliksberg, embora sejam bem vindo os avanços, as realidades podem ser muito diferentes, pois segundo a ONU, o acesso a tais avanços é desigual, razão pela qual estaria sendo criada uma nova categoria de excluídos: os "analfabetos cibernéticos".[105]

Enfim, a lógica segundo a qual foi construída a globalização desconsiderou, quase completamente, os efeitos sociais perfeitamente previsíveis desse processo. O Estado é reduzido à condição de mero espectador e transforma-se num convidado indesejado para o banquete econômico. Ao Estado (mínimo) caberia a tarefa primordial de não interferir, pois qualquer intervenção distorceria o mercado e colocaria em risco a maximização dos resultados (lucros). Isso não apenas significou a permanência do *status quo*, como também determinou o agravamento da situação de pobreza, mesmo dentro daqueles países que supostamente haviam alcançado o dito desenvolvimento.[106]

O Estado também deveria restringir a sua atuação aos estritos limites orçamentários, pois o déficit público é prejudicial à economia, à medida que origina o processo inflacionário. A contenção do gasto público transforma-se em meta dogmática dos organismos econômicos, a despeito de implicar efeitos sociais indesejáveis. Com isso, fórmulas econômicas são impostas, sobretudo em relação aos países periféricos, no sentido de que o Estado faça da prudência financeira, praticamente, a razão da sua existência.

---

[105] KLIKSBERG, Bernardo. *Por uma Economia com Face mais Humana*. Brasília: UNESCO, 2003, p. 28-29.

[106] Para exemplificar isso, cabe lembrar que o último censo econômico divulgado na Itália, na segunda quinzena do mês de maio de 2004, apontou que cerca de 11 % das famílias italianas vivem abaixo da linha da pobreza, demonstrando-se, assim, que as desigualdades ocorrem também dentro daqueles países que são admirados pelo grau de desenvolvimento alcançado.

1.6. OS LIMITES DA PRUDÊNCIA FINANCEIRA DO ESTADO: COMBATENDO O DÉFICIT PÚBLICO PARA EVITAR A INFLAÇÃO A QUALQUER CUSTO

Com a eclosão da crise fiscal do Estado do Bem-Estar, a questão do déficit público emerge como principal razão das crises econômicas, que se tornam mais visíveis nas décadas de oitenta e noventa, principalmente em países que, paradoxalmente, sequer tinham, de fato, obtido êxito na tarefa de concretizar tal modelo de Estado.

Com ênfase específica nessa questão, os organismos financeiros – braços visíveis do ideário neoliberal que alicerçou o processo de globalização – venderam "mundo afora" a fórmula segundo a qual o Estado deveria ter como principal meta a obtenção de superávit fiscal, mesmo que isso implicasse redução expressiva de investimentos no campo social.

Ou seja, difundiu-se, com grande êxito, a idéia de que o Estado deveria gastar menos do que arrecadasse, para que fosse possível, com isso, produzir o superávit primário, assim denominado por não computar os dispêndios necessários para financiamento da dívida pública.

Por um lado, esse discurso foi altamente sedutor, tendo em vista que havia – e ainda há – uma crescente desconfiança relativamente à qualidade do gasto estatal, especialmente pelos visíveis desperdícios de dinheiro público, com a realização de obras faraônicas, bem como em razão dos escândalos de corrupção.

Por outro lado, os investimentos públicos em políticas sociais também restaram fortemente limitados, sendo que os escassos recursos disponíveis, para fazer frente às demandas sociais, mostraram-se insuficientes ante o advento dos novos riscos sociais.

Por evidência, isso colaborou significativamente para a ampliação das desigualdades sociais e para o fortalecimento do processo de exclusão. A partir dessa constatação, a questão que se coloca reside no seguinte: quais são os custos sociais suportáveis para que a inflação seja controlada?

Como se sabe, o déficit público é um dos elementos mais fortemente presentes num processo inflacionário, à medida que a emissão de moeda passa a ser utilizada como solução para o descompasso entre receitas e despesas públicas. Esse processo, em muitas situações, é controlado com a elevação das taxas de juros, visando, por um lado, a atrair investimentos em títulos públicos e, por outro lado, desestimular o consumo.

A elevação das taxas de juros tem, pois, um custo social altíssimo, já que o Estado passa a ter necessidade de arrecadar cada vez mais, para fazer frente às crescentes exigências do mercado financeiro, relativamente à remuneração do capital investido em títulos públicos. Concomitantemente, o Estado reduz suas possibilidades de carrear recursos para investimentos de caráter social. Além disso, taxas de juros demasiado elevadas implicam inequívoca retração no consumo, para não dizer recessão econômica.

O que cabe discutir não é se deveria ou não haver inflação, pois ela é, inegavelmente, fonte de inúmeros problemas sociais, suportados justamente pela parcela da população que tem menos alternativas para evitar seus efeitos. Trata-se de examinar a ênfase absoluta no controle inflacionário, porquanto se verifica que são pífios os efeitos sociais positivos, mesmo onde houve êxito no controle da inflação.

Ou seja, o que se constatou é que nos países nos quais o controle da inflação deu-se a partir da radical lógica de se "combater o déficit público a qualquer custo, os efeitos positivos de tal controle – sob o aspecto social – são de, no mínimo, contestável validade. Nesse sentido, Stiglitz relata:

> Se a reforma agrária e a regulamentação do setor financeiro foram pouco enfatizadas pelo FMI e pelo Consenso de Washington, em muitos lugares a inflação era superenfatizada. Naturalmente, em regiões como a América Latina, onde a inflação era desenfreada, ela merecia mais atenção. Mas um foco excessivo na inflação por parte do Fundo Monetário Internacional conduzia a altas taxas de juros e de câmbio, gerando desemprego, mas não crescimento. Os mercados financeiros podem ter ficado satisfeitos com os baixos números da inflação, mas os trabalhadores – e todos aqueles que se preocupavam com a pobreza – não estavam nem um pouco felizes com o baixo nível de crescimento e os altos índices de desemprego.[107]

O que deve ser discutido, pois, é se tem sentido dar prioridade absoluta a um único objetivo, qual seja, o de evitar a inflação (uma prioridade formalizada por muitos bancos centrais), enquanto se toleram taxas notadamente elevadas de desemprego e baixos índices de desenvolvimento humano. A análise de Amartya Sen é reveladora da essência do que está, de fato, sendo questionado:

> O verdadeiro problema aqui não é a necessidade de comedimento financeiro em si, mas a crença subjacente – e com freqüência não questionada – que tem sido dominante em alguns círculos políticos de que o desenvolvimento humano é realmente um tipo de luxo que só os países ricos tem condições para bancar.O desenvolvimento humano é, sobretudo, um aliado dos pobres e não dos ricos e abastados. Ele proporciona a criação de oportunidades sociais, contribui para a expansão das capacidades humanas e da qualidade de vida. A expansão dos serviços de saúde, educação, seguridade social contribui diretamente para a qualidade de vida e seu florescimento. Há evidências que – mesmo com renda relativamente baixa – um país que garante tais serviços básicos obtém resultados notáveis da duração e qualidade de vida de toda a população.[108]

> [...] O comedimento financeiro deveria ser o pesadelo do militarista, em não do professor primário ou da enfermeira do hospital. É um indício do mundo desordenado em que vivemos o fato de o professor primário e a enfermeira se sentirem mais ameaçados pelo comedimento

---

[107] STIGLITZ, Joseph E. *A Globalização e seus Malefícios*. Trad.: Balzan Tecnologia e Lingüística. São Paulo: Futura, 2002, p. 117.

[108] SEN, Amartya. *O Desenvolvimento como Liberdade*. Trad.: Laura Teixeira Motta. São Paulo: Companhia das Letras, 2000, p. 170.

financeiro do que um general do exército. A retificação dessa anomalia requer não a crítica ao comedimento financeiro, e sim um exame mais pragmático e receptivo de reivindicações concorrentes dos fundos sociais.[109]

Como menciona Stiglitz, a austeridade fiscal, quando levada ao extremo e aplicada em circunstâncias erradas, pode causar recessão, enquanto as altas taxas de juros podem cercear novos empreendimentos comerciais,[110] além de "levar a grande desemprego e um retalhamento do contrato social".[111]

Além disso, ter como primeira – e muitas vezes única – prioridade o controle da inflação implica negligenciar em relação àquelas funções que justificam – ou deveriam justificar – a própria existência do Estado. Assim, é muito mais importante propiciar tranqüilidade aos investimentos – boa parte composta de capital especulativo – para, com isso, manter sossegadas as agências de avaliação de riscos, do que canalizar recursos e energias na promoção de políticas públicas que minimizem a vexatória situação de miséria e desigualdades sociais que ainda vige, sobretudo na América Latina, África e parte da Ásia.

Ademais, esse combate intransigente ao déficit público tem se revelado ineficaz, justamente em face das altas taxas de juros, pelas quais o Estado remunera os investidores em títulos públicos, cujos recursos servem para financiar a denominada rolagem da dívida estatal.

No caso específico do Brasil, é inaceitável que, como regra, todos os meses haja um aumento na arrecadação de tributos federais e, em decorrência disso, apure-se um maior superávit primário (arrecadação menos despesa pública) e que, após deduzidos os juros pagos, a dívida pública aumente. Isto é, embora o Brasil arrecade muito mais do que gasta, esse excesso de arrecadação é insuficiente para fazer frente aos dispêndios necessários para financiamento da dívida pública.

É relevante lembrar ainda que, no Brasil, como ocorre em muitos outros países, a competência para fixação da taxa de juros básica (denominada atualmente de Taxa SELIC) cabe justamente ao governo federal. O que se torna, quase consensualmente, incompreensível é o fato de que a taxa que remunera os investimentos em títulos públicos continue a ser, por muitos anos, a mais alta do mundo.

É certo, entretanto, que, em países como o Brasil, o histórico do processo inflacionário representa um verdadeiro "fantasma", sendo que isso fragiliza sobremaneira os argumentos contrários à política segundo a qual o déficit público merece ser combatido como principal meta de governo. Os elevados índices de inflação, bem como o processo inercial que se instalou ao longo da década de oitenta e da primeira metade da década de noventa, tornam bastante discutível

---

[109] SEN, Amartya. *O Desenvolvimento como Liberdade*. Trad.: Laura Teixeira Motta. São Paulo: Companhia das Letras, 2000, p. 172.

[110] STIGLITZ, Joseph E. *A Globalização e seus Malefícios*. Trad.: Balzan Tecnologia e Lingüística. São Paulo: Futura, 2002, p. 85.

[111] Idem, p. 120.

a opção de se conviver com índices de inflação controlados – quinze a vinte por cento ao ano, por exemplo.[112]

Enfim, não restam dúvidas de que o fenômeno da inflação não é algo positivo para uma nação. Todavia, é válido discutir se as políticas públicas para o controle de tal fenômeno excluiriam – como até agora excluíram – as possibilidades de que investimentos nas áreas sociais fossem mais generosos e minimamente mais efetivos.

Há de se reconhecer, portanto, que um componente que agravou o processo de exclusão social foi a deliberada opção de se combater o déficit público, em detrimento de investimentos que estivessem aptos a minimizar os efeitos decorrentes dos novos riscos sociais, muitos deles advindos do modelo de globalização que foi se consolidando, exclusivamente, do aspecto econômico.

A partir da constatação desse cenário de crise da própria globalização, faz-se necessário buscar novos caminhos para esse momento de angustiante transição. Isso não significa, porém, reforçar concepções que simploriamente rejeitam o processo de globalização, o que se constituiria uma retórica demagógica e inútil. Desse modo, as energias empregadas na raivosa crítica devem ser canalizadas no sentido de buscar alternativas para um novo modelo de globalização.

1.7. OS CAMINHOS ALTERNATIVOS AO MODELO DE GLOBALIZAÇÃO EXCLUDENTE

O modelo de globalização construído a partir do ideário neoliberal, que entre outras soluções, propugnava a minimização do Estado e a desnecessidade de se combater desigualdades econômicas e sociais,[113] implicou insustentável e explosiva situação social. Há de se reconhecer, ainda, que isso tudo potencializa as possibilidades de retrocesso em relação às mais caras conquistas da modernidade, especialmente liberdade e segurança.

Como é facilmente perceptível, sequer os clássicos direitos do Estado liberal conseguem ser, minimamente, assegurados pelo modelo de Estado ora vigente. Isso ocorre, de forma mais evidente, nos países ditos de "modernidade tardia", embora não se possa dizer que esse processo não atinja também aqueles que alcançaram um razoável grau de desenvolvimento econômico e social.

---

[112] Lembra Amartya Sen (2000), que os efeitos negativos para o crescimento, quando há processo inflacionário controlado (até vinte por cento ao ano), são, no mínimo, obscuros até o momento. SEN, Amartya. *O Desenvolvimento como Liberdade*. Trad.: Laura Teixeira Motta. São Paulo: Companhia das letras, 2000, p. 165. Em que pese isso, a grande dúvida – para alguns certeza – reside no seguinte: no Brasil isso não representaria o ressurgimento de um descontrolado processo de inflação inercial?

[113] Há teóricos do modelo que abertamente sustentam que as desigualdades sociais sejam imprescindíveis ao bom funcionamento da economia, como a opinião externada por Richard Pipes – professor de história da Harvard – no 15º Fórum da liberdade – publicada no Jornal Zero Hora de 10.04.2002, p. 4. Conforme o mencionado professor: "A racionalidade econômica exige desigualdade social. É melhor não procurar a igualdade, a desigualdade beneficia todo mundo. Se houver primazia em solucionar o problema da desigualdade, haverá miséria para todos".

Com isso, é temerário afirmar que a humanidade esteja protegida contra toda espécie de retorno ao trágico passado de'totalitarismo, cuja implantação se justificou, em muitos casos, pela necessidade de restabelecer a "ordem social", ou para assegurar "proteção ao povo", a exemplo do que aconteceu no Brasil, Argentina e Chile, especialmente.

De qualquer forma, se o modelo do Estado de Bem-Estar Social entrou em crise, é inegável que o modelo do "fundamentalismo de mercado" hoje vive uma crise mais aguda e letal. Vivencia-se, um momento de transição e, como tal, percebe-se uma insegurança e, em muitos casos, uma total falta de capacidade de imaginar um mundo melhor ou vislumbrar uma sociedade menos desigual. Como constata Vergopoulos:

> O mundo hoje está longe de ser perfeito e, muito menos, de ser o único possível. Ao contrário, o mundo atual mostra-se impossível sob todos os aspectos e não é decorrência de uma ordem natural ou mesmo histórica, mas das escolhas deliberadas de uma potência que, se fala de segurança e de hegemonia, é para melhor ocultar os efeitos desastrosos de suas opções em ambos os planos. Mais do que nunca, um outro mundo é não somente possível, mas de vital importância para toda a humanidade.[114]

Por isso, o mundo passa a discutir, de uma forma mais incisiva e consensual, quais os caminhos alternativos a esse modelo, que, indiscutivelmente, fracassou, pelo menos na maioria dos países. Por conseguinte, é imperativo desenvolver estudos que propiciem a implantação de políticas públicas – em nível local, regional e mundial – no sentido de se construir um novo modelo centrado na "pessoa humana". Isso passa também por uma redefinição e remodelação do insubstituível papel do Estado.

Dentro dessa ótica, um trabalho desenvolvido pela OIT, através de um grupo de estudiosos e autoridades do mundo todo, de diferentes matizes ideológicas, resultou na obra denominada a "Dimensão Social da Globalização",[115] a qual aponta uma série de sugestões no sentido de que o processo de globalização seja baseado em valores universalmente compartilhados, com respeito aos direitos humanos e à dignidade da pessoa.

Noutros termos, o estudo propõe a (re) construção de uma globalização justa, integradora, governada democraticamente, que ofereça oportunidades e benefícios tangíveis a todos os países e todas as pessoas. Tais sugestões podem assim ser resumidas:

> • Um enfoque centrado nas pessoas – a pedra angular de uma globalização mais justa é a satisfação das demandas de todas as pessoas no que diz respeito aos seus direitos, identidade cultural e autonomia e o acesso a um trabalho decente, com uma plena participação nas comunidades locais em que vivem;

---

[114] VERGOPOULOS, Kostas. *Globalização, o Fim de um Ciclo*: ensaio sobre a instabilidade internacional. Trad.: Estela dos Santos Abreu. Rio de Janeiro: Contraponto, 2005, p. 274.

[115] Disponível desde fev/2004 no *site* www.oit.org, com versão original em espanhol, dentre outras. Citação correspondente ao resumo, p. IX e X.

• Um Estado Democrático e eficaz – o Estado deve ser capaz de administrar sua integração na economia global, assim como proporcionar oportunidades sociais e econômicas, além de garantir a segurança;

• Um desenvolvimento sustentado – a busca de uma globalização justa deve sustentar-se em dois pilares, independentes e que se reforçam mutuamente: o desenvolvimento econômico e social e a proteção do meio-ambiente em escala local, nacional, regional e mundial;

• Mercados produtivos e igualitários – é necessário dispor de instituições coerentes, que promovam oportunidades e incentivem empresas em uma economia de mercado que funcione adequadamente;

• Regras justas – as regras da economia global devem oferecer a todos os países igualdade de oportunidades e de acesso, assim como devem reconhecer as diferenças em relação às capacidades e necessidades de desenvolvimento de cada país;

• Uma globalização solidária – existe uma responsabilidade a ser compartilhada em relação à assistência dos países e indivíduos excluídos ou desfavorecidos pela globalização. Esta deve contribuir para remediar as desigualdades que existem entre os países e dentro deles, bem como erradicar a pobreza;

• Uma maior responsabilidade entre as pessoas – os atores públicos e privados devem ter capacidade de influir sobre os resultados da globalização e ser democraticamente responsáveis pelas políticas que aplicam e medidas que adotam;

• Associações mais comprometidas – são numerosos atores que intervêm na realização dos objetivos sociais e econômicos globais (organizações internacionais, governos, parlamentos, empresas, sindicatos, sociedade civil, etc.). O diálogo entre eles representa um instrumento democrático fundamental para criar um mundo melhor.

É certo que tais proposições podem ser individualmente questionadas, além de parecerem – para muitos – ambiciosas demais. No entanto, é inegável que a implementação desse conjunto de proposições poderia representar a construção de um verdadeiramente novo "contrato social", que, ao mesmo tempo, representaria também o ressurgimento do Estado de Bem-Estar Social com uma nova roupagem, centrado na defesa intransigente da dignidade humana e conectado com a "aldeia global".

Sob o ponto de vista estritamente econômico, o Estado Social não deve ser considerado como um encargo pesado para a competitividade, mas, tal como a recente experiência histórica ensina, esse modelo de Estado pode se constituir numa vantagem competitiva na nova concorrência mundial, tanto pela importância do mercado interno quanto pela integração social dos trabalhadores.[116]

Essa verdadeira revolução "pós-neoliberalismo" implicaria nova formatação do Estado, porquanto, cada vez mais, será necessária a cooperação dos povos para a concretização dos grandes objetivos da humanidade. Nessa linha, a globalização passaria a ser instrumento imprescindível na construção dessa nova ordem, enquanto o modelo de globalização forjado a partir do ideário neoliberal passaria a fazer parte da história dos insucessos da humanidade. Para tanto, é necessária

---

[116] VERGOPOULOS, Kostas. *Globalização, o Fim de um Ciclo*: ensaio sobre a instabilidade internacional. Trad.: Estela dos Santos Abreu. Rio de Janeiro: Contraponto, 2005, p. 54.

uma atuação convergente dos vários atores estatais e não-estatais, como observa Ladislau Dowbor:

> Os objetivos gerais são hoje claros. Precisamos de um desenvolvimento socialmente justo, economicamente viável e ambientalmente sustentável. Dividir estes objetivos entre o Estado que executa políticas sociais, as empresas que produzem, e as organizações não-governamentais ou comunitárias que batalham por objetivos ambientais, cada um puxando para o seu lado, nos traz à mente aquele desenho dos burros que tentam cada um alcançar o seu monte de capim, puxando em sentidos contrários em vez de comer juntos cada monte. A diferença é que aqui os burros seriam três. Podemos, naturalmente, e segundo as nossas posições ideológicas, ter cada um uma opinião diferente sobre qual dos burros é o culpado. Mas isso não alteraria o resultado final.[117]

Parece evidente que seria ingenuidade nacionalista imaginar todo esse processo sendo revertido a partir de políticas estatais locais, desconectadas de ações multilaterais. Como afirma Dupas, "o furor protecionista e a xenofobia já não encontram mais espaço no mundo dominado pela tecnologia da informação. O Estado nacional é incapaz de recuperar sua antiga força mediante uma política de enclausuramento".[118]

Então pode-se sustentar que, em poucos momentos da história, foi tão necessário que a cooperação e a solidariedade dos povos abandonassem a condição de postulado teórico e passassem a ser, a despeito de naturais conflitos de interesses, os elementos norteadores da nova lógica global, pois a pobreza extrema mostra-se cada mais intolerável.

Para Kliksberg, a "pobreza não é uma maldição inevitável". Ao contrário, ela é "produto de decisões e de políticas humanas", razão pela qual, para enfrentá-la, fazem-se necessárias "mudanças nas regras do jogo internacionais e nas políticas nacionais".[119] Relativamente às primeiras, inúmeras vozes conclamam hoje pela abordagem de questões como a abertura real de mercados aos produtos vindos dos países em desenvolvimento, o alívio efetivo da divida externa, o aumento da ajuda internacional. Como afirma o mencionado autor:

> Em nível nacional é premente, dentre outros aspectos, a criação de empregos, apoio decidido à pequena e média empresa, a democratização do crédito, a prática de políticas sociais agressivas, a universalização do acesso à saúde e à educação de qualidade, o impulso a reformas fiscais progressivas e a promoção do direito à cidadania (*empowerment*) aos pobres, apoiando para isso a criação o fortalecimento de suas próprias organizações.[120]

Enfim, a globalização tem potencialidades de se transformar num instrumento concreto no combate à pobreza e à desigualdade. Basta que ela rompa a

---

[117] DOWBOR, Ladislau. Globalização e Tendências Institucionais. In: DOWBOR, Ladislau; IANNI, Octavio; RESENDE, Paulo-Edgar A. (orgs). *Desafios da Globalização*. Petrópolis: Vozes, 1997, p. 13.

[118] DUPAS, Gilberto. *Economia Global e Exclusão Social*: pobreza, emprego, estado e o futuro do capitalismo. São Paulo: Paz e Terra, 1999, p. 217.

[119] KLIKSBERG, Bernardo. *Por uma Economia com Face mais Humana*. Brasília: UNESCO, 2003, p. 22.

[120] Idem, ibidem.

lógica segundo a qual estaria restrita, tão-somente, ao aspecto econômico. Mais do que nunca, é fundamental globalizar uma nova concepção de solidariedade, pois essa pode representar uma verdadeira revolução redutora das desigualdades e da pobreza.

Por outro lado, constata-se, que o ideário neoliberal deu ensejo, também, ao surgimento de um modelo tributário que incrivelmente serve como instrumento de redistribuição de renda às avessas, ou seja, através da tributação tornou-se possível ampliar as já elásticas desigualdades. Por isso, é importante examinar o modelo tributário que está inserido dentro deste cenário de crise do Estado de Bem-Estar Social, construído a partir do paradigma do neoliberalismo econômico.

1.8. A NEOTRIBUTAÇÃO CONSTRUÍDA A PARTIR DO PARADIGMA LIBERAL CONTEMPORÂNEO

A constatação da existência da crise estrutural leva a concepções que preconizam soluções no sentido radicalmente oposto àquele a partir do qual foi construído o modelo do Estado de Bem-Estar Social. Como se todo problema não passasse de uma equação matemática, discute-se se deveria ser aumentada a carga tributária, ou serem reduzidas as prestações típicas do Estado de Bem-Estar.

Para a concepção denominada de neoliberal, a saída da crise desse modelo de Estado passa pela redução de tributos – vide plataforma política dos Republicanos nos Estados Unidos – concomitantemente com a retirada do Estado de certos setores da vida pública, com a minimização da proteção social,[121] deixando que o mercado assuma a responsabilidade pela organização social e pela redistribuição da riqueza.

Como explica Michel Bouvier,[122] no campo tributário os americanos Milton Friedman (Escola de Chicago), J. Buchanan (Escola de Virgínia) e o ultraliberal Murray Rothabard, apesar de seus pontos divergentes, realimentaram o antifiscalismo contemporâneo e se pautaram pelas regras: cada vez menos impostos, menos Estado e mais mercado. A escola monetarista de Friedman defendeu o desenvolvimento livre de uma economia informal ou paralela. Essa nova concepção significou uma reação a Keynes, na era que se convencionou denominar de pósmoderna, sendo que tal reação, capitaneada por F. Hayek, preconiza uma ordem social espontânea.

Ou seja, essa concepção aponta na direção do retorno ao Estado-mínimo e do conseqüente rompimento com os fundamentos que alicerçavam o Estado Social,

---

[121] Conforme menciona Amartya Sen (2000), nos Estados Unidos, um desafio crucial está na ausência de qualquer tipo de seguro-saúde ou de uma cobertura segura para um número enorme de pessoas (Os Estados Unidos são o único país dentre os países ricos com esse problema e, o número dos que não têm seguro-saúde ultrapassa 40 milhões). SEN, Amartya. *O Desenvolvimento como Liberdade*. Trad.: Laura Teixeira Motta. São Paulo: Companhia das letras, 2000, p. 168.

[122] BOUVIER, Michel. *Introduction au Droit Fiscal Général et à la Theorie de l'ímpôt*. 6. ed. Paris: LGDJ, 2001, p. 202-206.

sobretudo o "pilar" da solidariedade. Isso se manifesta em diversos campos, com a crescente transferência para a iniciativa privada de atividades típicas do Estado de Bem-Estar, tornando-se, no entanto, especialmente visível, relativamente ao modelo tributário construído em vários países, sob a influência desse paradigma liberal.

Sob a ótica da tributação, assiste-se a um processo de desintegração dos valores e princípios construídos ao longo da história do Estado do Bem-Estar Social. Passa-se a questionar a conveniência de princípios de tributação tidos como inerentes à existência desse modelo de Estado. Passa-se a questionar a validade de princípios como o da capacidade contributiva, até então entendido como dogma de um sistema tributário justo (adequado ao Estado Democrático de Direito).[123]

Esse fenômeno ocorre também em países periféricos, tendo como particularidade anacrônica o fato de que tais princípios – inerentes, por exemplo, ao modelo de Estado formalmente posto desde 1988 no Brasil – nunca foram implementados na plenitude de suas possibilidades. Ou seja, no plano fático, constata-se que o Estado Democrático de Direito, constituído após a redemocratização do país, permaneceu como uma bela obra literária, desprovida de qualquer eficácia social, de tal forma que, se não fosse esse o modelo de Estado adotado constitucionalmente, poucas diferenças poderiam ser percebidas na realidade nacional, comparativamente àquela que ora se apresenta.

No plano jurídico, isso ocorre porque uma parcela "respeitada" da doutrina e jurisprudência nacional insiste em negar que esse novo modelo de Estado – pelo menos no plano formal – foi instituído pela Carta Brasileira de 1988. Isto é, o novo permanece encoberto pelo véu dos preconceitos jurídicos concebidos e eternizados a partir de outra realidade constitucional, haja vista que preconceitos ilegítimos pautam o modo de compreender e interpretar o Texto Constitucional de 1988.

Dessa forma, incoerentemente discuti-se sobre a validade de algo que sequer foi implementado. Contesta-se, por exemplo, se a progressividade tributária, típica do Bem-Estar e da modernidade, tem validade na denominada pós-modernidade, sem que tal princípio, num plano fático, tenha feito parte da história do Estado Brasileiro (simulacro de Bem-Estar ou Providência).

No cenário internacional, o atual estágio da maioria dos sistemas tributários é entendido por Michel Bouvier como o retorno à Idade Média, em face da extrema

---

[123] Conforme menciona Mizabel A. M. Derzi, "Robert Hall e Alvin Rabushka (The Flat Tax) sugerem substituir o imposto de renda progressivo por um meramente proporcional". DERZI, Mizabel A. M. Pós-modernismo e Tributos: complexidade, descrença e corporativismo. In: *Revista Dialética de Direito Tributário*, São Paulo, n. 100, jan. 2004, p. 72. Isso se constata no Brasil quando significativos atores sociais (políticos, economistas e tributaristas) sustentam a conveniência e a viabilidade de um Imposto único sobre a movimentação financeira, ou quando defendem a inexistência de alíquotas progressivas para impostos, inclusive para o próprio imposto sobre a renda.

diversificação da arrecadação, associada a inúmeras diferenças de estatutos.[124] Tal conclusão é obtida a partir do resgate dos marcos fundantes da tributação, comparativamente aos alicerces sobre os quais atualmente a tributação está posta.

Conforme expõe Bouvier, desde a origem os impostos correspondiam a um instrumento de submissão ou de solidariedade entre as classes sociais, sendo que o bem comum poderia ser alcançado, mediante a exigência de impostos, por um Estado nação unificado e com fronteiras determinadas. Diferentemente disso, o mundo atual é composto, descrente e desencantado. Reforça-se a idéia do mero imposto-troca, a partir das concepções individualistas e das teses da fiscalidade mínima, surgidas nos anos oitenta. O corporativismo se reforça, busca e obtém privilégios fiscais, voltadas notadamente aos setores econômico e financeiro, o que transforma a estrutura da fiscalidade nacional e local em um verdadeiro mosaico.[125]

Por fim, Bouvier conclui que, em tal quadro, o poder fiscal se tornou um jogo para os múltiplos centros de decisão públicos e privados que formam o tecido social, deixando de ser um atributo de um poder universal, representado até então pelo Estado. Os organismos profissionais (sindicatos patronais ou empregados), as associações profissionais de interesse de tal ou de parte da população, as coletividades territoriais, as instituições internacionais, todos intervêm de maneira ativa no processo de decisão fiscal, reivindicam a fiscalização de certa renda ou o poder de modular a carga fiscal, de criá-la, suprimi-la ou modificá-la.[126]

Essas características são facilmente perceptíveis também no cenário doméstico. Para exemplificar, basta que seja examinada a denominada "guerra fiscal", travada pelas Unidades da Federação na busca pela atração de novos investimentos. Tal disputa foi justificada, *a priori*, pela necessidade de geração de empregos e pela perspectiva de incremento na arrecadação, a longo prazo.

As referidas promessas, porém, não chegaram a se confirmar, pelo menos na amplitude mínima necessária que justificasse, de um lado, as expressivas exonerações fiscais, travestidas de incentivos financeiros e, de outro, a concessão de financiamentos – "a perder de vista" – com taxas de juros generosas e inequivocamente incompatíveis com aquelas praticadas pelo "Sr. Mercado". Isso demonstra, claramente, o poder de determinados setores da economia no sentido da obtenção de privilégios fiscais e evidencia a idéia de "mosaico", explicitada por Bouvier.

---

[124] BOUVIER, Michel. *Introduction au Droit Fiscal Général et à la Theorie de l'ímpôt*. 6. ed. Paris: LGDJ, 2001, p. 226.

[125] Idem, p. 225.

[126] Idem, p. 226. "C'est dans un tel cadre que le pouvoir fiscal est devenu un enjeu pour les multiples centres de décisión publics et privés qui forment maintenant le tissu de la societé, tandis qu'il est de moins l'attribut d'un pouvoir universel représenté jusqu'alors par l'État. En Effet que ce soient les organisations professionnelles (syndicats patronaux ou syndicats de salaries), les associations de protection dês intérêts de telle ou telle partie de la population, les colectivités, territoriales elles-mêmes disparates dans leurs revendications ou dans l'étendue de leur pouvoir, ou encore les institutions internationales, tours ces organismes ou institions interviennent maintenant de manière active dans le processus de décision fiscale".

No cenário internacional, multiplicam-se exações que se fundamentam na idéia de que a proporcionalidade (alíquotas idênticas independentemente da base tributável) seria mais adequada, prática e eficaz do que a lógica da progressividade. Isso significa um incremento substancial na carga tributária,[127] não obstante nesse processo seja desconsiderada a capacidade de contribuir de cada cidadão. Conforme relata Mizabel Derzi:

> Diversos países, embora mantenham a progressividade inerente aos tempos intervencionistas, instituem paralelamente tributos proporcionais de bases amplas, com que elevam a arrecadação a patamares antes inusitados. A França cria a Contribution Sociale Généralisée, destinada à manutenção da assistência social, incidente sobre a receita bruta das famílias e receita de capital, com alíquota meramente proporcional.[128]

> [...] De fato, a criação em França da chamada Contribution Sociale Généralisée obedeceu aos parâmetros da Flat Tax e vem igualando com alíquota de 7% a arrecadação do imposto sobre a renda (que tem alíquotas progressivas muito elevadas, de 50 %). A partir dela a arrecadação chegou a mais de 46 % do PIB francês.[129]

Nos países periféricos, esse cenário é mais perverso. No Brasil, principalmente, ocorre um incremento significativo na carga tributária, sem que a capacidade contributiva do cidadão seja levada em consideração e sem que Estado, concomitantemente, dê efetividade à proteção social, constitucionalmente exigível e faticamente imprescindível. Assim, o sistema tributário vai se sofisticando de tal forma que se converte em algo nunca dantes visto: um eficaz meio de "redistribuição de renda".

Essa "redistribuição de renda" é feita às avessas, ou seja, a parcela da população com menor capacidade contributiva, além de não lhe serem garantidos minimamente os direitos sociais, arca com parcela significativa e insuportável da carga tributária, em favor das minorias organizadas, que se encontram no topo da pirâmide social e têm o poder necessário para fazer valer seus interesses.

Esse quadro é a mais clara manifestação da face perversa do que se pode denominar de déficit democrático, isto é, trata-se de uma incontroversa demonstração de que a decantada democracia representativa corresponde a um tremendo processo de "faz de conta".

Tal ocorre no campo fiscal, pois a parcela que representa a maioria da população tem possibilidades bastante reduzidas de intervenção no processo decisório a partir do qual a carga tributária é gestada; ao passo que as corporações – sobretu-

---

[127] Ainda no que tange à França (vide dados no anexo), Rosanvallon (1997) informa que esse implemento na tributação deve-se, basicamente, às cotizações sociais (contribuições), vez que em 1959 elas representavam 9,7 % do PIB, saltando para 12,7 em 1970 e 20 % em 1990, enquanto a pressão fiscal (demais tributos não-vinculados com a seguridade) permanecia quase estável (23,1 do PIB em 1959, 23,3 % em 1970 e 25 % em 1990). ROSANVALLON, Pierre. *A Crise do Estado-Providência*. Trad.: Joel Pimentel de Ulhôa. Goiânia: UFG; Brasília: UnB, 1997, p. 14.

[128] DERZI, Mizabel A. M. Pós-modernismo e Tributos: complexidade, descrença e corporativismo. In: *Revista Dialética de Direito Tributário*, São Paulo, n. 100, jan. 2004, p. 73.

[129] Idem, p. 75.

TRIBUTAÇÃO E DIGNIDADE HUMANA

do aquelas representativas do capital – definem, através dos pseudo-representantes do povo, os limites e contornos da carga tributária mais conveniente.

Com isso, agrava-se o quadro das desigualdades sociais e econômicas, uma vez que a carga tributária se transforma num fabuloso meio de retirar daqueles que possuem baixa capacidade econômica os parcos recursos que poderiam ser empregados no sentido de construir uma vida, senão melhor, menos ruim.[130]

Mais paradoxal ainda é o fato de que boa parte desses ínfimos recursos seria empregada para atender àquelas necessidades estritamente relacionadas à sobrevivência. Ou seja, seriam consumidos para fazer frente àquilo que lhes é sonegado pelo Estado (saúde, alimentação básica, educação, habitação, transporte, etc.). Em outras palavras, o Estado não cumpre com suas razões de existir, não assegura a proteção social e ainda retira parte importante dos recursos, que seriam utilizados para fazer frente àquilo que deixa de prestar ao cidadão já empobrecido.

Aliás, a impossibilidade de o Estado tributar o mínimo vital à existência humana é um postulado clássico do próprio liberalismo, à medida que corresponde a um direito de defesa do cidadão (direito fundamental de primeira dimensão) frente ao Estado, no sentido de este não lhe exigir algo impossível de ser atendido, sem a assunção de um prejuízo insuportável. Nesse sentido, explica Lobo Torres:

> Com efeito, quando se tratar de bens necessários à sobrevivência biológica e social do cidadão em condições mínimas de dignidade humana a tributação não encontra justificativa racional. Parece-nos, como já dissemos antes, que, não obstante seja omissa a CF, é caso de imunidade tributária, a garantir o mínimo existencial, posto que é um predicado dos direitos de liberdade e tem fundamento pré-constitucional.[131]

Tal situação é facilmente constatada e sentida pela população que, por exemplo, é impelida a recolher imposto de renda pessoa física sobre valores quase irrisórios e insuficientes para a própria sobrevivência digna. Haja vista que:

> a) na última década, os limites de isenção do referido imposto permaneceram inalterados ou sofreram pequena correção, em que pese o processo inflacionário, mesmo de uma forma mais sutil, tenha continuado a aviltar o poder aquisitivo da população;
>
> b) existe a previsão de poucos itens passíveis de serem deduzidos como despesas do total dos rendimentos, sendo que, além de poucos, os referidos itens são fixados em valores insuficientes e permanecem imutáveis.

Em relação aos efeitos da inflação na tributação da renda, Herrera Molina explica que ela origina perturbações nos três aspectos que integram o princípio da capacidade contributiva: a) a capacidade objetiva, pois deforma a quantificação dos rendimentos líquidos; b) a capacidade subjetiva, pois deixa de considerar os

---

[130] Conforme os dados apurados pelo IBGE na Pesquisa de Orçamentos Familiares 2003/2003, os impostos e contribuições sobre consumo comprometem quase um quarto da renda das famílias brasileiras, com renda de até R$ 400,00. Para aquelas famílias cuja renda seja superior a mais de R$ 10.000,00 o peso destas espécies tributárias representa algo em torno de 17,3% da renda mensal.

[131] TORRES, Ricardo Lobo. *Tratado de Direito Constitucional Financeiro e Tributário*. v. III: Os Direitos Humanos e a Tributação: imunidades e isonomia. Rio de Janeiro: Renovar, 1999, p. 441.

gastos efetivos que integram o mínimo necessário à existência pessoal ou familiar, e, além disso, agrava a exigência fiscal, uma vez que se estende a progressividade para os escalões de mais baixa renda.[132]

Ou seja, uma vez que os limites de isenção do imposto de renda permanecem com alterações insuficientes e há uma pequena quantidade de itens passíveis de serem deduzidos, na verdade, o que acaba sendo objeto da tributação não é a renda (acréscimo patrimonial), mas sim o próprio patrimônio do cidadão. Com isso, o imposto de renda torna-se um importante instrumento de empobrecimento da população, uma vez que se transforma num tributo que, paulatinamente, vai corroendo o patrimônio, justamente daquela parcela da população que está na base da pirâmide social.

Soma-se a isso a adoção de apenas duas alíquotas do imposto, o que compromete, sobremaneira, a progressividade do imposto, princípio inerente à idéia de solidariedade social, o qual sustenta intelectualmente o Estado Democrático de Direito.

Convém lembrar que, enquanto não havia previsão constitucional expressa (antes de 1988), existia uma efetiva progressividade do imposto de renda das pessoas físicas (alíquotas maiores de acordo com vários níveis de renda); ao passo que, atualmente – com expressa previsão constitucional –, há apenas duas alíquotas (15% e 27,5%). Com isso, consagra-se um arremedo de progressividade tributária, justamente em relação ao imposto que, sob a ótica da arrecadação, é o mais importante e, sob o ponto de vista da justiça fiscal, está mais apto a produzi-la.

Outrossim, verifica-se um efetivo incremento na carga tributária de uma forma indireta e imperceptível para a maioria da população que, passivamente, suporta a redução do poder aquisitivo, a cada ano que passa. Isso se verifica, também, com a expressiva majoração da carga tributária indireta. Os denominados "tributos indiretos" oneram significativamente os bens e serviços consumidos pela população que, indolor e invisivelmente, arca com os custos respectivos. Não obstante o sujeito passivo ser outro (industrial, comerciante ou prestador de serviços), é inegável que o ônus tributário é repassado ao preço final dos bens e serviços consumidos por toda população e corresponde a um indissociável e importante componente desse preço.

Se esse processo estivesse restrito àqueles bens e serviços que, a princípio, são consumidos pela parcela da população com maior poder aquisitivo, ele seria tolerável e aceitável à medida que a arrecadação gerada pudesse ser empregada pelo Estado na consecução de seus fins. Todavia, esse processo atinge especialmente a parcela da população que tem capacidade contributiva muito próxima da nulidade ou que ainda acredita fazer parte da hoje quase extinta classe média.

Assim, a tributação construída como fruto da reação liberal à crise do Estado Social, e por isso denominada neste trabalho de neotributação, passa a cumprir

---

[132] HERRERA MOLINA, Pedro Manuel. *Capacidad Económica Y Sistema Fiscal*: análisis del ordenamiento español a la luz del Derecho alemán. Madrid: Marcial Pons, 1998, p. 134.

uma tarefa diametralmente oposta àquela que tradicionalmente a justificou e fundamentou. A tributação passa, enfim, a ser um importante instrumento de concretização e ampliação das desigualdades econômicas e sociais. Um modelo perverso que colaborou decisivamente na construção de uma das sociedades mais desiguais do mundo e certamente está na via contrária ao modelo de Estado, formalmente instituído pela Constituição de 1988.

No Brasil, é possível constatar que o laboratório da neotributação foi levado a efeito com todas aquelas características apontadas como necessárias à solução da crise do Estado. A partir daí, foi-se construindo um modelo tributário que, aos poucos, colaborou para agravar o quadro das desigualdades sociais e econômicas.

Dessa forma, é inegável a contribuição brasileira na implementação do que se denomina de neotributação, à medida que se reforça a idéia do imposto–troca, independentemente da capacidade contributiva do cidadão. Por outro lado, a estrutura tributária é moldada de acordo com casuísmos e interesses de corporações econômica e politicamente influentes. Isso ocorre, por exemplo, mediante:

a) a excessiva tributação indireta de produtos e serviços essenciais (cesta-básica, energia elétrica, combustíveis, telecomunicações, etc.), já que é necessário "manter a arrecadação" (a idéia do imposto troca em detrimento à idéia da solidariedade), desconsiderando-se que isso implica, também e necessariamente, o empobrecimento cada vez maior da parcela da população que está na base da pirâmide social (classe dita "média", inclusive);

b) a criação de Contribuições de Intervenção no Domínio Econômico – CIDE, sem que intervenção alguma de fato haja, deturpando-se, com isso, a legítima idéia de que o Estado possa agir como um ator privilegiado no cenário econômico, com vistas a reduzir as distorções oriundas da própria economia, além de transformar as ditas Contribuições em mero instrumento de arrecadação e majoração da carga tributária;

c) a instituição da supostamente provisória CPMF, a incidir sobre a movimentação financeira, com alíquota proporcional, seguindo-se com isso a concepção oposta àquela que sustentava o Estado Social, segundo a qual a capacidade contributiva seria o elemento balizador da carga tributária;

d) a "negociação" das alíquotas do IPI de acordo com conveniências mercadológicas e pressões de grupos sociais organizados (montadoras de automóveis e usineiros por exemplo), desconsiderando que tal imposto está alicerçado no princípio da seletividade, o que implica alíquotas diferentes de acordo com a essencialidade dos produtos;

e) as renúncias fiscais indiscriminadas, negociadas por representantes do Poder Executivo Estadual, nas reuniões do CONFAZ, nas quais se trocam "favores" entre os Estados membros da federação, visando a beneficiar, mediante isenção, remissão ou anistia, especificados atores econômicos, que, com isso, exercem efetivamente o poder que lhes foi conferido pela circunstância de serem detentores do capital;

f) a expressiva carga tributária incidente sobre o trabalho,[133] o que, por um lado, onera significativamente a folha de salários das empresas e, por outro, reduz os rendimentos dos

---

[133] A tributação incidente sobre a folha de salários – da indústria, comércio e serviços – corresponde à soma das seguintes contribuições: a) 20% sobre o total da folha; b) 1%, 2% ou 3% relativamente à contribuição para

trabalhadores. Isso colabora, decisivamente, para a ampliação dos índices de desempregos, sobretudo nas grandes cidades, e torna mais dramática a perigosa exclusão dos cidadãos da sociedade em face da inexistência da renda imprescindível à própria sobrevivência.

É certo, pois, que os exemplos da neotributação não se esgotam nas situações mencionadas. Há várias outras hipóteses que demonstram cabalmente que o Brasil foi construindo um modelo tributário que, explícita ou implicitamente, deu sua importante contribuição para que houvesse esse agravamento da desigualdade social. Esse modelo, concebido a partir da reação à crise do Estado Social, por evidência, está fadado a falir, se já não faliu e apenas, por insistência cega, nega-se a reconhecer tal fato.

Da mesma forma que o modelo de globalização, construído a partir do ideário neoliberal, mostrou-se desumano, injusto, excludente e, portanto, inaceitável, a neotributação, gestada por esse mesmo paradigma, encontrou seu ocaso e necessariamente deverá ser objeto de uma profunda reflexão, a partir da qual seja possível firmar os pilares de um novo modelo que, no mínimo, esteja apto a recuperar os compromissos históricos da tributação, sobretudo no que tange ao fundamento solidariedade.

Para isso é imprescindível buscar alternativas para um novo contrato social, a ser concebido das "cinzas" do velho Estado de Bem-Estar Social, sem reproduzir, no entanto, aquelas incongruências e defeitos congênitos que levaram o modelo à crise e, com isso, à própria negação de sua eficácia social. Isso passa, necessariamente, pela transformação da idéia da solidariedade em elemento estrutural da sociedade, mesmo que tal concepção possa parecer um tanto utópica para muitos.

1.9. AS PERSPECTIVAS DE UM NOVO MODELO DE ESTADO

A crise do Estado do Bem-Estar Social levou ao surgimento de um novo ideário – neoliberal – que apontava para o retorno ao Estado-mínimo, ou seja, para uma concepção estatal que estivesse minimamente comprometida com a redução das desigualdades socioeconômicas.

Essa concepção, porém, não resiste ao tempo e aos desdobramentos de sua materialização. A crise do Estado social não poderia implicar o retorno ao Estado mínimo – portanto liberal – sobretudo em países periféricos, onde não se pode afirmar que o modelo do Estado em crise tenha sido implementado.

Noutros termos, não cabe defender, por exemplo, que o Estado Brasileiro deva ser minimizado, pois é muito difícil conseguir reduzir o tamanho da proteção

---

o Seguro Acidente de Trabalho c) 5,8% relativamente às contribuições devidas aos terceiros (SENAI, SESIS, SEBRAE, Salário-Educação, INCRA, SENAC e SESC). Isso tudo, sem considerar as contribuições que os empregados arcam e são descontadas diretamente dos salários recebidos, cujas alíquotas variam de 7,65% a 11% e a contribuição incidente sobre a folha de salários devida ao FGTS (8%), a qual tem discutível natureza tributária.

social quando ela é praticamente imperceptível e inexistente, pelo menos para a parcela da população que dela mais necessita.

O pensamento liberal mostra também suas evidentes contradições quando sustenta a não-intervenção do Estado na economia e, concomitantemente, reclama e exige que esse mesmo Estado conceda benefícios e incentivos fiscais para a expansão das atividades privadas, a pretexto da geração de empregos. Ou seja, o Estado não deve intervir na economia, a não ser para conceder benefícios e benesses àqueles que defendem a não-intervenção.

É certo que boa parte dos liberais defendem a redução da burocracia, que emperra o funcionamento do próprio Estado. No entanto, isso não é sinônimo de minimização do Estado, pois a idéia de um Estado socialmente atuante é incompatível com a concepção de um Estado burocratizado. Ao contrário, a redução da burocracia estatal é condição do avanço social e do aprofundamento da democracia, e isso pouco tem a ver com a concepção de Estado mínimo.

Nos países periféricos, tampouco se pode afirmar que literalmente tenha "saído do papel" (Constituição!) o modelo do Estado Democrático de Direito, este entendido como um modelo de Estado que tenha como condição de existência a persecução da igualdade material ou, pelo menos, a redução das notórias desigualdades oriundas de um modelo econômico perverso e excludente.

Isso se verificou, pois o Estado não conseguiu assegurar, garantir ou realizar minimamente aqueles direitos fundamentais de cunho social, que estariam aptos a dar as condições necessárias para que o imenso fosso da desigualdade social não se aprofundasse, pelo menos.

Além disso, a solução propugnada pelos organismos financeiros internacionais – braços visíveis da concepção liberal – passava pela (quase integral) privatização dos serviços públicos, como de fato ocorreu em muitos países da América Latina na década de 1990.

No entanto, para Rosanvallon, as saídas da crise não podem ser pensadas nas alternativas entre estatização versus privatização. Conforme sustenta, o futuro do Estado passa pela definição de uma nova combinação de diferentes elementos. As lógicas da estatização e da privatização devem ser substituídas por uma tríplice dinâmica articulada da socialização, da descentralização e da autonomização. Para tanto entende necessário:

> • Desburocratizar e racionalizar a gestão dos grandes equipamentos e funções coletivas: é a via de uma socialização mais flexível. Há, ainda, grandes esforços a fazer nesse domínio para simplificar a gestão, mas não é uma via inovadora em si mesma.

> • Remodelar e preparar certos serviços públicos para torná-los mais próximos dos usuários: é a vida da descentralização. Visa aumentar as tarefas e as responsabilidades das coletividades locais nos domínios sociais e culturais.

> • Transferir para coletividades não públicas (associações, fundações e agrupamentos diversos) tarefas de serviço público: é a via da autonomização. É esta via que pode ser a mais

nova e a mais interessante para responder às dificuldades do Estado-providência e fazer frente às necessidades sociais do futuro.[134]

Há de se ressaltar, porém, que o próprio autor reconhece que essa alternativa só tem sentido se inserida num tríplice movimento de redução da demanda do Estado, de reencaixe da solidariedade na sociedade e de produção de uma maior visibilidade social. Em relação ao primeiro item mencionado, Rosanvallon sugere:

> Em uma perspectiva prática, deve ser possível, por exemplo reconhecer um direito de substitutibilidade do estatal pelo social no domínio de certos serviços coletivos (em matéria de guarda de crianças por exemplo). Isso significa que, quando indivíduos se reúnem para prestarem a si mesmos um "serviço público" ordinariamente fornecido por uma instituição especializada, o Estado reconhece, principalmente, na forma de dedução fiscal, que sua iniciativa "privada" preenche uma função de essência púbica. A única forma de reduzir de maneira não regressiva a demanda de Estado consiste em fornecer a multiplicação desses auto-serviços ou serviços públicos pontuais de iniciativa local.[135]

A crise do Estado do Bem-Estar é fruto também – e talvez principalmente – de uma crise nos fundamentos desse modelo, sobretudo no alicerce fundamental da solidariedade. "Os mecanismos de produção da solidariedade tornaram-se abstratos, formais e incompreensíveis. O desenvolvimento dos processos burocráticos e o peso crescente da regulamentação social se nutrem dessa abstração e a redobram, por sua vez".[136]

Segundo Rosanvallon, a condição principal para o desenvolvimento da solidariedade reside no aumento do tempo livre. Faz-se necessário que haja mais tempo livre às pessoas para que possam desenvolver os mecanismos de solidariedade, razão pela qual "a redução do tempo de trabalho já não se apresenta apenas como exigência econômica de redução do desemprego; ela é condição da aprendizagem de novos modos de vida".[137]

De uma forma mais abrangente, a reconstrução da idéia de solidariedade social passa a ser a condição de possibilidade para a construção de um novo formato Estatal. A consciência de sentir-se parte de um todo (sociedade) e, em relação a ele, ser proporcionalmente responsável, corresponde ao passo inicial para que tal reconstrução tome forma.

O rompimento com a ingênua ilusão de que o Estado, visto como ente abstrato, todo-poderoso e distante, pudesse fazer frente a toda gama de expectativas de cidadãos infantilizados e dependentes, representa a condição primeira para que a idéia de solidariedade seja (re) formatada, pois, sem isso, a responsabilidade perante a coletividade naufraga na mesma utopia em função da qual o Estado Social naufragou.

---

[134] ROSANVALLON, Pierre. *A Crise do Estado-Providência*. Trad.: Joel Pimentel de Ulhôa. Goiânia: UFG; Brasília: UnB, 1997, p. 85-86.

[135] Idem, p. 90.

[136] Idem, ibidem.

[137] Idem, p. 93.

Ou seja, de uma forma bem realista, há de se entender que o Estado nada mais é do que a sociedade organizada politicamente e que, portanto, não está em posição oposta a essa sociedade. Há de se reconhecer também que esse mesmo Estado tem limites, infelizmente estreitos, de possibilidades na concretização de todos os desejos e necessidades dos componentes dessa sociedade (cidadãos). Além disso, é preciso perceber que não é possível apenas reclamar os direitos, sem que se esteja disposto a cumprir com os deveres fundamentais.

Por outro lado, constata-se a existência de uma verdadeira "neblina" que encobre um dos pilares de sustentação do Estado: a carga tributária. Sabe-se muito pouco sobre a real representatividade dos custos dos tributos pagos quando, por exemplo, se adquire um produto para ser consumido, especialmente nos países de modernidade tardia.

No caso brasileiro, dificilmente algum consumidor saberia precisar o montante dos impostos e contribuições que indiretamente compõem o custo das mercadorias adquiridas, assim como os trabalhadores têm dificuldades em compreender e dimensionar a carga tributária suportada em relação aos seus próprios salários.

Pode-se dizer, assim, que o ônus tributário suportado pela população é pouco percebido ou sentido, pairando como um "dragão" invisível que se aproveita da "anestesia social" (perda da capacidade de indignação) para, de uma forma indolor e imperceptível, amealhar os parcos recursos, sobretudo daqueles destituídos de capacidade econômica.

Por isso tudo, Rosanvallon sustenta a necessidade de ser aumentada a visibilidade social, em que pese haver o risco de tensões e conflitos em vista dessa nova transparência. Esses conflitos são decorrência lógica de se estar inserido dentro de uma sociedade democrática, sendo indissociavelmente inerentes a ela. Como lembra o autor, "o ideal democrático não consiste em negar ou ocultar os conflitos, a pretexto de improvável consenso, mas em torná-los produtivos e construtivos".[138]

Dessa forma, é possível sustentar que aumentar a visibilidade social implica substantivar a democracia, à medida que as tensões e os conflitos sociais, naturalmente decorrentes desse aumento de visibilidade, passem a ser vistos como instrumentos de crescimento e sofisticação da própria convivência em sociedade. Encobrir e ocultar para que não haja conflitos significa negar a própria essência da democracia participativa, significa hipocritamente consagrar a doce tranqüilidade da ignorância e estimular, não a paz social, mas a passividade "dos bons cordeiros".

Além disso, o aprofundamento da democracia tem como conseqüência natural a redução das possibilidades da corrupção. Se não é possível erradicar a corrupção, é possível minimizá-la através de mecanismos de controle do Estado.

---

[138] ROSANVALLON, Pierre. *A Crise do Estado-Providência*. Trad.: Joel Pimentel de Ulhôa. Goiânia: UFG; Brasília: UnB, 1997, p. 96.

Se isso ocorrer – e for perceptível – há uma clara tendência que os deveres fundamentais – o de pagar tributos especialmente – sejam mais bem assimilados e deixem de ser vistos como uma intromissão violenta do Estado na liberdade individual. Por decorrência, o dever de contribuir, paulatinamente, passará a ser entendido como o preço a ser pago pela própria liberdade e o ônus inescapável de ser fazer parte de uma sociedade.

A propósito, a redução da corrupção, tanto pública quanto privada, é uma demanda do próprio mercado, mesmo porque, pragmaticamente, o custo econômico dela decorrente é muito expressivo, além de distorcer os mecanismos do livre comércio e da saudável concorrência.

Enfim, a introdução desses instrumentos requer uma participação ativa dos atores sociais, o que é impossível viabilizar sem o aprofundamento da democracia. Ou seja, uma democracia substantiva, e não meramente formal, passa a ser condição de possibilidade de um novo modelo estatal.

É possível, então, discutir a idéia da "refundação" do Estado, a qual, como sustenta Calera,[139] passa pelo que denomina de "relativa hegemonia do Estado", sendo ela condicionada pela inevitável dialética do individual e coletivo, o que significaria o reconhecimento da riqueza do humano da vida coletiva, isto é, a impossibilidade de que o humano possa expressar-se e realizar-se em uma só formulação organizacional. De qualquer forma, conforme defende o autor, a relativa hegemonia do Estado implica algumas exigências elementares, quais sejam:[140]

a) é importante e decisivo que a tensão dialética sociedade civil versus Estado se mantenha na teoria da práxis social. Esse seria o melhor caminho para melhorar os níveis de igualdade e liberdade das massas sociais. O pior que pode acontecer a um povo, é o silêncio social ante o Estado e a passividade estatal ante a sociedade civil;

b) é decisiva a manutenção da exigência viva de uma maior democratização do Estado, de todos os órgãos e aparatos do Estado, desde os mais importantes até os mais pequenos e periféricos. Esta maior democratização significa, entre outras coisas, uma maior participação dos grupos e indivíduos na fundação e controle dos aparatos do Estado;

c) não haverá uma autêntica substancialização do Estado, sem uma mais ampla e profunda democratização social, porque não basta a democratização política. Essa democratização social significa que mais indivíduos e grupos participem nas distintas agências e instituições sociais (culturais, educativas, desportivas, etc.) que não se identificam com o Estado e não estão integradas a ele.

Sob outro enfoque, Kliksberg sustenta a necessidade de se reconstruir o Estado, que teria como horizonte desejável um formato denominado de "Estado inteligente", cujo papel-chave seria estímulo ao desenvolvimento social. Conforme apresenta o autor:

---

[139] CALERA, Nicolas Maria López. *Yo, el Estado*. Madrid: Trota, 1992, p. 113.
[140] Idem, p. 113-114.

Um Estado inteligente na área social não é um Estado mínimo, nem ausente, nem de ações pontuais de base assistencial, mas um Estado com uma "política de Estado", não de partidos, e sim de educação, saúde, nutrição, cultura, orientado para superar as graves iniqüidades, capaz de impulsionar a harmonia entre o econômico e o social, promotor da sociedade civil, com papel sinergizante permanente.[141]

Para que o desenvolvimento social possa ser alcançado, Kliksberg aponta quais seriam as capacidades institucionais e de gestão, isto é, qual seria o perfil do "Estado inteligente" no campo social:[142]

a) o reposicionamento organizacional da política social, para que as áreas sociais tenham voz ativa na tomada de decisões sobre temas de grande impacto, reduzindo-se, com isso, o poder das áreas econômicas e políticas;

b) a melhoria radical da coordenação intra-Estado social, visto que a maximização de resultados só se obtém no campo social quando existe uma integração operacional das diversas áreas;

c) a descentralização como oportunidade, pois a transferência dos serviços sociais para regiões e municípios mais próximos viabiliza o atendimento às necessidades reais da população que se pretende assistir;

d) o desenvolvimento de metas-redes, uma vez que as novas perspectivas de trabalho em desenvolvimento social fazem surgir a necessidade de se juntar as potencialidades de todos os atores sociais que podem contribuir, sendo que o Estado deve fomentar a integração de todos aqueles que estão concatenados pela causa social;

e) a efetiva participação da população nos programas sociais, já que isso eleva a auto-estima das comunidades e mobiliza potencialidades latentes, as quais poderão dar uma contribuição fundamental a todo o processo;

f) a melhoria na qualidade dos serviços públicos, para que se atenda efetivamente os consumidores de tais serviços, ou seja, a qualidade em benefício da população;

g) um estilo gerencial adaptativo, porquanto rompe com a burocracia tradicional e caminha conectado com a realidade cambiante e imprevisível, sendo que planejar, executar, reforçar e redesenhar devem ser ações quase fundidas;

h) a atenção à especificidade da gestão social, porquanto é preciso desenvolver um enfoque que destaque as especificidades da institucionalidade social e da gestão social.

Há, portanto, caminhos factíveis para que o Estado reencontre os fundamentos de sua existência; há possibilidades viáveis para que seja construído um novo modelo estatal – diverso daquele imaginado pelos teóricos do neoliberalismo – e, sobretudo, há uma inequívoca certeza de que Estado ainda tem uma tarefa muito importante a cumprir.

Não se sustenta, enfim, a idéia de minimização do Estado, sobretudo em países como o Brasil, justamente porque, do ponto de vista da proteção social, não há como tornar o Estado brasileiro menor. Assim, soa estranho ouvir daqueles que

---

[141] KLIKSBERG, Bernardo. *Repensando o Estado para o Desenvolvimento Social*: superando dogmas e convencionalismos: Trad.: Joaquim Ozório Pires da Silva. 2. ed. São Paulo: Cortez, 2002, p. 48.

[142] Idem, p. 52-82.

ora descobrem o neoliberalismo que o Estado deveria restringir sua atuação. Isso só seria possível se o Estado literalmente deixasse de existir, porque, em relação à proteção social, mínima já o é.

Sob o enfoque da tributação, há preciosos instrumentos que poderiam ser utilizados, especialmente se eles viessem a ser implementados para reconstruir o fundamento da solidariedade e, a partir disso, dar a máxima eficácia ao princípio da dignidade da pessoa humana, nos termos que segue.

Capítulo II

A dupla face da cidadania fiscal: o dever fundamental de pagar tributos e os direitos fundamentais

O presente trabalho tem como objetivo principal examinar as condições de possibilidade de densificação do princípio da dignidade da pessoa humana – mediante a concretização de direitos fundamentais e a adequação da carga fiscal à capacidade contributiva do cidadão.

Em verdade, não há como se exigir a concretização dos direitos fundamentais, sem que haja, em contrapartida, a contribuição dos cidadãos para que tal intento seja alcançado. Ou seja, não há como concretizar direitos fundamentais, sem que haja o cumprimento, por parte dos cidadãos, de um dos principais deveres de cidadania: pagar tributos.

Isso se verifica, por óbvio, porque a realização dos direitos fundamentais, especialmente aqueles de cunho prestacional, implica a assunção de um significativo ônus financeiro. Ocorre que tal encargo social vem sendo "esquecido", pois há uma parcela expressiva da sociedade que restringe a concepção de cidadania apenas à esfera dos direitos, descurando da faceta obrigacional daquela.

Assim, o pilar da solidariedade – fundamento do modelo estatal vigente – sofre profundas avarias, e a sociedade perde-se em suas concepções individualistas e egocêntricas. Por conseguinte, o "cidadão" sucumbe ao seu inimigo: o "indivíduo", como alertara Tocqueville.

Passa-se, então, a analisar o dever fundamental de pagar tributos e o princípio da solidariedade social que o sustenta, tendo em vista que uma compreensão adequada dessa questão precede a discussão acerca da concretização dos direitos fundamentais.

Enfim, não é por acaso que este capítulo está dividido em duas partes, relegando-se a abordagem do princípio da dignidade da pessoa humana e dos direitos fundamentais para o segundo momento. Tal ocorre porque, antes de se falar em direitos, há de se ter em mente os deveres, pois, em suma, não há como sustentar a exigência daqueles sem o cumprimento destes.

Parte I – O dever fundamental de pagar tributos

Na parte inicial deste capítulo, é abordada a questão dos deveres fundamentais, especificamente o dever fundamental de pagar tributos, quando são examinadas as razões por que os deveres fundamentais caíram em esquecimento, paradoxalmente no mesmo período histórico de reafirmação consensual dos direitos fundamentais.

2.1. O ESQUECIMENTO DOS DEVERES E A HIPERTROFIA DOS DIREITOS

No período pós-guerra, houve uma crescente constitucionalização de direitos, que passaram a usufruir o *status* de direitos fundamentais. Isso ocorreu, especialmente, em relação aos direitos sociais, econômicos e culturais, isto é, os direitos fundamentais entendidos como de cunho prestacional, os quais passaram a ocupar um importante espaço dentro de várias constituições democráticas que surgiram nesse período.

Verificou-se então um fenômeno que pode ser denominado de "hipertrofia de direitos fundamentais", na medida em que as constituições passaram a consagrar, formalmente, uma expressiva gama desses direitos, sem que houvesse a devida preocupação com a perspectiva de esses novos direitos se tornarem realidade.

Isso ocorreu de uma forma tão expressiva que autores como Casalta Nabais,[143] provocativamente, defendem "menos direitos fundamentais em nome dos direitos fundamentais", ou seja, defendem que haja uma menor quantidade de direitos fundamentais e que estes tenham condições de se tornar algo real. Como sustenta:

> É que, parece haver fortes suspeitas (baseadas sobretudo nos ecos que nos chegam todos os dias através dos meios de comunicação social) de que o referido discurso jusfundamental está longe duma adequada aderência à realidade, bastando para tanto mencionar a maneira como alguns direitos, mesmo dos mais elementares, são efectivados e garantidos em termos práticos dia a dia. Daí que, indo um pouco mais longe (ou provocando um pouco mais), seja mesmo de nos interrogar se esse discurso não é uma maneira, ao que supomos, inconsciente e cômoda de tranqüilizar as nossas consciências face às cada vez mais amplas e drásticas violações dos direitos fundamentais, procurando como que compensar assim com a quantidade a cada vez mais manifesta falta de qualidade.[144]

A partir dessa maciça consagração, houve uma significativa preocupação da doutrina e da jurisprudência no sentido de desenvolver estudos acerca desses denominados novos direitos. Desenvolveu-se, assim, uma sólida teoria acerca dos direitos, sem que houvesse o correspondente aprofundamento teórico sobre

---

[143] Como menciona Casalta Nabais, há constituições de 1ª, 2ª e 3ª linha. As constituições de primeira linha consagram quatro ou cinco direitos fundamentais, sendo que tais direitos são efetivos e respeitados por todos; as constituições de segunda linha consagram quinze a vinte direitos fundamentais e desses, apenas quatro ou cinco, são respeitados e concretizados e há, por fim, as constituições de terceira linha, aquelas que consagram uma gama enorme de direitos fundamentais, os quais não passam de promessas que iludem toda sociedade. (Observação feita em argüição de defesa de tese de doutoramento, ocorrida em 13 de janeiro de 2006 na Universidade de Coimbra).

[144] CASALTA NABAIS, José. *Algumas Reflexões Críticas sobre os Direitos Fundamentais*: ab uno ad omnes. 75 anos da Coimbra Editora. Coimbra: Coimbra, 1998, p. 965.

a questão dos deveres sociais. Esse processo é assim explicado e criticado por Gregório Robles:

> O que caracteriza, pois, a teoria dos direitos humanos é o fato de ser somente uma teoria dos direitos. Por essa razão, apresenta-se como a teoria dos direitos humanos, como a única teoria não apenas real, mas também possível. A conseqüência dessa maneira de ver as coisas será a penetração histórica da idéia dos direitos humanos, desvinculada da idéia de dever e de valor, na mentalidade social dos povos ocidentais. Paradoxalmente, instala-se um processo de desmoralização da vida pública.[145]

É certo que não se pode afirmar que a construção de uma sólida teoria sobre os direitos fundamentais tenha sido algo negativo, mesmo porque há um consenso acerca da importância da concretização dos direitos fundamentais, para a máxima eficácia do princípio da dignidade da pessoa humana.

O que se discute, porém, é se a profusão de novos direitos constitucionalmente positivados, não resultou numa forma de banalização dos próprios direitos fundamentais, e se isso não tem sido um dos fatores que dificultam a realização daqueles direitos efetivamente imprescindíveis de serem concretizados, com vistas a assegurar uma existência digna a todos. É por isso que Casalta Nabais afirma:

> Com efeito, se se pretende evitar o risco da panjusfundamentalização e da consequente banalização dos direitos fundamentais, impõe-se um esforço maior na concretização da ideia de fundamentalidade, ancorado na dignidade da pessoa humana, vinculando-a, por exemplo, à satisfação de necessidades vitais – materiais e espirituais – constantes do ser humano, e não de meros desejos, mais ou menos conjunturais, claramente secundários e particulares, que os cidadãos podem satisfazer com base exclusivamente no ordenamento ordinário.[146]

Enfim, é evidente que nem o mencionado autor, nem o autor desse trabalho, advogam a tese contrária à concretização, na plenitude de suas possibilidades, dos direitos fundamentais. Todavia, não se deve, simplesmente, esquecer que só será possível concretizá-los se houver o razoável cumprimento do principal dever de cidadania.

Ocorre que, inegavelmente, a centralidade do debate sobre direitos fundamentais relegou para um plano secundário e, muitas vezes, inexistente o espaço destinado pela doutrina para o debate acerca dos deveres fundamentais. Tal se verificou, porque as próprias constituições, que foram generosas quanto aos direitos, quase não trataram dos deveres ou, até mesmo, silenciaram sobre eles.

A propósito, restou negligenciada a questão dos deveres fundamentais, e, portanto, pouca importância foi dada justamente à face, também fundamental, que

---

[145] ROBLES, Gregorio. *Os Direitos Fundamentais e a Ética na Sociedade Atual*. São Paulo: Manole, 2005, p. 18.

[146] CASALTA NABAIS, José. *Algumas Reflexões Críticas sobre os Direitos Fundamentais*: ab uno ad omnes. 75 anos da Coimbra Editora. Coimbra: Coimbra, 1998, p. 997.

permite que os direitos sejam, de fato, assegurados. Segundo Casalta Nabais, esse fenômeno é assim explicado:

> O tratamento constitucional e dogmático dos deveres fundamentais tem sido descurado nas democracias contemporâneas. O esquecimento a que têm sido votados os deveres fundamentais é manifestamente visível quando confrontado com o tratamento dispensado aos direitos fundamentais que dispõem hoje de uma desenvolvida disciplina constitucional e de uma sólida construção dogmática, e explica-se, basicamente e por via de regra, pelo ambiente de militantismo antitotalitário e antiautoritário que se vivia quando da aprovação das atuais constituições. Adotadas na seqüência da queda de regimes totalitários ou autoritários, houve nelas a preocupação, senão mesmo a quase obsessão, de fazer vingar, de uma vez por todas, a efetiva afirmação e vigência dos direitos fundamentais.[147]

Enfim, é inequívoco que houve um cômodo abandono da idéia de dever social, estimulada pelo marcante individualismo do tempo contemporâneo, que empalideceu e fez tornar-se anacrônica a imprescindível solidariedade social. Nesse sentido aduz Gregório Robles:

> Um fato social palpável é que na sociedade de nossos dias o sentimento do dever é obscuro, com freqüência parece extinto, enquanto seu oposto, o sentimento reivindicativo, alcança as maiores cotas de intensidade. Sob um ponto de vista ético esse fenômeno se traduz em um decréscimo da solidariedade e em uma justificação do hedonismo.[148]
>
> [...]
>
> Como já se assinalou antes, nossa sociedade perdeu o sentido do dever. Essa afirmação constitui, evidentemente, um exagero se tomada ao pé da letra, pois a sociedade está formada por indivíduos, e não se discute o fato de que continuam existindo indivíduos com um forte sentido do dever. O que a afirmação pretende é chamar a atenção sobre um fenômeno global da sociedade atual: em geral, as pessoas se sentem, sentimo-nos, portadores naturais de direitos que todos devem reconhecer, e, ao mesmo tempo, dificilmente pensamos que pesam sobre nós mais deveres que aqueles necessários a tornar nossa vida mais cômoda e interessante.[149]

Há de se reconhecer, todavia, que nem sempre foi assim. Houve um período histórico em que os deveres fundamentais ocuparam um posto de significativo interesse, tal qual se verificava em relação aos direitos. Como relata Gomes Canotilho:

> A República era o reino da virtude no sentido romano, que só pode funcionar se os cidadãos cumprirem um certo número de deveres: servir a pátria, votar, ser solidário, aprender. Neste sentido, a teoria da cidadania republicana implicaria que um indivíduo teria não apenas direitos mas também deveres.[150]

---

[147] CASALTA NABAIS, José. *O Dever Fundamental de Pagar Impostos*. Coimbra: Almedina. 2004, p. 673.

[148] ROBLES, Gregorio. *Os Direitos Fundamentais e a Ética na Sociedade Atual*. São Paulo: Manole, 2005, p. 18.

[149] Idem, p. 23-24.

[150] GOMES CANOTILHO, José Joaquim. *Direito Constitucional e Teoria da Constituição*. 7. ed., 2. reimpr. Coimbra: Almedina. 2006, p. 531.

Cabe observar que a Declaração dos Direitos do Homem e do Cidadão, de 1789, já consagrava expressamente três do deveres fundamentais clássicos: o dever de obediência; o dever de pagar impostos; e o dever de suportar a privação da propriedade em caso de expropriação por utilidade pública. Tais deveres foram consagrados na maioria dos documentos constitucionais do modelo de estado liberal.

A importância dos deveres fundamentais reaparece fortemente nos regimes nacional-socialista e comunista. Como menciona Gomes Canotilho:

> No ideário nazi, os deveres fundamentais dos cidadãos convertem-se em deveres fundamentais dos membros do povo (dever de serviço de poderes, dever de trabalhar, dever de defender o povo). Na compreensão comunista, os direitos fundamentais eram também relativizados pelos deveres fundamentais: os indivíduos tinham direitos conexos com deveres, o que, nos quadros políticos dos ex-países comunistas, acabou por aniquilar os direitos e hipertrofiar os deveres.[151]

Essas desastradas experiências históricas provavelmente podem explicar a negligência e o esquecimento dos deveres fundamentais, na medida em que deram ensejo a uma justificável desconfiança e receio quanto à amplitude dos poderes conferidos ao Estado, para exigir o cumprimento de tais deveres. Por isso afirma Casalta Nabais:

> [...] os textos constitucionais aprovados a seguir à segunda Guerra Mundial, mesmo quando não chegaram ao extremo de não utilizarem sequer o termo dever, como o fez a Lei Fundamental Alemã, tenham reservado para os deveres fundamentais um modesto lugar quando comparado com o tratamento intenso e extenso dados aos direitos.[152]

Além disso, concordando com o referido autor, há de se reconhecer que as constituições contemporâneas (especialmente da Itália, Alemanha, Portugal, Espanha e Brasil) surgiram num período pós-autoritarismo, motivo pelo qual se entende a "quase-obsessão" por consagrar direitos e descurar deveres.

No entanto, as circunstâncias contemporâneas são outras, e a categoria dos deveres fundamentais deve ser pensada como parte integrante do Estado Democrático de Direito. Se assim não for, o debate rumará para o ingênuo, descompromissado e irreal cenário do "paraíso dos direitos", no qual se reclamam e, cada vez mais, se reconhecem formalmente novos direitos, sem que se tenha a devida preocupação com o seu custo social, e, portanto, sem que tais direitos tenham a perspectiva de divorciarem-se da condição de meras promessas.

A questão dos deveres fundamentais não pode continuar ocupando um espaço tão pouco significativo na teoria constitucional, pois isso implica um pacto de hipocrisia, em que se faz de conta que se tem direitos – dado que formalmente

---

[151] GOMES CANOTILHO, José Joaquim. *Direito Constitucional e Teoria da Constituição*. 7. ed., 2. reimpr. Coimbra: Almedina. 2006, p. 531.

[152] CASALTA NABAIS, José. *Algumas Reflexões Críticas sobre os Direitos Fundamentais*: ab uno ad omnes. 75 anos da Coimbra Editora. Coimbra: Coimbra, 1998, p. 986.

consagrados – e se imagina que tais direitos possam ser assegurados por um ente "sobrenatural" – Estado –, esquecendo-se de que esse ente nada mais é do que a soma de todos, e não o contraponto da sociedade.

Com essa postura minimamente comprometida com a realidade, não restará superado o denominado "dilema típico de nossa época", assim explicado por Albano Santos a partir da questão da evasão fiscal:

> De qualquer modo, importa reter que a indulgência para com a fuga ao imposto contrasta acentuadamente com a prática, muito divulgada, de responsabilizar o Estado por parcelas crescentes da existência dos cidadãos, criando assim, uma incongruência a que já se chamou o «dilema típico da nossa época»: reclama-se o máximo do Estado mas rejeitam-se as inevitáveis conseqüências financeiras dessa atitude. Uma tal contradição reconduz, aliás, o fenómeno ao plano ético, uma vez que só encontra solidez lógica na afirmação de Bastiat de que «todos querem viver à custa do Estado, mas esquecem que o Estado vive à custa de todos» – o que levou o eminente economista da Escola Liberal ao celebrado corolário de que o Estado representa «a grande ficção através da qual toda a gente se esforça por viver à custa de toda a gente».[153]

Por mais paradoxal que possa parecer àqueles que concebem a cidadania apenas sob a face dos direitos, a própria idéia de dignidade humana está vinculada aos deveres fundamentais, pois ela "não consiste em cada um exigir seus direitos", mas, sobretudo, consiste em cada um assumir seus deveres como pessoa e como cidadão e exigir de si mesmo seu cumprimento permanente.[154] Dentro dessa mesma linha, sustenta Peter Häberle:

> Para o futuro, um desenvolvimento mais reforçado dos deveres e obrigações decorrentes da dignidade, torna-se imperativo. Tal componente encontra fundamento especialmente na dimensão comunitária da dignidade humana, que, em princípio, já foi esporadicamente atualizada, devendo, nessa medida, tornar-se atual, tal como os "limites do crescimento" do Estado social de Direito tornaram necessária a proteção do meio ambiente.[155]

Enfim, essa hipertrofia dos direitos fundamentais, paralelamente ao esquecimento dos deveres fundamentais, causa um nocivo efeito nas bases estruturais da sociedade, pois a idéia de solidariedade se esvazia e, paulatinamente, frustram-se as expectativas de concretização daqueles direitos mais fundamentais, justamente por parte daqueles que necessitam, substancialmente, de que tais direitos deixem de ser, apenas, uma parte de uma "bela obra de arte literária" (constituição).

A partir da crítica relativamente ao menosprezo teórico sobre os deveres fundamentais, faz-se necessário examinar suas bases estruturais, dirigindo-se os

---

[153] SANTOS, J. Albano. *Teoria Fiscal*. Lisboa: Universidade Técnica de Lisboa – Instituto Superior de Ciências Sociais e Políticas, 2003, p. 352.

[154] ROBLES, Gregorio. *Os Direitos Fundamentais e a Ética na Sociedade Atual*. São Paulo: Manole, 2005, p. 123.

[155] HÄBERLE. Peter. A Dignidade Humana como Fundamento da Comunidade Estatal. In: *Dimensões da Dignidade*: ensaios de filosofia do direito e direito constitucional. Org.: Ingo Wolfgang Sarlet. Trad.: Ingo Wolfgang Sarlet, Pedro Scherer de Mello Aleixo e Rita Dostal Zanini. Porto Alegre: Livraria do Advogado, 2005, p. 102.

esforços para uma adequada definição e discussão sobre o alcance e a eficácia jurídica.

2.2. CONCEITO E EFICÁCIA JURÍDICA DOS DEVERES FUNDAMENTAIS

A idéia de deveres fundamentais está nitidamente vinculada à concepção de solidariedade social, ou seja, só há deveres porque se vive em uma sociedade, e esta será tanto mais harmônica, quanto maior for a preocupação, de cada um, com o destino de todos.

Essa idéia de dever fundamental, dentro do modelo do Estado social de Direito, é incompatível com a idéia liberal reducionista de cidadania (direito a ter direitos apenas). No entanto, os deveres fundamentais não podem ser pensados dentro de uma concepção comunitarista, que apenas reconhecia deveres e serviu de fundamentação a vários regimes totalitários que surgiram na Europa do século XX. Em vista disso, afirma Casalta Nabais:

> O entendimento adequado dos deveres fundamentais rejeita simultaneamente os extremismos de um liberalismo que só reconhece direitos e esquece a responsabilidade comunitária dos indivíduos e de um comunitarismo que dissolve a liberdade individual numa teia de deveres (*rectius*, funções).[156]

Para Jorge Miranda, "simétricos dos direitos fundamentais apresentam-se os deveres fundamentais", e estes seriam "as situações jurídicas de necessidade ou de adstrição constitucionalmente estabelecidas, impostas às pessoas frente ao poder político", ou ainda exigidas, conforme menciona, "por decorrência de direitos ou interesses difusos, a certas pessoas perante outras".[157]

Casalta Nabais, por sua vez, lembra que, embora os deveres fundamentais possuam uma "categoria jurídico-constitucional própria", esta "integra a matéria dos direitos fundamentais", porquanto "polarizadora de todo o estatuto constitucional ou (sub) constitucional do indivíduo, já que este há de ser entendido com um ser livre e responsável, ou seja, uma pessoa".[158]

Já Gomes Canotilho lembra que "as idéias de solidariedade e de fraternidade apontam para deveres fundamentais entre cidadãos",[159] sendo que tal entendimento é corroborado por Cristina Chulvi ao sustentar que, em cumprimento ao princípio de solidariedade que identifica o Estado Social, todos os cidadãos estão

---

[156] CASALTA NABAIS, José. *O Dever Fundamental de Pagar Impostos*. Coimbra: Almedina. 2004, p. 673.

[157] MIRANDA, Jorge. *Manual de Direito Constitucional*. Tomo IV – Direitos Fundamentais. 3. ed. Coimbra: Coimbra, 2000, p. 76.

[158] CASALTA NABAIS, José. *O Dever Fundamental de Pagar Impostos*. Coimbra: Almedina. 2004, p. 673.

[159] GOMES CANOTILHO, José Joaquim. *Direito Constitucional e Teoria da Constituição*. 7. ed., 2. reimpr. Coimbra: Almedina. 2006, p. 536.

submetidos à realização de determinadas condutas (deveres) que são exigidas, não em benefício próprio, mas em benefício da coletividade.[160]

Essa vinculação com a idéia de solidariedade social resta mais evidente à medida que se examina o dever fundamental de pagar tributos. Certamente, em épocas anteriores – absolutista e liberal – o cumprimento desse dever se orientava para conservação do Estado, de modo que não se encontrava um fundamento ético ou moral para obrigação tributária, visto que esta era adimplida, unicamente, em face ao dever de obediência à autoridade soberana que a estabelecia. Com o advento do Estado Social e Democrático de Direito, o dever de contribuir com o sustento dos gastos públicos passou a ter um conteúdo solidário, à medida que foi sendo empregado como instrumento a serviço da política social e econômica do Estado redistribuidor.[161]

A conexão entre o dever de contribuir para a sustentação dos gastos públicos e o princípio da solidariedade resulta inegável, já que o cumprimento ou descumprimento do dever de contribuir beneficia ou prejudica, respectivamente, a todos, dado o caráter público do ente estatal.[162]

Pode-se afirmar, portanto, que os deveres fundamentais correspondem aos meios necessários para que o Estado possa atingir a sua histórica finalidade de propiciar o bem comum, o que, em arriscada síntese, pode ser entendido como a concretização dos objetivos constitucionalmente postos, mediante, especialmente, a realização dos direitos fundamentais. Enfim, como afirma Casalta Nabais:

> Os deveres fundamentais outra coisa não são, ao fim e ao cabo, senão direitos a uma repartição universal ou geral dos encargos comunitários, dos encargos que a existência e funcionamento da comunidade estadual implicam.[163]

Assim, resta reafirmada a vinculação dos deveres fundamentais com a concepção de solidariedade, sendo que isso ficará mais evidente se essa vinculação for pensada a partir do dever fundamental de pagar tributos.[164]

---

[160] CHULVI, Cristina Pauner. *El Deber Constitucional de Contribuir al Sostenimiento de los Gastos Públicos.* Madrid: Centro de Estudios Políticos e Constituionales, 2001, p. 296.

[161] Idem, p. 70.

[162] Idem, p. 71-72.

[163] CASALTA NABAIS, José. *O Dever Fundamental de Pagar Impostos.* Coimbra: Almedina. 2004, p. 674.

[164] É por isso que Cristina Chulvi (2001) relata que na Espanha, alguns pronunciamentos do Tribunal Constitucional aceitam expressamente a vinculação entre o dever de contribuir para o sustento dos gastos públicos e o princípio da solidariedade. A concepção do dever de contribuir como dever de solidariedade social pode ser constatada na STC 18/1984, na qual foi decidido que "o reconhecimento dos denominados direitos de caráter econômico e social – refletidos em diversos preceitos da Constituição – conduzem a intervenção do Estado para fazê-los efetivos, uma vez que dota de uma especial transcendência social o exercício de seus direitos pelos cidadãos – especialmente, dos de conteúdo patrimonial, como o da propriedade – e ao cumprimento de determinados deveres – como os tributários". Ainda, na sentença 134/1987 onde o Tribunal Constitucional entende que a solidariedade é um princípio que exige "o sacrifício dos interesses dos mais favorecidos frente aos mais desamparados independentemente das conseqüências puramente econômicas destes sacrifícios", fundamentando naquele princípio o dever de contribuir para o sustento dos gastos públicos. Finalmente, o Tribunal Constitucional em sua sentença 135/1992 manifestou que "o conteúdo mais importante (do princípio da solidariedade) é o financeiro". CHULVI, op. cit., 2001, p. 72-73.

Desse modo, os deveres fundamentais são os comportamentos positivos ou negativos impostos a um sujeito, em consideração e interesse que não são particularmente seus, mas sim em benefício de outros sujeitos ou de interesse geral da comunidade.[165]

Gomes Canotilho afasta, em princípio, o entendimento de que haveria uma simetria entre direitos e deveres fundamentais, ou seja, a idéia de que "um direito fundamental, enquanto protegido, pressuporia um dever correspondente".[166]

Tal ocorre, porque a categoria dos deveres fundamentais corresponde a uma categoria constitucional autônoma. Como exemplo maior dessa autonomia, pode-se citar o dever de pagar tributos e o dever de defesa da Pátria. Isso não afasta, contudo, a possibilidade de existirem deveres fundamentais conexos a direitos fundamentais, como ocontece com o direito ao meio ambiente ecologicamente equilibrado e com correlato dever de defesa do meio ambiente, por exemplo.

Examinando a Constituição espanhola, Cristina Chulvi entende não haver correlação dos deveres fundamentais com os direitos fundamentais. Assim afirma, porque as cargas(deveres) ou obrigações positivas que a Constituição impõe aos cidadãos para o cumprimento de determinados fins, considerados como relevantes na sociedade, não implicam um direito subjetivo correlativo.[167] Nessa mesma linha, Morato Leite lembra que os deveres não se resumem àqueles em relação aos quais haja um direito, razão pela qual sustenta:

> Nesse campo do discurso de deveres, é bom advertir, não se está referindo apenas a deveres correlatos a direitos previamente estatuídos pelo legislador, isto é, obrigações deduzíveis ou derivadas de direitos outorgados previamente. Ao contrário, o legislador exprime-se por meio da decretação de obrigações diretas, que ocupam, por assim dizer, o centro do palco, e a partir das quais se reconhecem poderes os implementadores e beneficiários para fazê-las valer.[168]

A referida autora espanhola conclui que não há, pois, correlação necessária entre os deveres e os direitos estabelecidos pela Constituição, ainda que esta autonomia dos deveres fundamentais frente aos direitos fundamentais não signifique uma total desvinculação dessas figuras, já que os primeiros gravitam forçosamente em torno dos segundos, porque ambas as categorias identificam o estatuto constitucional do indivíduo em um Estado Democrático de Direito.[169]

Há de se ressaltar, também, que os deveres fundamentais, só excepcionalmente, têm natureza de norma diretamente aplicável, pois, na maioria das situa-

---

[165] CHULVI, Cristina Pauner. *El Deber Constitucional de Contribuir al Sostenimiento de los Gastos Públicos*. Madrid: Centro de Estudios Políticos e Constituionales, 2001, p. 295.

[166] GOMES CANOTILHO, José Joaquim. *Direito Constitucional e Teoria da Constituição*. 7. ed., 2. reimpr. Coimbra: Almedina. 2006, p. 532-533.

[167] CHULVI, op. cit., p. 34.

[168] GOMES CANOTILHO, José Joaquim; MORATO LEITE, José Rubens. *Direito Constitucional Ambiental Brasileiro*. São Paulo: Saraiva. 2007, p. 112.

[169] CHULVI, op. cit., p. 35.

ções, reclamam a existência de uma mediação legislativa para que possam ser exigidos. Ou seja, os deveres se estabelecem numa direção genérica e se configuram como um mandado ao legislador para que os concretize mediante o estabelecimento de obrigações específicas, momento em que se tornam vinculantes para os cidadãos e para o restante dos poderes públicos.[170]

Por representarem uma espécie de norma que determina sua própria concretização, pode-se afirmar que as normas constitucionais relativas aos deveres fundamentais não correspondem tão-somente a uma "carta de boas intenções", desprovida de eficácia jurídica. É certo que nem todos os preceitos constitucionais oferecem o mesmo grau de concretização, mas isso não significa que uma constituição possa ser entendida apenas como um conjunto de declarações programáticas ineficazes. Tendo em vista que a Constituição é uma norma jurídica, ela só poderá permanecer com tal condição, se houver uma contínua ação para seu cumprimento.

Por isso, deve-se rechaçar a suposta "irrelevância" jurídica das normas que contêm deveres constitucionais, em vista da necessidade de incremento legal posterior, para sua concretização. Assim, como ocorre com as demais normas constitucionais, é normal que os deveres fundamentais demandem uma atuação legislativa para concretizar-se, especialmente para delimitar a exigência e para sancionar seu descumprimento.

No caso do Brasil, o dever de pagar tributos é um exemplo bem claro da necessidade da mediação legislativa, pois a Constituição apenas menciona a competência de cada ente estatal para a instituição, sempre através de lei, dos tributos respectivos, sendo que, enquanto não sobrevier a norma jurídica correspondente, o dever, num plano pragmático, simplesmente inexiste (exemplo disso é o Imposto sobre as Grandes Fortunas previsto no art. 153, VII, da Constituição de 1988, que ainda não foi instituído pela União).

Isso, contudo, não significa que o ente esteja autorizado a não exercer sua competência tributária, mesmo porque isso significaria inviabilizar as condições necessárias ao cumprimento das tarefas, também constitucionalmente impostas, para cada ente da federação brasileira.

Assim como ocorre com os direitos fundamentais, cabe reconhecer que os deveres fundamentais sofrem evidentes limitações, porquanto eles existem a partir de dispositivos constitucionais que, implícita ou explicitamente, os estabelecem. Para além disso, as próprias constituições estabelecem balizamentos a esses deveres e os tratam como limites da atuação estatal, isto é, as constituições estabelecem os critérios a partir dos quais os deveres fundamentais serão impostos pelo Estado e cumpridos pelos cidadãos.

Posto isso, passa-se a examinar, de uma forma mais específica, o dever fundamental que pode ser entendido como de maior relevância dentro de um Estado

---

[170] CHULVI, op. cit., p. 295.

Democrático de Direito: o dever de pagar tributos. Isso ocorre, porque não se pode pensar nesse modelo de Estado, sem que o referido dever seja adequadamente cumprido pelos cidadãos.

2.3. A MOLDURA DO DEVER FUNDAMENTAL DE PAGAR TRIBUTOS

Antes de se adentrar especificamente na temática a ser abordada, há de se enfrentar uma questão que repercute na própria terminologia a ser empregada ao longo do trabalho. Foi utilizado até momento, e pretende-se continuar a fazê-lo, a expressão "dever fundamental de pagar tributos" e, não, "dever fundamental de pagar impostos", expressão, inclusive que serve de título à obra Casalta Nabais, várias vezes referida nesse trabalho.

Como se pode constatar na obra de Nabais, o dever fundamental refere-se aos impostos, os únicos tributos não-vinculados a uma atuação estatal específica dirigida ao contribuinte. Não haveria, pois, um dever fundamental relativamente às outras duas espécies tributárias – taxa e contribuição de melhoria – as quais também são conhecidas como tributos vinculados ou bilaterais. Essas espécies tributárias são assim classificadas, por demandarem do Estado um agir em prol do contribuinte, quer pela prestação de serviços públicos, quer pelo exercício do poder de polícia – o que possibilita a cobrança de taxas – quer ainda pela realização de uma obra pública da qual decorra valorização imobiliária – o que legitima a exigência de uma contribuição de melhoria.

No Brasil, porém, as espécies tributárias relacionadas nos arts. 145, 148 e 149 da Constituição (impostos, taxas, contribuições de melhoria, empréstimos compulsórios e contribuições especiais) não guardam um rigor terminológico bem definido, especialmente no que tange às contribuições sociais, que hoje são tão representativas no conjunto da arrecadação. Ou seja, no Brasil, é uma tarefa complexa definir a natureza jurídica de uma exação fiscal, sendo que há verdadeiros "Franksteins tributários", como ocorre com a Contribuição de Intervenção no Domínio Econômico – CIDE (arts.149 e 177 da CF/88) e a Contribuição para Custeio da Iluminação Pública (art. 149-a da CF/88).

De qualquer forma, mesmo passível de crítica, pode-se afirmar que, além das taxas e das contribuições de melhoria, poderiam ser classificadas como tributos vinculados aquelas contribuições sociais cuja exigibilidade está condicionada a uma contrapartida do Estado ou de uma entidade não-estatal de fins de interesse público. Nesse rol, poderiam ser enquadradas às contribuições de interesse de categoria profissional e as contribuições previdenciárias devidas pelos trabalhadores, com vistas à concessão de futuros benefícios (contribuições sinalagmáticas).

Por sua vez, no *caput* do art. 149 da Constituição do Brasil, estão relacionadas as contribuições sociais não-sinalagmáticas, as quais não implicam uma atuação estatal específica e servem de meio para financiamento da ação do Estado no campo social. Essas contribuições guardam profundas semelhanças com os impostos, uma vez que deles se diferenciam apenas pelo fato de haver uma destinação previamente estabelecida para o produto da arrecadação, razão pela qual também são denominadas de impostos-finalísticos. Entre essas contribuições, cabe citar a Contribuição para o PIS, a COFINS, a Contribuição Social sobre o Lucro, a Contribuição para o INSS incidente sobre folha de salários e a CPMF.

Em decorrência disso, nada mais lógico do que aplicar, em relação a essas contribuições, o regime constitucional próprio dos impostos, tanto no sentido de reconhecer a existência do dever fundamental de recolhê-las, como no sentido de aplicar às referidas contribuições sociais os princípios constitucionais relativos aos impostos, especialmente o da capacidade contributiva.

Enfim, embora Casalta Nabais desenvolva sua teoria acerca dos "impostos" e diga que tal dever fundamental a eles se refere, no Brasil parece ser mais adequado falar-se em "dever fundamental de pagar tributos não-vinculados ou desprovidos de bilateralidade". Para fins desse trabalho, no entanto, utiliza-se apenas a expressão "dever fundamental de pagar tributos", deixando-se claro que entre eles não se incluem os tributos vinculados ou bilaterais.

Uma vez superada essa questão terminológica, pode-se partir para o enfrentamento do ponto realmente central desse item: qual é a moldura do dever fundamental de pagar tributos? Para tanto, previamente, convém examinar, mesmo que de uma forma superficial, o papel do homem, da sociedade e do Estado.

O fato de a condição humana ser pensada a partir da inserção social, isto é, o homem só existe dentro da sociedade, por si só, bastaria para justificar o dever fundamental de pagar tributos, à medida que a sociedade se organiza na figura do Estado, que, numa economia capitalista, não prescinde da arrecadação de tributos.

Assim como não se pode pensar no Estado como uma idéia antinômica de sociedade, não se concebe o ser humano em dicotomia com a sociedade. Como afirma Gregório Robles, "o homem carrega a sociedade dentro de si mesmo; o homem é sociedade" e arremata tal raciocínio, sustentando que o homem, "mesmo quando acredita estar contra ela, não deixa de ser sociedade", uma vez que "essa se erige sempre em seu referencial – para ele acatá-la ou atacá-la – e em sua própria essência pessoal".[171] Por isso, conclui o referido autor que:

> Podemos dizer, generalizando, que o indivíduo humano não se basta a si mesmo, já que sozinho não pode satisfazer suas necessidades. Precisa dos outros, dos demais, da sociedade. A existência individual alcança seu pleno significado na interdependência social como fato social básico. Nós, homens, somos, queiramos ou não, interdependentes, dependentes dos demais; um grupo social não é mais que uma rede de interdependências.[172]

Tendo em vista que o homem só existe dentro de uma sociedade e esta necessita de recursos econômicos para se organizar, é inescapável que aquele dis-

---

[171] ROBLES, Gregorio. *Os Direitos Fundamentais e a Ética na Sociedade Atual*. São Paulo: Manole, 2005, p. 34.

[172] Idem, p. 35.

ponha de uma parte de seus recursos para a mantença desta. Nessa linha, explica Vitor Faveiro:

> A consideração do homem como um ser naturalmente social, isto é, como um ser que não pode viver e realizar-se como tal senão em sociedade, implica o reconhecimento, quer no universo antropológico, quer no universo econômico e social ou no universo ético das relações humanas, da condição e dever inato de, cada um dos homens, afectar aos fins da coletividade uma parte dos elementos, bens ou valores de que dispõe.[173]

Enfim, não se faz necessário um profundo esforço intelectual para se compreender a importância do dever fundamental de pagar tributos, pois sem ele a própria figura do Estado resta quase inviabilizada, uma vez que não é possível pensar uma sociedade organizada, sem que existam fontes de recursos para financiar o ônus dessa organização, exceto se o exemplo pensado for uma sociedade na qual os bens de produção estejam concentrados nas mãos do próprio Estado.

Esse dever fundamental se torna mais significativo, quando a sociedade se organiza sob as características do denominado Estado Social, pois esse modelo tem como norte garantir a todos uma existência digna, e isso passa, especialmente, pela realização dos denominados direitos sociais, econômicos e culturais, o que demanda uma gama expressiva de recursos.

Entendeu-se, assim, que o denominado Estado Fiscal social é financiado, basicamente, pelo pagamento de tributos não-vinculados a uma atuação estatal específica, os quais são exigidos do cidadão, pelo simples fato de pertencer à sociedade. Desse modo, também se pode reconhecer, desde já, que a própria idéia de estado fiscal social encerra, inequivocamente, a idéia de solidariedade, pois implica um dever solidário de contribuir para a manutenção e o desenvolvimento da sociedade.

É certo que, inegavelmente, a exigência de tributos corresponde a uma norma de rejeição social, ou seja, esse verdadeiro dever de cidadania não é entendido por uma parcela significativa da população como um dever moralmente legítimo.

A consciência social desfavorável, que historicamente acompanhou a concepção de deveres fundamentais (dever de pagar tributos, principalmente), compreende-se pelo fato de que essas figuras jurídicas representam exceções ao princípio geral dos ordenamentos jurídicos a favor da liberdade. Assim os movimentos dos cidadãos de resistência e a desobediência civil se dirigiram especialmente contra a imposição estatal de deveres jurídicos.[174]

Dentro do modelo estatal do Estado Social, a tributação ocupa um papel de fundamental importância, porque é esse modelo de Estado que tem o dever de assegurar os direitos fundamentais, sendo que tais direitos são mais necessários aos menos providos da capacidade de contribuir para com a coletividade.

---

[173] FAVEIRO, Vitor. *O Estatuto do Contribuinte*: a pessoa do contribuinte no estado social de direito. Coimbra: Coimbra, 2002, p. 225.

[174] CHULVI, Cristina Pauner. *El Deber Constitucional de Contribuir al Sostenimiento de los Gastos Públicos*. Madrid: Centro de Estudios Políticos e Constituionales, 2001, p. 299.

Por mais paradoxal que seja, submeter-se à tributação corresponde a um imperativo de liberdade. Tal ocorre porque ela corresponde à condição de possibilidade de concretização das promessas contidas nos direitos fundamentais, especialmente aqueles de cunho social. Pode-se dizer, desse modo, que é a tributação que permitirá que se usufrua uma efetiva liberdade.

É inegável que a privação de condições mínimas de sobrevivência acarreta àquele que está a isso submetido a privação da própria liberdade e uma exposição constante a riscos.[175] Por isso, Casalta Nabais afirma ser necessário exigir-se que o Estado produza continuamente condições reais de liberdade para os que não a têm, relativizando assim a desigualdade social que o próprio exercício da liberdade necessariamente (re) produz.[176]

Se, por um lado, a ausência das condições mínimas de sobrevivência ocasiona, àqueles que a isso estão submetidos uma completa privação da liberdade,[177] por outro lado, a exclusão social promovida por tais condições causa aos não-excluídos também uma privação de liberdade, na medida em que, cada vez mais, estão submetidos aos riscos inerentes ao processo de exclusão, sobretudo os decorrentes da explosão da criminalidade.

Observados determinados limites, as referidas privações podem ser corrigidas por políticas públicas, as quais invariavelmente dependem da arrecadação de tributos para se concretizarem. Conforme lembra Casalta Nabais:

> De outro lado, é de chamar a atenção para o que os impostos representam para as liberdades de que usufruímos, que levou o conhecido aviso de Abraham Lincoln: "acabem com os impostos e apóiem o livre comércio e nossos trabalhadores em todas as áreas da economia passarão a servos e pobres como na Europa"; ou para o tipo de estado de que beneficiamos,

---

[175] Nesse ponto é bastante interessante o relato de Amartya Sen (2000), pois demonstra o quanto a pobreza e a miséria inviabilizam uma efetiva liberdade e expõem o cidadão a riscos, com relação à própria vida. Conforme conta: "Na orla do golfo de Bengala, no extremo sul do Bangladesch e Bengala ocidental, na Índia, situa-se o Sunderban – que significa "bela floresta". É ali o hábitat natural do célebre tigre real de Bengala, um animal magnífico dotado de graça, velocidade, força e uma certa ferocidade. Restam relativamente poucos deles atualmente, mas os tigres sobreviventes estão protegidos por uma lei que proíbe caçá-los. A floresta de Sunderban também é famosa pelo mel ali produzido em grandes aglomerados naturais de colméias. Os habitantes dessa região, desesperadamente pobres, penetram na floresta para coletar o mel, que nos mercados urbanos alcança ótimos preços- chegando talvez ao equivalente em rúpias a cinqüenta dólares por frasco. Porém, os coletores de mel também precisam escapar dos tigres. Em anos bons, uns cinqüenta e tantos coletores de mel são mortos por tigres, mas o número pode ser muito maior quando a situação não é tão boa. Enquanto os tigres são protegidos, nada protege os miseráveis seres humanos que tentam ganhar a vida trabalhando naquela floresta densa, linda – e muito perigosa". SEN, Amartya. *O Desenvolvimento como Liberdade*. Trad.: Laura Teixeira Motta. São Paulo: Companhia das letras, 2000, p. 173. É certo que não seria necessário, no entanto, buscar exemplos fora do Brasil sobre essa questão. Bastaria que se examinasse, por exemplo, o constante risco à integridade física a que estão submetidos os cidadãos das metrópoles brasileiras, especialmente aqueles que residem na periferia dessas.

[176] CASALTA NABAIS, José. *Algumas Reflexões Criticas sobre os Direitos Fundamentais*: ab uno ad omnes. 75 anos da Coimbra Editora. Coimbra: Coimbra, 1998, p. 979.

[177] Conforme explica Amartya Sen (2000): *A expansão da liberdade é vista como principal fim e o principal meio do desenvolvimento*. O desenvolvimento consiste na eliminação de privações de liberdade que limitam as escolhas e as oportunidades das pessoas de exercer ponderadamente a sua condição de agente. SEN, op. cit., p. 10.

que está na base da célebre afirmação de Olivier Wendell Holmes: os impostos são o que pagamos por uma sociedade civilizada.[178]

Noutras palavras, pode-se afirmar que o cumprimento do dever tributário é de interesse geral, ou, ainda mais, constitui condição de sobrevivência da sociedade, porque torna possível o regular funcionamento dos serviços estatais e o cumprimento das finalidades sociais que são levadas a cabo pelo Estado, de forma que, se a atividade impositiva, por um lado, submete a coletividade a uma privação da riqueza, por outro, permite a potencialização dos direitos, cuja realização está subordinada à existência de disponibilidade econômica.[179]

Conforme sustentado no primeiro capítulo deste trabalho, há um papel insubstituível ainda a ser desempenhado pelo Estado Social, pois não se concebe que as distorções promovidas pelo modelo econômico possam ser corrigidas pela própria economia, justamente porque não é da lógica do mercado tal objetivo.

Em relação a essa questão, sabe-se que um número crescente de empresas direciona suas ações para o campo social, sendo que tais iniciativas são, no mais das vezes, inequivocamente positivas. No entanto, tais iniciativas não estão orientadas apenas pela percepção da responsabilidade social, que tende a auxiliar o Estado à concretização das promessas constitucionais não-cumpridas, mas são decorrentes da necessidade mercadológica de construção de uma imagem positiva para o produto (*marketing*), quando não representam iniciativas financiadas pelo próprio Estado mediante concessão de benefícios fiscais.

Disso decorre que é o Estado que tem o compromisso, através de políticas públicas, de corrigir as imperfeições sociais oriundas do modelo econômico, enquanto o mercado, reconhecida e inequivocamente, tem como meta a maximização dos resultados (lucros). Essa lógica é assim explicada por Casalta Nabais:

> O estado está orientado pelo interesse geral ou comunitário da realização da justiça, critério que pode falhar uma vez que nem sempre o mesmo é suficientemente claro, para além das vias para a sua efectivação não estarem totalmente isentas de conduzirem a avaliações erradas ou mesmo a confusões do interesse geral com os interesses particulares. A economia, por seu turno, é guiada pelo critério do lucro, ou seja, pela existência de uma relação positiva entre os proveitos ou benefícios, de um lado, e os custos ou perdas, de outro. Lucro que não tem de ser o maior possível nem tem necessariamente de se verificar todos os anos econômicos, pois ao empresário, para manter a viabilidade da sua empresa, é indispensável apenas que, ao menos a longo prazo, os ganhos compensem as perdas ou prejuízos acumulados.[180]

Se o papel do Estado, dentro de uma concepção social-contemporânea, é a intervenção regulatória na economia e a promoção da justiça social, é imprescindível que esse Estado disponha de recursos para fazer frente a tal dever. Numa

---

[178] CASALTA NABAIS, José. *Estudos de Direito Fiscal*: por um estado fiscal suportável. Coimbra: Almedina, 2005, p. 42.

[179] CHULVI, op. cit., p. 297.

[180] CASALTA op. cit., p. 48.

economia capitalista, tais recursos são originados da arrecadação de tributos, ou seja, do cumprimento do dever fundamental de pagar tributos.

Um dos deveres que sempre acompanhou o Estado, foi o dever tributário. À medida que transcorreu o tempo e ocorreu a evolução das formas estatais históricas, o fundamento ao dever de pagar tributos deixou de ser apenas o necessário financiamento que permitisse a subsistência do Estado e passou a ser um instrumento a serviço da política social e econômica do Estado redistribuidor.[181]

Enfim, o dever fundamental de pagar tributos, no âmbito de um Estado Democrático de Direito, corresponde a uma condição de possibilidade de existência desse próprio modelo de Estado. Isso se dá porque a realização dos direitos fundamentais de cunho social, econômico e cultural é requisito para o reconhecimento, num plano concreto, do denominado Estado, sendo que este não prescinde do cumprimento do referido dever fundamental.

Esse dever fundamental está alicerçado no liame da solidariedade social, a qual, por sua vez, também é um dos sustentáculos do Estado Democrático de Direito, haja vista que corresponde a um dos elementos indissociáveis do princípio basilar desse modelo Estatal: a dignidade da pessoa humana.

2.4. O PRINCÍPIO DA SOLIDARIEDADE SOCIAL COMO ALICERCE DO DEVER FUNDAMENTAL DE PAGAR TRIBUTOS

Cumpre, primeiramente, analisar as razões por que o dever fundamental de pagar tributos está intimamente vinculado à idéia de solidariedade social, fazendo-se necessário, um resumo histórico para melhor compreender e colocar a questão.

Antes disso, cabe reconhecer, no entanto, que a questão da solidariedade social vem sendo descurada no próprio estudo acerca da tributação. Isso ocorre porque, como aponta Claudio Sacchetto:

> Os estudantes são apáticos ou céticos quanto a questões constitucionais tributárias. Não há mais tempo para falar sobre elas com adequação e tranqüilidade. Porque não é mais tarefa das universidades formar homens de cultura e de cultura humanista, global, tampouco fazer educação cívica. Em suma, tem sentido falar em solidariedade porque hoje existe o risco de perder o conceito de responsabilidade pública, que os cidadãos deixem de ter consciência que uma parte de suas vidas deve ser gerida em comum com os outros: este é o significado real da solidariedade, como ensina a etimologia do termo.[182]

O substantivo solidum, em latim, significa a totalidade de uma soma, enquanto o termo solidus tem o sentido de inteiro ou completo, razão pela qual

---

[181] CHULVI, Cristina Pauner. *El Deber Constitucional de Contribuir al Sostenimiento de los Gastos Públicos*. Madrid: Centro de Estudios Políticos e Constituionales, 2001, p. 296.

[182] SACCHETTO, Cláudio. O Dever de Solidariedade no Direito Tributário: o ordenamento italiano. Trad.: Milene Eugênio Cavalcante Greco e Marco Aurélio Greco. In: GRECCO, Marco Aurélio; GODOI, Marciano Seabra (Coords). *Solidariedade Social e Tributação*. São Paulo: Dialética 2005, p. 11.

Konder Comparato afirma que "a solidariedade não diz respeito, portanto, a uma unidade isolada, nem a uma proporção entre duas ou mais unidades, mas à relação de todas as partes de um todo, entre si e cada um perante o conjunto de todas elas".[183]

A idéia original de solidariedade estava vinculada à existência de mais de um responsável para a solvência da obrigação. Em vista disso, segundo Duvignaud, tratava-se de "uma questão de números, de reembolso de dívidas, que, através do velho código de Justiniano, retomado pelas universidades medievais, sugere a origem rigorosamente individual do direito e da propriedade".[184]

Ao longo da história, a idéia de solidariedade teve concepções diversas. A solidariedade dos antigos correspondia à virtude indispensável na relação com os outros, dentro de grupos primários (família especialmente); já a denominada "solidariedade dos modernos" corresponde a um princípio de caráter jurídico ou político, e sua realização passa, pela comunidade estadual, pela sociedade civil ou comunidade cívica. Cabe ainda referir a denominada solidariedade mutualista, isto é, uma solidariedade cuja intenção é gerar riqueza em comum, relativamente a infraestrutura, bens e serviços, considerados indispensáveis ao bom funcionamento da sociedade.[185]

De acordo com a concepção que ora se conhece, a idéia de solidariedade social pode ser entendida como um fenômeno típico da modernidade, tendo surgido no final do século XIX, com o denominado Estado Social na Alemanha de Bismarck.

Modernamente, pode ser entendida como fruto de uma reação às privações suportadas especialmente por trabalhadores no século XIX. Como explica Konder Comparato:

> Os diferentes movimentos socialistas do século XIX perceberam, desde logo, que esses flagelos sociais não eram cataclismos da natureza nem efeitos necessários da organização racional das atividades econômicas, mas produtos necessários do sistema capitalista de produção, cuja lógica consiste em considerar os trabalhadores e consumidores como mercadorias, atribuindo-lhes um valor econômico muito inferior ao dos bens de capital.[186]

Considerando-se que a idéia de solidariedade está intimamente vinculada com a idéia de comunidade, de pertencer e partilhar obrigações dentro de um grupo ou formação social, pode-se afirmar, na esteira de Casalta Nabais, que:

---

[183] COMPARATO. Fábio Konder. *Ética*: direito moral e religião no mundo moderno. São Paulo: Companhia das Letras, 2006, p. 577.

[184] DUVIGNAUD, Jean. *A Solidariedade*: laços de sangue, laços de razão. Trad.: Vasco Casimiro. Lisboa: Instituto Piaget, 1986, p. 12.

[185] CASALTA NABAIS, José. *Estudos de Direito Fiscal*: por um estado fiscal suportável. Coimbra: Almedina, 2005, p. 85-86.

[186] COMPARATO. Fábio Konder. *Ética*: direito moral e religião no mundo moderno. São Paulo: Companhia das Letras, 2006, p. 579.

> A solidariedade pode ser entendida quer em sentido objetivo, em que se alude à relação de pertença e, por conseguinte, de partilha e de corresponsabilidade que liga cada um dos indivíduos à sorte e vicissitudes dos demais membros da comunidade, quer em sentido subjectivo e de ética social, em que a solidariedade exprime o sentimento, a consciência dessa mesma pertença à comunidade.[187]

Ainda se pode afirmar, na linha de Konder Comparato que a solidariedade "é o fecho de abóbada do sistema de princípio éticos,[188] pois complementa e aperfeiçoa a liberdade, a igualdade e a segurança". Isso acontece porque, "enquanto a liberdade e a igualdade põem as pessoas umas diante das outras, a solidariedade as reúne, todas, no seio de uma mesma comunidade".[189] Nesse sentido, Lobo Torres afirma:

> A solidariedade não traz conteúdos materiais específicos, podendo ser visualizada ao mesmo tempo como valor ético e jurídico, absolutamente abstrato, e como princípio positivado ou não nas Constituições. É sobretudo uma obrigação moral ou um dever jurídico. Mas, em virtude da correspectividade entre deveres e direitos, informa e vincula a liberdade, a justiça e a igualdade.[190]

Cabe referir, no entanto, que autores como Jean Duvignaud sustentam que está havendo uma verdadeira banalização da idéia de solidariedade, ao dizer que tal termo é usado por todos, "para confortar a consciência de uns ou para conseguir um esmola da má consciência de outros", entendendo que ocorre em relação à idéia de solidariedade "uma desvalorização que atinge todas as idéias do século passado, sobre cujos destroços se constroem as interpretações", as quais ironicamente denomina de "modernistas".[191]

Para este estudo, importa a concepção atual de solidariedade, a qual está, por um lado, vinculada à solidariedade pelos direitos, denominada de paterna ou vertical e, por outro lado, está vinculada à solidariedade pelos deveres, denominada de fraterna ou horizontal, na terminologia adotada por Casalta Nabais.

Relativamente à solidariedade pelos direitos, pode-se afirmar que a idéia passa pela realização – em especial – dos denominados direitos sociais e dos de-

---

[187] CASALTA NABAIS, José. *Estudos de Direito Fiscal*: por um estado fiscal suportável. Coimbra: Almedina, 2005, p. 84.

[188] Quando se diz que a solidariedade decorre de princípios éticos, cabe referir a lembrança que Konder Comparato (2006) faz da luminosa lição de Montesquieu, proferida já na primeira metade do século XVIII: "Se eu soubesse de algo que fosse útil a mim, mas prejudicial à minha família, eu o rejeitaria de meu espírito. Se soubesse de algo útil à minha família, mas não à minha pátria, procuraria esquecê-lo. Se soubesse de algo útil à minha pátria, mas prejudicial à Europa, ou então útil à Europa, mas prejudicial ao Gênero humano, consideraria isto como um crime". PENSÉES, Mes. Oeuvres Completes. Paris: Gallimard, v. 1, [S.d.], p. 981. In: COMPARATO. Fábio Konder. *Ética*: direito moral e religião no mundo moderno. São Paulo: Companhia das Letras, 2006, p. 580-581.

[189] COMPARATO, op. cit., p. 577.

[190] TORRES, Ricardo Lobo. *Tratado de Direito Constitucional Financeiro e Tributário*. v. II: Valores e Princípios Constitucionais Tributários. Rio de Janeiro: Renovar, 2005, p. 181.

[191] DUVIGNAUD, Jean. *A Solidariedade*: laços de sangue, laços de razão. Trad.: Vasco Casimiro. Lisboa: Instituto Piaget, 1986, p. 196.

nominados direitos de solidariedade (meio ambiente equilibrado, por exemplo), sendo que tal tarefa cabe ao Estado, de uma forma mais incisiva, no que tange aos direitos sociais, pois é ele que deve garantir direitos que assegurem um mínimo de dignidade aos seus cidadãos.[192]

Quanto à solidariedade horizontal, tem-se, de um lado, que do Estado é cobrado o cumprimento de seus deveres constitucionalmente estabelecidos e, de outro lado, da comunidade social ou sociedade civil é exigido o cumprimento do dever de solidariedade perante outros indivíduos ou grupos sociais.

Superada essa questão, passa-se a examinar a idéia de solidariedade social dentro do Estado Fiscal. Para tanto, cabe lembrar, inicialmente, que o Estado é adjetivado de fiscal, pois é suportado, fundamentalmente, por tributos unilaterais, isto é, tributos cuja exigência não implica a realização de uma atuação estatal específica. Em vista disso, explica Casalta Nabais:

> Na verdade, a simples existência de um estado fiscal convoca desde logo uma idéia de justiça, que se não contém nos estritos quadros de uma justiça comutativa, como seria a concretizada num estado financeiramente suportado por tributos bilaterais ou taxas, figura tributária cuja medida se pauta pela idéia de equivalência (entre a prestação em que ela se traduz e a contraprestação específica pública que é a sua causa), sobretudo quando essa equivalência não é apenas uma equivalência em sentido jurídico (característica de todas as taxas), mas uma equivalência econômica como é próprio daquelas taxas que nós tendemos a designar por tarifas e que em França, por exemplo, são conhecidas por *redevances*.

Especificamente no caso do Brasil, pode-se dizer que os tributos bilaterais corresponderiam às taxas e contribuições de melhoria; os unilaterais, por sua vez, corresponderiam aos impostos e às contribuições sociais não-sinalagmáticas, também denominadas de impostos finalísticos.

Noutros termos, pode-se dizer que, como o denominado Estado Fiscal social é financiado, basicamente, pelo pagamento de tributos não-vinculados a uma atuação estatal específica, os quais são exigidos do cidadão pelo simples fato de pertencer à sociedade, a própria idéia de estado fiscal social encerra, inequivocamente, a idéia de solidariedade, poís acarreta um dever solidário de contribuir para a manutenção e desenvolvimento da sociedade. Como menciona Lobo Torres:

> A idéia de solidariedade se projeta com muita força no direito fiscal por um motivo de extraordinária importância: o tributo é um dever fundamental. Sim, o tributo se define como o dever fundamental estabelecido pela Constituição no espaço aberto pela reserva da liberdade e pela declaração dos direitos fundamentais.[193]

Essa solidariedade pode ser vislumbrada a partir de dois enfoques: a) a solidariedade pela fiscalidade; b) a solidariedade pela extrafiscalidade. Em relação à primeira, o Estado exige do cidadão o pagamento de tributos não-vinculados

---

[192] CASALTA NABAIS, José. *Estudos de Direito Fiscal*: por um estado fiscal suportável. Coimbra: Almedina, 2005, p. 87-88.

[193] TORRES, Ricardo Lobo. *Tratado de Direito Constitucional Financeiro e Tributário*. v. II: Valores e Princípios Constitucionais Tributários. Rio de Janeiro: Renovar, 2005, p. 181.

(especialmente impostos), tendo por fim precípuo a obtenção de receitas, sendo que nessa atividade dispensa ou concede um tratamento menos gravoso àqueles cidadãos ou grupos com menor capacidade econômica. Se, por um lado, a idéia de solidariedade social implica tratamento menos gravoso, por outro, impõe a assunção de um ônus mais significativo para aqueles cidadãos com maior capacidade econômica, especialmente pela via da progressividade de alíquotas. Por isso, Lobo Torres afirma:

> Com a reaproximação entre ética e direito procura-se ancorar a capacidade contributiva nas idéias de solidariedade ou fraternidade. A solidariedade entre os cidadãos deve fazer com que a carga tributária recaia sobre os mais ricos, aliviando-se a incidência sobre os mais pobres e dela dispensando os que estão abaixo do nível mínimo de sobrevivência. É um valor moral juridicizável que fundamenta a capacidade contributiva e que sinaliza para a necessidade da correlação entre direitos e deveres fiscais.[194]

A solidariedade pela extrafiscalidade, por sua vez, acontece quando a imposição fiscal não tem por objetivo direto a obtenção de receitas, mas sim a realização de determinado fim no campo social, econômico ou cultural. Em relação à extrafiscalidade, a idéia da solidariedade mostra-se presente – tanto no viés da oneração, como no viés da redução da carga fiscal.

Isso ocorre porque, seja no caso do agravamento, seja no caso da desoneração fiscal, a presença da idéia de solidariedade é reconhecida, desde que o objetivo visado seja constitucionalmente justificável. No primeiro caso, aqueles que suportam uma tributação mais expressiva estão cumprindo o dever de solidariedade com o restante da coletividade; no segundo caso, toda sociedade divide o ônus decorrente da concessão do benefício fiscal respectivo, de uma forma solidária.

Em decorrência do exposto, exige-se um rigoroso critério na utilização da extrafiscalidade, pois esta apenas será constitucionalmente legítima, se os objetivos visados forem justificáveis a partir da contemporânea idéia de solidariedade social, isto é, quando esse mecanismo fiscal for utilizado, por exemplo, para alcançar algum objetivo previsto na constituição ou para concretizar direitos fundamentais.

Pode-se concluir, então, que: a) a idéia de solidariedade pela fiscalidade implica a exigência de tributos de acordo com a capacidade contributiva do cidadão e, portanto há um direito/dever de contribuir conforme a referida capacidade; b) a solidariedade pela extrafiscalidade se constitui um importante instrumento de concretização de objetivos e direitos fundamentais.

Em relação à solidariedade pela extrafiscalidade, é bastante visível a conexão existente com o princípio da dignidade da pessoa humana, pois só é possível afirmar que haja uma vida minimamente digna quando restar assegurada uma plataforma básica de direitos fundamentais (em especial os sociais). A solidariedade pela extrafiscalidade tem significativa potencialidade para isso, na medida

---

[194] TORRES, Ricardo Lobo. *Tratado de Direito Constitucional Financeiro e Tributário*. v. II: Valores e Princípios Constitucionais Tributários. Rio de Janeiro: Renovar, 2005. 584.

em que ela pode ser utilizada como instrumento de concretização dos direitos fundamentais.

Noutras palavras, há de se recuperar a concepção de solidariedade social como fundamento da exigência fiscal, pois apenas esta pode justificar a legitimidade de um modelo de Estado socialmente justo. Isso se impõe, porque, como constata Bauman:

> Quando a competição substitui a solidariedade, os indivíduos se vêem abandonados à própria sorte, restando-lhes apenas os seus parcos recursos, evidentemente inadequados. A dilapidação e decomposição dos vínculos coletivos os transformaram, sem o seu consentimento, em indivíduos de jure – mas circunstâncias poderosas e insuperáveis militam contra a sua ascensão ao modelo postulado dos indivíduos de fato.[195]

Enfim, a abordagem da questão da solidariedade social mostra-se especialmente relevante a este trabalho, pois o objetivo central é a discussão acerca da possibilidade de que o princípio da dignidade da pessoa humana seja o elemento norteador da tributação. Isso apenas será possível, se a tributação estiver adequada à efetiva capacidade contributiva do cidadão e quando for utilizada a extrafiscalidade para a concretização dos direitos fundamentais.

Ao se adequar a tributação à efetiva capacidade contributiva, deixa-se de tributar o mínimo vital à existência humana, pois nada mais diametralmente oposto à concepção de dignidade humana do que dispor do indisponível à própria sobrevivência, com vistas a fazer frente à exigência fiscal.

Por outro lado, ao se maximizar a densificação ao princípio da dignidade da pessoa humana, dá-se a máxima eficácia social aos direitos fundamentais, uma vez que o referido princípio é reconhecidamente o elemento comum de todos os direitos dessa natureza. Para que isso aconteça efetivamente, são indispensáveis: a) a exigência de tributos adequados à capacidade de contribuir daqueles que manifestam tal capacidade de uma forma mais expressiva, obtendo-se os recursos necessários para a concretização dos direitos fundamentais de cunho prestacional; b) a utilização da extrafiscalidade para estimular ou desestimular comportamentos, mediante políticas públicas no campo fiscal que tenham como norte a realização das promessas fundamentais feitas pela "Constituição Cidadã" de 1988.

Enfim, o liame da solidariedade é o fundamento que justifica e legitima o dever fundamental de pagar tributos, haja vista que esse dever corresponde a uma decorrência inafastável de se pertencer a uma sociedade. Por isso, faz-se necessário examinar a questão da denominada cidadania fiscal, pois, em face do dever fundamental de pagar tributos, uma concepção adequada de cidadania passa pelo reconhecimento de que o cidadão tem direitos, porém, em contrapartida, também deve cumprir seus deveres dentro de uma sociedade.

---

[195] BAUMAN. Zygmunt. *Europa*. Trad.: Carlos Alberto Medeiros. Rio de Janeiro: Jorge Zahar, 2006, p. 101.

2.5. A CIDADANIA FISCAL NO ESTADO DEMOCRÁTICO DE DIREITO

Numa análise preliminar, pareceria um pouco estranho examinar a questão da cidadania sob o enfoque que ora se pretende, porquanto a sua concepção mais visível corresponde à idéia de "direito a ter direitos numa sociedade".

No entanto, a concepção contemporânea de cidadania não pode implicar a existência de cidadãos que, de uma forma pouco altruísta, reclamem para si o máximo de direitos e, em contrapartida, neguem-se a contribuir com a sua parcela de esforços para que tais direitos se viabilizem num plano fático.

A partir dessa concepção, Casalta Nabais define uma concepção contemporaneamente adequada da idéia de cidadania:

> A cidadania pode ser definida como a qualidade dos indivíduos que, enquanto membros activos e passivos de um estado-nação, são titulares ou destinatários de um determinado número de direitos e deveres universais e, por conseguinte, detentores de um específico nível de igualdade. Uma noção de cidadania, em que, como é fácil de ver, encontramos três elementos constitutivos, a saber: 1) a titularidade de um determinado número de direitos e deveres numa sociedade específica; 2) a pertença a uma determinada comunidade política (normalmente o estado), em geral vinculada à idéia de nacionalidade; e 3) a possibilidade de contribuir para a vida pública dessa comunidade através da sua participação [...]
>
> Cidadania esta a que, hoje em dia, há quem pretenda acrescentar uma quarta cidadania traduzida num conjunto de direitos e deveres de solidariedade (cidadania solidária).[196]

Ou seja, não há fórmula viável, nem caminhos factíveis se a idéia de cidadania restringir-se à idéia de "direito a ter direitos", pois, como já examinado, a efetivação de direitos, especialmente os de cunho social, econômico e cultural, exige uma gama de recursos por parte do Estado e, tais recursos são obtidos, quase que exclusivamente, mediante a tributação.

Em relação à face correspondente aos deveres de cidadania, Casalta Nabais menciona que o dever fundamental de pagar tributos representa um dos principais deveres dentro de um Estado Social:

> [...] no actual estado fiscal, para o qual não se vislumbra qualquer alternativa viável, pelo menos nos tempos mais próximos, os impostos constituem um indeclinável dever de cidadania, cujo cumprimento a todos nos deve honrar.[197]

Em vista disso, é possível afirmar que o dever de pagar tributos é o principal dever de cidadania, justamente porque, caso tal dever seja sonegado por parte dos componentes de uma sociedade, restarão inviabilizadas as possibilidades de realização dos próprios direitos, especialmente aqueles de cunho prestacional.

---

[196] CASALTA NABAIS, José. *Estudos de Direito Fiscal*: por um estado fiscal suportável. Coimbra: Almedina, 2005, p. 58.

[197] Idem, p. 44.

Entretanto, se, por um lado, a concepção contemporânea de cidadania fiscal implica o dever de pagar tributos, por outro lado, impõe que esse dever seja exercido nos estritos limites previstos na constituição, observados os tradicionais direitos de defesa que deram ensejo ao liberalismo clássico.

Outra dimensão do dever fundamental de pagar tributos – que decorre diretamente da idéia de cidadania fiscal – consiste no direito de participação na tomada de decisões acerca dos tributos que se está disposto a pagar. Ocorre que isso já não pode ser visto apenas no âmbito da representação parlamentar, pois é quase ingênuo acreditar que o povo se autotributa, através de seus representantes (legislativo), idéia essa que serviu de justificativa para a estrita observância do princípio da legalidade, nos primórdios do constitucionalismo.

Se, por um lado, o Poder Executivo usurpou a competência no que tange à edição de normas no campo tributário, por outro, o Poder Legislativo sofre uma crise de legitimidade sem precedentes, que se confunde com a própria crise da denominada democracia representativa.

A festejada democracia representativa transformou-se num tremendo processo de "faz de conta", no qual uma parcela diminuta da população, que ocupa o topo da pirâmide social, dita os rumos e decide em nome de toda a sociedade, enquanto esta sequer tem idéia dos caminhos escolhidos, mas, em contrapartida, sofre os efeitos da tomada de decisões, sem entender as razões porque suporta tamanho ônus.

Há, dessa forma, uma inegável crise de legitimidade que afeta as democracias representativas. Essa crise é visível, especialmente, nos países de modernidade tardia e decorre de um crescente processo de marginalização e exclusão social. Como relata Casalta Nabais:

> Naturalmente que não encontramos hoje eleitores despojados do direito de voto. O que há, isso sim, é alguns eleitores com voto duplo ou plúrimo que, ao não ser atribuído aos outros, exprime um privilégio contra o qual é suposto ter-se feito a revolução democrática que impôs a igualdade política. E, ao falar em voto duplo ou plúrimo, estou a referir-me, por um lado, ao voto informal exercido pelos grupos de pressão (integrem estes formalmente corporações ou não) através das mais sofisticadas e subtis formas de lobbying que assim esvaziam a democracia representativa do seu mais significativo papel e, por outro lado, à atribuição legal de um (verdadeiro) segundo ou terceiro direito de voto apenas aos membros de algumas corporações ou corpos eleitorais privilegiados.[198]

Na democracia representativa, aos "pseudocidadãos" pós-modernos restou a prerrogativa de comparecer às urnas, de tempos em tempos, para escolher políticos descomprometidos com os efetivos interesses republicanos dos quais, passado

---

[198] CASALTA NABAIS, José. *Algumas Reflexões Criticas sobre os Direitos Fundamentais*: ab uno ad omnes. 75 anos da Coimbra Editora. Coimbra: Coimbra, 1998, p. 975.

determinado tempo, poucos se lembram.[199] Como sustenta Ovídio Baptista, em crítica a Fukuyama:

> Ao glorificar a democracia liberal, Fukuyama esqueceu-se da crescente suspeita com que os eleitores vêem que sua convocação para votar de quatro em quatro anos não tem a relevância que seria de esperar de uma democracia representativa. A desconfiança é explicável: enquanto os eleitores são convocados a votar de quatro em quatro anos, o mercado, como alguém já observou, vota todos os dias. Além disso, a mídia encarrega-se de promover, habilmente, seus votos, de modo que essas decisões tornam-se determinantes e imperativas para os governos. Na verdade, a teoria política esquece-se de incluir, em suas construções teóricas, a mídia como o Grande Eleitor. Não leva em conta que vivemos num mundo cibernético.[200]

Em vista dessa inegável crise da democracia representativa, faz-se necessário construir uma concepção contemporaneamente adequada de democracia e da própria cidadania, a qual implique um direito-dever de participação de toda a sociedade no debate sobre os rumos da tributação e do próprio Estado neste novo miLenio. Para Norberto Bobbio, no entanto, há um importante entrave a isso:

> Tecnocracia e democracia são antitéticas: se o protagonista da sociedade industrial é o especialista, impossível que venha a ser o cidadão qualquer. A democracia sustenta-se sobre a hipótese de que todos podem decidir a respeito de tudo. A tecnocracia, ao contrário, pretende que sejam convocados para decidir apenas aqueles poucos que detêm conhecimentos específicos. Na época dos Estados absolutos, como já afirmei, o vulgo devia ser mantido longe dos *arcana imperii* porque era considerado ignorante demais. Hoje o vulgo é certamente menos ignorante. Mas os problemas a resolver – tais como a luta contra a inflação, o pleno emprego, uma mais justa distribuição da renda – não se tornaram por acaso crescentemente mais complicados? Não são eles de tal envergadura que requerem conhecimentos científicos e técnicos em hipótese alguma menos misteriosos para o homem médio de hoje (que apesar de tudo é mais instruído)?[201]

As objeções levantadas por Bobbio, quanto às possibilidades do próprio futuro da democracia, verdadeiramente impressionam. É inegável que a questão tributária alcançou um grau de complexidade que reduz, sobremaneira, a própria possibilidade de compreensão por parte de uma parcela muito significativa da sociedade. Para se contornar isso, impõe-se a criação de mecanismos de visibilidade do próprio Estado, especialmente em relação ao "caixa preta" da tributação.

---

[199] E dentro dessa ótica que constata Michelangelo Bovero: Um dos grandes males da América Latina, e que se está difundindo no mundo todo, é conceber o instituto das eleições como um instrumento para designar quem vai guiar o país. Eleger é apenas o primeiro verbo da democracia e tem sentido democrático pleno não como eleição de presidente, aquele que vai decidir no lugar de todos, mas como eleição de representantes que têm mandato para discutir e persuadir os outros sobre uma decisão coletiva. BOVERO, Michelangelo. Entrevista coletiva concedida após sua conferência no ciclo de palestras denominado Fronteiras do Pensamento. *Jornal Zero Hora*, Porto Alegre, 08 ago. 2007, p. 37.

[200] BAPTISTA DA SILVA, Ovídio A. *Processo e Ideologia*: o paradigma racionalista. Rio de Janeiro: Forense, 2004, p. 12.

[201] BOBBIO, Norberto. Liberalismo Velho e Novo. In: *O Futuro da Democracia*. Rio de Janeiro: Paz e Terra, 1992, p. 46.

De qualquer forma, mesmo que isso se verificasse num grau satisfatório, ainda assim haveria sérias dificuldades de uma efetiva participação popular na tomada de decisões sobre aspectos técnicos de uma adequada carga tributária.

Entretanto, não é necessário tamanho aprofundamento da discussão, bastando, num primeiro momento, que esse debate perpasse pela questão da justiça fiscal, cuja concepção é facilmente compreendida por todos, independentemente do conhecimento técnico.[202] Enfim, isso se impõe porque, conforme Casalta Nabais:

> Os impostos constituem um assunto demasiado importante para poder ser deixado exclusivamente nas mãos de políticos e técnicos (economistas). Daí que todos os contribuintes devam ter opinião acerca dos impostos e da justiça ou injustiça fiscal que suportam, até porque a idéia de justiça fiscal não deixa de ser um conceito que também passa pelo bom senso.[203]

A outra faceta da cidadania fiscal assegura aos membros da sociedade o direito de exigir que todos contribuam para com a coletividade, conforme sua capacidade econômica. Em vista disso, discute-se se seria possível postular judicialmente contra o beneficiado ou contra o ente estatal, em decorrência do não-justificado descumprimento do dever fundamental de pagar tributos.

É certo que a concessão de benefícios fiscais ou remissões corresponde a um legítimo mecanismo de intervenção do Estado no campo econômico e social. Todavia, essa legitimidade apenas estará presente, se os objetivos visados forem constitucionalmente justificáveis, sob pena de tal exoneração afrontar inclusive a idéia de justiça fiscal.

Relativamente a essa questão, Cristina Chulvi entende que não haveria a possibilidade de que um indivíduo viesse, no caso de descumprimento por outrem, a exigir a realização de um dever constitucional, posto que não se encontraria legitimado para tanto.[204]

No entanto, não é possível concordar com tal raciocínio, pois, se a cidadania fiscal plena implica, de um lado, o dever de contribuir, por outro assegura o direito de exigir que todos, na proporção da capacidade econômica, contribuam.

Mas de que adiantaria reconhecer-se tal direito, se não houvesse a legitimidade para exercê-lo, mediante uma adequada ação judicial? Negar a legitimida-

---

[202] Conforme explica Mary Elbe: "Porém, O QUE É JUSTIÇA? no caso, O QUE É JUSTIÇA FISCAL? desde Platão esse é um problema que preocupa filósofos e juristas. O próprio termo justiça denota vaguidez e imprecisão. Na prática, é difícil alcançá-la ou medi-la. Contudo, é mais fácil deduzir o seu significado de um sentimento do que seja justo do que de um critério objetivo de definição, pois qualquer ser humano identifica, sem maiores dificuldades, a sensação de quando há uma injustiça inserida na cobrança de tributos". QUEIROZ, Mary Elbe. O Imposto Sobre a Renda das Pessoas Físicas e as Distorções na sua Incidência: injustiça fiscal? In: MARTINS, Ives Gandra da Silva (coord.). *O Tributo*: reflexão multidisciplinar sobre sua natureza. Rio de Janeiro: Forense, 2007, p. 239.

[203] CASALTA NABAIS, José. *Estudos de Direito Fiscal*: por um estado fiscal suportável. Coimbra: Almedina, 2005, p. 59.

[204] CHULVI, Cristina Pauner. *El Deber Constitucional de Contribuir al Sostenimiento de los Gastos Públicos*. Madrid: Centro de Estudios Políticos e Constituionales, 2001, p. 35.

de significa amesquinhar a idéia de cidadania, ao mesmo tempo que, num plano prático, significa suportar um dever de contribuir mais oneroso para compensar a desoneração indevidamente concedida. No caso específico do Brasil, há inclusive instrumentos adequados para tanto, como a Ação Popular (Lei 4.717/65), a Ação Civil Pública (Lei 7.347/85) ou a Ação Direta de Inconstitucionalidade, respeitado, em relação às duas últimas, o rol dos legitimados para propô-las.

Enfim, a construção de uma concepção adequada de cidadania fiscal tem potencialidades para se constituir num elemento importante à concretização das promessas constitucionais não-cumpridas (direitos fundamentais sociais especialmente). Porém, seria ingenuidade afirmar que a mera (re) construção dessa idéia poderia dar-se de uma forma espontânea na sociedade, principalmente naqueles países, como o Brasil, onde a percepção da atuação do Estado é mínima.

Em decorrência da visão negativa do papel que o Estado desempenha, a evasão fiscal encontra um terreno fértil para a sua legitimação perante a sociedade, razão pela qual é preciso encontrar, pragmaticamente, caminhos viáveis para eficazmente combatê-la, pois ela corrói, significativamente, os alicerces da cidadania.

2.6. O COMBATE À EVASÃO FISCAL COMO CONDIÇÃO DE EXIGIBILIDADE DOS DEVERES DE CIDADANIA

Um elemento de crescente importância dentro do Estado é a questão da evasão fiscal, haja vista que, cada vez mais, parece ser incontrolável. O fenômeno da evasão fiscal pode ser explicado, principalmente, pela inexistência de imperativos de ordem moral que a impeçam e pela incontornável complexidade das relações econômicas e sociais na era da globalização.

Em relação ao primeiro fator mencionado, afirma Albano Santos:

> De facto, na ausência de imperativos morais que impeçam a fuga ao pagamento dos impostos devidos, o comportamento dos indivíduos, nesta matéria como noutras, tende a ser ditado pela ponderação dos custos e dos benefícios em jogo: um hipotético contribuinte amoral que actue com racionalidade econômica estará disposto a praticar a fraude tributária enquanto o valor esperado do proveito que daí lhe advem for superior ao valor esperado da penalização em que incorre.[205]

Pode-se dizer, inclusive, que há uma aceitação social tácita à evasão fiscal, razão pela qual não existe, por parte da sociedade, uma reação que tenha por objetivo punir o infrator. Tal se verifica porque, nas palavras de Gregório Robles:

> A infração da norma social é considerada grave quando afeta um valor essencial, de capital importância para o grupo; para tanto, a reação será severa, contundente. Quando, ao

---

[205] SANTOS, J. Albano. *Teoria Fiscal*. Lisboa: Universidade Técnica de Lisboa – Instituto Superior de Ciências Sociais e Políticas, 2003, p. 356-357.

contrário, o valor afetado é considerado de escassa importância ou de hierarquia inferior, o sentimento de indignação será leve e difuso, e a reação, caso ocorra, será suave.[206]

Esse sentimento se dá, especialmente, em face da inexistência de uma resposta estatal às demandas sociais, bem como em decorrência da visível e aparentemente incontrolável corrupção e de desvios de recursos na administração pública. Além disso, o sentimento de injustiça na repartição da carga tributária (tributação sem a observância da capacidade contributiva principalmente) se traduz num componente importante dessa equação. Isso porque não basta que a justiça esteja sendo feita; é fundamental que haja a percepção de que ela esteja sendo feita, e isso é condição de aceitabilidade de qualquer sistema fiscal.

Entretanto, é muito difícil controlar a fraude, especialmente em face da globalização e da complexidade das relações econômicas, bem como da crescente desmaterialização do patrimônio. Ou seja, os bens imóveis já não ocupam o espaço de excelência no conjunto do patrimônio dos cidadãos, uma vez que cederam tal espaço aos bens imateriais (ações, títulos, direitos de marcas e patentes tecnológicas).

É certo que a idéia de cidadania fiscal contraria a aceitabilidade social da evasão. Como afirma Albano Santos, há conseqüências nefastas decorrentes da fuga à imposição fiscal:

> A fuga ao imposto, quando praticada impunemente de forma corrente e com uma amplitude significativa, constitui uma fonte inesgotável de conseqüências negativas que atingem a sociedade por inteiro. Com efeito, para além de atentar contra a indispensável solidez das Finanças Públicas, o fenômeno perturba o normal funcionamento da economia, compromete a consecução dos objectivos prosseguidos pelas políticas económicas e sociais estabelecidas pelas autoridades, subverte o princípio republicano da igualdade dos cidadãos perante a Lei – um dos pilares fundamentais em que se assentam os modernos estados democráticos – a acaba por contribuir seriamente para a degradação do sentido cívico e da moralidade pública.[207]

Os efeitos mencionados são bastante visíveis e estão inter-relacionados, haja vista que o Estado depende da efetivação da arrecadação para a manutenção de suas contas e para a consecução dos objetivos constitucionalmente consagrados, especialmente a realização dos direitos sociais, econômicos e culturais.

Além disso, a evasão fiscal causa uma distorção irremediável na economia, porquanto atenta frontalmente contra a lei da livre concorrência. Considerando o peso que a carga tributária representa no preço final de mercadorias e serviços, não é difícil perceber que quem tem possibilidades e opta pela evasão terá condições de competitividade muito diferenciadas, comparativamente àquele que se submete ao peso da carga tributária e, com isso, necessariamente, embute no preço o respectivo custo.

---

[206] ROBLES, Gregorio. *Os Direitos Fundamentais e a Ética na Sociedade Atual*. São Paulo: Manole, 2005, p. 42.

[207] SANTOS, J. Albano. *Teoria Fiscal*. Lisboa: Universidade Técnica de Lisboa – Instituto Superior de Ciências Sociais e Políticas, 2003, p. 359.

Cabe ressaltar também que, no plano da justiça fiscal, o bom contribuinte acaba sendo excessivamente onerado, pois, em última análise, acaba pagando seu tributo e também aquele que deveria ser pago por quem o sonegou. Como afirma Albano Santos, isso resulta numa clara desigualdade perante a tributação e, por conseguinte, implica uma inaceitável sensação de injustiça:

> Ora, no dizer do Prof. Maurice Duverger, «um dos mais graves golpes que se podem infligir na igualdade perante o imposto é o de estabelecer uma desigualdade perante a fraude». Nestas condições, a Justiça Tributária poderá ser gravemente subvertida, com as inevitáveis conseqüências na aceitação do sistema fiscal pelos cidadãos. De facto, uma situação que oferece a certos grupos ou indivíduos a cômoda possibilidade de escaparem ao pagamento dos impostos devidos, pelo exemplo que dá, acaba por representar, forçosamente, um incitamento a outros contribuintes para se subtraírem ao Fisco, com o risco de gerar uma reacção em cadeia susceptível de provocar sérios danos, não apenas nas tesourarias públicas, mas, bem mais importante, na própria coesão social.[208]

É inadmissível que, especialmente em países como o Brasil, o Estado opte por solucionar essa questão reduzindo, de um lado, a já mínima proteção social ou, de outro, instituindo novos tributos ou majorando alíquotas daqueles já existentes, para fazer frente à diminuição da receita, fruto da evasão fiscal. Ainda que poderosos grupos de pressão defendam tais soluções, elas provavelmente levariam a uma ampliação das já elásticas desigualdades sociais, o que seria inaceitável num modelo de Estado, cuja tarefa precípua é combatê-las.

Admite-se, no entanto, que a fraude, embora ilegal e imoral, faz parte do sistema e que, por mais esforços que sejam empregados, ela não será debelada por completo. Em vista disso, há de se buscar, de uma forma realista, níveis reduzidos e toleráveis da fraude e da evasão, da mesma forma como ocorre, relativamente à questão da corrupção. Isso exigirira uma postura de incessante enfrentamento da evasão fiscal.

Segundo Sevilla Segura, há três formas de atuação capazes de eliminar a evasão fiscal, dependendo da variável em que se queira fundamentalmente atuar. As mais tradicionais procuram reforçar a capacidade coativa da administração tributária, como recurso para melhorar os níveis de cumprimento das obrigações pelos contribuintes. Recentemente, vem consolidando-se um segundo grupo de ações, cujo propósito consiste em favorecer a aceitação do imposto por parte dos cidadãos, incentivando o cumprimento voluntário das suas obrigações fiscais. Finalmente, cabe também reconsiderar a própria estrutura normativa, que está sendo objeto de aplicação, eliminando suas arestas, de forma que resulte em algo mais compreensível, para os cidadãos e mais fácil para a administração.[209]

---

[208] SANTOS, J. Albano. *Teoria Fiscal*. Lisboa: Universidade Técnica de Lisboa – Instituto Superior de Ciências Sociais e Políticas, 2003, p. 362.

[209] SEVILLA SEGURA, José V. *Políticas Y Técnica Tributárias*. Madrid: Instituto de Estudios Fiscales – Escuela de la Hacienda Pública, 2004, p. 162.

Deve-se, pois, insistir na busca de mecanismos eficazes para combater a evasão fiscal, como, por exemplo, a ampliação de investimentos em pessoal altamente qualificado, a informatização das informações, objetivando a existência de um rigoroso cruzamento de dados, bem como a implementação de mecanismos de controle à corrupção. Relativamente a essa última, Prahalad sustenta que "a maioria dos países em desenvolvimento não entende na totalidade os verdadeiros custos da corrupção e seu impacto no desenvolvimento do setor privado e na diminuição da pobreza".[210]

Conquanto a complexidade das relações econômicas seja inevitável, é fundamental simplificar a legislação fiscal. Como se pode constatar, diariamente se multiplicam uma quantidade inexplicável de normas, especialmente aquelas voltadas a dar condições de executoriedade às leis, isto é, normas regulamentares provenientes do Poder Executivo. Essas normas exageram na criação de conceitos indeterminados, ficções e presunções e, além disso, como constata Sérgio Silva:

> [...] o corporativismo e a utilização da legislação tributária como instrumento da defesa de interesses de grupos econômicos fazem do ordenamento tributário um emaranhado de normas muitas vezes conflitantes e sem sentido, que só podem ser compreendidas (quando o são) por especialistas.[211]

Conforme adverte Prahalad, "os regulamentos resultam da interpretação burocrática das leis, e sua proliferação pode tornar o sistema obscuro para qualquer um, exceto para os muito experientes".[212] Em decorrência disso, sustenta o mesmo autor que a corrupção em todos os níveis da burocracia tende a ser endêmica; ademais, a proliferação dos regulamentos pode ter a mesma conseqüência da "pura inexistência de leis": a emergência da informalidade. Com isso, os empreendimentos permanecem pequenos e locais, pois a corrupção passa a ser um custo inassimilável para empreendimentos maiores.[213]

Paralelamente, aumentam-se os deveres instrumentais que devem ser adimplidos pelos contribuintes. Isto é, os contribuintes assumem obrigações acessórias, cada vez mais complexas e onerosas, com vistas a fornecer informações ao fisco, sendo que eventuais erros ou omissões são severamente punidos.

Em vista disso tudo, sustenta Casalta Nabais:

> Por seu turno, torna-se imperiosa a necessidade de simplificação do sistema fiscal. O que convoca, naturalmente, o legislador para que simplifique todo o complexo sistema de tributação das empresas. Designadamente impõe-se que o legislador desonere as em-

---

[210] PRAHALAD, C.K. *A Riqueza na Base da Pirâmide*: como erradicar a pobreza com o lucro. Trad.: Bázan Tecnologia e Lingüística. Porto Alegre: Bookman, 2005, p. 83.

[211] SILVA, Sérgio André R. G. da. A Tributação na Sociedade de Risco. *Revista Tributária e de Finanças Públicas*. n. 67, jul. 2006, p. 151.

[212] PRAHALAD, C.K. *A Riqueza na Base da Pirâmide*: como erradicar a pobreza com o lucro. Trad.: Bázan Tecnologia e Lingüística. Porto Alegre: Bookman, 2005, p. 85.

[213] Idem, ibidem.

presa da rede labiríntica de obrigações acessórias as que crescentemente as tem vindo a manietar.

[...]

Impõe-se, por isso, reduzir, e reduzir significativamente, o número de leis fiscais que nos regem, bem como simplificar as restantes, de modo a que tenhamos uma legislação fiscal que não só seja susceptível de ser aplicada, mas sobretudo possa ser aplicada com custos bem menores do que aqueles que se verificam actualmente.[214]

Convém ressaltar, entretanto, que a necessária simplificação não pode trilhar um caminho que aponte para a construção de um modelo tributário que desconsidere o princípio da capacidade contributiva. Por isso, não são aceitáveis as idéias que sustentam uma redução das hipóteses de manifestações de riquezas passíveis de serem alcançadas pela tributação, especialmente a simplista idéia de instituição de um imposto único, seja qual for sua materialidade ou hipótese de incidência. Isso implicaria, pois, optar por um destino diametralmente oposto àquele defendido neste trabalho, ou seja, corresponderia a uma afronta ao princípio da dignidade da pessoa humana.

Paralelamente a isso, é necessário que as penalidades pelo descumprimento do dever fundamental sejam de tal modo severas que desestimulem a prática da evasão, para que o raciocínio do "risco/benefício" seja levado em consideração no momento de, eventualmente, optar-se pela prática delituosa. Para tanto, é claro que, como qualquer outra penalidade, há de se ter um fundado receio/expectativa de que ela venha a ser aplicada. De qualquer forma, também nesse ponto, deve-se ter uma devida cautela para que a penalidade imposta não seja desproporcional à infração cometida.

Ainda, para que a fraude seja desestimulada, faz-se necessário que o Estado distribua eqüitativamente a carga tributária e, paralelamente a isso, o cidadão possa visualizar claramente os benefícios sociais oriundos do recolhimento de tributos. Talvez, em países como o Brasil, seja esse o maior desafio a ser enfrentando no combate da evasão.

Pode-se concluir, assim, que o combate à evasão é um dos importantes elementos para a construção da cidadania fiscal, que passa pela aceitabilidade do dever fundamental de pagar tributos e pela reconstrução dos mecanismos de solidariedade entre os indivíduos que compõem uma sociedade.

É certo que não se trata de um caminho que possa ser percorrido sem agruras ou dificuldades. No entanto, tomar tal rumo é, inclusive, uma condição para construção de um modelo tributário mais eqüitativo, que esteja apto a colaborar decisivamente na densificação do princípio basilar que norteia a Constituição Brasileira: o princípio da dignidade da pessoa humana.

---

[214] CASALTA NABAIS. José. Avaliação Indireta e Manifestações de Fortuna na Luta Contra a Evasão Fiscal. *Separata*. Direito e Cidadania. Praia – Cabo Verde: ana VI, n. 20-21, mai. / dez. 2004, p. 219.

Parte II – A densificação do princípio da dignidade da pessoa humana, mediante a concretização dos direitos fundamentais

Primeiramente, é analisado o princípio da dignidade da pessoa humana e sua relação com os direitos fundamentais, especialmente aqueles ditos de segunda e terceira dimensão. Essa análise mostra-se necessária, haja vista que a tese central sustentada se refere à utilização da tributação como instrumento para obtenção da máxima eficácia do princípio da dignidade humana.

O referido princípio constitucional é entendido como elemento comum, em maior ou menor grau, de todos os direitos fundamentais. Por decorrência lógica, à medida que tais direitos forem concretizados, o referido princípio constitucional alcançará sua máxima eficácia. Dessa forma, se a tributação respeitar e visar à concretização, num plano fático, de tais direitos, automaticamente estará atendendo ao objetivo deste trabalho.

São examinados ainda os contornos do Estado Democrático de Direito, tendo em vista que o princípio da dignidade da pessoa humana está tão umbilicalmente ligado a esse modelo de Estado que se, por um lado, não é possível sustentar que esse formato estatal exista sem a consagração formal daquele princípio, por outro lado, apenas tal Estado tem as condições de assegurar, num plano fático, a máxima eficácia ao princípio da dignidade da pessoa humana.

A seguir, é analisada a questão da igualdade material no âmbito do Estado Democrático de Direito (brasileiro especialmente), com vistas à busca da redução das desigualdades sociais e econômicas, a qual se constitui uma das principais razões da existência desse modelo de Estado, além de ser o pressuposto para a máxima eficácia do princípio segundo o qual "todos têm direito a uma existência minimamente digna".

Enfim, se a redução das desigualdades sociais, sobretudo da miséria e da pobreza extrema, é condição inescapável para concretização do princípio da dignidade humana, mostra-se necessário reexaminar o modelo de Estado Democrático de Direito, à luz de seu princípio basilar, conforme abordagem que segue.

2.1. O ESTADO DEMOCRÁTICO DE DIREITO E A REDUÇÃO DAS DESIGUALDADES SOCIAIS E ECONÔMICAS, ATRAVÉS DA TRIBUTAÇÃO

A Constituição brasileira de 1988 – a exemplo de muitas outras existentes no cenário internacional – instituiu formalmente um Estado Democrático de Direito, cuja implementação fática está condicionada, fundamentalmente, à busca de uma igualdade substancial, não meramente formal. Ou seja, não basta que todos aqueles que estejam em situação equivalente sejam tratados de forma igual. Faz-se necessário que o tratamento jurídico desigual, aplicável aos desiguais, tenha como norte a redução das desigualdades fáticas (sociais e econômicas). Neste sentido, Streck explica que:

> Esse novo modelo constitucional supera o esquema da igualdade formal rumo à igualdade material, o que significa assumir uma posição de defesa e suporte da Constituição, como fundamento do ordenamento jurídico e expressão de uma ordem de convivência assentada em conteúdos materiais da vida e em um projeto de superação da realidade alcançável com a integração das novas necessidades e a resolução dos conflitos alinhados com os princípios e critérios de compensação constitucionais.[215]

Essa opção por uma nova concepção de Estado resta evidente na Constituição brasileira, sendo que bastaria examinar o disposto nos artigos 1º e 3º, incisos I e III, para concluir nesse sentido. Não é por acaso que o *caput* desse dispositivo menciona que *"constituem objetivos fundamentais da República Federativa do Brasil"* o exposto em seus incisos, a partir dos quais se vislumbra a necessidade de, pelo menos, buscar o equilíbrio social mediante a redução das desigualdades.

Quanto à importância, eficácia e vinculação do referidos dispositivos constitucionais, cabe lembrar que a constituição de um Estado deve ser entendida como algo que constitui, isto é, um determinado Estado passa a existir – é constituído – por sua constituição.[216]

Assim, para que seja eficaz, a Constituição não pode ser vista como uma mera "declaração de boas intenções" ou um texto programático, não-vinculativo. Muito embora nem todos os preceitos constitucionais tenham o mesmo grau de concretização, atualmente já não cabe falar das constituições como meras declarações programáticas ou de princípios: toda constituição é uma norma jurídica e como tal goza da qualidade de exigibilidade e coerção para seu cumprimento.[217] Ou ainda, nas palavras de Gregório Robles:

> A Constituição não é uma encíclica pastoral. É uma fonte de direito, a de maior grau hierárquico, que, como o Sol, ilumina os bons e os maus, os felizes e os desgraçados. Seu papel consiste em integrar todos em convivência, permitindo a estabilidade do sistema político e, conseqüentemente, também do sistema global da sociedade.[218]

No Brasil, a Constituição de 1988 instituiu um Estado Democrático de Direito que difere substancialmente do modelo de Estado até então vigente. Esse novo modelo foi inspirado nas constituições dirigentes, surgidas na Europa do pós-guerra.[219] Conforme explica Gomes Canotilho, uma constituição dirigente:

---

[215] STRECK, Lenio Luiz. A Hermenêutica e o Acontecer (Ereignen) da Constituição. In: *Anuário do Programa de Pós-Graduação em Direito – Mestrado / Doutorado*. São Leopoldo: Unisinos – Centro de Ciências Jurídicas, 2000, p. 112.

[216] Idem, p. 111.

[217] CHULVI, Cristina Pauner. *El Deber Constitucional de Contribuir al Sostenimiento de los Gastos Públicos.* Madrid: Centro de Estudios Políticos e Constituionales, 2001, p. 51.

[218] ROBLES, Gregorio. *Os Direitos Fundamentais e a Ética na Sociedade Atual*. São Paulo: Manole, 2005, p. 121.

[219] Como explica Bolzan de Morais (2000) ao tratar do conceito de Estado Democrático de Direito: "E é este conceito que, vindo estampado no texto constitucional (art. 1º) define os contornos do Estado brasileiro, a partir

Pressupõe que o Estado por ela conformado não seja um Estado mínimo, garantidor de uma ordem assente nos direitos individuais e no título de propriedade, mas um Estado Social, criador de bens colectivos e fornecedor de prestações. Para uns, isso significa a compreensão democrática e social do Estado de Direito; para outros, isso é o caminho do novo Leviathan, da ditadura de todos sobre todos, pois uma crescente produção de bens públicos através de uma crescente produção de leis e de financiamento coletivo aniquila a espontaneidade da ordem social e do modelo constitucional contratual.[220]

Também é certo que esse Estado Democrático de Direito tem princípios que lhe são peculiares, dentre os quais, principalmente, o princípio da dignidade da pessoa humana, que pode ser entendido como valor guia do Ordenamento Jurídico de um Estado dessa natureza e corresponde – em menor ou maior grau – ao elemento comum dos direitos fundamentais.[221] Nessa sentido, Streck explica:

O Estado Democrático de Direito representa um plus normativo em relação ao Estado Liberal e até mesmo ao Estado Social. A Constituição brasileira, como as de Portugal, Espanha e Alemanha, por exemplo, em que pese o seu caráter aberto, é uma Constituição densa de valores, compromissária e voltada para a transformação das estruturas econômicas e sociais. Além da carga elevada de valores e do caráter compromissário do texto da Constituição brasileira, este traz em seu bojo os mecanismos para a implantação das políticas do Welfare State, compatíveis com o atendimento ao princípio da dignidade da pessoa humana.[222]

Em decorrência disso, Ingo Sarlet – citando Bleckmann – lembra que "é o Estado que existe em função da pessoa humana, e não o contrário, já que o homem constitui finalidade precípua e não meio da atividade estatal". Considerando que todos os seres humanos são iguais em dignidade, ninguém pode ser tratado como mero objeto, sendo que a dignidade – intrínseca à condição humana – é irrenunciável e inalienável,[223] razão pela qual Ingo Sarlet reconhece ser esse princípio o valor-guia constitucional, conforme menciona:

[...] na condição de princípio fundamental, a dignidade da pessoa humana constitui valor-guia não apenas dos direitos fundamentais, mas de toda ordem constitucional, razão pela

---

de 1988, tendo-se presente que o constituinte nacional foi buscá-lo em Constituições produzidas em situações similares à nossa, como é o caso da Constituição Portuguesa pós-Revolução dos Cravos e da Constituição Espanhola seguinte à derrubada do regime franquista, ou seja, documentos legislativos produzidos no interior de processos de redemocratização". BOLZAN DE MORAIS, José Luis. Revisitando o Estado!: da crise conceitual à crise institucional (constitucional). In: *Anuário do Programa de Pós-Graduação em Direito – Mestrado / Doutorado*. São Leopoldo: Unisinos – Centro de Ciências Jurídicas, 2000, p. 82.

[220] GOMES CANOTILHO, José Joaquim. *Constituição Dirigente e Vinculação do Legislador*. 2. ed. Coimbra: Coimbra, 2001, p. 391.

[221] Quanto aos direitos fundamentais, Gesta Leal (2000) constata que: "como referencial jurídico, a Carta de 1988 alargou significativamente a abrangência dos direitos e garantias fundamentais, com o objetivo de assegurar o exercício dos direitos sociais e individuais, a liberdade, a segurança, o bem estar, o desenvolvimento, a igualdade e a justiça, como valores supremos de uma sociedade fraterna, pluralista e sem preconceitos" GESTA LEAL. Rogério. *Perspectivas Hermenêuticas dos Direitos Humanos e Fundamentais no Brasil*. Porto Alegre: Livraria do Advogado, 2000, p. 217.

[222] STRECK, Lenio Luiz. *Jurisdição Constitucional e Hermenêutica*: uma nova crítica do direito. 2. ed. Rio de Janeiro: Forense, 2004, p. 18-19.

[223] SARLET, Ingo Wolfgang. *A Eficácia dos Direitos Fundamentais*. 3. ed. rev. e ampl. Porto Alegre: Livraria do Advogado, 2003, p. 106-107.

qual se justifica plenamente sua caracterização como princípio constitucional de maior hierarquia axiológico-valorativa.[224]

É certo que o princípio da dignidade da pessoa humana não está diretamente relacionado, na mesma intensidade, com os direitos fundamentais – entendidos estes como "direitos positivados no seio de um ordenamento constitucional". Apesar disso, pode-se entender que – em maior ou menor grau – tal princípio constitui elemento comum dos direitos dessa natureza, num Estado Democrático de Direito. Nessa linha, sustenta Ingo Sarlet:

> Com efeito, sendo correta a premissa de que os direitos fundamentais constituem – ainda que com intensidade variável – explicitações da dignidade da pessoa, por via de conseqüência e, ao menos em princípio (já que exceções são admissíveis, consoante já frisado), em cada direito fundamental se faz presente um conteúdo ou, pelo menos, alguma projeção da dignidade da pessoa. [...] Em suma, o que se pretende sustentar de modo mais enfático é que a dignidade da pessoa humana, na condição de valor (e princípio normativo) fundamental que "atrai o conteúdo de todos os direitos fundamentais", exige e pressupõe o reconhecimento e proteção dos direitos fundamentais de todas as dimensões (ou gerações, se assim preferirmos). Assim, sem que se reconheçam à pessoa humana os direitos fundamentais que lhe são inerentes, em verdade estar-se-á negando-lhe a própria dignidade.[225]

Quando se levanta o tema do respeito aos direitos fundamentais, deve-se ter em mente que, entre eles, desponta com inequívoca importância o direito a igualdade, e isso se verifica porque esse direito/princípio está intimamente ligado ao princípio da dignidade da pessoa humana, como explica Vitor Faveiro:

> Um dos corolários fundamentais do princípio da dignidade da pessoa humana, em termos de direitos natural, pré-positivo, e constitucionalmente evocado e incorporado na ordem jurídica positiva é o da igualdade: como iguais, as pessoas têm de ser tratadas igualmente, sob pena de violação do princípio da dignidade que, como qualidade inata, por todos tem de ser respeitada e a todos é igualmente devida.[226]

Portanto, todos têm o direito de ser tratados com igual dignidade, sendo inaceitáveis discriminações que afrontem diretamente tal preceito fundamental. Como afirma Ingo Sarlet:

> Também o direito geral de igualdade (princípio isonômico) encontra-se diretamente ancorado na dignidade da pessoa humana, não sendo por outro motivo que a Declaração Universal da ONU consagrou que todos os seres humanos são iguais em dignidade e direitos. Assim, constitui pressuposto essencial para o respeito da dignidade da pessoa humana a garantia da isonomia de todos seres humanos, que, portanto não podem ser toleradas a escravidão,

---

[224] SARLET, Ingo Wolfgang. *A Eficácia dos Direitos Fundamentais*. 3. ed. rev. e ampl. Porto Alegre: Livraria do Advogado, 2003, p. 115.

[225] SARLET, Ingo Wolfgang. *Dignidade da Pessoa Humana e Direitos Fundamentais na Constituição Federal de 1988*. 4. ed. rev. atual. Porto Alegre: Livraria do Advogado, 2006, p. 84-85.

[226] FAVEIRO, Vitor. *O Estatuto do Contribuinte*: a pessoa do contribuinte no estado social de direito. Coimbra: Coimbra, 2002, p. 241.

a discriminação racial, perseguições por motivos de religião, sexo, enfim, toda e qualquer ofensa ao princípio isonômico na sua dupla dimensão formal e material.[227]

Convém ressaltar que a idéia de igualdade, num Estado Democrático de Direito, diverge significativamente da idéia da igualdade concebida num Estado constituído sob os auspícios do tradicional modelo liberal-individualista. Num Estado constituído de acordo com os princípios, a partir dos quais, por exemplo, foi constituído o Estado Brasileiro de 1988, a idéia da igualdade transcende à clássica idéia de igualdade formal, que alicerçou a Revolução Burguesa de 1789, na França.[228]

Essa nova acepção da igualdade está a exigir do Estado não apenas que, formalmente, trate os iguais como iguais e os desiguais como desiguais, mas também que aja no sentido de que as desigualdades econômicas e sociais, que produziram essas diferenças, sejam combatidas, minimizadas e eliminadas. Ou seja, o tratamento formalmente desigual deve visar à redução das desigualdades fáticas ou materiais, o que equivale a uma nova concepção de justiça, a qual sempre esteve intrinsecamente vinculada a idéia de igualdade.[229]

Nessa nova organização social, o Estado assume um papel decisivo no sentido de não apenas assegurar a igualdade formal, mas, sobretudo, de alcançar a igualdade material, isto é, o Estado passa a ter como condição de existência a busca de meios que possam minimizar as desigualdades decorrentes do modelo econômico vigente.

Esse dever do Estado é incisivamente cobrado por Dworkin, que deixa muito claro que, inclusive na hipótese de haver conflito com a liberdade, deve sempre a igualdade prevalecer. Nessa linha, questiona e responde:

> Podemos dar as costas à igualdade? Nenhum governo é legítimo a menos que demonstre igual consideração pelo destino de todos os cidadãos sobre os quais afirme seu domínio e aos quais reivindique fidelidade.[230]
>
> [...]

---

[227] SARLET, Ingo Wolfgang. *Dignidade da Pessoa Humana e Direitos Fundamentais na Constituição Federal de 1988*. 4. ed. rev. atual. Porto Alegre: Livraria do Advogado, 2006, p. 87.

[228] Segundo Bonavides (2001): "Deixou a igualdade de ser a igualdade jurídica do liberalismo para se converter na igualdade material da nova forma de Estado. Tem tamanha força na doutrina constitucional vigente que vincula o legislador, tanto o que faz a lei ordinária nos Estados-membros e na órbita federal, como aquele que no círculo das autonomias estaduais emenda a Constituição ou formula o próprio estatuto básico da unidade federada". BONAVIDES, Paulo. *Curso de Direito Constitucional*. 11. ed. São Paulo: Malheiros, 2001, p. 341.

[229] Ricardo Lobo Torres (1999) sustenta que: "embora entre igualdade e justiça exista um relacionamento íntimo e profundo, as mesmas não se confundem. A igualdade, como princípio vazio é medida de justiça, vez que está se torna impensável sem a igual repartição das cargas fiscais. Todavia a igualdade transcende a justiça, eis que penetra também em outros valores e pode estar presente na própria injustiça". TORRES, Ricardo Lobo. *Tratado de Direito Constitucional Financeiro e Tributário*. v. III: Os Direitos Humanos e a Tributação: imunidades e isonomia. Rio de Janeiro: Renovar, 1999, p. 333.

[230] DWORKIN, Ronald. *A Virtude Soberana*: a teoria e a prática da igualdade. Trad.: Jussara Simões. São Paulo: Martins Fontes, 2005, p. IX.

TRIBUTAÇÃO E DIGNIDADE HUMANA

Qualquer conflito genuíno entre a liberdade e a igualdade – qualquer conflito entre a liberdade e os requisitos da melhor concepção do princípio igualitário abstrato – é uma querela que a liberdade deve perder. Não podemos rejeitar completamente o princípio igualitário, porque é absurdo que o governo não demonstre consideração pela vida de seus cidadãos, e imoral que demonstre mais consideração pela vida de alguns do que pela de outros.[231]

A busca da igualdade substancial se constitui, pois, no objetivo primordial desse novo Estado Democrático de Direito, que difere substancialmente do modelo do Estado Liberal. Como explica Jorge Miranda:

Na concepção liberal, a liberdade de cada um tem como limite a liberdade dos outros; na concepção social, esse limite prende-se com igualdade material e situada. Os direitos constitucionais de índole individualista podem resumir-se num direito geral de liberdade, os direitos de índole social num direito geral à igualdade. Sabemos que esta igualdade material não se oferece, cria-se; não se propõe, efectiva-se; não é um princípio, mas uma consequência. O seu sujeito não a traz como qualidade inata que a Constituição tenha de confirmar e que requeira uma atitude de mero respeito; ele recebe-a através de uma série de prestações, porquanto nem é inerente às pessoas, nem preexistente ao Estado.[232]

O objetivo da construção da igualdade pode e deve ser visado por todos os poderes constituídos. Assim, no exercício das prerrogativas constitucionalmente estabelecidas, o Executivo, o Legislativo e o Judiciário devem buscar, incondicionalmente, a concretização da igualdade, nos moldes consagrados pelo novo modelo de Estado ora vigente.

A efetivação da igualdade substancial é tarefa inalienável dos três poderes, isto é, se cabe ao Executivo desenvolver políticas públicas para reduzir as mazelas sociais (desigualdades gritantes), cabe ao Legislativo a óbvia, porém esquecida, tarefa de legislador no sentido de caminhar na direção apontada pela Carta Magna, e cabe ao Judiciário, juntamente com os demais poderes, a tarefa de, corajosamente, fazer valer os princípios que alicerçam o Estado Democrático de Direito,[233] sobretudo o princípio da dignidade da pessoa humana e a conseqüente redução

---

[231] DWORKIN, Ronald. *A Virtude Soberana: a teoria e a prática da igualdade.* Trad.: Jussara Simões. São Paulo: Martins Fontes, 2005, p. IX, introdução, p. 172.

[232] MIRANDA, Jorge. *Manual de Direito Constitucional.* Tomo IV – Direitos Fundamentais. 3. ed. Coimbra: Coimbra, 2000, p. 103.

[233] Ferrajoli é enfático quando trata do papel do Judiciário na democracia substancial: "É nesta sujeição do juiz à constituição e, portanto no seu papel de garantir direitos fundamentais constitucionalmente estabelecidos, que reside o principal fundamento atual da legitimação da jurisdição e da independência do Poder Judiciário frente aos poderes Legislativo e Executivo, embora estes sejam – e até porque são – poderes assentes na maioria. Precisamente porque os direitos fundamentais em que se baseia a democracia substancial são garantidos incondicionalmente a todos e a cada um, mesmo contra a maioria, eles constituem o fundamento, bem mais do que o velho dogma juspositivista da sujeição à lei, da independência do Poder Judiciário, que para a sua garantia está especificamente vocacionado". FERRAJOLI, Luigi. O Direito como Sistema de Garantias. In: OLIVEIRA JUNIOR José Alcebíades de (org.). *O Novo em Direito e Política.* Porto Alegre: Livraria do Advogado, 1997, p. 101.

das desigualdades econômicas e sociais. Só assim será possível efetivar a Constituição.[234]

Dessa forma, a redução das desigualdades sociais no Estado Democrático de Direito passa a ser a principal condição para a concretização do fundamento que alicerça esse modelo de Estado, que é o princípio da dignidade da pessoa humana. Conforme sustenta Bonavides:

> De todos os direitos fundamentais a igualdade é aquele que mais têm subido de importância no Direito Constitucional de nossos dias, sendo, como não poderia deixar de ser, o direito chave, o direito-guardião do Estado Social.[235]

Assim também entende Misabel Derzi quando assevera que:

> [...] o constitucionalismo moderno trabalha com exigências jurídicas concretas. Abandona a igualdade formal própria do liberalismo econômico clássico e, ao impulso das idéias socializantes, impõe a busca da igualdade na ordem dos fatos, de caráter econômico-material.[236]

Não se pode vislumbrar, pois, incompatibilidade entre o princípio da igualdade no Estado de Direito e o princípio da igualdade que visa à redução dos contrastes econômico-sociais e à redistribuição da renda, enfim, o princípio da igualdade que serve ao Estado Social ou a democracia concreta. O conceito é uno, assim como é una a idéia de Estado Democrático de Direito.[237]

O conceito de justiça formal segundo o qual seres de uma mesma categoria devem ser tratados da mesma maneira, conforme formulou Perelman,[238] também não entra em conflito com a igualdade material. Esta é possível de ser aferida através de critérios de comparação, os quais permitem agrupar os seres em iguais e desiguais, conforme os princípios que norteiam a Constituição.

A igualdade tributária, por sua vez, dentro dessa nova concepção, deve ser pensada a partir da idéia de que o Estado Brasileiro só pode ser considerado legítimo se visar a substancializar a igualdade fática. Para tanto, é necessário fazer uso de meios que, embora tradicionalmente estejam à disposição, não foram utilizados de forma adequada, até o momento. Isso porque esses meios continuam

---

[234] Conforme explica Scaff (2001), "a praxis é fundamental para o desenvolvimento do Direito, o que não ocorre apenas com a instauração de normas. Daí porque não basta a criação de normas – como efetuado através da Constituição de 1988 –, mas é necessário que a cultura das pessoas também mude, a fim de que tais normas (que por si só já revelam uma mudança) possam ser por elas implementadas, de conformidade com os novos paradigmas existentes". SCAFF, Fernando Facury. *Responsabilidade Civil do Estado Intervencionista*. 2. ed. rev. e ampl., Rio de Janeiro: Renovar, 2001, p. 159-160.

[235] BONAVIDES, Paulo. *Curso de Direito Constitucional*. 11. ed. São Paulo: Malheiros, 2001, p. 341.

[236] BALLEIRO, Aliomar. *Limitações Constitucionais ao Poder de Tributar*. 7. ed. ver. e compl. à luz da Constituição de 1988 até a Emenda Constitucional nº 10/1996 por Mizabel Abreu Machado Derzi, 1997, p. 529.

[237] Neste sentido é o entendimento de Mizabel Derzi ao atualizar a obra de Aliomar Baleeiro (1997), *Limitações Constitucionais ao Poder de Tributar*, já citada, p. 530.

[238] Perelman desenvolveu o conceito de justiça formal, a partir da análise das diversas concepções de justiça historicamente consagradas, tendo concluído que justiça formal é um princípio de ação segundo o qual os indivíduos de uma mesma categoria (por isso denominada de essencial) devem ser tratados da mesma forma. PERELMAN, Chain. *Ética e Direito*. São Paulo: Martins Fontes, 1996, p. 26.

sendo pensados de acordo com a anacrônica concepção do Estado Liberal, outrora vigente.[239]

A tributação se constitui num dos principais instrumentos à redução das desigualdades sociais e, via de conseqüência, à efetivação do próprio (novo) Estado Democrático de Direito. Quando se pensa em igualdade tributária, tem-se em mente que o sentido desse princípio constitucional deve ser construído de acordo com o novo que está vigente. A igualdade não pode ser teoricamente justificada sobre alicerces que já não existem. É necessário, pois, livrar-se dos preconceitos construídos a partir de uma realidade que hoje não se faz mais presente.

A igualdade material, enfim, deve ser vislumbrada como um caminho atual, real e factível para a concretização/efetivação do Estado Democrático de Direito e, por conseqüência, do princípio basilar que o sustenta: dignidade da pessoa humana. Esse novo caminho pode e deve ser construído a partir da utilização de conhecidos instrumentos, tais como, uma adequada interpretação do princípio da capacidade contributiva e a utilização da extrafiscalidade como meio de concretização dos direitos fundamentais, entre outros.

Dentro dessa linha, Klaus Tipke entende a igualdade tributária como corolário da justiça, razão pela qual o tratamento desigual – *a priori* injusto – apenas se fundamenta quando o objetivo visado é a efetiva busca do bem comum. Neste sentido, afirma que:

> O princípio da igualdade é uma decorrência do postulado da justiça. Sacrificando-se a justiça por qualquer motivo que não se considere totalmente irrelevante, então não se lhe conferirá – como se exige em um estado de direito, um valor prioritário, mas secundário [...]. No meu entender, a exceção à regra da justiça somente se justifica se deste modo o bem comum se vir melhor servido que com a pura justiça tributária. Tal ponderação leva claramente a outro resultado que, não a exceção da justiça por qualquer razão que não se considere completamente imaterial.[240]

Pode-se sustentar que, na Constituição brasileira de 1988, o "bem comum", pensado por Tipke, corresponde aos fundamentos e objetivos positivados no texto da Carta, entre os quais, principalmente, o disposto nos artigos 1º e 3º, porquanto, em última análise, se pode afirmar que tais fundamentos e objetivos constituem a razão da existência desse Estado.

---

[239] Streck (2001) explica porque isto acontece: "Estou convencido de que há uma crise de paradigmas que obstaculiza a realização (o acontecer) da Constituição (e portanto, dos objetivos da justiça social, da igualdade, da função social da propriedade, etc): trata-se das crises dos paradigmas objetivista aristotélico-tomista e o da subjetividade (filosofia da consciência), bases da concepção liberal individualista-normativista do Direito, pela qual, muito embora já tenhamos, desde 1988, um novo modelo de Direito, nosso modo-de-fazer Direito continua sendo o mesmo de antanho, isto é, olhamos o novo com os olhos do velho, com a agravante de que o novo (ainda) não foi tornado visível". STRECK, Lenio Luiz. *Hermenêutica Jurídica e(m) Crise*: uma exploração hermenêutica da construção do direito. Porto Alegre: Livraria do Advogado, 2001, p. 284.

[240] TIPKE, Klaus. Sobre a Unidade da Ordem Jurídica. In: SCHOUERI, Luiz Eduardo; ZILVETI, Fernando Aurélio (coords.). *Direito Tributário*: Estudos em Homenagem a Brandão Machado. São Paulo: Dialética, 1998, p. 69.

Por outro lado, o tratamento discriminatório não poderá ser arbitrário. Essa vinculação da igualdade com a proibição da arbitrariedade, como refere Alexy,[241] foi construída pela jurisprudência do Tribunal Constitucional alemão. De acordo com o entendimento do referido Tribunal, o tratamento desigual viola a igualdade quando for entendido como arbitrário. Por decorrência, conforme explica, o legislador está proibido de tratar os iguais desigualmente, os essencialmente iguais desigualmente e os essencialmente iguais de uma forma arbitrariamente desigual.[242]

Em relação à proibição do arbítrio, merece ser reproduzida a decisão do Tribunal Constitucional de Portugal, conforme acórdão de 1984, referido por Jorge Miranda:[243]

> O princípio da igualdade não deve nem pode ser interpretado em termos absolutos, impedindo nomeadamente que a lei discipline diversamente quando diversas são as situações que o seu dispositivo visa regular. Mas, inversamente, há violações do princípio da igualdade quando o legislador estabelece distinções discriminatórias. Assim, é quando tais distinções são materialmente infundadas, quando assentam em motivos que não oferecem um caráter objetivo e razoável; isto é, quando o preceito em apreço não apresenta qualquer fundamento material razoável. Nesta perspectiva, o princípio da igualdade consagrado pelo art. 13º da Constituição identifica-se com uma "proibição do arbítrio", quer dizer, com uma proibição de medidas manifestamente desproporcionadas ou inadequadas, por um lado, à ordem constitucional de valores, e por outro lado, à situação fáctica que se pretende regulamentar ou ao problema que se deseja decidir.

Todavia, essa linha de jurisprudência da corte portuguesa é criticada por Gomes Canotilho, haja vista que tal construção não conferiria a importância devida ao princípio da igualdade, concebido no seio de uma constituição dirigente. Isso ocorre porque é desprezada a função social do princípio – eliminar as desigualdades fáticas existentes – sendo prestigiado apenas o momento da formação do texto jurídico pelo legislador. Dessa forma, haveria a consagração de uma postura de mero controle.[244]

Numa análise preliminar, é possível sustentar que o fator determinante da discriminação necessita guardar relação coerente com a diferenciação que dele resulta, razão pela qual as distinções não podem, direta ou indiretamente, colidir com os princípios sobre os quais se alicerça o Estado Democrático de Direito, especialmente a dignidade de pessoa humana.

Dentro dessa linha, mostram-se plenamente compatíveis com esse modelo de Estado as discriminações fundadas na manifestação de diversidade de riqueza, isto é, discriminações concretizadas através da exigência de tributos, de uma forma mais elevada, em relação aos cidadãos que possuem maior capacidade de

---

[241] ALEXY, Robert. *Teoria de Los Derechos Fundamentales*. Madrid: Centro de Estúdios Políticos y Constitucionales, 2003, p. 388.

[242] Idem, p. 389-390.

[243] MIRANDA, Jorge. *Manual de Direito Constitucional*. 2. ed. tomo IV, Coimbra: Coimbra, 1998, p. 227.

[244] GOMES CANOTILHO, José Joaquim. *Constituição Dirigente e Vinculação do Legislador*. 2. ed. Coimbra: Coimbra, 2001, p. 391.

contribuir para com a coletividade,[245] e, via de conseqüência, um tratamento mais favorável para aqueles que possuem uma menor capacidade contributiva.[246]

Paralelamente a isso, outro critério que legitima o tratamento diferenciado reside na extrafiscalidade, isto é, quando – além do objetivo arrecadatório – o Estado utiliza a tributação para atingir determinados fins, os quais, sem demagogia, devem necessariamente ser aqueles que assegurem a concretização dos direitos fundamentais e, por conseqüência, do princípio da dignidade da pessoa humana.

Enfim, num Estado Democrático de Direito não é suficiente apenas que atividade financeira do Estado seja exercida em observância aos clássicos direitos de defesa, pois a observância dos direitos fundamentais de todas as gerações é condição da dignidade, na medida em que não basta o respeito à propriedade, liberdade e igualdade jurídica; é necessário saúde, educação, trabalho e meio ambiente ecologicamente equilibrado.[247]

É certo que existe um longo caminho a ser percorrido no sentido de concretizar o Estado Democrático de Direito, que hoje, pelo menos formalmente, vige em muitas sociedades, como, por exemplo, a brasileira. Para isso, faz-se necessário romper com os conceitos anacrônicos sobre o próprio Estado e sobre os princípios que o alicerçam.

Tais conceitos – concebidos dentro de uma outra realidade – não podem se perpetuar, como se o tempo fosse possível de ser aprisionado, como se a dinâmica evolucional da humanidade fosse possível de ser travada; como se a realidade, a partir da qual foram construídos, tivesse produzido uma sociedade alicerçada em justiça; enfim, como se os mesmos tivessem edificado um país no qual as desigualdades não-naturais não fossem tão vexatórias.

Essa nova concepção de Estado passa necessariamente por uma nova concepção de solidariedade social, pois conforme lembra François Ost:

> Só o Estado solidário se dedica a garantir a igualdade de oportunidades a longo prazo por meio de políticas apelidadas de desenvolvimento (em matéria de educação e de saúde, por exemplo) susceptíveis, a prazo, de operar uma certa redistribuição do capital-tempo de cada

---

[245] Como exemplo do exposto, cabe reproduzir a decisão do Tribunal Regional Federal de Quarta Região, que entendeu constitucional a alíquota diferenciada da contribuição social sobre o lucro relativamente às instituições financeiras, conforme segue: Ementa: Processo Civil e Tributário. Contribuição Social sobre o Lucro exigida das instituições financeiras, prevista no artigo 2º da Lei 9.316, de 22 de novembro de 1996, não configura situação anti-isonômica vedada pela Constituição. Desigualdade haveria se dentre todas as entidades regidas pelo Sistema Financeiro somente algumas tivessem que recolher a exação de forma majorada. *Ademais, as instituições financeiras possuem, inegavelmente, maior capacidade econômica que as demais empresas* (grifo nosso). AGRAVO *de Instrumento* n. 97.04.58046-0/PR, Rel.: Juíza Tania Escobar, DJU II, 21 jan. 1998, p. 332/333.

[246] Este entendimento pode ser corroborado pela seguinte decisão do Supremo Tribunal Federal: "O ato administrativo que beneficia contribuintes menos favorecidos de recursos, concedendo-lhes prazo mais dilatado para pagamento do IPTU, não ofende o princípio constitucional da isonomia. Destarte, se tal ato ultrapassar os limites da lei será considerado ilegal e não inconstitucional" (RT 752/107).

[247] SARLET, Ingo Wolfgang. *A Eficácia dos Direitos Fundamentais*. 3. ed. rev. e ampl. Porto Alegre: Livraria do Advogado, 2003, p. 106.

um (pensemos, por exemplo, na distribuição sempre muito desigual, da esperança de vida e do tempo consagrado à formação).[248]

Enfim, considerando que o modelo do Estado Democrático de Direito é uma realidade – pelo menos no campo formal – em relação a vários países, faz-se necessário que seja construído um novo sentido aos princípios, instrumentos e institutos jurídicos já existentes o qual vá ao encontro do modelo desse novo Estado.

Tudo isso passa, pois, pela discussão acerca do princípio da dignidade da pessoa humana e pelas possibilidades de que a tributação possa servir de meio de implementação desse princípio, mediante a adequação da carga tributária à capacidade contributiva dos cidadãos e a concretização, sobretudo, dos direitos fundamentais sociais, econômicos e culturais, mesmo porque esse é um caminho factível para a redução das desigualdades sociais e econômicas ora existentes.

As referências feitas acerca da definição do princípio dignidade da pessoa humana, mostram a necessidade de se tratar, especificamente, do princípio-guia da Constituição, com vistas a traçar os contornos, bem como de compreender a moldura na qual tal princípio está inserido, nos termos que segue.

2.2. A DEFINIÇÃO E O ALCANCE DO PRINCÍPIO DA DIGNIDADE DA PESSOA HUMANA

A primeira grande dificuldade, quando se enfrenta a questão do princípio da dignidade da pessoa humana, é a própria definição da amplitude do seu significado e, por decorrência, de sua eficácia jurídica. Talvez se esteja diante daqueles conceitos impossíveis de ser formulados sem que haja um significativo espaço de contestação.[249]

Isso ocorre porque a idéia da dignidade da pessoa humana, como se verifica, por exemplo, com a própria idéia de justiça, transcende as possibilidades conceituais e avança para o campo intersubjetivo. Isto é, embora muitos não saibam formular um conceito de justiça, a maioria das pessoas consegue identificar quando está diante de uma situação de injustiça.

Dá-se o mesmo com o princípio da dignidade da pessoa humana, porque, embora seja difícil esgotar as possibilidades de dizer o que representa tal princípio, mostra-se razoavelmente seguro identificar as situações nas quais esse princípio está sendo vilipendiado. Nessa ótica, Mary Elbe diz:

> O que seria uma existência com dignidade? A resposta poderá ser encontrada sob o enfoque contrário. O próprio senso do homem comum facilmente percebe quando a falta de

---

[248] OST, François. *O Tempo do Direito*. Lisboa: Instituto Piaget, 1999, p. 42.

[249] Mary Elbe (2004) diz que "o princípio da dignidade humana, por sua vez, encerra, igualmente, um conceito vago, pois consagra valores subjetivos de difícil mensuração. Dignidade, do latim – *dignitas* – *dignitatis* – pode significar: i) qualidade moral que infunde respeito; ii) consciência do próprio valor; iii) respeito aos próprios sentimentos, amor-próprio; iv) modo de alguém se apresentar que inspira respeito". QUEIROZ, Mary Elbe. *Imposto Sobre a Renda e Proventos de Qualquer Natureza*. São Paulo: Manole, 2004, p. 60.

elementos mínimos faz com que a vida seja desprovida de qualquer dignidade. Com certeza, a tributação do mínimo existencial, além de atingir a dignidade humana, protegida como um valor fundamental, transforma-se em uma exigência indigna por parte de quem o faz.[250]

De qualquer modo, há de se reconhecer que o princípio da dignidade da pessoa humana constitui uma categoria axiológica aberta, não devendo ser conceituado sob um prisma fixista, pois não seria harmônico com o pluralismo e a diversidade de valores que se manifestam nas sociedades democráticas contemporâneas.[251]

Além disso, cabe lembrar o alerta de Jorge Miranda, segundo o qual "cada pessoa tem, contudo, de ser compreendida em relação aos demais", sendo que "a dignidade de cada pessoa pressupõe a de todos os outros",[252] isto é, o respeito à dignidade de uns não pode implicar o desrespeito à dignidade de outros. Nessa linha afirma Ingo Sarlet:

> Por outro lado, pelo fato de a dignidade da pessoa encontrar-se ligada à condição humana de cada indivíduo, não há como descartar uma necessária dimensão comunitária (ou social) desta mesma dignidade de cada pessoa e de todas as pessoas, justamente por serem todos iguais em dignidade e direitos (na iluminada fórmula da Declaração Universal de 1948) e pela circunstância de nesta condição conviverem em determinada comunidade ou grupo.[253]

Não se verifica também a possibilidade de conflito entre a idéia de liberdade e a concepção de dignidade. Como sustenta Beátrice Maurer, "opor a liberdade à dignidade è ter uma concepção fracionada do homem; é não compreendê-lo em sua totalidade"; e arremata: "uma dignidade que não considerasse a liberdade do homem seria uma dignidade truncada".[254]

No que tange à origem histórica e a evolução da idéia de dignidade da pessoa humana, cabe reproduzir a síntese de Peter Häberle, abaixo:

> Nesse contexto, são dotados de sentido as "periodizações" históricas do pensamento acerca da dignidade e da dignidade humana: "dignitas" na Antigüidade (dignidade como caracterização de uma posição social dentro da sociedade e distinção de cada dignidade humana diante de criaturas não humanas) e no Estoicismo como compartilhamento pelos homens do atributo da razão. Para o Cristianismo da Antiguidade e da Idade Média, a imagem e semelhança dos homens para com Deus. Na Renascença, Pico della Mirandola compreendeu a dignidade do homem a partir da sua essencial possibilidade de escolha. No iluminismo, foi a

---

[250] QUEIROZ, Mary Elbe. *Imposto Sobre a Renda e Proventos de Qualquer Natureza*. São Paulo: Manole, 2004, p. 60.

[251] SARLET, Ingo Wolfgang. *A Eficácia dos Direitos Fundamentais*. 3. ed. rev. e ampl. Porto Alegre: Livraria do Advogado, 2003, p. 106.

[252] MIRANDA, Jorge. *Manual de Direito Constitucional*. Tomo IV – Direitos Fundamentais. 3. ed. Coimbra: Coimbra, 2000, p. 188.

[253] SARLET, Ingo Wolfgang. *Dignidade da Pessoa Humana e Direitos Fundamentais na Constituição Federal de 1988*. 4. ed. rev. atual. Porto Alegre: Livraria do Advogado, 2006, p. 52.

[254] MAURER, Béatrice. Notas Sobre o Respeito da Dignidade da Pessoa Humana... ou Pequena Fuga Incompleta em Torno do Tema Central. In: SARLET, Ingo Wolfgang (org.) *Dimensões da Dignidade*: ensaios de filosofia do direito e direito constitucional. Trad.: Ingo Wolfgang Sarlet, Pedro Scherer de Mello Aleixo e Rita Dostal Zanini. Porto Alegre: Livraria do Advogado, 2005, p. 79.

dignidade, como liberdade, associada à idéia estóica de dignidade como compartilhamento da razão; Pufendorf acrescentou à noção de dignidade a idéia de igualdade de todos os homens. O aperfeiçoamento deste pensamento por Kant culminou na idéia de insubstituibilidade de cada ser humano. Um "valor interno absoluto", portanto dignidade possui para Kant apenas aquela pessoa aparelhada com identidade moral e auto-responsabilidade, dotada de razão prática e capacidade de autodeterminação racional.

Na metade do século XIX a dignidade humana se tornou "idéia-motriz política dos movimentos trabalhistas": Lassale exige a melhoria das condições materiais das classes trabalhadoras e que se lhes proporcione uma existência verdadeiramente digna; Proudhon dá um passo adiante ao incluir a dignidade da pessoa na idéia de justiça. Com isso, o pensamento da dignidade humana abriu-se a uma nova dimensão, a do Direito e da justiça, transitando do reino do "pensamento puro" para a prática jurídica.[255]

[...]

A evolução finalmente conduziu à união entre o Estado constitucional moderno, com seu patamar textual atual, e a comunidade jurídica dos povos, ambos moralmente comprometidos com a dignidade humana como texto jurídico central.[256]

Apesar da origem remota, no entanto, o princípio da dignidade da pessoa humana passou a ser reconhecido expressamente pela imensa maioria das Constituições apenas a partir da Segunda Guerra Mundial, especialmente após ter sido consagrado pela Declaração Universal da ONU de 1948.[257]

Com o avançar do constitucionalismo contemporâneo, a importância desse princípio atinge tal magnitude, que é possível afirmar que uma ordem jurídica só será legítima se assegurar o princípio da dignidade da pessoa humana. Nesse sentido, explica Ingo Sarlet:

Assim, como bem lembra Martinez, ainda que a dignidade preexista ao direito, certo é que o seu reconhecimento e proteção por parte da ordem jurídica constituem requisito indispensável para que esta possa ser tida como legítima. Aliás, tal dignidade tem sido reconhecida à dignidade da pessoa humana que se chegou a sustentar, parafraseando o conhecido e multicitado art. 16 da Declaração Francesa dos Direitos do Homem e do Cidadão (1789), que toda sociedade que não reconhece e não garante a dignidade da pessoa não possui um Constituição.[258]

Em princípio, cabe referir a Constituição de Weimar de 1919 já previa a garantia da uma existência humana digna como objetivo maior da ordem econômica,

---

[255] HÄBERLE. Peter. A Dignidade Humana como Fundamento da Comunidade Estatal. In: *Dimensões da Dignidade*: ensaios de filosofia do direito e direito constitucional. Org.: Ingo Wolfgang Sarlet. Trad.: Ingo Wolfgang Sarlet, Pedro Scherer de Mello Aleixo e Rita Dostal Zanini. Porto Alegre: Livraria do Advogado, 2005, p. 117-118.

[256] Idem, p. 118.

[257] Como menciona Jorge Miranda (2000): "O art. 1º da Declaração Universal precisa e explicita a concepção de pessoa da Constituição, recolhendo as inspirações de diversas filosofias e, particularmente, de diversas correntes jusnaturalistas: Todos os seres humanos nascem livres e iguais em dignidade e em direitos. Dotados de razão e de consciência devem agir uns para com os outros em espírito de fraternidade". MIRANDA, Jorge. *Manual de Direito Constitucional*. Tomo IV – Direitos Fundamentais. 3. ed. Coimbra: Coimbra, 2000, p. 183.

[258] SARLET, Ingo Wolfgang. *Dignidade da Pessoa Humana e Direitos Fundamentais na Constituição Federal de 1988*. 4. ed. rev. atual. Porto Alegre: Livraria do Advogado, 2006, p. 78.

assim como previam a Constituição portuguesa de 1933 (art. 6, n° 3) e a Constituição da Irlanda de 1937 (preâmbulo).[259]

À medida que os textos constitucionais do pós-guerra passaram a consagrar expressamente o princípio da dignidade da pessoa humana, ele adquiriu *status* de norma jurídica, motivo pelo qual se constitui agora não só um princípio moral basilar, mas também um princípio jurídico com inequívoca força normativa.

É evidente que o princípio da dignidade da pessoa humana, em face de todas as suas implicações axiológicas, dificilmente terá o seu conteúdo normativo perfeitamente demarcado. Todavia, mesmo que o legislador não possa dizer o que ele é, deve fazer o possível para que aquilo que ele não é, não aconteça.[260]

Como um princípio jurídico superior, a idéia de dignidade humana deve estar preparada para abarcar as mais diversas situações, sejam elas explícitas ou implícitas, as quais possam se colocar a seu serviço, especialmente para alicerçar e ser o elemento comum dos direitos fundamentais. No entender de Häberle:

> A dignidade humana apresenta-se, de tal sorte, como "valor jurídico mais elevado" dentro do ordenamento constitucional, figurando como "valor jurídico supremo". O caráter pré-positivo da dignidade humana é, neste sentido, implicitamente evocado. Característica é também a formulação da dignidade humana como "fim supremo de todo o Direito" ou como "determinação de inviolabilidade da dignidade humana, que está na base de todos os direitos fundamentais.[261]

Definidas as premissas e os alicerces fundantes do princípio da dignidade da pessoa humana, faz-se necessário examinar como tal princípio se apresenta dentro do Ordenamento Jurídico Pátrio, uma vez que o presente visa encontrar um caminho factível de máxima eficácia a esse princípio, dentro da realidade nacional.

2.2.1. O princípio da dignidade da pessoa humana na Constituição brasileira de 1988

No Brasil, o princípio da dignidade da pessoa humana se constitui num dos pilares de sustentação do Estado Democrático de Direito, instituído formalmente pela Constituição brasileira de 1988. Pode-se afirmar que, a partir daí, foi concebida uma nova idéia de bem comum, a qual necessariamente passa pela incessante busca da construção de uma sociedade na qual todos possam usufruir uma existência digna.

---

[259] SARLET, Ingo Wolfgang. *Dignidade da Pessoa Humana e Direitos Fundamentais na Constituição Federal de 1988*. 4. ed. rev. atual. Porto Alegre: Livraria do Advogado, 2006, , p. 101.

[260] MAURER, Béatrice. Notas Sobre o Respeito da Dignidade da Pessoa Humana... ou Pequena Fuga Incompleta em Torno do Tema Central. In: SARLET, Ingo Wolfgang (org.) *Dimensões da Dignidade*: ensaios de filosofia do direito e direito constitucional. Trad.: Ingo Wolfgang Sarlet, Pedro Scherer de Mello Aleixo e Rita Dostal Zanini. Porto Alegre: Livraria do Advogado, 2005, p. 80.

[261] HÄBERLE. Peter. A Dignidade Humana como Fundamento da Comunidade Estatal. In: *Dimensões da Dignidade*: ensaios de filosofia do direito e direito constitucional. Org.: Ingo Wolfgang Sarlet. Trad.: Ingo Wolfgang Sarlet, Pedro Scherer de Mello Aleixo e Rita Dostal Zanini. Porto Alegre: Livraria do Advogado, 2005, p. 99.

Relativamente ao Brasil, houve uma tardia inserção do princípio da dignidade da pessoa humana, pois, no âmbito do direito positivo constitucional, apenas com o art. 1º, III, da Constituição Federal de 1988[262] isso aconteceu. De qualquer forma, essa positivação representou uma nova concepção estatal nacional. Nesse sentido, afirma Sarlet:

A qualificação da dignidade da pessoa humana como princípio fundamental traduz a certeza de que o artigo 1º, inc. III, de nossa Lei Fundamental não contém apenas uma declaração de conteúdo ético e moral (que ela, em última análise, não deixa de ter), mas que constitui norma jurídico-positiva com status constitucional e, como tal, dotada de eficácia, transformando-se de tal sorte, para além da dimensão ética já apontada, em valor jurídico fundamental da comunidade.[263]

O princípio da dignidade da pessoa humana torna-se, assim, o elemento norteador de toda a carta política expressa pela Constituição, especialmente em relação aos direitos fundamentais. Com lembra Häberle, relativamente a Carta fundamental germânica, o Tribunal Constitucional Federal da Alemanha faz do art. 1º, inciso I, da Lei Fundamental o ponto de partida dos direitos fundamentais assim como o centro de seu muito criticado enfoque "sistemático valorativo".[264]

Assim, os direitos fundamentais se revelam como decorrentes desse valor maior do Estado Democrático de Direito brasileiro, haja vista que eles passam a ter a intenção de explicitar uma idéia de homem, decantada pela consciência nacional e universal ao longo dos tempos, enraizada na cultura dos homens que formam a sociedade brasileira, e agora recebida pela Constituição.[265]

Com o princípio da dignidade da pessoa humana constitucionalmente positivado, constata-se que é o Estado que existe em função da pessoa humana, e não o contrário, já que o homem constitui a finalidade precípua, e não meio da atividade estatal. O Estado tem a função de assegurar ao indivíduo seu direito de existir com dignidade e de protegê-lo ante eventual ameaça da própria sociedade. Nessa linha, afirma Peter Häberle:

A dupla direção protetiva da cláusula da dignidade humana significa: ela é um direito público subjetivo, direito fundamental do indivíduo contra o Estado (e contra a sociedade) e ela é, ao mesmo tempo, um encargo constitucional endereçado ao Estado, no sentido de um

---

[262] Art. 1º, III: "A República Federativa do Brasil, formada pela união indissolúvel dos Estados e Municípios e do Distrito Federal, constitui-se em Estado Democrático de Direito e tem como fundamentos:... III – A dignidade da pessoa humana".

[263] SARLET, Ingo Wolfgang. *A Eficácia dos Direitos Fundamentais*. 3. ed. rev. e ampl. Porto Alegre: Livraria do Advogado, 2003, p. 111-112.

[264] HÄBERLE. Peter. A Dignidade Humana como Fundamento da Comunidade Estatal. In: *Dimensões da Dignidade*: ensaios de filosofia do direito e direito constitucional. Org.: Ingo Wolfgang Sarlet. Trad.: Ingo Wolfgang Sarlet, Pedro Scherer de Mello Aleixo e Rita Dostal Zanini. Porto Alegre: Livraria do Advogado, 2005, p. 98.

[265] VIEIRA DE ANDRADE, José Carlos. *Os Direitos Fundamentais na Constituição Portuguesa de 1976*. 3. ed. Coimbra: Almedina, 2004, p. 101.

dever de proteger o indivíduo em sua dignidade humana em face da sociedade (ou de seus grupos).[266]

Em face de sua condição de sustentáculo constitucional, toda atividade estatal e todos os órgãos públicos se encontram vinculados ao princípio da dignidade da pessoa humana, impondo-lhes um dever de respeito e proteção, externado tanto na abstenção pelo Estado de determinadas ingerências na esfera individual que sejam insultantes à dignidade, como no dever de protegê-la diante de agressões de terceiros.[267] Nas palavras de Häberle:

> Respeito e proteção dignidade humana como dever (jurídico) fundamental do Estado constitucional constitui a premissa para todas as questões jurídico-dogmáticas particulares. Dignidade humana constitui a norma fundamental do Estado, porém é mais do que isso: ela fundamenta também a sociedade constituída e eventualmente a ser constituída.[268]

Relativamente à amplitude do princípio da dignidade da pessoa humana, cabe aqui trazer a síntese de Jorge Miranda, que menciona as diretrizes básicas do referido princípio constitucional, a qual, porquanto tenha sido formulada com base na carta portuguesa, parece perfeitamente aplicável ao caso brasileiro:

> a) a dignidade da pessoa humana reporta-se a todas e cada uma das pessoas e é a dignidade da pessoa individual e concreta;
>
> b) a dignidade da pessoa humana refere-se à pessoa desde a concepção, e não só desde o nascimento;
>
> c) a dignidade é da pessoa enquanto homem e enquanto mulher;
>
> d) cada pessoa vive em relação comunitária, o que implica o reconhecimento por cada pessoa da igual dignidade das demais pessoas.
>
> e) cada pessoa vive em relação comunitária, mas a dignidade que possui é dela mesma, e não da situação em si.
>
> f) o primado da pessoa é o do ser, não o do ter; a liberdade prevalece sobre a propriedade;
>
> g) só a dignidade justifica a procura da qualidade de vida;
>
> h) a protecção da dignidade das pessoas está para além da cidadania portuguesa e postula uma visão universalista da atribuição de direitos;
>
> i) a dignidade pressupõe a autonomia vital da pessoa, a sua autodeterminação relativamente ao Estado, às demais entidades públicas e às outras pessoas.[269]

A idéia da dignidade da pessoa humana deve alumiar toda compreensão e interpretação da norma maior, e isso se aplica aos mais diversos âmbitos do Orde-

---

[266] HÄBERLE. Peter. A Dignidade Humana como Fundamento da Comunidade Estatal. In: *Dimensões da Dignidade*: ensaios de filosofia do direito e direito constitucional. Org.: Ingo Wolfgang Sarlet. Trad.: Ingo Wolfgang Sarlet, Pedro Scherer de Mello Aleixo e Rita Dostal Zanini. Porto Alegre: Livraria do Advogado, 2005, p. 137.

[267] SARLET, Ingo Wolfgang. *A Eficácia dos Direitos Fundamentais*. 3. ed. rev. e ampl. Porto Alegre: Livraria do Advogado, 2003, p. 112.

[268] HÄBERLE, op. cit., p. 128.

[269] MIRANDA, Jorge. *Manual de Direito Constitucional*. Tomo IV – Direitos Fundamentais. 3. ed. Coimbra: Coimbra, 2000, p. 183-184.

namento Jurídico. Relativamente ao exercício da atividade econômica, Eros Grau ensina:

> [...] a dignidade da pessoa humana assume a mais pronunciada relevância, visto comprometer todo o exercício da atividade econômica, em sentido amplo – e em especial, o exercício da atividade econômica em sentido estrito – com o programa de promoção da existência digna, de que, repito, todos devem gozar. Daí porque se encontram constitucionalmente empenhados na realização desse programa – dessa política pública maior – tanto o setor público quanto o setor privado. Logo, o exercício de qualquer parcela de atividade econômica de modo não adequado àquela promoção expressará violação do princípio duplamente contemplado na Constituição.[270]

Se esse novo fundamento do Estado Brasileiro exerce influência em todo o Ordenamento Jurídico, por óbvio o Sistema Tributário Nacional não poderia permanecer insensível aos efeitos que irradiam do princípio da dignidade da pessoa humana. A tributação passa, necessariamente, a ser compreendida e interpretada em consonância com o referido fundamento constitucional. Nessa linha, sustenta Roberto Nogueira:

> O sentido da vida humana em sociedade, passa inexoravelmente pela proteção e defesa da dignidade da pessoa humana como valor-fonte de todos os valores, valor fundante da experiência ética ou, se preferirmos, como princípio e fim de toda ordem jurídica. Em decorrência desta inafastável premissa, a dignidade da pessoa humana é valor fundante também da ordem jurídica financeira e tributária. O direito financeiro e tributário há que ser pensado a partir da idéia de que o homem é o valor absoluto e fundante do Estado Social Fiscal. Portanto, todos os demais valores tributários são desdobramentos do valor primeiro que é o da dignidade da pessoa humana.[271]

No campo tributário fica muito fácil perceber a importância do princípio da dignidade da pessoa humana. Numa análise perfunctória, pode-se afirmar que a relação da tributação com o princípio-guia da constituição pode revelar-se sob dois aspectos: para justificar as exações tributárias visando a captação de recursos para cobrir os gastos do Estado na proteção da dignidade humana; e para exigir que na imposição dos tributos seja resguardado o mínimo necessário à manutenção dessa dignidade humana.[272]

Por isso, a imposição tributária deverá estar pautada pelo objetivo maior de tratar dignamente o cidadão, o que se viabiliza através de uma política social intervencionista, na qual o Estado se obriga a propiciar a todos uma existência digna,

---

[270] GRAU, Eros Roberto. *A Ordem Econômica na Constituição de 1988*: interpretação e crítica. 3. ed. São Paulo: Malheiros, 1997, p. 218.

[271] NOGUEIRA, Roberto Wagner Lima. *Direito Financeiro e Justiça Tributária*. Rio de Janeiro: Lumen Juris, 2004, p. 139-140.

[272] QUEIROZ, Mary Elbe. *Imposto Sobre a Renda e Proventos de Qualquer Natureza*. São Paulo: Manole, 2004, p. 59.

com saúde, educação, habitação etc., isto é, tudo aquilo que for necessário para uma sobrevivência com dignidade.[273]

Em concordância com um dos pontos desse trabalho, Lobo Torres afirma que "não se cobrará qualquer tributo que possa ofender a dignidade do cidadão, desestruturar ou impedir o livre desenvolvimento de sua personalidade ou atingir-lhe a esfera da intimidade".[274] Enfim, há um claro limite ao exercício do poder de tributar, pois é defeso ao Estado exigir tributo que ofenda a dignidade do cidadão, especialmente quando isso implicar a tributação do mínimo vital a sua existência.

É certo que essa concepção se originou sob os auspícios do liberalismo, uma vez que, por um lado, a não-tributação do mínimo existencial representava um direito do defesa do cidadão frente ao exercício do Poder Estatal e, por outro, não se reconhecia o caráter de fundamentalidade aos direitos sociais. Como explica Sarlet:

> Tal concepção, de resto, encontra ressonância mesmo em pensadores de inspiração liberal, como é o caso – entre outros – do norte-americano Cass Sunstein, para quem um direito a garantia sociais e econômicas mínimas pode ser justificado não apenas com base no argumento de que as pessoas sujeitas a condições de vida desesperadoras não vivem um boa vida, mas também a partir da premissa de que um regime genuinamente democrático pressupõe uma certa independência e segurança para cada pessoa, o que, de certo modo, harmoniza com a noção de um mínimo existencial para uma vida com dignidade e um conjunto de direitos prestacionais indispensáveis para a garantia deste mínimo sustentada, entre nós, de modo paradigmático por Ricardo Lobo Torres, em alentado estudo sobre o tema, ainda que – o registro é necessário – o referido autor, diversamente do ponto de vista adotado por nós e na esteira de uma tradição de orientação liberal – como é o caso de um John Raws e, de certo modo, do próprio Cass Sustein já referido, prefira, em princípio, recusar a fundamentalidade aos direitos sociais.[275]

No entanto, guardadas as diferenças, pode-se afirmar que a face do princípio da dignidade da pessoa humana, que inviabiliza a tributação do mínimo vital, mostra-se plenamente adequada ao Estado Democrático de Direito, pois a esse modelo de Estado repugna, também, a idéia de que o cidadão venha a se submeter a privações, em decorrência do cumprimento do dever fundamental de pagar tributos, as quais afetem o seu direito de existir dignamente.

Enfim, a partir de tal concepção, o Estado Brasileiro, assim como outros denominados de "democráticos de direito", passa a ter como razão de sua existência o respeito à dignidade da pessoa humana, devendo considerar esse princípio-guia

---

[273] REIS, Elcio Fonseca. O Imposto de Renda das Pessoas Físicas e a Dignidade da Pessoa Humana: intributabilidade do mínimo existencial. *Revista Dialética de Direito Tributário*. São Paulo, n. 65, p. 33-40, fev. 2001, p. 37.

[274] TORRES, Ricardo Lobo. *Tratado de Direito Constitucional Financeiro e Tributário*. v. III: Os Direitos Humanos e a Tributação: imunidades e isonomia. Rio de Janeiro: Renovar, 1999, p. 211.

[275] SARLET, Ingo Wolfgang. *Dignidade da Pessoa Humana e Direitos Fundamentais na Constituição Federal de 1988*. 4. ed. rev. atual. Porto Alegre: Livraria do Advogado, 2006, p. 93-94.

em todas as suas ações e políticas. A tributação se revela, pois, como um elemento de especial importância nesse cenário, já que, se adequadamente implementada, estará apta a servir como um eficaz instrumento na obtenção do referido "fim maior do Estado".

Isso examinado, faz-se necessário buscar o elo que conecta a dignidade humana com os direitos fundamentais, na medida em que, para fins deste trabalho, defende-se que a realização dos direitos fundamentais possibilitará uma máxima densificação desse princípio basilar.

2.2.2. A questão da unidade de sentido dos direitos fundamentais

A questão primordial deste tópico é a discussão acerca da existência de um elemento comum, presente nos direitos fundamentais, apto a condensá-los dentro de um sistema. Embora possa parecer uma conclusão precipitada esse elemento comum existe, e reside no princípio da dignidade da pessoa humana.

É certo, pois, que o princípio da dignidade da pessoa humana não se manifesta, uniformemente, em relação a todos os direitos fundamentais, tendo, portanto, um grau de concretização variado, de acordo com o direito em questão. Não obstante isso, é inequívoco que, em maior ou menor grau, a dignidade humana é o elemento comum de todos os direitos fundamentais, embora em alguns deles esteja mais visível.

Se, no limiar do liberalismo, a proteção à vida, à liberdade e à propriedade parecia conferir uma espécie de unidade de sentido aos direitos humanos, contemporaneamente se pode afirmar, segundo Béatrice Maurer, que tal unidade reside no princípio da dignidade humana. Afirma a autora:

> Atualmente, os direitos humanos parecem assumir uma outra dimensão. Eles não estão mais centrados na propriedade, mas na dignidade. A diferença é de medida. A referência à dignidade da pessoa humana é, por isso, considerada como a última proteção contra o liberalismo exagerado e a barbárie. Os direitos humanos exigem, então, obrigações positivas por parte dos poderes públicos, mas também por parte dos indivíduos.[276]

Sendo assim, é possível dizer que o princípio da dignidade da pessoa humana representa o valor guia dos direitos fundamentais, conferindo-lhes a característica de conjunto ou sistema. Esse, pois, é o entendimento de Vieira de Andrade:

> Neste contexto se deve entender o princípio da dignidade da pessoa humana – consagrado no artigo 1º como o primeiro princípio fundamental da Constituição – como o princípio de valor que está na base do estatuto jurídico dos indivíduos e confere unidade de sentido ao conjunto dos preceitos relativos aos direitos fundamentais. Estes preceitos não se justificam isoladamente pela proteção de bens jurídicos avulsos, só ganham sentido enquanto ordem

---

[276] MAURER, Béatrice. Notas Sobre o Respeito da Dignidade da Pessoa Humana... ou Pequena Fuga Incompleta em Torno do Tema Central. In: SARLET, Ingo Wolfgang (org.) *Dimensões da Dignidade*: ensaios de filosofia do direito e direito constitucional. Trad.: Ingo Wolfgang Sarlet, Pedro Scherer de Mello Aleixo e Rita Dostal Zanini. Porto Alegre: Livraria do Advogado, 2005, p. 78.

que manifesta o respeito pela unidade existencial de sentido que cada homem é para além de seus actos e atributos. E esse princípio da dignidade da pessoa humana há de ser interpretado como referido a cada pessoa (individual) a todas as pessoas sem discriminações (universal) e a cada homem como ser autónomo (livre).[277]

Da mesma forma, o princípio da dignidade da pessoa humana, além de constituir o valor unificador de todos os direitos fundamentais, assume importante função legitimatória do reconhecimento de direitos fundamentais implícitos, decorrentes ou previstos em tratados internacionais, o que revela sua íntima relação com o art. 5°, § 2°, da Carta Magna.[278]

Jorge Miranda, por sua vez, também reconhece o princípio da dignidade da pessoa humana como elemento que confere uma unidade valorativa do sistema constitucional. Nesse sentido, afirma:

> Quanto fica dito demonstrado que a Constituição, a despeito do seu caráter compromissário, confere uma unidade de sentido, de valor e de concordância prática ao sistema de direitos fundamentais. E ela repousa na dignidade da pessoa humana, proclamada no art. 1°, ou seja, na concepção que faz da pessoa fundamento e fim da sociedade e do Estado. Pelo menos, de modo directo e evidente, os direitos, liberdades e garantias pessoais e os direitos econômicos sociais e culturais têm a sua fonte ética na dignidade de todas as pessoas.[279]

O princípio da dignidade da pessoa humana irradia tal gama de efeitos, que – pode-se afirmar – alicerça tanto os denominados direitos fundamentais clássicos (vida, liberdade, propriedade), como também os direitos fundamentais sociais, econômicos e culturais. Ou seja, o princípio da dignidade da pessoa humana está na base de todos os direitos constitucionalmente consagrados, quer dos direitos e liberdades tradicionais, quer dos direitos de participação política, quer dos direitos dos trabalhadores e dos direitos a prestações sociais.

Pode-se dizer, enfim, que a dignidade humana "se projecta no indivíduo enquanto ser autónomo, em si e como membro da comunidade – são direitos da pessoa, do cidadão, do trabalhador e do administrado".[280] Corroborando tal afirmativa, sustenta Ingo Sarlet:

> Com efeito, sendo correta a premissa de que os direitos fundamentais constituem – ainda que com intensidade variável – explicitações da dignidade da pessoa, por via de conseqüência e, ao menos em princípio (já que exceções são admissíveis, consoante já frisado), em cada direito fundamental se faz presente um conteúdo ou, pelo menos, alguma projeção da dignidade da pessoa. [...] Em suma, o que se pretende sustentar de modo mais enfático é que a dignidade da pessoa humana, na condição de valor (e princípio normativo) fundamen-

---

[277] VIEIRA DE ANDRADE, José Carlos. *Os Direitos Fundamentais na Constituição Portuguesa de 1976.* 3. ed. Coimbra: Almedina, 2004, p. 101.

[278] SARLET, Ingo Wolfgang. *Dignidade da Pessoa Humana e Direitos Fundamentais na Constituição Federal de 1988.* 4. ed. rev. atual. Porto Alegre: Livraria do Advogado, 2006, p. 99-100.

[279] MIRANDA, Jorge. *Manual de Direito Constitucional.* Tomo IV – Direitos Fundamentais. 3. ed. Coimbra: Coimbra, 2000, p. 180-181.

[280] VIEIRA DE ANDRADE, José Carlos. *Os Direitos Fundamentais na Constituição Portuguesa de 1976.* 3. ed. Coimbra: Almedina, 2004, p. 102.

tal que "atrai o conteúdo de todos os direitos fundamentais", exige e pressupõe o reconhecimento e proteção dos direitos fundamentais de todas as dimensões (ou gerações, se assim preferirmos). Assim, sem que se reconheçam à pessoa humana os direitos fundamentais que lhe são inerentes, em verdade estar-se-á negando-lhe a própria dignidade.[281]

Ao longo deste trabalho, vem se sustentando que uma idéia adequada de constituição passa pelo reconhecimento de que ela não pode ser entendida como um conjunto de promessas destituídas de eficácia jurídica. Mas, se isso se aplica à constituição como um todo, é evidente que se aplica ao princípio jurídico que serve de seu alicerce.

O reconhecimento do princípio da dignidade humana como valor-guia impõe, por decorrência lógica, o reconhecimento de sua plena eficácia jurídica, uma vez que, como afirma Vieira de Andrade:

A dignidade humana não representa, porém, um valor abstracto, é vista como a autonomia ética dos homens concretos, das pessoas humanas. Por isso, ao predomínio no plano axiológico e funcional de uma irredutível dimensão subjetiva há-de naturalmente corresponder, no plano jurídico-estrutural, o lugar central da posição jurídica subjetiva. Estas posições subjectivas constituem, assim, o núcleo de cada preceito e do conjunto de preceitos conexos em matéria de direitos fundamentais: será com base nessas posições, à volta delas e a partir delas que se organiza todo o sistema constitucional de respeito, protecção e promoção – *respect, protect, fulfill* – da dignidade da pessoa humana.[282]

Embora seja ousado afirmar, há de se reconhecer um caráter de superioridade relativamente ao princípio da dignidade da pessoa humana. Mesmo que não se aceite a existência de hierarquia normativa constitucional, há de se admitir que o princípio da dignidade da pessoa humana ocupa um espaço privilegiado na Ordem Jurídica, pois ilumina a compreensão e a construção de sentido das normas. Examinando essa questão, sustenta Ingo Sarlet:

É justamente para efeitos da indispensável hierarquização que se faz presente no processo hermenêutico, que a dignidade da pessoa humana (ombreando em importância talvez apenas com a vida – e mesmo esta há de ser vivida com dignidade) tem sido reiteradamente considerada por muitos como o princípio (e valor) de maior hierarquia da nossa e de todas as ordens jurídicas que a reconheceram, aspecto que nos remete ao problema de uma eventual relativização da dignidade e da necessidade de uma ponderação (e, por conseguinte, também de uma hierarquização) de bens, que aqui vai apenas referido e que merecerá uma abordagem específica mais adiante.[283]

Portanto, o princípio da dignidade da pessoa humana confere uma "unidade de sentido aos direitos fundamentais", uma vez que corresponde ao elemento comum presente – conquanto em graus diferenciados de concretização – em todos os direitos fundamentais, independentemente de sua dimensão ou geração.

---

[281] SARLET, Ingo Wolfgang. *Dignidade da Pessoa Humana e Direitos Fundamentais na Constituição Federal de 1988*. 4. ed. rev. atual. Porto Alegre: Livraria do Advogado, 2006, p. 84-85.

[282] VIEIRA DE ANDRADE, op. cit., p. 171.

[283] SARLET, Ingo Wolfgang. *Dignidade da Pessoa Humana*. Op. cit., p. 82-83.

Por decorrência lógica, pode-se afirmar que o princípio da dignidade da pessoa humana, uma vez presente em todos os direitos fundamentais, alcança uma máxima densidade normativa com a sua realização. No campo tributário, é possível sustentar que isso ocorre de duas formas: a) com a observância dos direitos fundamentais que limitam o exercício do poder de tributar; b) com a utilização da tributação, direta ou indiretamente, como meio de realização dos direitos fundamentais de cunho prestacional.

Em vista disso, serão examinadas, a seguir, as dimensões dos direitos fundamentais, porque tal análise é condição para estabelecer o vínculo existente entre a tributação e as dimensões ou gerações dos direitos fundamentais.

2.3. OS DIREITOS FUNDAMENTAIS E SUAS DIMENSÕES

Ainda que uma abordagem mais aprofundada sobre direitos fundamentais não seja o escopo deste trabalho, faz-se necessário examinar a conexão existente entre eles e a questão da tributação. Tal se impõe, porque a concretização dos direitos fundamentais, conforme visto, é potencialmente eficaz à densificação do princípio da dignidade da pessoa humana; já a tributação corresponde ao meio pelo qual se pretende atingir isso.

Ou seja, se se pretende neste trabalho sustentar que a tributação pode ser um instrumento eficaz à concretização do princípio da dignidade da pessoa humana, faz-se necessário examinar como ela se relaciona com os direitos fundamentais, pois se ela, concomitantemente, observá-los e concretizá-los, por óbvio estará apta a realizar o objetivo central aqui defendido.

Convém ressaltar, inicialmente, que os direitos fundamentais adquiriram essa condição a partir do momento em que foram positivados no seio das Constituições respectivas, isto é, os direitos humanos, quando passaram a pertencer a uma determinada ordem constitucional, foram denominados de direitos fundamentais. Nesse sentido, Robles afirma que, quando determinados direitos humanos se positivam, adquirindo categoria de verdadeiros direitos processualmente protegidos, passam a ser direitos fundamentais, em um determinado ordenamento jurídico.[284]

Dessa forma, o "conjunto de faculdades e instituições que, em cada momento histórico, concretizam as exigências da dignidade, da liberdade e da igualdade humanas",[285] passa a ser reconhecido positivamente pelos ordenamentos jurídicos, em nível nacional e internacional, adquirindo assim a condição de "direitos fundamentais", conforme denominação consensualmente utilizada. Enfim, como afirma Gregório Robles, os direitos fundamentais:

---

[284] ROBLES, Gregorio. *Os Direitos Fundamentais e a Ética na Sociedade Atual*. São Paulo: Manole, 2005, p. 7.

[285] Los derechos humanos. Significacion, estatuto jurídico y sistema (em colaboración con: J. L. Cascajo, B. De Castro y C. Gomez Torres), Publicaciones de la Universidad de Sevilla, Sevilla, 1979, p. 43. In: LUÑO, Antonio Enrique Pérez. *Derechos Humanos, Estado de Derecho Y Constitución*. 9 ed. Madrid: Tecnos, 2005, p. 567.

São direitos humanos positivados, isto é, concretados e protegidos especialmente por normas do nível mais elevado. A positivação tem tal transcendência que modifica o caráter dos direitos humanos pré-positivados, posto que permite a transformação de critérios morais em autênticos direitos subjetivos dotados de maior proteção que os direitos subjetivos não fundamentais.[286]

Deve-se ter, no entanto, o devido cuidado com a utilização da expressão "direitos fundamentais". Ela não pode significar que os direitos humanos estejam em um patamar hierárquico inferior, haja vista que são esses que dão vida e legitimidade àqueles. Os direitos humanos são inerentes à própria condição humana, em vista do que eles são mais "fundamentais" que os próprios direitos fundamentais, sob o aspecto da importância. Ou seja, não se pode afirmar que os direitos humanos tornam-se fundamentais apenas se consagrados por uma constituição, evidentemente examinado-os sob o prisma do grau de importância e significado.

É inegável que, uma vez permeados pela noção de dignidade humana, os direitos fundamentais possuem um núcleo comum, mesmo em sociedades culturalmente diferentes. No entanto, em volta desse núcleo transitam direitos fundamentais que sofrem influências de circunstâncias históricas e espaciais, motivo pelo qual Jorge Miranda afirma:

Os direitos fundamentais podem ser entendidos *prima facie* como direitos inerentes à própria noção de pessoa, como direitos básicos da pessoa, como os direitos que constituem a base jurídica da vida humana no seu nível actual de dignidade, como as bases principais da situação jurídica de cada pessoa, eles dependem das filosofias políticas, sociais e económicas e das circunstâncias de cada época e lugar.[287]

Quanto ao processo de formalização dos direitos fundamentais, há de se reconhecer que, não obstante a existência de direitos fundamentais formalmente consagrados no âmbito de cada constituição, há direitos fundamentais, em sentido material, que são incorporados por tratados internacionais sobre direitos humanos, por exemplo.

Ou seja, pode-se afirmar que o estabelecimento de um rol formal não exclui e não restringe a possibilidade de consagração de outros direitos fundamentais. Ao contrário, tal rol está aberto para outros direitos já existentes ou que venham a ser reconhecidos, bastando para tanto lembrar o disposto no § 2° do art. 5° da Constituição brasileira de 1988.[288]

Dada a importância dos direitos fundamentais, eles não podem ser compreendidos apenas dentro de uma "dimensão " técnica" de limitação do poder do Estado". Para além disso, eles "devem antes ser compreendidos e intelegidos como

---

[286] ROBLES, op. cit., p. 7.

[287] MIRANDA, Jorge. *Manual de Direito Constitucional*. Tomo IV – Direitos Fundamentais. 3. ed. Coimbra: Coimbra, 2000, p. 10.

[288] Art. 5°... § 2° Os direitos e garantias expressos nesta Constituição não excluem outros decorrentes do regime de princípios por ela adotados, ou dos tratados internacionais em que a República Federativa do Brasil seja parte.

elementos definidores e legitimadores de toda a ordem jurídica positiva", pois os direitos fundamentais proclamam uma "cultura jurídica" e "política" determinada, numa palavra, um concreto e objetivo "sistema de valores".[289]

Por outro lado, não se pode admitir a existência de direitos fundamentais sem a existência de um Estado, pois apenas uma ordem politicamente organizada está apta a assegurar o cumprimento dos direitos inerentes à condição humana, os quais foram objeto de positivação e, portanto, alçados à categoria de direitos fundamentais. Nessa linha, afirma Jorge Miranda que:

> [...] não há verdadeiros direitos fundamentais sem que as pessoas estejam em relação imediata com o poder, beneficiando de um estatuto comum e não separadas em razão dos grupos ou das condições a que pertençam; não há direitos fundamentais sem Estado ou, pelo menos, sem comunidade política integrada.[290]

Avançando na abordagem pretendida, mostra-se necessário fazer um breve escorço histórico, com todas as limitações que se impõem a um trabalho que não tem nessa abordagem o seu objetivo central. Inicialmente, cabe lembrar, que as constituições consagraram os clássicos direitos humanos frutos do próprio liberalismo econômico, notadamente, os direitos a vida, liberdade, propriedade e a igualdade perante a lei.

De todos os documentos medievais, sem dúvida o que alcançou maior significação na posteridade e importância no processo de positivação dos direitos humanos é a Magna Charta Libertatum, ou Carta Magna, contrato subscrito entre o rei João Sem-terra e os bispos e barões da Inglaterra, em 15 de junho de 1215.[291]

A partir daí, os direitos do homem e do cidadão passam a ser proclamados na maior parte das declarações e constituições, sendo considerados como patrimônio do indivíduo em sua condição pré-social. A liberdade, a igualdade formal, a propriedade, a segurança, a resistência à opressão [...] eram consideradas como faculdades "naturais e inalienáveis", evidenciando assim sua inspiração filosófica marcadamente individualista.[292]

Ao longo do século XIX, o proletariado vai adquirindo protagonismo histórico, à medida que avança o processo de industrialização. Concomitantemente, ele adquire consciência de classe, reivindicando alguns direitos econômicos e sociais frente aos clássicos direitos individuais, fruto do triunfo da revolução liberal burguesa. O Manifesto Comunista de 1848 pode ser considerado um evento funda-

---

[289] QUEIROZ, Cristina M. M. *Direitos Fundamentais*. Coimbra: Coimbra, 2002, p. 39.

[290] MIRANDA, Jorge. *Manual de Direito Constitucional*. Tomo IV – Direitos Fundamentais. 3. ed. Coimbra: Coimbra, 2000, p. 8.

[291] LUÑO, Antonio Enrique Pérez. *Derechos Humanos, Estado de Derecho Y Constitución*. 9 ed. Madrid: Tecnos, 2005, p. 114.

[292] Idem, p. 122.

mental nesse processo, pois representa um documento anunciador do começo de uma nova etapa.[293]

Pode-se afirmar, nessa releitura histórica, que o reconhecimento dos direitos fundamentais teve como objetivo inicial preservar o cidadão contra o arbítrio do Estado, razão pela qual esses direitos também são denominados de direitos de defesa. Nesse sentido, explica Jorge Miranda:

> Tal como o conceito de Constituição, o conceito de direitos fundamentais surge indissociável da idéia de Direito liberal. Daí que se carregue das duas características identificadoras da ordem liberal: a postura individualista abstracta de (no dizer de RADBRUCH) um indivíduo sem individualidade; e o primado da liberdade, da segurança e da propriedade, complementadas pela resistência à opressão.

Posteriormente, com o advento do Estado Social, as Constituições passaram a consagrar os denominados direitos sociais, notadamente o direito ao trabalho, educação, saúde, proteção à velhice, entre outros. Tais direitos acolhem as crescentes reivindicações da classe trabalhadora ante os efeitos produzidos pelo processo de industrialização que ocorre, principalmente, na Europa. Nessa linha, expõe Jorge Miranda:

> [...] contrapondo aos direitos de liberdade são, nesse século e no século XX reinvindicados (sobretudo, por movimentos de trabalhadores) e sucessivamente obtidos, direitos econômicos, sociais e culturais – direitos econômicos para garantia da dignidade do trabalho, direitos sociais como segurança na necessidade e direitos culturais como exigência de acesso à educação e à cultura e em último termo de transformação da condição operária.[294]

Isso ocorreu, pois a liberdade formal clássica mostrou-se insuficiente para amainar os conflitos de uma sociedade, cada vez mais, economicamente desigual e socialmente injusta. Como explica Vieira de Andrade:

> A regra formal da liberdade não é suficiente para garantir a felicidade dos indivíduos e a prosperidade das nações e serviu por vezes para aumentar a agressividade e acirrar os antagonismos, agravar as formas de opressão e instalar a diferenças injustas. A paz social, o bem-estar colectivo, a justiça e a própria liberdade não podem realizar-se espontaneamente numa sociedade economicamente desenvolvida, complexa, dividida, dissimétrica e conflitual. É necessário que o Estado regule os mecanismos econômicos, proteja os fracos e desfavorecidos e promova medidas necessárias à transformação da sociedade numa perspectiva comunitariamente assumida de progresso, de justiça e de bem-estar.[295]

Relativamente ao advento e à importância dos denominados direitos sociais, explica Ingo Sarlet:

---

[293] LUÑO, Antonio Enrique Pérez. *Derechos Humanos, Estado de Derecho Y Constitución*. 9 ed. Madrid: Tecnos, 2005, p. 122.

[294] MIRANDA, Jorge. *Manual de Direito Constitucional*. Tomo IV – Direitos Fundamentais. 3. ed. Coimbra: Coimbra, 2000, p. 22.

[295] VIEIRA DE ANDRADE, José Carlos. *Os Direitos Fundamentais na Constituição Portuguesa de 1976*. 3. ed. Coimbra: Almedina, 2004, p. 248.

> Os direitos sociais de cunho prestacional (direitos a prestações fáticas e jurídicas) encontram-se, por sua vez a serviço da igualdade e da liberdade material, objetivando, em última análise, a proteção da pessoa contra as necessidades de ordem material e à garantia de uma existência com dignidade, constatação esta que, em linhas gerais, tem servido para fundamentar um direito fundamental (mesmo não expressamente positivado, como já demonstrou a experiência constitucional estrangeira) a um mínimo existencial, compreendido aqui – de modo a guardar sintonia com o conceito de dignidade proposto nesta obra – não como um conjunto de prestações suficientes apenas para assegurar a existência (a garantia da vida) humana (aqui seria o caso de um mínimo apenas vital) mas, mais do que isso, uma vida com dignidade adotado nesta obra ou mesmo daquilo que tem sido designado de uma vida boa.[296]

Além disso, as constituições, mais recentemente, consagraram os denominados direitos de solidariedade, como, por exemplo, o direito ao meio ambiente ecologicamente equilibrado. Para concretizar esses direitos, porém, é preciso uma ação efetiva de toda a sociedade, razão pela qual resta mais evidente, em relação a eles, a dupla dimensionalidade, uma vez que, ao mesmo tempo, são direitos e deveres.

É por isso que, se fala em dimensões ou gerações de direitos fundamentais, entendendo-se que os de primeira dimensão/geração são os denominados direitos de defesa, os quais visam proteger, basicamente, a vida, a liberdade e o patrimônio, enquanto os direitos fundamentais de segunda geração correspondem aos direitos sociais que visam assegurar ao cidadão as condições mínimas para uma existência digna. São ainda denominados direitos de cunho prestacional, pois estão a exigir do Estado uma ação específica no sentido de realizá-los. Quanto à distinção entre eles, Vieira de Andrade afirma:

> Por um lado, os direitos, liberdades e garantias caracterizam-se por terem uma função primária de defesa da autonomia pessoas: ainda que, como vimos, a própria função de defesa e sobretudo a necessária protecção e a adequada promoção dos direitos impliquem prestações estaduais positivas, estas constituem dimensões instrumentais, ao passo que nos direitos económicos sociais e culturais constituem o respectivo conteúdo principal. Por outro lado, as prestações positivas, ao contrário das abstenções típicas dos direitos, liberdades e garantias, têm um custo social, quer consistam em prestações materiais, em face da escassez de recursos económicos, quer consistam em prestações jurídicas, em face dos limites do poder estadual nas sociedades democráticas (livres e pluralistas).[297]

Por sua vez, os denominados direitos fundamentais de terceira dimensão/geração estão relacionados com a existência em comunidade e, sobretudo, com a preservação do ambiente em que o homem vive. Possuem uma dupla face, pois se caracterizam como direito e dever do cidadão.[298]

---

[296] SARLET, Ingo Wolfgang. *Dignidade da Pessoa Humana e Direitos Fundamentais na Constituição Federal de 1988*. 4. ed. rev. atual. Porto Alegre: Livraria do Advogado, 2006, p. 92-93.

[297] VIEIRA DE ANDRADE, José Carlos. *Os Direitos Fundamentais na Constituição Portuguesa de 1976*. 3. ed. Coimbra: Almedina, 2004, p. 185.

[298] Nessa linha, sintetizando a evolução histórica dos direitos fundamentais explica Jorge Miranda (2000): "Num resumo da evolução dos direitos fundamentais, indicam-se, corretamente, três ou quatro gerações: a dos direitos

Há de se concordar, porém, que essa classificação serve mais como instrumento pedagógico do que como elemento apto a fazer uma distinção estanque das ditas dimensões ou gerações de direitos fundamentais, assim denominadas para que seja possível compreender o processo histórico e como os direitos fundamentais adquiram o grau de sofisticação que ora se constata.

Conforme exposto neste trabalho, a concretização dos direitos fundamentais é um processo inter-relacionado, no qual os direitos ditos de primeira dimensão dependem dos direitos de segunda e terceira dimensão, e vice-versa. Autores como Casalta Nabais chegam a afirmar, inclusive, que nenhuma dessas novas dimensões configura, verdadeiramente, novos direitos fundamentais, "constituindo tão-só novas dimensões dos direitos e liberdades clássicas", o que corresponde a "uma expressão do imperativo da preservação da espécie humana no presente e no futuro".[299]

De qualquer forma, cabe reconhecer as três dimensões dos direitos fundamentais, porque, no campo tributário, é marcante e visível a presença dos direitos fundamentais de primeira dimensão como limitadores do poder do Estado, já os direitos fundamentais de segunda e terceira dimensão reclamam, para sua concretização, um sistema tributário que com eles esteja comprometido.

Quanto à questão da eficácia jurídica dos direitos fundamentais, sua consagração no âmbito constitucional assegurou aos direitos fundamentais uma dignidade e uma força jurídica capaz de irradiar efeitos expressivos no Ordenamento Jurídico, tendo em vista que passaram a ser valores consensuais, a partir dos quais foram edificadas as modernas democracias constitucionais.

É certo que as normas constitucionais, que consagram os direitos fundamentais, não estão plenamente aptas a produzir a plenitude de seus efeitos no campo jurídico. No entanto, é insustentável a posição segundo a qual os direitos fundamentais careceriam de eficácia jurídica, enquanto inexistissem, em relação a eles, leis regulamentadoras dos dispositivos constitucionais. Isso implicaria negar eficácia aos próprios direitos fundamentais, pois, nas palavras de Vieira de Andrade:

> Já não é possível sustentar que os direitos fundamentais só têm real existência jurídica por força da lei (em virtude de uma transposição legal), ou que valem apenas com o conteúdo que por estas lhe é dado (por interpretação) autêntica ou por delegação constitucional), porque a Constituição vale por si, prevalece e vincula positivamente o legislador, de modo que

---

de liberdade; a dos direitos sociais; a dos direitos ao ambiente e a autodeterminação, aos recursos naturais e ao desenvolvimento; e, ainda, a dos direitos relativos à bioética, à engenharia genética, à informática e a outras utilizações das modernas tecnologias". MIRANDA, Jorge. *Manual de Direito Constitucional*. Tomo IV – Direitos Fundamentais. 3. ed. Coimbra: Coimbra, 2000, p. 24.

[299] CASALTA NABAIS, José. *Algumas Reflexões Críticas sobre os Direitos Fundamentais*: ab uno ad omnes. 75 anos da Coimbra Editora. Coimbra: Coimbra, 1998, p. 983.

uma lei só terá valor jurídico se estiver conforme com a norma constitucional que consagra um direito.[300]

Enfim, é indiscutível que as normas constitucionais que consagram os direitos fundamentais têm inegável força normativa e eficácia jurídica,[301] existindo, apenas, o que se poderia denominar de densidade normativa diferenciada, ou seja, alguns direitos fundamentais sequer necessitam de uma regulação para que possam produzir a plenitude de seus efeitos, enquanto outros exigem uma ação do poderes estatais no sentido de dar-lhes à máxima eficácia jurídica.

Revendo a temática proposta no início deste tópico, constata-se, com maior clareza, a conexão dos direitos sociais com o princípio da dignidade da pessoa humana, mesmo porque a ausência das condições mínimas para uma existência condigna, vilipendia frontalmente o referido princípio. Em face disso, assevera Ingo Sarlet:

> Neste contexto, vale lembrar, ainda, que o ponto de ligação entre a pobreza, a exclusão social e os direitos sociais reside justamente no respeito pela proteção da dignidade da pessoa humana, já que – de acordo com Rosenfeld – "onde homens e mulheres estiverem condenados a viver na pobreza, os direitos humanos estarão sendo violados. Assim, sendo e apesar da possibilidade de se questionar a vinculação direta de todos os direitos sociais (e fundamentais em geral) consagrados na Constituição de 1988 com o princípio da dignidade da pessoa humana, não há como desconsiderar ou mesmo negar tal conexão, tanto mais intensa, quanto maior a importância dos direitos sociais para a efetiva fruição de uma vida com dignidade, o que, por sua vez, não afasta a constatação elementar de que as condições de vida e os requisitos para uma vida com dignidade constituam dados variáveis de acordo com cada sociedade e em cada época, o que harmoniza com a já destacada dimensão histórico-cultural da própria dignidade da pessoa humana e, portanto, dos direitos fundamentais (inclusive sociais) que lhe são inerentes.[302]

Isso não significa dizer, entretanto, que o não-respeito aos ditos diretos fundamentais de primeira dimensão não agrediria a idéia de dignidade da pessoa humana. Ao contrário, quando o Estado, arbitrariamente, desrespeita o direito à liberdade ou à propriedade, por exemplo, inequivocamente, estará ferindo o direito, de qualquer cidadão, de ser tratado com dignidade, pois a observância dos referidos direitos é condição de possibilidade dessa.

De qualquer forma, importa examinar se os direitos fundamentais em todas as dimensões podem ser, no campo tributário, limitadores da ação estatal e, concomitantemente, se constituir em objetivos a serem perseguidos pela tributação. Por óbvio, se a observância dos direitos de defesa e a concretização dos direitos de cunho prestacional forem elementos norteadores da tributação, automaticamente

---

[300] VIEIRA DE ANDRADE, José Carlos. *Os Direitos Fundamentais na Constituição Portuguesa de 1976*. 3. ed. Coimbra: Almedina, 2004, p. 206.

[301] Para tanto, bastaria examinar o disposto no § 1° do art. 5° da Constituição Brasileira de 1988, *in verbis*: As normas definidoras dos direitos e garantias fundamentais têm aplicabilidade imediata.

[302] SARLET, Ingo Wolfgang. *Dignidade da Pessoa Humana e Direitos Fundamentais na Constituição Federal de 1988*. 4. ed. rev. atual. Porto Alegre: Livraria do Advogado, 2006, p. 95.

se estará trilhando o caminho da densificação do princípio da dignidade da pessoa humana, nos termos defendidos por este trabalho.

Em suma, faz-se necessário examinar as mencionadas dimensões dos direitos fundamentais e a forma como as diversas dimensões se compatibilizam com a questão tributária.

2.4. OS DIREITOS FUNDAMENTAIS DE PRIMEIRA DIMENSÃO COMO LIMITADORES DA AÇÃO ESTATAL NO CAMPO DA TRIBUTAÇÃO

Inicialmente, cabe frisar, que este trabalho não comporta um exame aprofundado dos limites do poder estatal no campo tributário, pois isso implicaria um direcionamento não pretendido e um verdadeiro tangenciar à questão central proposta. O que se busca, tão-somente, é demonstrar que os direitos fundamentais de primeira dimensão se apresentam como limitações constitucionais ao poder de tributar, sem examinar, com profundidade, cada uma dessas limitações.

Vale lembrar que direitos fundamentais ditos de primeira dimensão/geração foram concebidos a partir do liberalismo econômico e representam a reação da classe burguesa ascendente contra o poder absoluto do soberano. Por isso, eles estão fundados, basicamente, na idéia da preservação da liberdade, da vida e do patrimônio dos cidadãos, direitos esses que deveriam ser observados pelo soberano e constituiriam a defesa do cidadão frente à indevida intromissão estatal.

Em vista do exposto, tais direitos são conhecidos como direitos de defesa, pois limitam a ação estatal e, como diz Cristina Queiroz:

> Seja como for, quer se acentue o lado "jurídico-subjectivo" ou o lado "jurídico-objectivo" dos direitos e liberdades fundamentais, o certo é que esta concepção dos direitos como "direitos de defesa" significa: a) uma "liberdade face à intervenção", b) e uma "reconstrução da função clássica dos direitos fundamentais". Fica assim fixado o "conceito estrutural" de "direito de defesa": proteção de posições jurídicas subjetivas que se compreendem na determinação dos direitos e liberdades jusfundamentais. Em termos breves, a acentuação da sua dimensão de defesa contra intervenções do poder público e, particularmente, do Estado.[303]

Dessa forma, os direitos fundamentais de primeira geração/dimensão se constituem num instrumento imprescindível de defesa da cidadania, na medida em que bloqueiam ação Estatal arbitrária que implique, direta ou indiretamente, desrespeito ao direito à vida, à liberdade e à propriedade.

Sendo assim, os direitos fundamentais de primeira dimensão encontram no campo tributário e penal um terreno fértil. Se, em relação à matéria penal, os direitos fundamentais servem para garantir a vida e a liberdade do cidadão frente ao exercício arbitrário do poder por parte do Estado, em relação à tributação os

---

[303] QUEIROZ, Cristina M. M. *Direitos Fundamentais*. Coimbra: Coimbra, 2002, p. 71.

direitos fundamentais visam assegurar, principalmente, a liberdade, a igualdade formal e a propriedade do cidadão.

Em vista disso, o princípio que talvez sintetize a aplicabilidade dos direitos fundamentais de primeira dimensão, no campo tributário, seja o princípio da segurança jurídica, pois ele "realiza-se por meio da junção, dentre outros, dos princípios da igualdade, legalidade (tipicidade), isonomia, unicidade de jurisdição, capacidade contributiva, pessoalidade, anterioridade, irretroatividade, vedação ao confisco, etc.".[304] Nas palavras de Lobo Torres:

> Segurança jurídica é certeza, e garantia dos direitos é paz. Como todos os valores jurídicos, é aberta, variável, bipolar e indefinível. A segurança jurídica significa sobretudo segurança dos direitos fundamentais.[305]
>
> Em um primeiro sentido, as garantias concretizam a segurança jurídica sob a forma de princípios constitucionais para a proteção efetiva dos direitos fundamentais.[306]

Noutros termos, os direitos fundamentais de primeira dimensão impedem que a ação estatal seja exercida em desconformidade com a constituição, sendo que, no campo tributário, tais direitos têm uma especial importância, pois visam assegurar ao cidadão a proteção contra o exercício arbitrário do poder, relativamente à exigência de tributos.

Uma vez que os direitos à vida, liberdade, igualdade perante a lei e propriedade exigem do Estado uma postura de abstenção, a sua eficácia não costuma ser questionada, diferentemente do que ocorre com os denominados direitos sociais na dimensão prestacional (direito à saúde, à educação e ao trabalho, por exemplo).

Em se tratando de direito de defesa, a presunção em favor da aplicabilidade imediata e a máxima da maior eficácia não apenas autorizam, mas também impõem aos juízes e aos tribunais que apliquem as respectivas normas aos casos concretos, viabilizando, de tal sorte, o pleno exercício desses direitos. Enfim, pode-se afirmar que os direitos fundamentais de primeira dimensão/geração têm uma densidade normativa diversa dos outros direitos fundamentais, já que a maioria deles prescinde de intermediação legislativa para dar ensejo a direitos subjetivos de ação.

Para a Constituição do Brasil, essa matéria é tratada exaustivamente a partir do art. 150, na Seção denominada de "Das limitações do Poder de Tributar", na qual estão contidas as normas que balizam o exercício do poder por parte do Estado, no que tange à tributação. É certo que essas limitações não se esgotam na mencionada seção constitucional, mas também é certo que nela se encontra sua maior concentração.

---

[304] QUEIROZ, Mary Elbe. *Imposto Sobre a Renda e Proventos de Qualquer Natureza*. São Paulo: Manole, 2004, p. 61.

[305] TORRES, Ricardo Lobo. *Tratado de Direito Constitucional Financeiro e Tributário*. v. II: Valores e Princípios Constitucionais Tributários. Rio de Janeiro: Renovar, 2005, p. 168.

[306] Idem, p. 172.

Os ditos princípios constitucionais tributários, consagrados no mencionado dispositivo constitucional, nada mais são do que explicitações dos direitos fundamentais, ou seja, verdadeiras decorrências lógicas desses direitos, especialmente, como antes assentado, do direito à segurança jurídica.

Em vista disso, para fins tributários, há de se ter o compromisso com a estrita legalidade, isto é, o ato de exigir tributos deve ser exercido pelo Estado, nos estritos limites previstos na lei, sendo-lhe vedada a exigência de tributos sem que haja uma norma jurídica – proveniente do Poder legitimado constitucionalmente para expedi-la – a qual autorize a referida exigência, conforme se constata, para exemplificar, no disposto no art. 150, inciso I da Constituição do Brasil de 1988.

Além disso, tal norma jurídica deve produzir efeitos em relação ao futuro, pois repugna à tributação, da mesma forma que ocorre em matéria penal, a idéia de retroatividade não-benigna das normas, justamente porque isso implicaria a possibilidade do arbítrio estatal, sendo que a Constituição do Brasil prevê tal disposição no art. 150 III, alínea "a".

Ademais, o inciso IV do art. 150 da Constituição Federal veda que a tributação tenha um caráter confiscatório, enquanto o inciso V do mesmo dispositivo assegura a liberdade de tráfego de pessoas ou bens, independentemente de exigência de tributos. Ainda se poderia lembrar que o inciso II do mesmo artigo assegura a igualdade perante a lei para fins de tributação; já as alíneas "b" e "c" do inciso III demonstram o respeito à idéia de segurança jurídica, pois impedem a exigência de tributos no mesmo exercício financeiro em que foi instituído ou majorado e antes de transcorrido o prazo de noventa dias da publicação da lei que os instituiu ou majorou.

É certo, no entanto, que os mencionados dispositivos – conhecidos como princípios constitucionais tributários – comportam exceções que neles estão previstas, ou são decorrentes da existência de outros princípios constitucionais, os quais, num determinado caso concreto, poderiam entrar em colisão.

De qualquer sorte, os exemplos não se esgotam facilmente, pois há uma série de dispositivos previstos na Constituição do Brasil que são decorrentes dos clássicos direitos fundamentais de primeira geração e protegem o cidadão contra o exercício arbitrário desse poder.

Para fins deste trabalho, no entanto, faz-se necessário examinar se o respeito aos direitos fundamentais que asseguram a liberdade, o patrimônio e a igualdade perante a lei, obsta que, mediante a tributação, se possam realizar os direitos fundamentais de outras gerações.

2.5. OS DIREITOS FUNDAMENTAIS DE ORDEM SOCIAL, ECONÔMICA, CULTURAL E DE SOLIDARIEDADE E A TRIBUTAÇÃO COMO INSTRUMENTO DE CONCRETIZAÇÃO

Os direitos sociais surgem paralela e paulatinamente ao incremento e ao aprofundamento do Estado Social, pois esse modelo de Estado passou a ter como fim a proteção do cidadão frente às privações, especialmente aquelas decorrentes do modelo econômico.

Esse ambiente de proliferação e reconhecimento dos direitos sociais, econômicos e culturais mostrou-se mais fértil, sobretudo no período pós-guerra, quando as constituições européias passaram a consagrá-los de uma forma abundante, tendo a dignidade da pessoa humana como idéia recorrente. Conforme menciona Vieira de Andrade:

> Além de também comportarem – simetricamente comparados com os direitos, liberdades e garantias, que contêm dimensões instrumentais de proteção – dimensões garantísticas negativas e de participação, os direitos sociais fundamentais dispõem, como vimos, de um conteúdo nuclear, ao qual se há-de reconhecer um especial força jurídica, pela sua referência imediata à idéia de dignidade da pessoa humana, fundamento de todo o catálogo dos direitos fundamentais.[307]

É incontestável que os direitos fundamentais sociais constituem exigência obrigatória para o exercício efetivo das liberdades e a garantia de uma igualdade substancial. Enfim, assegurar tais direitos é condição para a concretização da promessa de tratar a todos com igual dignidade, sendo tal promessa requisito para o reconhecimento de uma democracia substancial e de um modelo de Estado de direito de conteúdo não meramente formal.

Diferentemente do que se poderia pensar, numa análise perfunctória, os direitos sociais, econômicos ou culturais não são normas tão-somente sinalizadoras da ação estatal, isto é, desprovidas de eficácia normativa plena. Como sustenta Vieira de Andrade:

> Não significa isso, porém, que se trate de normas meramente programáticas, no sentido de simplesmente proclamatórias, visto que têm força jurídica e vinculam efectivamente os poderes públicos, impondo-lhes autênticos dever de legislação. O legislador não pode decidir se actua ou não: é-lhe proibido o non facere. Tal como, relativamente à conformação do conteúdo dos direitos, mesmo que possa escolher em grande medida o que quer, não é livre de escolher o que quer que seja.[308]

É certo, porém, que tais direitos possuem, conforme já exposto, características que os diferenciam dos direitos fundamentais de primeira dimensão, razão pela qual Vieira de Andrade afirma:

> Temos, pois, de concluir que, se não é legítimo negar a qualidade de posição jurídica subjectiva aos direitos sociais fundamentais, há, no entanto, que distingui-los, enquanto tipo, dos direitos liberdades e garantias, na medida em que não conferem, em regra, o poder de exigir um determinado comportamento dos poderes públicos.[309]

---

[307] VIEIRA DE ANDRADE, José Carlos. *Os Direitos Fundamentais na Constituição Portuguesa de 1976.* 3. ed. Coimbra: Almedina, 2004, p. 385-386.

[308] Idem, p. 387.

[309] Idem, p. 389.

Ou seja, diferentemente do que acontece com os direitos fundamentais de cunho negativo, os direitos sociais – em regra – pressupõem dever do Estado colocar à disposição os meios materiais necessários ao exercício das liberdades fundamentais, daí que dependem de uma postura ativa dos poderes públicos no sentido de concretizá-los. Em relação à eficácia dos direitos sociais emergentes do novo modelo, Eduardo Faria explica:

> Ao contrário dos direitos individuais, civis e políticos e das garantias fundamentais desenvolvidos pelo liberalismo burguês com base no positivismo normativista, cuja eficácia requer apenas que o Estado jamais permita a violação, os direitos sociais não podem ser atribuídos aos cidadãos. Como não são self-executing nem muito menos fruíveis ou exeqüíveis individualmente, esses direitos têm sua efetividade dependente de um welfare commitment. Em outras palavras, necessitam de uma ampla e complexa gama de programas governamentais e de políticas públicas dirigidas a segmentos específicos da sociedade.[310]

Na verdade, a grande questão, atualmente, é reconhecer que tais direitos fazem parte do ordenamento jurídico constitucional e que, por isso mesmo, têm de ser respeitados e obstinadamente perseguidos. Por isso, Gomes Canotilho reconhece:

> O problema actual dos direitos sociais (*Soziale Grundrechte*) ou direitos a prestações em sentido estrito (*Leistungsrechten im engerem Sinn*) está em levarmos a sério o reconhecimento constitucional de direitos como o direito ao trabalho, o direito à saúde, o direito à educação, o direito à cultura, o direito ao ambiente.[311]

Nessa tarefa de levar a sério os direitos sociais, econômicos e culturais, Gomes Canotilho refuta a posição de parte da doutrina, que demonstra um ceticismo acerca da efetividade jurídica dos direitos sociais, em face de estes, supostamente, corresponderem a posições jurídico-prestacionais claudicantes, reguladas por normas indeterminadas, vagas e não-vinculantes.[312]

Para examinar essa questão, pode-se pensar na questão do mínimo vital à existência humana. Como se sabe, há um certo consenso de que o direito à vida implica, por parte do Estado, o fornecimento de prestações mínimas ao cidadão com vistas a garantir sua subsistência, quando esta, num plano pragmático, se encontra vilipendiada pela pobreza extrema. Nessa hipótese, é inegável que há um direito subjetivo ao qual corresponde um dever do Estado.

No entanto, como lembra Gomes Canotilho: "uma coisa é afirmar a existência de um direito, outra coisa e determinar quais o modos ou formas de protecção".[313] Isso ocorre porque, diferentemente da dimensão negativa do direito à

---

[310] FARIA, José Eduardo. *O Direito na Economia Globalizada*. 1. ed., 2. tir., São Paulo: Malheiros. 2000, p. 272-273.

[311] GOMES CANOTILHO, José Joaquim. *Estudos Sobre Direitos Fundamentais*. Coimbra: Coimbra, 2004, p. 51.

[312] Idem, p. 53.

[313] Idem, p. 57-58.

vida (não matar), na dimensão positiva há um espaço de discricionariedade do legislador, para assegurar a dimensão existencial mínima do direito à vida.[314]

Em face de seu conteúdo, os direitos sociais de cunho prestacional não conferem ao indivíduo um direito subjetivo, mas isso não significa que tais direitos estejam desprovidos do intrínseco caráter vinculatório. Eles constituem o que Gomes Canotilho denomina de uma norma que garante *prima facie* um direito subjetivo[315] "ou seja, uma norma que contém fundamento para justificar o direito a prestações, mas que não obrigatoriamente como resultado de uma decisão individual".[316]

Como defende Vieira de Andrade, "os preceitos constitucionais relativos aos direitos sociais gozam da força jurídica comum a todas as normas constitucionais imperativas".[317] Em vista disso, a força jurídica dos direitos fundamentais sociais manifesta-se, segundo o autor, da seguinte forma:

a) imposição legislativa concreta das medidas necessárias para tornar exeqüíveis os preceitos constitucionais;

b) padrão jurídico de controlo judicial de normas, com conteúdo mínimo imperativo, susceptível de fundar uma inconstitucionalidade por acção, e factor de interpretação normativa, levando a preferir, entre várias interpretações possíveis das normas legais, a solução mais favorável ao direito fundamental;

c) fundamento constitucional de restrição ou de limitação de outros direitos fundamentais, em regra, de direitos, liberdades e garantias, designadamente quando a Constituição estabelece deveres especiais de protecção;

d) força irradiante, conferindo uma certa capacidade de resistência, variável em intensidade, dos direitos derivados à prestações, enquanto direitos decorrentes das leis conformadoras, às mudanças normativas que impliquem uma diminuição do grau de realização dos direitos.[318]

Pode-se sustentar que os direitos econômicos, sociais e culturais, garantidos por normas de status constitucional, dispõem de normatividade vinculativa geral. Em decorrência disso, "não se apresentam como meros apelos ao legislador, programas ou linhas de direcção política". Uma vez que possuem a condição de normas constitucionais, correspondem a "parâmetro de controle judicial quando

---

[314] GOMES CANOTILHO, José Joaquim. *Estudos Sobre Direitos Fundamentais*. Coimbra: Coimbra, 2004, p. 58.

[315] É inegável, por exemplo, que não há de se pensar que o cidadão possa mover uma ação que tenho como objetivo ver assegurado seu direito ao trabalho. No entanto, como constata Gomes Canotilho (2004): "é óbvio que o direito ao trabalho não se compreende sem emprego e que uma política de densificação do direito ao trabalho aponta para uma política econômica de pleno emprego". Idem, ibidem.

[316] Idem, p. 66.

[317] VIEIRA DE ANDRADE, José Carlos. *Os Direitos Fundamentais na Constituição Portuguesa de 1976*. 3. ed. Coimbra: Almedina, 2004, p. 392.

[318] Idem, p. 393.

esteja em causa a apreciação da constitucionalidade de medidas legais ou regulamentares que os restrinjam ou contradigam".[319]

Enfim, para se reafirmar a posição acerca do reconhecimento da importância, eficácia e força normativa dos direitos sociais, pode-se sustentar, segundo Ingo Sarlet,[320] que tais direitos:

a) acarretam revogação de atos normativos anteriores que sejam incompatíveis com o conteúdo da norma definidora do direito fundamental (não-recepção);

b) contêm uma imposição ao legislador para que concretize a norma de cunho programático;

c) impõem a declaração de inconstitucionalidade dos atos normativos contrários editados após;

d) constituem parâmetro de interpretação de todas as normas, inclusive as constitucionais, isto é, a construção de sentido das normas deverá estar em consonância com a concretização de tais direitos;

e) geram sempre uma posição jurídica subjetiva em menor ou maior escala;

f) geram a proibição do retrocesso social, muito embora isso corresponda a um ponto de controvérsia doutrinária.

Em suma, pode-se dizer que os preceitos relativos a direitos sociais contêm normas jurídicas vinculantes, as quais impõem positivamente ao legislador a concretização dos direitos consagrados na Constituição, sob pena, inclusive, de vir a ser declarada a inconstitucionalidade por omissão.[321]

Mas é, justamente na questão da efetividade dos direitos econômicos, sociais e culturais que se vem falando na "reserva do possível (Vorbehalt des Möglischen)", querendo com isso "acentuar a dependência desses direitos dos recursos econômicos existentes e, designadamente, relevar a necessidade da sua cobertura orçamental e financeira".[322]

Em vista disso, faz-se necessário examinar a denominada reserva do possível, isto é, da ponderação necessária quanto ao modo de garantir tais direitos, o que implica, noutras palavras, a idéia segundo a qual "os direitos sociais só existem quando e enquanto existir dinheiro nos cofres públicos".[323]

Desde já, há de se constatar que a crise estrutural do Estado Social, examinada na parte inicial deste trabalho, limitou, em muito, as possibilidades de realização dos direitos sociais, o que agravou desigualdades sociais, como reconhece e diagnostica Jorge Miranda:

---

[319] QUEIROZ, Cristina M. M. *Direitos Fundamentais*. Coimbra: Coimbra, 2002, p. 151.

[320] SARLET, Ingo Wolfgang. *A Eficácia dos Direitos Fundamentais*. 3. ed. rev. e ampl. Porto Alegre: Livraria do Advogado, 2003.

[321] VIEIRA DE ANDRADE, José Carlos. *Os Direitos Fundamentais na Constituição Portuguesa de 1976*. 3. ed. Coimbra: Almedina, 2004, p. 399.

[322] QUEIROZ, Cristina M. M. *Direitos Fundamentais*. Coimbra: Coimbra, 2002, p. 150.

[323] GOMES CANOTILHO, José Joaquim. *Direito Constitucional e Teoria da Constituição*. 7. ed., 2. reimpr. Coimbra: Almedina. 2006, p. 481.

A efectivação dos direitos sociais, preservando as liberdades, viria a produzir, pois, um efeito pacificador e integrador nas sociedades ocidentais (bem como um efeito potenciador) do crescimento econômico. No entanto, nas últimas décadas, o Estado social (também chamado de bem-estar, com certas acentuações, o Estado providência ou, no limite extremo, Estado assistencial) tem entrado em crise, por causa de excessivos custos financeiros e burocráticos, de egoísmos corporativos e de quebra de competitividade em face de países com menor protecção social. E, sofrendo o impacto de correntes neoliberais monetaristas, não tem conseguido impedir fenómenos de exclusão, nem o agravamento de contrastes entre o Norte e o Sul do planeta, geradores de migrações de consequências imprevisíveis.[324]

Retomando momentaneamente essa discussão, segundo Perez Luño, os direitos fundamentais seguem sendo uma promessa não-cumprida para a grande maioria dos habitantes do planeta. Por isso, conforme propugna o autor, é necessário lutar contra o sonho ilusório e conformista de que o programa emancipatório dos direitos humanos faça parte do mundo dos ideais. Para o autor trata-se de uma meta já superada.[325]

Conforme já mencionado, essa trajetória foi interrompida nos últimos anos, quando se defendeu e repetiu, com monótona insistência, a tese neoliberal conservadora sobre a perversidade e/ou inviabilidade dos direitos sociais do Estado Social. No entanto, conforme alerta Perez Luño, todo esse esforço especulativo não toca no cerne da questão, qual seja: se é bom ou mau que o Estado realize uma política tendente a satisfazer as necessidades básicas em matéria educativa, sanitária, laboral e assistencial.[326]

Em vista disso, essa questão não tem sido debatida em termos éticos ou axiológicos, mas prioritariamente econômicos, razão pela qual sustenta o referido autor que o debate está fundado em duas falácias, quais sejam: a) como direitos só poderiam se sustentados aqueles para os quais existissem meios econômicos para satisfazê-los, ou seja, quando se afirma isso se está postulando que "deve ser o que é";[327] b) as leis do mercado é que deveriam definir o alcance dos direitos, através da análise econômica dos pressupostos de cada um deles.[328]

Na área estritamente jurídica, a importância dada à questão da "reserva do possível" tornou-se de tal forma significativa que passou a ser o argumento, sempre presente, para negar a eficácia às normas que consagram os direitos fundamentais sociais, o que é objeto de crítica por parte de Gomes Canotilho:

> A evolução dos direitos fundamentais sociais no sentido da formalização e constitucionalização como etapa positiva de positivação – evolução dos direitos humanos para direitos fundamentais – surge hoje neutralizada pelas obsessivas críticas à crise do Estado Social.

---

[324] MIRANDA, Jorge. *Manual de Direito Constitucional*. Tomo IV – Direitos Fundamentais. 3. ed. Coimbra: Coimbra, 2000, p. 31-32.

[325] LUÑO, Antonio Enrique Pérez. *Derechos Humanos, Estado de Derecho Y Constitución*. 9 ed. Madrid: Tecnos, 2005, p. 567.

[326] Idem, p. 631.

[327] Idem, ibidem..

[328] Idem, p. 632.

Quase se poderia dizer que, no plano interno, os direitos econômicos, sociais e culturais regressam ao leito universalístico mas transpositivo dos direitos humanos, abandonando o acolhimento jurídico-positivo dos direitos fundamentais.[329]

Conforme sustenta Gomes Canotilho, a reserva do possível logrou uma centralidade dogmática de forma que obscureceu "quaisquer renovamentos no capítulo dos direitos sociais". A questão acerca da definição do que vem a ser a denominada reserva do possível foi assim respondida até o momento, segundo o autor:

1) Reserva do possível significa a total desvinculação jurídica do legislador quanto à dinamização dos direitos sociais constitucionalmente consagrados;

2) Reserva do Possível significa a tendência para zero da eficácia jurídica das normas constitucionais consagradoras de direitos sociais;

3) Reserva do Possível significa gradualidade com dimensão lógica e necessária da concretização dos direitos sociais, tendo sobretudo em conta os limites financeiros;

4) Reserva do possível significa insindicabilidade jurisdicional das opções legislativas quanto à densificação legislativa das normas constitucionais reconhecedoras de direitos sociais.[330]

No entanto, Gomes Canotilho adverte que a reserva do possível não pode ser vista como um dogma contra os direitos sociais e ela não implica o "grau zero de vinculatividade jurídica dos preceitos consagradores dos direitos fundamentais sociais".[331]

A questão da gradualidade, segundo a qual a realização dos direitos sociais deveria ocorrer em conformidade com o equilíbrio financeiro do Estado ("ditadura dos cofres vazios"), não pode significar total "discricionariedade do legislador orçamental quanto à actuação socialmente densificadora do Estado".[332] Ou seja, conforme critica o autor, "um direito social sob "reserva dos cofres cheios" equivale, na prática, a nenhuma vinculação jurídica".[333]

Essa discricionariedade legislativa se mostra especialmente frágil quando se examina a questão sob o prisma da dignidade da pessoa humana, uma vez que há o dever constitucional de assegurar, pelo menos, o mínimo necessário à existência humana, motivo por que Vieira de Andrade assevera:

E se o legislador tem o dever geral de assegurar um certo grau de realização dos direitos sociais, esse dever assume uma importância acrescida em determinadas situações, quando a Constituição estabelece direitos especiais à protecção estadual, como acontece, por exemplo, nos direitos em que se visa assegurar a dignidade das famílias e de categorias

---

[329] GOMES CANOTILHO, José Joaquim. *Estudos Sobre Direitos Fundamentais*. Coimbra: Coimbra, 2004, p. 104.

[330] Idem, p. 108.

[331] Idem, p. 109.

[332] Idem, p. 110.

[333] GOMES CANOTILHO, José Joaquim. *Direito Constitucional e Teoria da Constituição*. 7. ed., 2. reimpr. Coimbra: Almedina. 2006, p. 481.

específicas de pessoas (trabalhadores, consumidores, crianças, jovens, idosos, deficientes, etc.).[334]

Dentro dessa linha, a reserva do possível não pode significar a ausência de um "mínimo social", isto é, uma prestação estatal que garanta um mínimo necessário a uma existência digna, mesmo porque, conforme já exposto, os direitos fundamentais, e os sociais especialmente, têm como norte a concretização do princípio que alicerça o modelo constitucional ora vigente: dignidade da pessoa humana. É com base nesse princípio constitucional que é possível sustentar o direito de uma "renda mínima", bem como, mais adiante, a inviabilidade de se tributar o mínimo necessário à existência humana.

Enfim, num Estado Democrático de Direito, especificamente em relação à questão da tributação, não é suficiente apenas que a atividade financeira do Estado seja exercida em observância aos clássicos direitos de defesa, pois a observância dos direitos fundamentais de todas as gerações é condição da dignidade. Ademais, não basta o respeito à propriedade, liberdade e igualdade jurídica; é necessário saúde, educação, trabalho e meio ambiente ecologicamente equilibrado.[335]

Ou seja, impõe-se que a atuação Estatal no campo tributário também viabilize a concretização dos direitos fundamentais de cunho prestacional e dos direitos ditos de solidariedade, motivo pelo qual Vieira de Andrade conclui:

> Neste contexto, parece-nos que se poderá afirmar, pelo menos, em termos negativos, o direito a não ser privado pelo Estado daquilo que é indispensável a uma existência condigna e, portanto, um direito à não ablação (fundamentalmente, um direito à não execução, por exemplo, através da proibição da penhora para satisfação de créditos privados ou públicos) e à não tributação do rendimento necessário ao mínimo de existência condigna – não apenas porque se trata de prestações jurídicas que se traduzem em prestações de facto negativas (ainda que envolvam custos econômicos).[336]

É possível sustentar que a tributação, concomitantemente à observância dos clássicos direitos fundamentais de primeira dimensão, tenha por objetivo a concretização dos direitos fundamentais sociais econômicos e culturais. Conforme visto, o princípio da dignidade da pessoa humana está presente em todos os direitos fundamentais, especialmente aqueles ditos de segunda dimensão. Por decorrência, pode-se dizer que, ao observá-los e concretizá-los, automaticamente, se estará propiciando a máxima eficácia ao "valor-guia" da constituição.

No campo tributário, isso pode ocorrer mediante a combinação de duas fórmulas básicas, conforme se sustenta neste trabalho: a) a observância do princípio da capacidade contributiva; b) a utilização da extrafiscalidade na realização dos direitos fundamentais.

---

[334] VIEIRA DE ANDRADE, José Carlos. *Os Direitos Fundamentais na Constituição Portuguesa de 1976*. 3. ed. Coimbra: Almedina, 2004, p. 406.

[335] SARLET, Ingo Wolfgang. *A Eficácia dos Direitos Fundamentais*. 3. ed. rev. e ampl. Porto Alegre: Livraria do Advogado, 2003, p. 106.

[336] VIEIRA DE ANDRADE, op. cit., p. 404.

À medida que for recuperada a concepção de que a carga tributária deva estar adstrita à efetiva capacidade contributiva do cidadão, o direito/dever de submeter-se a ela será exercido/cumprido de tal forma que o Estado tenha os meios para assegurar o cumprimento das prestações positivas que caracterizam os direitos sociais e, ao mesmo tempo, seja preservado o mínimo necessário a uma existência digna.

Por outro lado, a tributação pode ser um fabuloso instrumento a ser utilizado pelo Estado para estimular ou desestimular comportamentos que direta ou indiretamente, colaboram na concretização dos direitos sociais, econômicos e culturais.

Noutros termos, tradicionalmente o Estado arrecada recursos através da tributação e os emprega na concretização das prestações positivas – típicas de tais direitos – com toda a gama de riscos de desvios e malversações. Alternativamente a isso, através de políticas tributárias (extrafiscalidade) e sempre em observância dos requisitos para tanto (objetivo constitucionalmente justificável e observância dos diretos de defesa principalmente), o Estado pode estimular ações que resultem na máxima eficácia social dos direitos fundamentais (concretização num plano fático).

Neste estudo, não se advoga que o Estado deixe de arrecadar. O que se sustenta, é que há um espaço bastante considerável para que o Estado cumpra com seu dever de dar a máxima eficácia aos direitos fundamentais, não apenas arrecadando e destinando recursos, os quais, em muitos casos, não chegam ao destino final e são ineficazes à realização das promessas constitucionais.

Em suma, o Estado pode cumprir uma parte significativa dessa tarefa mediante o estímulo ou desestímulo de determinadas condutas que tenham como norte à concretização dos direitos fundamentais. Em vista disso, a tributação tem uma importante colaboração a dar, nos termos que segue.

TRIBUTAÇÃO E DIGNIDADE HUMANA

Capítulo III

Um modelo tributário norteado pelo princípio da dignidade da pessoa humana: o direito/dever de contribuir conforme a capacidade contributiva e a extrafiscalidade na realização dos direitos fundamentais

Neste capítulo, são analisadas as alternativas e os caminhos que se apresentam no sentido de que a tributação, concomitantemente, observe e seja instrumento de concretização dos direitos fundamentais de todas as dimensões e, via de conseqüência, seja compatível com a idéia de um modelo de Estado efetivamente alicerçado no princípio da dignidade da pessoa humana.

Este estudo sustenta a tese de que a tributação é poderoso instrumento de densificação do princípio da dignidade da pessoa humana. Para que isso se viabilize, faz-se necessário: a) adequar a tributação à efetiva capacidade contributiva do cidadão; b) utilizar a extrafiscalidade como instrumento de concretização dos direitos fundamentais.

Em decorrência do exposto, é necessário dividir o capítulo em duas partes. Na primeira, a abordagem será centrada na análise do princípio da capacidade contributiva, com vistas a construir uma interpretação que esteja apta a servir de meio de máxima eficácia ao princípio que alicerça este trabalho. Na segunda parte, serão examindas as condições de possibilidade da extrafiscalidade, para que, através dela, o princípio da dignidade da pessoa humana tenha sua eficácia potencializada. Ou seja, será necessário estudar os critérios, os limites e as possibilidades de que a carga tributária seja imposta tendo o objetivo não apenas de propiciar recursos ao Estado, mas também de estimular e desestimular comportamentos, com vistas à realização dos direitos fundamentais.

Parte I – O princípio da capacidade contributiva no Estado Democrático de Direito Brasileiro

O modelo estatal denominado "Democrático de Direito" exige uma efetiva ação do Estado para assegurar uma gama mínima de direitos fundamentais, que estejam aptos a propiciar uma existência digna, bem como reduzir as desigualdades sociais e econômicas.

Nesse modelo estatal, a exigência da tributação de acordo com a efetiva capacidade contributiva significa, concomitantemente, um dever e um direito de cidadania. Ou seja, uma concepção contemporânea de cidadania (compatível com

Estado Democrático de Direito) passa pelo adequado cumprimento do dever fundamental de pagar tributos, e isso, em face ao princípio da solidariedade social, ocorre sob dois enfoques: a) o dever fundamental de contribuir de acordo com a capacidade contributiva, justamente para que o Estado tenha os recursos necessários para realizar os direitos fundamentais e, com isso, propiciar a máxima eficácia ao princípio da dignidade da pessoa humana; b) o direito de não ser obrigado a contribuir acima das possibilidades – desproporcionalmente à capacidade contributiva – pois isso se constituiria afronta direta ao princípio da dignidade da pessoa, uma vez que o mínimo vital a uma existência digna restaria afetado.

Dentro dessa ótica, será examinado o princípio da capacidade contributiva, cabendo ressaltar que a tese estará comprometida com o direito pátrio, pois, em última análise, pretende-se sugerir alternativas para o modelo tributário brasileiro, mesmo porque tal modelo foi objeto de forte crítica no capítulo inicial.

3.1. O PRINCÍPIO DA CAPACIDADE CONTRIBUTIVA: UMA INTERPRETAÇÃO HERMENEUTICAMENTE ADEQUADA DO DISPOSTO NO § 1° DO ART. 145 DA CONSTITUIÇÃO BRASILEIRA

A densificação do princípio da dignidade da pessoa humana na área tributária passa, necessariamente, pela adequação da carga fiscal à efetiva capacidade econômica do cidadão. Para tanto, faz-se necessário compreender e adequadamente interpretar os dispositivos constitucionais que estejam aptos a concretizar tal fim. Entre eles, é preciso examinar, especialmente, o denominado princípio da capacidade contributiva, para fixar as bases constitucionais sobre as quais ele se assenta.

Para que isso seja possível, é imperioso romper com o modo de pensar comprometido com pressupostos metafísicos e, via de conseqüência, há de se examinar qual a contribuição que a hermenêutica filosófica pode dar a fim de se construir uma adequada interpretação dos dispositivos constitucionais atinentes à matéria.

Em vista disso, considera-se como ponto de partida para tal exame a constatação da existência de uma diferença entre texto e norma, sendo que esta será o fruto da interpretação daquele. Sob a perspectiva hermenêutica, que balizará a abordagem que segue, deve-se compreender a diferença ontológica.

3.1.1. A diferença ontológica: o ente texto e o ser norma

A ontologia é tradicionalmente vista como a doutrina do ser. Segundo o uso lingüístico atual,[337] ontologia equivale à teoria do objeto, em princípio de caráter

---

[337] Para referir, Houaiss (2001) assim distingue, ontologia, ontológico e ôntico: *Ontologia* – segunda a clássica concepção aristotélica, parte da filosofia que tem por objeto o estudo das propriedades mais gerais do ser, apartada da infinidade de determinações que, ao qualificá-lo particularmente, ocultam sua natureza plena e integral; metafísica ontológica. Segundo a concepção heideggeriana, reflexão a respeito do sentido abrangente do ser,

formal, e nesse aspecto vem a coincidir com a ontologia antiga (metafísica). A ontologia moderna não é, entretanto, uma disciplina isolada, pois mantém uma peculiar relação com aquilo que se entende como fenomenologia em sentido estrito.[338]

No entanto, Heidegger afirma que a ontologia tradicional é insuficiente em vista de dois fatores: a) desde o princípio seu tema é o ser-objeto, a objetividade de determinados objetos, e o objeto de um pensar teórico indiferente ao ser-objeto material. b) a ontologia fecha o acesso ao ente que é decisivo para a problemática da filosofia: o existir, desde o qual e para o qual é a filosofia. Ou seja, só há o ente, pois o ser é sempre o ser de um ente.

Em vista disso, o próprio Heidegger afirma que o título ontologia é empregado como uma acepção vazia; o ontológico afeta, portanto, as questões, explicações, conceitos, categorias que surgem e não está direcionado à questão do ente enquanto ser. Por isso, Heidegger justifica que o título que compreende melhor o tema que pretende tratar em sua obra é Hermenêutica da faticidade.[339]

Desse modo, na concepção heideggeriana, a hermenêutica corresponde à possibilidade de o ser de um ente manifestar-se como fenômeno. Nessa ótica, explica e conclui Streck:

> Assim, em Heidegger, hermenêutica é levar o ser do ente a se manifestar como fenômeno (phainomenon= o que se manifesta), sendo a ontologia (fundamental) a interrogação explícita e teórica pelo sentido do ser. A ontologia só é possível, aqui, como fenomenologia, que terá como temática o ser dos entes, o sentido dos entes. Não mais, pois, a ontologia clássica, isto porque enquanto a metafísica é uma fatalidade porque suspende as coisas humanas no interior do ente, sem que o ser do ente possa ser jamais conhecido, a ontologia (fundamental) vai se preocupar com o ser. Não mais o ente enquanto ente, mas sim, o ser (e o sentido) do ente, uma vez que o ser sempre se manifesta nos entes. Só há ser no ente. A metafísica sempre pensou o ente, mas nunca pensou o ser que possibilita o ente, aduz o filósofo. Então, como visto, para Heidegger, compreender não é um modo de conhecer, mas é um modo de ser, isto porque a epistemologia é substituída pela ontologia da compreensão (o homem já sempre compreende o ser !) A verdade não é uma questão de método. Será sim, uma questão relativa a manifestação do ser, para um ser cuja existência consiste na compreensão do ser. Ser, verdade, vida e história são concebidos a partir da temporalidade absoluta, e não da temporalidade enquanto qualidade de um eu a-histórico e transcendental, próprios da metafísica. Na ontologia da compreensão, a vida é história, onde o próprio ser se

---

como aquilo que torna possível as múltiplas existências (opõe-se à tradição metafísica que, em sua orientação teológica, teria transformado o ser em geral num mero ente com atributos divinos). *Ontológico* – a investigação teórica do ser – segundo Heidegger, relativo ao ser em si mesmo, em sua dimensão ampla e fundamental, em oposição ao ôntico, que se refere aos entes múltiplos e concretos da realidade. *Ôntico* – diz-se do que se relaciona ao ente, o existente múltiplo e concreto. HOUAISS, Antônio; VILLAR, Mauro de Salles. *Dicionário Houaiss da Língua Portuguesa*. Rio de Janeiro: Objetiva. 2001, p. 2067.

[338] HEIDEGGER, Martin. *Ontologia*: hermenêutica de la facticidad. Versión de Jaime Aspiunza. Madrid: Alianza, 2000, p. 17-18.

[339] Idem, p. 19-20.

desvela no horizonte da temporalidade. O próprio ser é tempo. Por isto, a vida a existência concreta, emerge na compreensão do ser.[340]

Superada essa estreita análise acerca da ontologia fundamental, é mister examinar a diferença entre ser e ente, categorias essenciais para compreender a obra heideggeriana, sobretudo para analisar a denominada diferença ontológica. Relativamente à diferença em questão, o próprio Heidegger explica:

> O ser dos entes não é em si mesmo um outro ente. [...] Chamamos de ente muitas coisas e em sentidos diversos. Ente é tudo de que falamos, tudo que entendemos, com que nos comportamos dessa ou daquela maneira, ente é também o que e como nós mesmos somos. Ser está naquilo que é e como é, na realidade, no ser simplesmente dado no teor e recurso, no valor e validade, na pre-sença, no há.[341]

Já Emanuel Carneiro faz a seguinte distinção:

> *Ente* – é um substantivo erudito, derivado do latim, ens, entis, particípio presente do verbo 'esse (=ser). A forma originária era "sens", conservada ainda em "prae-sens, ab-sens" e talvez também em "cons-sens". Em português o verbo ser é defectivo no particípio presente. Daí a derivação da forma erudita, ente, diretamente de sua congênere latina. No uso da linguagem é um substantivo pouco freqüente, substituído quase sempre pelo infinitivo substantivado, ser. Assim, ninguém quase diz hoje "os entes vivos" mas os "seres vivos". Mesmo na filosofia até Heidegger, a distinção entre ente e ser não era tão rigorosa. No texto ente significa (Seiendes) significa tudo aquilo que simplesmente é, indiferentemente a seu modo próprio de ser. Assim, o homem, as coisas, os acontecimentos, as idéias, tudo, até mesmo o Nada, enquanto é um nada, são entes. *Ser = Sein:* Ser escrito sempre com maiúscula, significa a diferença ontológica, isto é, a diferença, como tal, entre o ente e seu ser.[342]

Por decorrência, o ente difere do ser, pois este só se manifesta como tal a partir daquele. O ser será sempre um ser de um ente e, portanto, com ele não se confunde. Tampouco se admite que o ser de um ente seja outro ente, porquanto isso implicaria a "entificação" do ser e, dessa forma, significaria a própria negação da possibilidade de sua manifestação. De outra forma, esclarece McDowel:

> Ser, diz Heidegger, precisamente na sua qualidade transcendental, ou seja, de protocategoria, significa a objetividade do objeto. O todo da experiência, que a doutrina das categorias se propõe analisar, apresenta-se como oposto ao nosso conhecimento, como algo que está diante de nós. A determinação primária, e absolutamente universal, da experiência é, portanto, o seu caráter de objeto. O ser constitui nada mais nada menos que a condição de possibilidade do conhecimento em geral. O conhecimento só é conhecimento como conhecimento do objeto. O objeto só é objeto como objeto de conhecimento. Nessa perspectiva,

---

[340] STRECK, Lenio Luiz. *Jurisdição Constitucional e Hermenêutica*: uma nova crítica do direito. 2. ed. Rio de Janeiro: Forense, 2004, p. 206-207.

[341] HEIDEGGER, Martin. *Ser e Tempo*. Parte I. Trad.: Márcia de Sá Cavalcante. Petrópolis: Vozes, 1995, p. 32.

[342] Nota do tradutor à obra: HEIDEGGER, Martin. *Introdução à Metafísica*: apresentação e tradução Emanuel Carneiro Leão. 4. ed. Rio de Janeiro: Tempo Brasileiro, 1987, p. 77.

o ser e, portanto, todo o sistema de categorias que ele unifica, não pode ser considerado independentemente do sujeito que o pensa.[343]

Enfim, apenas se pode dizer que o ente é. O ser, justamente por ser o ser de um ente, jamais poderá ser definido e, portanto, jamais poderá ser dito que o ser é. Nesse sentido, Streck justifica o motivo por que o ser não pode ser conceituado:

O conceito de ser é o mais universal e o mais vazio, resistindo a toda tentativa de definição. Por ser o mais universal dos conceitos, prescinde de definição. Não se pode derivar o ser no sentido de uma definição a partir dos conceitos superiores nem explicá-lo através de conceitos inferiores.[344]

A diferença entre o ente e seu ser é denominada, na hermenêutica filosófica, de diferença ontológica, assim caracterizada por Ernildo Stein:

Não entificar o ser, identificando-o com o ente ou um ente, significa, para Heidegger, superar a metafísica. Nisso consiste seu axioma central que se estende da analítica existencial até o segundo Heidegger da história do ser.

A revelação, a compreensão do ser que distingue ser de ente, sustenta todas as expressões lingüísticas e, portanto, todo nosso conhecimento, isto é, todo vir ao encontro dos entes. Como a metafísica não pensou essa diferença entre ser e ente dessa maneira, ela entificou o ser e criou um radical embaraço para pensar as condições de conhecimento do ente, para pensar o ser. Esse o motivo que leva Heidegger a colocar a diferença ontológica como ponto de partida para falar da superação da metafísica. É por isso também que a filosofia fala de um adentramento na metafísica. É preciso desconstruir a metafísica para expor os motivos da entificação e o encobrimento da diferença o que quer dizer; mostrar porque a metafísica não pensa o ser, esqueceu o ser.[345]

Para Dubois, a diferença ontológica é algo nada complexo, não sendo sequer nomeada como tal em Ser e Tempo,[346] apenas sendo mencionada no primeiro parágrafo, no qual consta que "o ser não é algo como um ente". A partir disso sustenta:

A diferença ontológica é uma coisa simples. O ser não é nada de ente. Só o ente é. Não se pode dizer que o ser é. A diferença é portanto extrema: não entre um ente e outro, mas entre todo ente – e o ser. "Entre" ? Mas 'entre" ente, que é, e o ser, que não é- não há nada! O que significa a diferença como tal? O que significa que se possa "fazer" a diferença ? Como se relacionam um com o outro, o ser e o ente? A partir de que? Em proveito da relação de qual "termo"? A relação não parece, no entanto, simples? O ser "é" de fato o ser do ente. Mas como o genitivo, aqui, pode significar no seio da diferença mais extrema?

---

[343] MACDOWELL, João Augusto A. Amazonas. *A Gênese de Ontologia Fundamental de Martin Heidegger*: ensaio de caracterização do modo de pensar de Sein und Zeit. São Paulo: Loyola, 1993. (Coleção Filosofia), p. 49-50.

[344] STRECK, Lenio Luiz. *Jurisdição Constitucional e Hermenêutica*: uma nova crítica do direito. 2. ed. Rio de Janeiro: Forense, 2004, p. 199.

[345] STEIN, Ernildo. *Diferença e Metafísica*: ensaios sobre a desconstrução. Porto Alegre: EDIPUC, 2000. (Coleção Filosofia n° 114), p. 67-68.

[346] O autor está se referindo à obra clássica de Heidegger, citada, várias vezes, ao longo desse trabalho.

A simplicidade da diferença é na verdade a origem de uma profusão de questões. A diferença desarma, inquieta, é a mais digna de questão. Jamais, Heidegger deixará de ter a diferença sob a vista, na medida em que todos os entes levam à diferença. O giz, a mesa, o anfiteatro do curso, a montanha, o rio, o pássaro, o anjo, Deus [...] todos estes entes, e tantos outros, mil vezes contribuirão para levar a pensar que, se eles são, seu ser, ele, não é do modo como eles são. O ser do giz não é, por sua vez, como é o próprio giz, o branco do giz etc. E assim para todos os outros. Às vezes alguém, para "explicar Heidegger" ao leigo ou ao profano, e ao fim do ser da mesa, que não é, termina por dizer: o que não é não é, aí há apenas fumaça, falemos de outra coisa. E deste modo se é sempre leigo do ser.[347]

Trazendo a questão para o plano jurídico, Streck aponta os equívocos sobre os quais foi edificada a teoria tradicional do direito, ao esquecer a distinção ser e ente e, por conseguinte, não reconhecer a diferença ontológica:

O pensamento dogmático do Direito abandona o pensamento da diferença ontológica para se transformar em uma (mera) reflexão sobre a temática da diferença, concebendo a diferença ôntica como simples diversidade dos fenômenos para a subjetividade, e a identidade do ente consigo mesmo como identidade e permanência da essência dos fenômenos para o pensamento. É preciso salientar, mais uma vez, o relevante fato de que a metafísica – que na modernidade tem sua forma de aparecer na subjetividade, na representação e na objetivação – conforme lembra Ernildo Stein, entificou o ser.

[...]

Por isso, e a toda evidência, é preciso ter claro que a diferença ontológica é o suporte do ser e do ente. No ente é pensado e dito o ser. Não se dão conta os juristas – até porque esse "dar-se" hermenêutico – que o ente não existe como ente, ou seja, o ente não existe – no sentido de sua existência – sem estar junto ao ser (o ente só é no seu ser, e o ser é sempre sem-em, ser-junto (Sein-bein). Na linguagem da Nova Crítica do Direito, a afirmação "o ente não existe como ente" significa dizer que o texto não subsiste como texto; o texto só terá sentido na norma que se lhe atribuir.[348]

Com o "dar-se conta" da diferença ontológica, abrir-se-ia a possibilidade de o ser do ente mostrar-se e romper-se-ia com as concepções metafísicas, que adequavam o "olhar ao objeto" e entificavam o ser. No plano jurídico (constitucional), isso representa uma inequívoca evolução, por isso faz-se necessário examinar previamente o fenômeno da compreensão, interpretação e aplicação da norma jurídica, sob um enfoque hermenêutico.

3.1.2. Hermenêutica: compreensão, interpretação e aplicação no campo jurídico

Partindo do rompimento com o paradigma metafísico, a linguagem abandona sua condição de mero instrumento, que traduz a essência das coisas ou os

---

[347] DUBOIS, Christian. *Heidegger*: introdução a uma leitura. Trad.: Bernardo Barros Coelho de Oliveira. Rio de Janeiro: Jorge Zahar, 2004, p. 86.

[348] STRECK, Lenio Luiz. *Jurisdição Constitucional e Hermenêutica*: uma nova crítica do direito. 2. ed. Rio de Janeiro: Forense, 2004, p. 245-246.

conceitos, e passa a ser, utilizando-se uma expressão heideggeriana, "a morada do ser".[349] O pensamento, portanto, deixa de ser apenas a adequação do olhar ao objeto, pois a linguagem se torna a condição de possibilidade do próprio ser, e não mais uma terceira coisa na relação existente entre sujeito e objeto.

O sentido de um texto divorcia-se do sentido pensado por seu autor não ocasionalmente, mas em todas as situações. "A linguagem é o *medium* universal em que se realiza a própria compreensão. A forma de realização da compreensão é a interpretação".[350] Como menciona Streck:

> Não mais interpretamos para compreender e, sim, compreendemos para interpretar, rompendo-se, assim, as perspectivas epistemológicas que coloca(va)m o método como supremo momento da subjetividade e garantia da segurança (positivista) da interpretação.[351]

Em vista disso, a interpretação deixa de ser uma mera reprodução do sentido pré-existente e passa a ser uma constante construção de sentido. Esse processo ocorre a partir de uma fusão de horizontes, conforme explica Gadamer:

> Na verdade, o horizonte do presente está num processo de constante formação, na medida em que estamos obrigados a pôr à prova constantemente todos os nossos preconceitos. Parte dessa prova é o encontro com o passado e a compreensão da tradição da qual nós mesmos procedemos. O horizonte do presente não se forma pois à margem do passado. Nem mesmo existe um horizonte do presente por si mesmo, assim, como não existem horizontes históricos a serem ganhos. Antes, compreender é sempre o processo de fusão desses horizontes presumivelmente dados por si mesmos. Nós conhecemos a força dessa fusão sobretudo de tempos mais antigos e de sua relação para consigo mesmos e com suas origens. A fusão se dá constantemente na vigência da tradição, pois nela o velho e o novo crescem sempre juntos para uma validez vital, sem que um e outro cheguem a se destacar explicitamente por si mesmos.[352]

Como decorrência, compreender não é um modo de conhecer, mas um modo de ser, razão pela qual é possível afirmar que a filosofia é hermenêutica. A interpretação, por sua vez, não prescinde da compreensão, sendo que esta é elaborada a partir de uma pré-compreensão.

Dentro de uma concepção tradicional, o ato da compreensão (procedimento de compreender) era entendido da mesma forma que eram entendidos outros procedimentos humanos, como o ato de jogar, andar e falar. Nessa linha, havia

---

[349] Conforme menciona Streck (2004): A compreensão como totalidade e a linguagem como meio de acesso ao mundo e aos seus objetos são, assim, questões centrais na filosofia hermenêutica de Heidegger, por ele denominada de Fenomenologia Hermenêutica. Como o compreender só é possível se o homem é um ser-no-mundo, nosso acesso a esse mundo só é possível pela linguagem. Por isto vai dizer, mais tarde, na Carta sobre o Humanismo, que a linguagem é a casa (morada) do ser que nela mora o homem, que é o curador do ser. Idem, p. 204.

[350] GADAMER, Hans-Georg. *Verdade e Método*: traços fundamentais de uma hermenêutica filosófica. Trad.: Flávio Paulo Meurer. Petrópolis: Vozes, 1997, p. 566.

[351] STRECK, Lenio Luiz. In: ROCHA; Leonel Severo; STRECK; Lenio Luiz; BOLZAN DE MORAIS; José Luis *et al.* (orgs.). *Constituição, Sistemas Sociais e Hermenêutica*: programa de pós-graduação em Direito da UNISINOS: mestrado e doutorado. Porto Alegre: Livraria do Advogado; São Leopoldo: UNISINOS, 2005, p. 159.

[352] GADAMER, op. cit., p. 457.

uma relação entre o sujeito e o ato de atribuir o sentido e, por fim, entre este e o resultado obtido (relação sujeito/objeto).

No entanto, diferentemente do que se sustentava a partir de uma concepção afetada pela tradição metafísica, compreender não é um modo de agir, mas um modo de ser (*dasein*). Isso ocorre porque, para que seja viável qualquer ação humana, faz-se necessário que haja uma compreensão prévia, sem a qual tais ações restariam inviáveis. Como explica Streck:

> A compreensão é, enfim, aduz Heidegger, o ser existencial do saber-ser-inalienável do próprio Dasein, de tal modo que este ser (a compreensão) revela por si mesmo como está a respeito do seu ser consigo mesmo. Ou seja, no Dasein reside uma pré-compreensão. O Dasein é hermenêutico; o poder-ser-do-Dasein reside na compreensão. Por isso Heidegger vai dizer que o mensageiro já deve vir com a mensagem, mas ele também já deve ter ido em direção a ela.
>
> A compreensão é um elemento que faz parte do modo de ser-no-mundo, que está presente na própria estrutura do ser humano (Dasein), explica Ernildo Stein: a partir desse elemento da compreensão é que Heidegger estabelece todas as determinações que ele entende por interpretação. Para ele, toda interpretação se funda na compreensão. O sentido é o que se articula como tal na interpretação e que, na compreensão já se preliminou como possibilidade de articulação.[353]

Para Heidegger, o sentido não pode ser separado do ato de construí-lo. Não há, portanto, operador nem resultado (sentido); portanto, não poderá haver, então, um método com vistas à atribuição de sentido.

Há um mundo já posto (um desde-já-sempre na expressão de Gadamer), cujo sentido passa a ser dado pelo "dasein", que é um ente privilegiado, pois atribui sentido aos outros entes. Existem, pois, sentidos prévios construídos ao longo da história e consolidados pela tradição. Assim, ninguém discute que a água seja água, que uma árvore não seja uma árvore, ou, como exemplifica Streck: ninguém, em sã consciência, vai até uma estação rodoviária imaginando embarcar num avião.[354]

Por óbvio, a pré-compreensão pressupõe a compreensão e a própria interpretação, haja vista que esta sempre corresponderá a um processo de construção de sentidos a partir de uma tradição existente. Não é, portanto, o uso metódico e disciplinado da razão (premissa fundamental do Aufklärung) que evitará o cometimento de erros no processo interpretativo,[355] mas sim a suficiente e adequada legitimidade dos preconceitos, os quais apenas serão válidos, se estiverem fundados na autoridade da tradição. Em relação a esta, Gadamer explica:

---

[353] STRECK, Lenio Luiz. *Jurisdição Constitucional e Hermenêutica*: uma nova crítica do direito. 2. ed. Rio de Janeiro: Forense, 2004, p. 201-202.

[354] Um dos tanto exemplos utilizados pelo Prof. Dr. Lenio L. Streck, nos seminários de doutorado em Direito, do Programa de Pós-Graduação da UNISINOS – 2006/1 – que influenciaram na abordagem de cunho hemenêutico nesta parte do trabalho.

[355] GADAMER, Hans-Georg. *Verdade e Método*: traços fundamentais de uma hermenêutica filosófica. Trad.: Flávio Paulo Meurer. Petrópolis: Vozes, 1997, p. 416.

O que é consagrado pela tradição e pela herança histórica possui uma autoridade que se tornou anônima, e nosso ser histórico e finito está determinado pelo fato de que também a autoridade do que foi transmitido, e não somente o que possui fundamentos evidentes, tem poder sobre essa base, e, mesmo no caso que, na educação, a tutela perde a sua função com o amadurecimento da maioridade, momento em que as próprias perspectivas e decisões assumem finalmente a posição que detinha a autoridade do educador, esta chegada da maturidade vital-histórica não implica, de modo algum, que nos tornemos senhores de nós mesmos no sentido de nos havermos libertado de toda herança histórica e de toda tradição.[356]

Dessa forma, é possível afirmar que a hermenêutica é essencialmente conservadora, pois mantém a autoridade da tradição, mesmo naqueles casos em que, historicamente, há uma espécie de ruptura com o outrora existente. Nesse sentido continua Gadamer:

A tradição é essencialmente conservação e como tal sempre está atuante nas mudanças históricas. No entanto, a conservação é um ato da razão, ainda que caracterizado pelo fato de não atrair a atenção sobre si. Essa é a razão por que as inovações, os planejamentos intentem mostrar-se como única ação e resultado da razão. Isso, no entanto, apenas parece ser assim. Inclusive quando a vida sofre suas transformações mais tumultuadas, como em tempos revolucionários, em meio a suposta mudança de todas as coisas conserva-se muito mais do que era antigo do que se poderia crer, integrando-se com o novo numa nova forma de validez.[357]

Por outro lado, muito embora se diga que a interpretação será sempre um processo de construção de sentidos – nunca reprodução do sentido original – isso não significa que o intérprete esteja liberado para agir arbitrariamente. Como menciona Gadamer:

Toda interpretação correta tem proteger-se contra a arbitrariedade de "felizes idéias" e contra a limitação dos hábitos imperceptíveis do pensar, e orientar sua vista "as coisas elas mesmas" (que para os filólogos são textos com sentido, que também tratam, por sua vez, de coisas) . Esse deixar-se determinar assim pela própria coisa evidentemente, não é para o intérprete uma decisão "heróica", tomada de uma vez por todas, mas verdadeiramente "a tarefa primeira, constante e última". Pois o que importa é manter a vista atenta à coisa, através de todos os desvios a que se vê constantemente submetido o intérprete em virtude das idéias que lhe ocorram. Quem quiser compreender um texto realiza sempre um projetar. Tão logo apareça um primeiro sentido no texto, o intérprete prelineia um sentido do todo.[358]

A compreensão – e por decorrência todo processo de interpretação – apenas poderá ser perfectibilizada adequadamente se as opiniões prévias estiverem destituídas de arbitrariedade, isto é, se os preconceitos[359] forem legítimos e, portanto,

---

[356] GADAMER, Hans-Georg. *Verdade e Método*: traços fundamentais de uma hermenêutica filosófica. Trad.: Flávio Paulo Meurer. Petrópolis: Vozes, 1997, p. 421.

[357] Idem, p. 423.

[358] Idem, p. 402.

[359] Como ensina Gadamer (1997): "Preconceito" não significa, pois, de modo algum, falso juízo, pois está em seu conceito que ele possa ser valorizado positivamente ou negativamente. É claro que o parentesco com o

válidos. Se assim não fosse, negar-se-ia a possibilidade de que o próprio texto pudesse se apresentar na sua condição de texto. Como diz Gadamer:

> Aquele que quer compreender não pode se entregar, já desde o início, a casualidade de suas próprias opiniões prévias e ignorar o mais obstinada e conseqüentemente possível opinião do texto – até que este, finalmente, já não possa ser ouvido e perca sua suposta compreensão. Quem quer compreender um texto, em princípio, deve estar disposto a deixar que ele diga alguma coisa por si. Por isso, uma consciência formada hermeneuticamente tem que se mostrar receptiva, desde o princípio, para a alteridade do texto. Mas essa receptividade não pressupõe "neutralidade" com relação à coisa nem tampouco auto-anulamento, mas inclui a apropriação das próprias opiniões prévias e preconceitos, apropriação que se destaca destes. O que importa é dar-se conta das próprias antecipações, para o próprio texto possa apresentar-se em sua alteridade e obtenha assim a possibilidade de confrontar sua verdade com as próprias opiniões prévias.[360]

Enfim, o processo de interpretação tem como condição de possibilidade a compreensão, e esta está indissociavelmente ligada a uma pré-compreensão, sendo tal incompatível com a idéia da busca da verdade mediante a utilização de um pensar metódico.

Dessa forma, não há de se falar na utilização de um método para se obter a verdade. Ou seja, a verdade não é uma questão de método, como restará especificamente posto na histórica obra de Gadamer, justamente denominada de "verdade e método" (ou, seria melhor dizer: a verdade contra o método). Nesse sentido, explica Streck:

> Então, como visto, para Heidegger, compreender não é um modo de conhecer, mas é um modo de ser, isto porque a epistemologia é substituída pela ontologia da compreensão (o homem já sempre compreende o ser)! A verdade não é uma questão de método. Será, sim, uma questão relativa à manifestação do ser, para um ser cuja existência consiste na compreensão do ser. Ser, verdade, vida e história são concebidos a partir da temporalidade absoluta, e não da temporalidade absoluta, e não da temporalidade enquanto qualidade de um eu a-histórico e transcendental, próprios da metafísica.[361]

Uma vez que não se alcança a verdade a partir de um método, não há de se falar na utilização de um determinado método de interpretação. Essa nova concepção rompe radicalmente com as concepções segundo as quais, para que fosse possível caracterizar algo como verdadeiro, seria necessário: a) fazer a comparação entre entes iguais no sentido de verificar a conformidade de um ente com outro entre, tal qual se compara uma moeda com outra; b) fazer a relação entre um enunciado proferido e o ente, isto é, se verificar se o ente corresponde ao enunciado acerca dele. Nas duas hipóteses, haveria uma concordância (1° caso: entre entes – 2° caso: entre o ente e um enunciado).

---

praejudicium latino torna-se operante nesse fato, de tal modo que na palavra, junto ao matiz negativo, pode haver também um matiz positivo. Idem, p. 407.

[360] Idem, p. 405.

[361] STRECK, Lenio Luiz. *Jurisdição Constitucional e Hermenêutica*: uma nova crítica do direito. 2. ed. Rio de Janeiro: Forense, 2004, p. 207.

O enunciado representa o ente a que se refere, isto é, deve comportar-se como tal (conforme o próprio ente), sem perder sua própria individualidade. O enunciado deve estar aberto ao ente que está representando, sem perder as características que o individualizam. A verdade não está nem no enunciado, nem no ente. Tampouco a verdade pode ser encontrada na relação entre enunciado e ente. A verdade, pois, está no "Dasein" – no estar aberto – o que possibilita que cada ente possa mostrar-se, ou seja, ela permite que cada ente seja o que de fato é (deixar o ente ser), ou ainda, permite que as coisas se mostrem como elas de fato o são.

Conforme Heidegger menciona no § 7° do *Ser e Tempo*, a verdade é o desvelamento daquilo que, a partir de si mesmo, se mostra velado. Como diz Streck: "O des-velamento do ser é o que, primeiramente, possibilita o grau de revelação do ente". A filosofia, portanto, não é um mero espelho da natureza. O jurista afirma ainda que "verdade (des-coberta) deve sempre ser arrancada primeiramente dos entes", os quais são desvelados e "esse des-velamento ocorre na clareira do ser", e a verdade, por sua vez, exprime "deixar ver o ente em seu ser e estar descoberto".[362]

Enfim, com o emprego de um método não se obtém a verdade, motivo pelo qual, num plano jurídico, não há de se falar na utilização de métodos (gramatical, sistemático, teleológico, histórico, etc.), com vistas a interpretar um determinado texto jurídico. Uma interpretação hermeneuticamente adequada requer que se tenha presente a diferença ontológica e, por conseqüência, significa divorciar-se das concepções metafísicas que não percebem a diferença entre ser e ente e que acreditam ser possível que, a partir de um método, se obtenha a verdade.

Uma vez estabelecidos os pressupostos que orientarão o enfrentamento da questão, pode-se demonstrar de que forma o esquecimento da diferença ontológica, e o emprego de métodos anacrônicos de interpretação levaram à construção de um sentido inadequado ao dispositivo constitucional objeto desse item.

O disposto no § 1° do artigo 145 da Constituição brasileira vem sendo interpretado – por uma significativa parcela da doutrina e da jurisprudência – de uma forma hermeneuticamente inadequada, haja vista que não foi considerada a diferença entre texto e norma (diferença ontológica). Em verdade, o referido dispositivo contempla uma regra, cujo sentido deverá ser construído de acordo com os princípios que a fundamentam, não sendo possível, simplesmente, examiná-lo apenas mediante a utilização do método literal de interpretação.

Para tanto, inicialmente, será analisada a distinção entre princípio e regras jurídicas. Isso se faz necessário, pois a questão principal a ser enfrentada passa por superar o entendimento, de que o disposto no § 1° do art. 145 da Constituição albergaria o denominado princípio da capacidade contributiva, motivo pelo qual as possibilidades de interpretação do mencionado dispositivo estariam restritas, quase que exclusivamente, à literalidade do enunciando lingüístico.

---

[362] STRECK, Lenio Luiz. *Jurisdição Constitucional e Hermenêutica*: uma nova crítica do direito. 2. ed. Rio de Janeiro: Forense, 2004, p. 207.

TRIBUTAÇÃO E DIGNIDADE HUMANA

3.1.3. A distinção entre princípios e regras

Uma vez superada, no século passado, a discussão acerca da normatividade dos princípios jurídicos,[363] pode-se afirmar que as normas têm como espécies os princípios e as regras jurídicas. Tal afirmativa se impõe como decorrência lógica do reconhecimento da normatividade dos princípios.

Portanto, se não havia qualquer discussão acerca da normatividade das "regras" – regra sempre foi entendida como norma – e uma vez que se passou a admitir que os princípios estão impregnados de normatividade – também são normas – tem-se, como conseqüência óbvia, que o gênero "norma" contempla duas espécies: as regras e os princípios.[364]

A partir do exposto, faz-se necessário verificar as diferenças existentes entre regras e princípios, para, considerando-se as reconhecidas dificuldades, poder utilizar essa classificação para fins de construção do raciocínio que ora se pretende.

A priori, distinguir, dentro do gênero "norma", os "princípios" e as "regras", é uma atividade árdua e complexa. Vários são os critérios sugeridos pela doutrina para estabelecer tal distinção, como relaciona Gomes Canotilho:[365]

> a) o primeiro critério seria o grau de abstração: os princípios são normas com um grau de abstração relativamente elevado; de modo diverso, as regras possuem uma abstração relativamente reduzida;
>
> b) o segundo critério seria o grau de determinabilidade na aplicação do caso concreto: os princípios, por serem vagos e indeterminados, carecem de mediações concretizadoras; enquanto isso, as regras são suscetíveis de aplicação direta;
>
> c) o terceiro critério corresponderia ao caráter de importância no sistema das fontes de direito: os princípios são normas de natureza ou com um papel fundamental no ordenamento jurídico devido à sua posição hierárquica no sistema das fontes;
>
> d) o quarto critério refere-se à idéia de proximidade de direito: os princípios são "standars"; juridicamente vinculantes radicados na exigência de justiça, enquanto as regras podem ser normas vinculativas com conteúdo meramente funcional;
>
> e) finalmente, o quinto critério tem relação com a natureza normogenética dos princípios: os princípios são fundamentos de regras, ou, noutras palavras, são normas que estão na base ou constituem a razão de ser das regras jurídicas.

---

[363] Nesse sentido examinar BONAVIDES, Paulo. *Curso de Direito Constitucional*. 11. ed. São Paulo: Malheiros, 2001, p. 228-265.

[364] Conforme explica Manuel Aragon (1990), alguns doutrinadores, como os espanhóis Perez Luño, Pietro Sanchis e Garcia de Enterria, entendem que os "valores", também, correspondem a uma espécie do gênero norma. Desta forma, o gênero norma albergaria as espécies: princípios, valores e regras. Ocorre que a distinção entre valores e princípios é um ponto ainda obscuro e nada pacífico na doutrina – os valores teriam apenas eficácia interpretativa, diferentemente dos princípios que teriam, também projeção normativa. ARAGON, Manuel. *Constituición Y Democracia*. Madrid: Tecnos, 1990, p. 91. Em vista disso, para fins deste trabalho, tal classificação não será utilizada.

[365] GOMES CANOTILHO José J. *Direito Constitucional e Teoria da Constituição*. 4. ed. Coimbra: Almedina, 2000, p. 1124-1125.

O referido autor entende que a complexidade dessa distinção reside no fato de não haver uma prévia solução em relação a duas questões, as quais entende como fundamentais: a) primeiro, saber qual a função dos princípios; b) segundo, saber se entre princípios e regras existe um denominador comum.[366]

Quanto à primeira questão por ele formulada, o constitucionalista português faz uma distinção entre princípios hermenêuticos e princípios jurídicos. Enquanto aqueles desempenham uma função argumentativa; estes, os que realmente importam, devem ser entendidos como verdadeiras *normas, qualitativamente distintas* das outras categorias de normas, ou seja, das regras jurídicas.[367]

A partir disso, Gomes Canotilho expõe seu entendimento acerca dessa distinção:

As diferenças qualitativas traduzir-se-ão, fundamentalmente, nos seguintes aspectos. Em primeiro lugar, os princípios são normas jurídicas impositivas de uma optimização, compatíveis com vários graus de concretização, consoante os condicionalismos fácticos e jurídicos; as regras são normas que prescrevem imperativamente uma exigência (impõem, permitem ou proíbem) que é ou não é cumprida (nos termos de Dworkin: applicable in aü-or-nothing fashion); a convivência dos princípios é conflitual (Zagrebelsky), a convivência de regras é antinómica; os princípios coexistem, as regras antinómicas excluem-se.[368]

Estabelecidas as distinções, aponta o jurista lusitano que os princípios estão relacionados com uma idéia de valor ou peso; já as regras estão adstritas, tão-somente, ao âmbito da validade. E conclui:

Conseqüentemente, os princípios, ao constituírem exigências de optimização, permitem o balanceamento de valores e interesses (não obedecem, como as regras, à lógica do tudo ou nada.), consoante o seu peso e a ponderação de outros princípios eventualmente conflitantes; as regras não deixam espaço para qualquer outra solução, pois se uma regra vale (tem validade) deve cumprir-se na exacta medida das suas prescrições, nem mais nem menos.[369]

Alexy, por sua vez, assevera que nenhum critério individualmente considerado é suficiente para estabelecer uma efetiva distinção entre princípio e regra. Critica, também, aqueles que vislumbram apenas uma distinção em razão do grau de generalidade. Assevera, em conclusão, que entre princípio e regra não impera apenas uma distinção de grau, mas também de "qualidade".[370] Dessa forma, Alexy entende que os princípios são "mandamentos de otimização", cuja principal característica reside em poderem ser cumpridos em distinto grau e onde a medida imposta de execução não depende apenas de possibilidades fáticas, senão também

---

[366] GOMES CANOTILHO José J. *Direito Constitucional e Teoria da Constituição*. 4. ed. Coimbra: Almedina, 2000, p. 1125.

[367] Idem, p. 1125.

[368] Idem, ibidem.

[369] Idem, ibidem.

[370] ALEXY, Robert. *Teoria de Los Derechos Fundamentales*. Madrid: Centro de Estúdios Políticos y Constitucionales, 2003, p. 86.

jurídicas.[371] As regras, ao contrário, são normas que podem sempre ser cumpridas ou não. Em vista disso, existiria uma distinção qualitativa, e não de grau.[372]

Cumpre ressaltar, no entanto, que a distinção entre regra e princípios já havia sido formulada por Ronald Dworkin, cujo entendimento acerca da normatividade dos princípios representou um marco no surgimento do pós-positivismo. Segundo Dworkin, as regras jurídicas são aplicáveis por completo, ou são absolutamente inaplicáveis. Trata-se, pois, de uma espécie de um tudo ou nada.[373]

Já Eros Grau, ao comentar a distinção de Dworkin, refere:

> Os princípios jurídicos atuam de modo diverso: mesmo aqueles que mais se assemelham às regras não se aplicam automática e necessariamente quando as condições previstas como suficientes para sua aplicação se manifestam.[374]

Tal ocorre porque as regras jurídicas não comportam exceções, isso entendido no sentido de que, se existirem circunstâncias que excepcionem uma regra jurídica, a enunciação dela, sem que todas essas exceções sejam também enunciadas, será inexata e incompleta. Quanto aos princípios, a circunstância de serem próprios a um determinado direito não significa que esse direito jamais autorize a sua desconsideração.

Parte da doutrina, porém, critica o entendimento de Dworkin, uma vez que todas as regras, inclusive as específicas, teriam textura aberta e, por isso, estariam sujeitas a exceções, as quais não poderiam ser previamente especificadas.[375] Eros Grau, no entanto, assume a defesa do pensamento de Dworkin, explicando e sustentando a razão pela qual as regras, porquanto tenham uma textura aberta, não comportam exceções, conforme segue:

> O fato de as regras possuírem textura aberta – tal qual os princípios, de resto – não importa, em si, estejam elas sujeita a exceções. Uma circunstância não induz a outra. Não há relação de causa e efeito entre ambas. Comportarem ou não comportarem exceções às regras, isso independe inteiramente do fato de serem expressas em linguagem de textura aberta. Além disso, é justamente essa peculiaridade que permite que determinada regra se aplique a esta e não àquela situação, sem que isso importe esteja ela sendo excepcionada.[376]

Assim, a textura aberta das regras é necessária porque elas devem ser aplicadas em relação às situações futuras. Quando essa situação futura não se verificar

---

[371] ALEXY, Robert. *Teoria de Los Derechos Fundamentales*. Madrid: Centro de Estúdios Políticos y Constitucionales, 2003, p. 86..

[372] Idem, p. 88.

[373] DWORKIN, Ronald. *Los Derechos en Serio*. Trad.: Marta Gustavino. Barcelona: Planeta Agostini, 1993, p. 75.

[374] GRAU, Eros Roberto. *A Ordem Econômica na Constituição de 1988*: interpretação e crítica. 3. ed. São Paulo: Malheiros, 1997, p. 90.

[375] Este é o entendimento de Genaro R. Carrió (1986), inspirado no pensamento de Hart. CARRIÓ, Genaro R. *Notas Sobre Derecho Y Lenguaje*. 3. ed. Buenos Aires: Abeledo-Perrot, 1986, p. 226.

[376] GRAU, op. cit., p. 91.

ou quando se verificar um fato não previsto na regra, não há de se falar de exceção da regra, uma vez que, nesta hipótese, simplesmente a regra deixou de incidir.[377]

Em relação a um princípio, não existem previamente as condições suficientes para sua aplicação. O que existe, é uma razão a argüir em determinada direção, porém isso não implica uma decisão concreta a ser necessariamente tomada em vista da existência de um determinado princípio.

Isto ocorre, porque qualquer princípio coexiste com outros princípios que também devem ser considerados, sendo que, em muitos casos, a aplicação desses princípios pode produzir resultados diametralmente opostos. Todavia, isso não significa que o princípio que deixou de ser aplicado não seja próprio do direito de que se cuida, mesmo porque, em outro caso, poderá ser plenamente aplicável.[378]

A segunda razão pela qual um princípio se distingue de uma regra, segundo Dworkin, reside no fato de que os princípios possuem uma dimensão que não é própria das regras jurídicas, ou seja: a dimensão do peso ou importância.[379]

Em vista disso, um conflito entre princípios deve ser resolvido considerando-se a importância ou o peso de cada um dos princípios conflituosos. É certo, no entanto, como refere Eros Grau, essa valoração não é exata, por isso o julgamento a propósito da maior importância de um princípio em relação a outro será com freqüência discutível.[380]

Quando em determinado caso concreto um princípio colidir com outro, um dos princípios deverá recuar, não significando, contudo, que aquele princípio que recuou, deixando de ser considerado ou aplicado, seja nulo, ou que tenha sido introduzida uma cláusula de exceção. Dessa forma, o conflito de regras se resolve na dimensão da validade, enquanto a colisão de princípios é resolvida na dimensão do valor, eis que o princípio de maior peso deve preponderar na solução do caso concreto correspondente.

Enfim, Dworkin distingue princípios de regras jurídicas, porquanto entende que elas não comportam exceções, isto é, ou são aplicadas de um modo completo

---

[377] Neste sentido, Grau (1997). Idem,, p. 92.

[378] Conforme faz questão de lembrar Grau (1997): "A primeira distinção de que se vale Dworkin para apartar princípios e regras já havia sido, anteriormente, em outros termos explicitada, formulada por Jean Boulanger. Segundo ele, regra e princípio jurídico têm em comum o caráter de generalidade. Daí porque se poderia afirmar que um princípio jurídico não é senão uma regra jurídica particularmente importante, em virtude das conseqüências práticas que dele decorrem. No entanto – prossegue –não há entre ambos apenas uma desigualdade de importância, porém, mais do que isso, uma diferença de natureza. E isso porque a generalidade da regra jurídica é diversa da generalidade de um princípio jurídico. Demonstra-o Boulanger observando que a regra é geral porque estabelecida para um número indeterminado de atos ou fatos. Não obstante, ela é especial na medida em que não regula senão tais atos ou tais fatos: é editada para ser aplicada a uma situação jurídica determinada. Já o princípio, ao contrário, é geral porque comporta uma série indefinida de aplicações". GRAU, Eros Roberto. *A Ordem Econômica na Constituição de 1988*: interpretação e crítica. 3. ed. São Paulo: Malheiros, 1997, p. 94-95.

[379] DWORKIN, Ronald. *Los Derechos en Serio*. Trad.: Marta Gustavino. Barcelona: Planeta Agostini, 1993, p. 77-78.

[380] GRAU, op. cit., p. 93.

TRIBUTAÇÃO E DIGNIDADE HUMANA

ou são absolutamente inaplicáveis. Já um princípio pode, eventualmente, deixar de ser aplicado, mas ser aplicado noutro.

A finalidade dessa abordagem foi trazer à discussão as principais concepções doutrinárias acerca da distinção entre princípios e regras, sem, contudo, adotar uma determinada concepção para enfrentamento da questão.

Antes de significar desconsideração do consolidado entendimento sobre o assunto, este trabalho pretende pôr em evidência um traço da distinção existente entre regra e princípio que, sob um enfoque hermenêutico, resolveria um problema de interpretação ainda não superado pela doutrina e jurisprudência nacional.

Como entende Streck, o novo constitucionalismo exige uma nova teoria das fontes adequada ao modelo do Estado Democrático de Direito instituído. Por essa razão, é imprescindível, segundo o autor, compreender a origem da diferença entre regra e princípio:

> a) pela regra fazemos uma justificação de subsunção (portanto, um problema hermenêutico-filosófico) que no fundo é uma relação de dependência, de subjugação, e, portanto, uma relação de objetivação (portanto, um problema exsurgente da predominância do esquema sujeito-objeto);
>
> b) já por intermédio do princípio não operamos mais a partir de dados ou quantidades objetiváveis, porque, ao trabalhar com os princípios, o que está em jogo não é mais a comparação no mesmo nível de elementos, em que um elemento é causa e o outro é efeito, mas, sim, o que está em jogo é o acontecer daquilo que resulta do princípio, que pressupõe uma espécie de ponto de partida, que é um processo compreensivo.[381]

A partir de uma adequada compreensão da diferença entre regra e princípio, pode-se afirmar que o elemento entendido como principal, para fins da distinção em questão, trata-se da denominada função normogenética, a qual é exercida pelos princípios em relação às regras.

Sustentar que a principal distinção existente entre princípios e regras reside em que os princípios desempenham função de alicerce das regras, implica assumir toda espécie de risco às críticas. No entanto, isso não significa renunciar à necessária modéstia acadêmica, uma vez que é imperioso, para o que se pretende nesta parte do trabalho, defender a função normogenética dos princípios.

3.1.4. A prevalência da função normogenética dos princípios em relação às regras

A análise precedente permite constatar que há traços distintivos entre regras e princípios, que são percebidos de uma forma relativamente consensual na doutrina. Em que pese o exposto, para fins deste trabalho, a principal distinção entre princípio e regra é a denominada função normogenética daquele em relação

---

[381] STRECK, Lenio Luiz. *Verdade e Consenso*: constituição, hermenêutica e teorias discusivas. Rio de Janeiro: Lúmen Júris, 2006, p. 150-151.

a esta. Ou seja, o que diferencia ambos, é o fato de que os princípios servem de fundamento às regras.

Em vista disso, é possível afirmar que, para solucionar determinado conflito jurídico, sempre será aplicado um princípio, quer direta quer indiretamente. Isso ocorre porque não há de se falar que a solução do caso concreto possa ser obtida com a mera tradução do texto da regra (mediante o emprego de um método para se obter a "verdade"), haja vista que isso implicaria desconsiderar a diferença ontológica.

A norma que solucionará o conflito sempre será fruto da interpretação de um texto e seu sentido deve ser construído sob a inspiração dos princípios que alicerçam as regras. Dessa forma, resta evidente a inescapável função fundamentadora que aqueles exercem em relação a estas.

Tendo em vista isso, os princípios – embora muitas vezes de uma forma imperceptível – são sempre aplicados na solução de determinado conflito, mesmo quando o próprio operador jurídico pensa estar aplicando, exclusivamente, uma regra.

Noutros termos, pode-se afirmar que as regras operam a concreção dos princípios, razão por que a interpretação ou aplicação das regras, não obstante sejam de ordem constitucional, deve estar em consonância com os princípios que as fundamentam. Nessa linha, afirma Eros Grau:

> As regras são aplicações dos princípios. Daí porque a interpretação e aplicação das regras jurídicas, tanto das regras constitucionais quanto das contempladas na legislação ordinária, não podem ser empreendidas sem que tome na devida conta os princípios — em especial quando se trate de princípios positivos do direito — sobre os quais se apóiam, isto é, aos quais conferem concreção.[382]

Já Konder Comparato, fazendo uma distinção prévia entre princípios e regras, aduz:

> Os princípios são normas de extrema generalidade e abstração, em contraste com as regras, cujo conteúdo normativo é sempre mais preciso e concreto. Na verdade, a função social das regras consiste em interpretar e concretizar os princípios, à luz do ideário vigente, em cada época histórica, nas diferentes culturas e civilizações.[383]

A vinculação das regras em relação aos princípios se impõe como decorrência lógica, uma vez que não seria admissível supor que uma espécie normativa (regra), que se fundamenta noutra (princípio) e serve para operar a sua concreção, possa ter seu sentido construído (compreensão, interpretação e aplicação) de uma forma que contrarie o princípio sobre o qual se alicerça para, com isso, inviabilizar sua efetiva concreção.

---

[382] GRAU, Eros Roberto. *A Ordem Econômica na Constituição de 1988*: interpretação e crítica. 3. ed. São Paulo: Malheiros, 1997, p. 118.

[383] COMPARATO. Fábio Konder. *Ética*: direito moral e religião no mundo moderno. São Paulo: Companhia das Letras, 2006, p. 510.

Da análise, podem-se aferir duas conseqüências, que devem ser levadas em conta para fins de uma interpretação hermeneuticamente adequada dos dispositivos constitucionais. Conforme abordagem a seguir, não se sustenta o entendimento, de que os casos simples (*easy case*) seriam solucionados com aplicação de uma regra, enquanto os casos difíceis (*hard case*) seriam solucionados mediante a aplicação de um princípio. Ademais, não há de se falar na possibilidade da existência de conflito entre regra e princípio jurídico.

3.1.4.1. A hermeneuticamente inadequada separação entre casos simples e casos difíceis

No momento em que se reconhece que as regras se fundamentam nos princípios, tem-se como decorrência não ser possível afirmar que aquelas sejam aplicadas para solucionar os casos simples (*easy case*), enquanto a estes esteja reservada apenas a tarefa de solucionar os casos difíceis (*hard case*), isto é, aqueles casos, para cuja resolução, não haja uma regra.[384]

A teoria da argumentação, ao sustentar a separação acima exposta, "reduz o elemento essencial da interpretação a uma relação sujeito-objeto".[385] Tal ocorre, porque essa distinção é "apenas objetivista, metodológica, de teoria de conhecimento".[386] Isso se verifica, como explica Streck em original crítica, porque:

> [...] quando a teoria da argumentação faz tal distinção, não se dá conta de que ali existem dois tipos de operar: no caso assim denominado simples, o operar explicativo, que é da ordem da causalidade; no caso complexo, não adianta trazer a causalidade, porque é necessário ampliar o processo.[387]

Fica praticamente impossível identificar quando se está diante de um *easy case*, para, nessa hipótese, se aplicar uma regra, ou quando se está diante de um *hard case*, em relação ao qual se exigiria a aplicação de um princípio. Em verdade, como explica Streck, "o problema de um caso ser fácil ou difícil (simples ou complexo, se assim se quiser) não está nele mesmo, mas na possibilidade – que advém da pré-compreensão do intérprete – de compreendê-lo".[388]

Em vista disso, essa separação está evidentemente contaminada por influências metafísicas, não sobrevivendo a uma abordagem hermenêutica. Tal ocorre,

---

[384] Essa é a linha adotada, dentre outros, por Robert Alexy (ALEXY, Robert. *Teoria da Argumentação Jurídica*: a teoria do discurso racional como teoria da fundamentação jurídica. Trad.: Zilda H. Silva. 2. ed. São Paulo: Landy, 2005) e Manuel Atienza (ATIENZA, Manuel. Argumentación Jurídica. In: *Derecho e Y la Justicia*. Madrid: Trota, 2000, p. 231 e segs.), em que pese deva se reconhecer que Alexy (2005) assume uma posição nitidamente crítica ao positivismo.

[385] STRECK, Lenio Luiz. A Hermenêutica Filosófica e a Teoria da Argumentação na Ambiência do Debate Positivismo (neo) Constitucionalismo. In: *Diálogos Constitucionais*: direito, neoliberalismo e desenvolvimento em países periféricos. Rio de Janeiro: Renovar, 2006, p. 291.

[386] Idem, p. 159.

[387] Idem, ibidem.

[388] STRECK, Lenio Luiz. *Verdade e Consenso*: constituição, hermenêutica e teorias discusivas. Rio de Janeiro: Lúmen Júris, 2006, p. 274.

pois "na hermenêutica, essa distinção entre *easy case* e *hard case* desaparece em face do círculo hermenêutico e da diferença ontológica".[389] Para Streck, "essa distinção não leva em conta a existência de um acontecer no pré-compreender, no qual o caso simples e caso difícil se enraízam". O que existe, segundo o autor, é "uma unidade que os institui".[390]

Além disso, os princípios são – ou deveriam ser – sempre levados em consideração, mesmo quando se constata que há uma regra específica para se aplicar ao caso, justamente porque, quando se aplica uma regra, imperceptivelmente se está aplicando um princípio (aquele que fundamenta a regra aplicada). Quando inexistir tal princípio, a norma extraída do texto da regra não poderá ser entendida como válida.

É certo, por fim, que, para se entender como inaplicável a concepção, de que as regras resolveriam os casos simples, deve-se se ter clara a função normogenética que os princípios desempenham em relação às regras. Portanto, é preciso considerar a pré-compreensão desse aspecto fundamental da hermenêutica. Como explica Streck:

> Com efeito, para que se possa compreender que uma regra é inaplicável, o intérprete já deve possuir – e, sem dúvida, já a possui – a pré-compreensão antecipadora, isto é, como por trás de toda regra há um princípio que a sustenta, a compreensão do princípio instituidor é condição de possibilidade para que se possa dizer que a regra é inaplicável àquele determinado caso. Assim, é possível dizer que regra e princípio não estão "descolados" um do outro e tampouco há qualquer imanência entre ambos. Em outras palavras: quando as teorias da argumentação sustentam que, face a insuficiência da regra, estar-se-á diante de um caso difícil, esquecem-se de que o afastamento da regra pelo princípio somente pode ocorrer porque o intérprete já compreendeu a insuficiência da regra.[391]

Enfim, mostra-se insubsistente o entendimento de que aos princípios estaria reservada, tão-somente, a função de resolução de casos difíceis, enquanto a aplicação de regras solucionaria os casos ditos fáceis. No momento em que se constata a função de alicerce que os princípios desempenham, percebe-se que estes serão, direta ou indiretamente, sempre considerados.

Da concepção de que os princípios fundamentam as regras, surge uma outra decorrência inconciliável com o positivismo jurídico: a impossibilidade de haver conflito entre regra e princípio. À medida que se reconhece a função normogenética dos princípios, resta inaceitável admitir que possa haver conflito entre regra e princípio jurídico, e, com muito mais razão, mostra-se inadmissível pensar que, em uma inimaginável hipótese de conflito, possa prevalecer a regra em detrimento do princípio.

---

[389] STRECK, op. cit., p. 158.

[390] Idem, ibidem.

[391] STRECK, Lenio Luiz. A Hermenêutica Filosófica e a Teoria da Argumentação na Ambiência do Debate Positivismo (neo) Constitucionalismo. In: *Diálogos Constitucionais*: direito, neoliberalismo e desenvolvimento em países periféricos. Rio de Janeiro: Renovar, 2006, p. 291-292.

3.1.4.2. Da inexistência de conflito entre regra e princípio

Uma vez que, de um lado, não se sustenta a posição de que aos princípios estaria reservado o campo de atuação apenas para fins de solução de casos difíceis; por outro lado não há como sustentar que possa haver conflito entre regra e princípio, mesmo que sejam ambos de índole constitucional.

Muito embora os princípios e as regras constitucionais estejam no mesmo patamar hierárquico-normativo, não há de se olvidar que os princípios possuem a função de "pilares normativos", isto é, são as estruturas sobre as quais repousam todas as espécies normativas.

Por decorrência, se o sentido de uma regra só poderá ser validamente construído em consonância com os princípios que a fundamentam, não se pode cogitar a hipótese de conflito, pois a norma construída a partir da interpretação da regra, só poderá ser entendida como válida, se essa mesma norma puder ser extraída dos princípios que alicerçam a regra respectiva. Logo, por decorrência lógica, é impossível que haja conflito entre regra e princípio. Para alguns autores, no entanto, seria perfeitamente possível existir tal conflito, que seria resolvido em favor da aplicação da regra, não do princípio. Nessa linha sustenta Humberto Ávila:

> Também relacionado a essa questão está o problema de saber qual norma deve prevalecer se houver conflito entre um princípio e uma regra de mesmo nível hierárquico (regra constitucional x princípio constitucional). Normalmente, a doutrina, com base naquela já referida concepção tradicional, afirma que deve prevalecer o princípio. Assim, porém, não deve suceder. Se isso fosse aceito, quando houvesse colisão entre a regra de imunidade dos livros e o princípio da liberdade de manifestação do pensamento e de cultura, deveria ser atribuída prioridade ao princípio, inclusive – esta seria uma das conseqüências – para efeito de tornar imunes obras de arte! E se houvesse conflito entre a regra de competência para instituir contribuições sociais sobre o faturamento e os princípios da solidariedade social e da universalidade do financiamento da seguridade social, deveria ser dada prevalência ao princípio, inclusive – este seria um dos resultados – para efeito de justificar a tributação mesmo que o valor obtido pela empresa não fosse enquadrado no conceito de faturamento! Ora, isso não é aceitável.[392]

Contudo, convém ressaltar que uma concepção que admite o conflito entre regra e princípio está nitidamente comprometida com o positivismo jurídico e com o pensar metafísico que o alicerça, especialmente no que tange à desconsideração da diferença existente entre texto e norma. Alertando sobre isso, aduz Streck:

> Com efeito, não poderá haver colisão entre regra e princípio; logo uma regra não pode prevalecer em face de um princípio. Se correta a tese de que por trás de cada regra há um princípio, então a afirmação de que, em determinados casos, a regra prevalece em face ao princípio, é uma contradição. A prevalência de regra em face de um princípio significa um

---

[392] ÁVILA, Humberto. Teoria dos Princípios e o Direito Tributário. *Revista Dialética de Direito Tributário*, São Paulo, n. 125, fev. 2006, p. 39.

retorno ao positivismo, além de independizar a regra de qualquer princípio, como se fosse um objeto dado (posto), que é exatamente o primado da concepção positivista do direito, em que não há espaços para os princípios.[393]

Ou seja, uma tal concepção é incompatível com o modelo hermenêutico, pois uma das condições de possibilidade da hermenêutica filosófica é a compreensão da diferença ontológica (entre ser e ente), o que, no campo jurídico, se reflete na diferença entre texto e norma, bem como entre vigência e validade.

O problema vislumbrado por Ávila (*vg.* conflito entre a regra da imunidade e princípio da livre manifestação do pensamento) não se verificaria, uma vez que, conforme sustentado acima, por trás de toda regra há um princípio que a fundamenta, razão pela qual eventual colisão – não um conflito – ocorreria entre esse princípio e aquele mencionado/exemplificado pelo autor.

Além disso, é de fundamental importância lembrar que os "princípios não colidem no ar", isto é, só se pode falar em colisão de princípios no caso concreto, pois, uma vez existente tal caso, o Judiciário aplicaria o princípio (aquele que fundamenta a regra ou o outro princípio colidente) de maior peso ou relevância para solucionar o caso. Logo, tudo isso passaria por uma pré-compreensão da própria idéia de constituição e por um processo argumentativo que estivesse apto a produzir uma resposta hermeneuticamente adequada.

Enfim, se tudo isso pudesse ser desconsiderado, a posição refutada mostrar-se-ia adequada. Todavia, esse entendimento estaria em consonância com um *modus operandi* totalmente comprometido com as concepções positivistas, as quais, neste trabalho, se procurou refutar desde o princípio.

Não obstante o exposto, a influência do positivismo pode ser facilmente constatada na discussão que, até agora, esteve submetida à interpretação do disposto no § 1º do art. 145 da Constituição do Brasil. Na abordagem que segue será constatada a influência dos prejuízos inautênticos na compreensão e interpretação do texto constitucional, bem como a inaceitável prevalência de uma regra, em detrimento dos princípios que a fundamentam.

3.1.5. A (re)construção de um sentido adequado ao disposto no § 1º do art. 145 da Constituição do Brasil

Entre os objetivos do trabalho está o de examinar as condições de possibilidades de que, mediante a adequação da tributação à efetiva capacidade contributiva do cidadão, seja possível propiciar a máxima eficácia ao princípio da dignidade da pessoa humana.

---

[393] STRECK, Lenio Luiz. A Hermenêutica Filosófica e a Teoria da Argumentação na Ambiência do Debate Positivismo (neo) Constitucionalismo. In: *Diálogos Constitucionais*: direito, neoliberalismo e desenvolvimento em países periféricos. Rio de Janeiro: Renovar, 2006, p. 292.

Para alcançar tal intento, deve-se enfrentar a questão acerca da adequada interpretação do princípio da capacidade contributiva, o qual, para muitos, estaria albergado na literalidade do disposto no § 1° do art. 145 da Constituição do Brasil, *in verbis*

> Art. 145 [...]
>
> § 1° *Sempre que possível, os impostos terão caráter pessoal e serão graduados segundo a capacidade econômica do contribuinte,* facultada à administração tributária, especialmente para conferir efetividade a esses objetivos, identificar, respeitados os direitos individuais e nos termos da lei, o patrimônio, rendimentos e as atividades econômicas do contribuinte (não grifado no original).

Cabe recordar, preliminarmente, que, somente se compreende o porquê da impossibilidade de que a Constituição seja interpretada mediante a adoção de um método, quando se compreende e se considera a existência da diferença ontológica entre texto e norma, ou seja, quando se tem claro que esta sempre será o fruto da interpretação daquele. Se assim não for, a interpretação corresponderá a uma inútil e ineficaz "tradução de texto", metafisicamente levada a cabo.

Assim, mostra-se hermeneuticamente inadequado centrar e restringir a discussão acerca da interpretação do disposto no § 1° do art. 145 da Constituição à análise dos termos contidos no referido dispositivo: a) sempre que possível; b) impostos; e c) pessoais. Isso implicaria reduzir o processo interpretativo à mera tradução (do "juridiquez" para o "português") dos termos contidos no texto (interpretação através do método literal).[394] Ou seja, todas as possibilidades interpretativas ficariam restritas à análise do enunciado lingüístico, o que é incompatível com o modelo hermenêutico.

Dessa forma, a diferença ontológica do ente (texto) em relação ao ser (norma) seria totalmente desprezada, optando-se pelo mergulho no fosso da anacrônica metafísica. Tal mergulho se percebe, claramente, quando a própria Suprema Corte diz que determinados tributos, pelo fato de serem classificados e conceituados como "impostos reais", não poderiam ser graduados segundo a capacidade

---

[394] Em relação à interpretação literal, Paulo de Barros Carvalho sustenta que: O desprestígio da chamada interpretação literal, como critério isolado de exegese, é algo que dispensa meditações mais sérias, bastando argüir que, prevalecendo como método interpretativo do direito, seríamos forçados a admitir que os meramente alfabetizados, que com o auxílio de um dicionário de tecnologia jurídica, estariam credenciados a descobrir as substâncias das ordens legisladas, explicando as proporções do significado da lei. O reconhecimento de tal possibilidade roubaria à Ciência do Direito todo o teor de suas conquistas, relegando o ensino universitário, ministrado nas faculdades, a um esforço estéril, sem expressão e sentido prático de existência. Daí que o texto escrito, na singela conjugação de seus símbolos, não pode ser mais que a porta de entrada para o processo de apreensão da vontade da lei; jamais confundida com a intenção do legislador. O jurista, que nada mais é do que o lógico, o semântico e o pragmático da linguagem do direito, há de debruçar-se sobre os textos quantas vezes obscuros, contraditórios, penetrados de erros e imperfeições terminológicas, para captar a essência dos institutos, surpreendendo, com nitidez, a função da regra, no complexo quadro normativo. E, á luz dos princípios capitais, que no campo tributário se situam no nível da Constituição, passa a receber a plenitude do comando expedido pelo legislador, livre de seus defeitos e apto para produzir as conseqüências que lhe são peculiares. CARVALHO, Paulo de Barros. *Curso de Direito Tributário*. São Paulo: Saraiva, 1993, p. 81-82.

econômica do sujeito passivo, pois o disposto no § 1° do art. 145 da Constituição menciona apenas o termo "pessoal".[395]

Também pode ser percebida a total desconsideração da diferença ontológica, bem como um radical apego ao positivismo, quando parte da doutrina diz que só os "impostos" poderiam ser graduados segundo a capacidade econômica do sujeito passivo, haja vista que apenas essa espécie tributária consta no enunciado lingüístico do referido dispositivo constitucional.

Já quando a discussão se restringe a examinar o significado do enunciado "sempre que possível", tal inautenticidade fica claramente exposta, mesmo porque essa discussão sequer poderia existir, pois seria absurdo imaginar que a Constituição contivesse um dispositivo determinando o absolutamente impossível.

Enfim, a expressão contida na primeira parte do § 1° do art. 145 da Constituição: "sempre que possível os impostos terão caráter pessoal e serão graduados segundo a capacidade econômica do sujeito passível", em absoluto pode ser entendida no sentido de que, apenas ocasionalmente, os impostos, ditos pessoais (tão-somente esses!), poderiam estar adstritos à efetiva capacidade econômica do sujeito passivo. Isso praticamente restringiria a possibilidade de aplicação do referido dispositivo ao Imposto de Renda das Pessoas Físicas!

O mais grave, porém, é que, ao negar a possibilidade de graduação dos tributos segundo a capacidade contributiva do sujeito passivo, descortina-se o evidente equívoco de pré-compreensão do texto constitucional. No momento em que se sustenta que a capacidade econômica possa ser desprezada para fins de divisão da carga tributária, obviamente se revela a existência de preconceitos ilegítimos ou prejuízos inautênticos, acerca do próprio modelo de Estado vigente no Brasil. Por isso, faz-se necessária a análise que segue.

3.1.5.1. *Um retomar hermenêutico para compreender o princípio da capacidade contributiva*

Cabe lembrar, inicialmente, que o jurista, quando interpreta o texto constitucional, embora sequer identifique claramente isso, o faz a partir de preconceitos construídos ao longo da sua formação, pois eles são inerentes ao seu modo de ser no mundo.[396]

---

[395] Em face ao pacífico entendimento sobre essa questão, o Supremo Tribunal Federal editou o verbete da SÚMULA 668: É inconstitucional a Lei Municipal que tenha estabelecido, antes da Emenda Constitucional 29/2000, alíquotas progressivas para o IPTU, salvo se destinada a assegurar o cumprimento da função social de propriedade urbana.

[396] É por isso que esclarece Streck (2004): Dito de outro modo, quando o operador do Direito fala do Direito ou sobre o Direito, fala a partir do seu "desde-já-sempre", o já-sempre-sabido sobre o direito, enfim, como o Direito sempre-tem-sido (é como ele "é" e tem sido estudado nas faculdades, reproduzido nos manuais e aplicado quotidianamente). O mundo jurídico é assim, pré-dado (e predado!) por esse sentido comum teórico, que é, assim, o véu do ser autêntico do Direito! STRECK, Lenio Luiz. *Jurisdição Constitucional e Hermenêutica*: uma nova crítica do direito. 2. ed. Rio de Janeiro: Forense, 2004, p. 216-217.

Os referidos preconceitos serão autênticos ou legítimos se estiverem fundados na autoridade da tradição, o que passa, necessariamente, por uma compreensão do que seja a própria Constituição. Nesse sentido, Streck é contundente:

> Assim percebemos (compreendemos) a Constituição "como" Constituição quando a confrontamos com a sociedade para a qual é dirigida; compreendemos a Constituição "como" Constituição quando examinamos os dispositivos que determinam o resgate das promessas da modernidade e quando, através de nossa consciência acerca dos efeitos que a história tem sobre nós (Wirkungsgeschichtliches Bewubtsein), damo-nos conta da ausência de justiça social (cujo comando de resgate está no texto constitucional); compreendemos a Constituição "como" Constituição quando constatamos que os direitos fundamentais-sociais somente foram integrados ao texto constitucional pela exata razão de que a imensa maioria da população não os têm; [...].[397]

Ocorre que, boa parte desses preconceitos (a própria idéia do que seja constituição, inclusive) foi construída a partir de uma realidade e de um contexto histórico superado. Tais preconceitos foram gestados sob os auspícios de um modelo de Estado (liberal-individualista) que ora não vige mais, pelo menos no campo formal/constitucional. Isso, especialmente no caso do Brasil, tem representado um entrave à eficácia normativa do texto constitucional, pois continua não-descoberto, como sustenta Streck:

> O sentido da Constituição não pode continuar velado (isto porque, passados quinze anos desde sua promulgação, grande parte de seu texto continua inefetivo, portanto, não descoberto). Por isto, para interpretar a Constituição (entendida como o novo, o estranho), é necessário, primeiro, tornar transparente a própria situação hermenêutica para que o estranho ou diferente (sinistro) do texto possa fazer-se valer antes de tudo, isto é, sem que nossos pré-juízos não esclarecidos exerçam aí sua despercebida dominação e assim escondam o específico do texto.[398]
>
> [...]
>
> Por isso, o des-velar do novo (Estado Democrático de Direito, sua principiologia e a conseqüente força normativa e substancial do texto constitucional) pressupõe a desconstrução/ destruição da tradição jurídica inautêntica, mergulhada na crise de paradigmas. Ao desconstruir, a hermenêutica constrói, possibilitando o manifestar-se de algo (o ente "Constituição" em seu estado de des-coberto). O acontecimento da Constituição será a revelação dessa existência do jurídico (constitucional), que está aí, ainda por des-cobrir. O acontecer será, assim, a des-ocultação do que estava aí velado.[399]

Para compreender isso, é necessário, "pôr entre parênteses os pré-juízos, e estes prejuízos devem ser compreendidos/suspensos "como" pré-juízos, onde o

---

[397] STRECK, Lenio Luiz. In: ROCHA; Leonel Severo; STRECK; Lenio Luiz; BOLZAN DE MORAIS; José Luis *et al.* (orgs.). *Constituição, Sistemas Sociais e Hermenêutica*: programa de pós-graduação em Direito da UNISINOS: mestrado e doutorado. Porto Alegre: Livraria do Advogado; São Leopoldo: UNISINOS, 2005, p. 163.

[398] STRECK, Lenio Luiz. *Jurisdição Constitucional e Hermenêutica*: uma nova crítica do direito. 2. ed. Rio de Janeiro: Forense, 2004, p. 222.

[399] Idem, p. 224.

"como" é condição de possibilidade para "pôr entre parênteses".[400] Isto é, o intérprete da constituição deve suspender seus preconceitos ilegítimos para que possa compreender, interpretar e aplicar o texto da Constituição do Brasil de 1988, deixando, antes de mais nada, que o texto possa lhe dizer algo, pois só assim poderá perceber/descobrir o novo contido no referido texto (que não se confunde com mero enunciado lingüístico) para, com isso, poder laborar no seu tardio, mas ainda imprescindível, processo de desvelamento.

Não será, pois, através da anacrônica aplicação de um determinado método que o texto da constituição, por dedução ou indução, poderá ser interpretado. Sobretudo isso não ocorrerá mediante a simplória aplicação do método literal/gramatical, como se a linguagem do direito pertencesse a outro idioma – "juridiquez" – e ao "sábio" jurista coubesse a tarefa de traduzir o texto para o português.[401]

Conforme já visto quando da análise da diferença entre ser e ente (diferença ontológica), há uma inequívoca distinção entre texto e norma. A percepção dessa diferença (ontológica) é condição de possibilidade de uma interpretação hermeneuticamente adequada, pois aquele que não a percebe e confunde texto e norma está indubitavelmente preso às concepções metafísicas, porquanto pensa ainda ser possível descobrir a verdade através da utilização de um método.

O texto (não o mero enunciado lingüístico) pode e deve dizer algo, mas esse texto será sempre um ente que, como tal, dependerá da manifestação do seu ser, que é a norma. Se assim não for, estar-se-á preso às conceituações metafísicas, as quais, ao longo de dois mil anos, entificaram o ser.

Portanto, não é demais ressaltar que a norma será sempre fruto da interpretação de um texto e, com ele, não poderá se confundir, da mesma forma como o ente não se confunde com o seu ser. Por si só, isso já representa um importantíssimo avanço na compreensão da própria constituição, pois parte significativa da doutrina e da jurisprudência está sob as amarras dessas ultrapassadas concepções metafísicas.

Enfim, para se compreender adequadamente a constituição, faz-se necessário livrar-se dos prejuízos inautênticos, romper com os preconceitos concebidos a partir de uma realidade superada para, como isso, mostrar-se disposto a deixar que o texto (o novo) possa dizer algo. Isso só ocorrerá se a autoridade da tradição – de uma constituição dirigente e compromissária do (modelo) Estado Social e Democrático de Direito – for reconhecida.

---

[400] STRECK, Lenio Luiz. *Jurisdição Constitucional e Hermenêutica: uma nova crítica do direito*. 2. ed. Rio de Janeiro: Forense, 2004, p. 222-223.

[401] Como menciona Streck (2004): Assim como não se procede subsuntivamente quando se interpreta (e, portanto, se aplica) um texto normativo em relação a uma situação fática, também quando se interpreta um texto com base na Constituição, não ocorre esse processo subsuntivo/dedutivo. O sentido do texto se dá a partir do modo de ser-no-mundo no qual está inserido o intérprete. Não se percebe o texto primeiramente enquanto "ser-objeto". Há um mundo circundante onde acontece essa manifestação. Ao vislumbrar o texto, já há um ter-prévio, um ver-prévio e um pré-conceito acerca da Constituição. STRECK, op. cit., p. 229.

Enquanto isso não ocorrer, continuar-se-á a ter um belíssimo texto, ao qual não é permitido "dizer algo", pois a ressonância dos preconceitos ilegítimos continuará a produzir um som estridente, o qual impede que o jurista suspenda seus "pré-juízos" e força-o a continuar "ser no mundo" de uma forma inautêntica, pois não se permite "ouvir a voz do texto".

Em decorrência disso, a Constituição permanecerá como uma obra de ficção, sem eficácia e normatividade, justamente naqueles pontos em relação aos quais um país de modernidade tardia (Brasil) tem maior urgência e necessidade de eficácia, como ocorre, por exemplo, em relação aos direitos sociais, ao princípio da dignidade da pessoa humana e ao princípio da solidariedade social.

3.1.5.2. A condição de regra do disposto no § 1° do art. 145 da Constituição brasileira e os princípios que a fundamentam

Até o momento, buscou-se analisar os fundamentos da hermenêutica filosófica, com vistas a examinar as condições de possibilidades de que essa seja a fonte inspiradora do processo interpretativo do disposto no § 1° do art. 145 da Constituição brasileira para que, com isso, o princípio da capacidade contributiva possa ser aplicado na plenitude de suas possibilidades.

Conforme visto nas lições de Gadamer, o fato de a norma ser fruto da interpretação de um texto, não implica a possibilidade de que cada qual possa atribuir a esse texto o sentido que melhor lhe convier. Ou seja, "nem de longe pode significar a possibilidade deste estar autorizado a "dizer qualquer coisa sobre qualquer coisa, atribuindo sentidos de forma arbitrária aos textos".[402]

Quando se diz que o princípio da capacidade contributiva apenas poderia ser aplicado aos impostos e, apenas àqueles que possam ser classificados como pessoais, está-se evidentemente negando as possibilidades de que o texto do Estado Democrático de Direito, constituído em 1988, possa "dizer algo" e, portanto, se está arbitrariamente atribuindo um sentido próprio ao texto.

Esse intérprete, na obscuridade de seus preconceitos inautênticos, labora a partir dos paradigmas do modelo de Estado liberal-individualista, os quais ainda conduzem o seu modo de ser no mundo, muito embora tudo isso seja, para ele, imperceptível. Tais preconceitos o impedem de perceber/descobrir/desvelar o novo modelo de Estado ora vigente no plano formal. Enfim, eles são ilegítimos, porque estão vinculados a uma "real-idade" já superada e numa tradição inautêntica.

Isso se dá, porque o princípio da capacidade contributiva não está fundamentado no enunciado lingüístico contido no § 1° do art. 145 da CF/88. Ao contrário, é esse princípio que fundamenta o referido dispositivo, pois, se assim não fosse, a regra em questão estaria destituída de uma de suas condições de validade, qual

---

[402] STRECK, Lenio Luiz. In: ROCHA; Leonel Severo; STRECK; Lenio Luiz; BOLZAN DE MORAIS; José Luis et al. (orgs.). *Constituição, Sistemas Sociais e Hermenêutica*: programa de pós-graduação em Direito da UNISINOS: mestrado e doutorado. Porto Alegre: Livraria do Advogado; São Leopoldo: UNISINOS, 2005, p. 167.

seja: não haveria, em relação a ela, um princípio que desempenhasse a insubstituível função normogenética.

O princípio da capacidade contributiva, diferentemente do que sustentam muitos, não está fundamentado no § 1º do art. 145 da CF/88. Ele decorre do caráter do modelo de Estado constituído pela Carta brasileira de 1988 (Estado Democrático de Direito), o qual está alicerçado nos princípios da dignidade da pessoa humana, da igualdade substancial e da solidariedade. Isto é, não há de se falar em Estado Democrático de Direito, se esse não tiver como objetivo a redução das desigualdades sociais, a construção de uma sociedade solidária, que esteja apta a assegurar igual dignidade a todos os seus membros.

Os princípios basilares e os objetivos fundamentais mencionados pela Carta de 1988 (arts. 1º e 3º) só poderão ser alcançados se a carga tributária for dividida de uma forma proporcional à efetiva capacidade contributiva do cidadão, tendo em vista que, se isso não ocorrer, as desigualdades sociais, ao invés de serem reduzidas, serão ampliadas, a miséria continuará aviltando a dignidade humana, e a meta da solidariedade social permanecerá como mera utopia acadêmica.

A regra do § 1º do art. 145 não entra em choque, portanto, com os referidos princípios e objetivos fundamentais, tendo em vista que, conforme examinado, não há de se falar em conflito entre regra e princípio, pois o sentido daquela só pode ser validamente construído de acordo com este princípio.

Da mesma forma, não é possível interpretar-se literalmente a regra contida no § 1º do art. 145 da CF/88, pois isso levaria a contrariar e negar eficácia jurídica aos princípios que a fundamentam (capacidade contributiva, dignidade da pessoa humana, igualdade substancial e solidariedade), ao mesmo tempo em que se desconsideraria a diferença ontológica.

Dizer, por exemplo, que o princípio (na verdade a regra do mencionado dispositivo constitucional) impede a graduação progressiva das alíquotas dos impostos ditos "reais" corresponde a esquecer a diferença ontológica entre ser e ente, no caso específico, entre texto e norma. Por isso, a interpretação, que alguns entendem correta do dito dispositivo – a Suprema Corte, por exemplo – implica desconsiderar os princípios basilares que fundamentam a Constituição para privilegiar exclusivamente o denominado "método literal" de interpretação, a partir de conceitos metafísicos acerca dos termos contidos no texto da Constituição.

Tudo isso é feito a partir de preconceitos fundados numa tradição inautêntica, numa tradição forjada num momento histórico superado, o qual, infelizmente, colaborou (e ainda colabora) para que a "Constituição Cidadã" continuasse a ser um monumento em homenagem à inefetividade. Para que isso seja superado, faz-se necessário repensar o que se compreende por Constituição, bem como é fundamental romper com os paradigmas objetivista e subjetivista, em relação aos quais ainda se está aprisionado.[403]

Uma vez constatado que, até o momento, a interpretação do princípio da capacidade contributiva esteve comprometida com uma concepção positivista que inviabilizou as possibilidades de uma real eficácia, faz-se necessário prosseguir na abordagem, no sentido de se analisar a razão pela qual o disposto no § 1° do art. 145 da Constituição Brasileira só poderá ser adequadamente interpretado, se o sentido construído a essa regra estiver em consonância com o princípio da capacidade contributiva que a fundamenta.

3.2. O CONTEÚDO E O ALCANCE DO PRINCÍPIO DA CAPACIDADE CONTRIBUTIVA NUM ESTADO DEMOCRÁTICO DE DIREITO

Como já examinado, um Estado Democrático de Direito tem princípios que lhe são peculiares, de tal forma que não é possível reconhecer-se diante desse modelo de Estado, se referidos princípios não se fizerem presentes. Quando se fala em princípios que servem de sustentáculos ao Estado Democrático de Direito, há de se reconhecer que o princípio da dignidade da pessoa humana e o da igualdade substancial ocupam um espaço de proeminência nesse modelo de Estado.

Em decorrência do exposto, a tributação de um Estado Democrático de Direito deve, por óbvio, estar moldada pelos referidos princípios. Sendo assim, no campo tributário, é preciso dar a devida importância àqueles princípios que estejam mais intimamente conectados com os princípios que fundam esse modelo estatal. É em vista disso, pois, que o princípio da capacidade contributiva ocupa um espaço de privilegiada importância, e sua observância e concretização corresponde ao inescapável norte da tributação.

3.2.1. Os contornos conceituais: o princípio da capacidade contributiva como decorrência lógica dos princípios fundamentais do Estado Democrático de Direito

Numa análise perfunctória, pode-se afirmar que, em face do princípio da capacidade contributiva, cada cidadão contribui para a coletividade de acordo com a sua capacidade de fazê-lo, ou seja, o ônus tributário será tanto maior quanto maior

---

[403] Por isso, Streck (2005) afirma que: "Sem modificar o nosso modo de compreender o mundo, sem superar o esquema sujeito-objeto, sem superar a cultura manualesca que assola o imaginário dos juristas, é temerário falar em efetividade da Constituição, naquilo que tem sido entendido como o necessário resgate das promessas (incumpridas) da modernidade. Há de se compreender a importância da superação dos paradigmas objetivista e subjetivista, e as conseqüências para o direito dessa não superação. O esquema sujeito-objeto é objetivista, quando assujeita" o jurista ao texto (que já sempre "conteria a norma") e é subjetivista quando o jurista "assujeita" o texto (o sentido está, assim, na consciência do jurista. STRECK, Lenio Luiz. In: ROCHA; Leonel Severo; STRECK; Lenio Luiz; BOLZAN DE MORAIS; José Luis *et al.* (orgs.). *Constituição, Sistemas Sociais e Hermenêutica*: programa de pós-graduação em Direito da UNISINOS: mestrado e doutorado. Porto Alegre: Livraria do Advogado; São Leopoldo: UNISINOS, 2005, p. 171.

for sua capacidade de arcar com tal ônus e, ao contrário, será tanto menor, ou até mesmo inexistente, quanto menor, ou nula, for tal capacidade.[404]

Através da imputação do ônus tributário de acordo com a capacidade econômica de se arcar com esse ônus, concretiza-se o princípio da igualdade, tanto no sentido de que a norma tratará igualmente aqueles com igual capacidade, como no sentido de tratar desigualmente aqueles com desigual capacidade econômica. Conforme afirma Casalta Nabais:

> Pois bem, o princípio da igualdade de tributação, assente no princípio da capacidade contributiva, diz-nos que as pessoas são tributadas em conformidade com a respectiva capacidade contributiva, o que significa, de um lado, que ficarão excluídos do campo da incidência dos impostos, aquelas pessoas que não disponham dessa capacidade e, de outro lado, que face a detentores de capacidade contributiva, os contribuintes com a mesma capacidade pagarão os mesmos impostos (igualdade horizontal) e os contribuintes com diferentes capacidade pagarão diferentes impostos, seja em termos qualitativos, seja em termos quantitativos (igualdade vertical).[405]

Nessa mesma linha, Albano Santos explica a forma como os conceitos acerca da igualdade se inter-relacionam:

> A indeclinável busca da Justiça Fiscal implica que a tributação de acordo com o princípio em causa se realize, em qualquer circunstância, no respeito por dois critérios cumulativos: o da *igualdade horizontal* (que obriga a que as pessoas com idêntica capacidade contributiva devam pagar o mesmo imposto) e o da *igualdade vertical* (que exige que as pessoas com diferentes capacidades contributivas devam pagar impostos distintos). Trata-se de conceitos que se inter-relacionam, sem que nenhum deles deva ter precedência sobre o outro – em última análise, os critérios da igualdade horizontal e vertical correspondem às duas faces de uma nova moeda.[406]

À medida que os cidadãos são assim tributados, restam viabilizadas as possibilidades de que as desigualdades sejam reduzidas, caminhando-se, desse modo, no sentido traçado pelos objetivos fundamentais do Estado Democrático de Direito. Além disso, ao se preservarem da tributação aqueles que estão desprovidos de capacidade de contribuir, automaticamente se estará viabilizando a eficácia do princípio da dignidade da pessoa humana, o qual se manifesta de uma forma mais evidente na área tributária, mediante a não-tributação do mínimo existencial.

---

[404] Essa idéia é assim explicitada por Lapatza: Todos são iguais perante a lei no momento de implantar os tributos. Mas, naturalmente, a igualdade exige um tratamento igual para os iguais e desigual para os desiguais.Quanto maior é a riqueza de um indivíduo, maior sua capacidade econômica, maior deverá ser a quantidade com a qual terá que contribuir para o sustento do ônus públicos. Só assim são suportados por igual os ônus tributários. Só assim estes ônus são igualmente gravosos para os distintos contribuintes. Portanto, para a aplicação efetiva destes princípios é preciso determinar, inicialmente, quem tem e quem não tem capacidade contributiva. Determinar aquilo que a doutrina chama de capacidade contributiva absoluta, a capacidade para contribuir. LAPATZA, José Juan Ferreiro. *Direito Tributário*: teoria geral do tributo. Trad.: Roberto Barbosa Alves. Barueri: Manole; Madrid: Marcial Pons, 2007, p. 23.

[405] CASALTA NABAIS, José. *O Dever Fundamental de Pagar Impostos*. Coimbra: Almedina. 2004, p. 443.

[406] SANTOS, J. Albano. *Teoria Fiscal*. Lisboa: Universidade Técnica de Lisboa – Instituto Superior de Ciências Sociais e Políticas, 2003, p. 412.

Como já referido, esse princípio tem tal importância que é possível sustentar que o Estado Democrático de Direito (ou Estado Social) apenas se concretiza, caso seu sistema tributário for assente no princípio da capacidade contributiva. Nessa linha, menciona Casalta Nabais:

> O princípio base por que passa o teste material do estado fiscal, e sobretudo quando ele assume a forma de estado social, é seguramente o princípio da capacidade contributiva, segundo o qual sobre todos os cidadãos impende o dever fundamental de pagar impostos (princípio da generalidade) de acordo com um único critério (princípio da uniformidade), que é o da capacidade contributiva (princípio da capacidade contributiva *stricto sensu*).[407]

É certo que o princípio da capacidade contributiva não nasce apenas com o Estado Social (já existia e era validamente aceito no Estado Liberal).[408] Porém, é possível afirmar que a eficácia do referido princípio passa a ser condição de possibilidade de concretização do próprio modelo de Estado Democrático de Direito.

O princípio da capacidade contributiva pode ser entendido como corolário da justiça fiscal, visto que sua observância implica que a carga tributária seja repartida de acordo com a possibilidade de cada indivíduo de suportá-la. Por isso mesmo, o conteúdo e o significado do princípio parecem algo bastante simples de se compreender.

A concepção sobre a qual se assenta o princípio da capacidade contributiva está diretamente relacionada com o princípio da igualdade, pois, como afirma Ataliba "só há tratamento desigual aos desiguais, na medida das suas desigualdades, em matéria tributária, se cada qual tiver de contribuir com imposto de acordo com sua capacidade contributiva".[409]

Noutros termos, a igualdade no campo tributário só poderá se entendida como presente, quando o ônus da carga fiscal for suportado proporcionalmente à efetiva capacidade contributiva. Como assevera Casalta Nabais:

> O segundo aspecto da igualdade fiscal – a uniformidade dos impostos –, segundo a qual a repartição destes deve obedecer ao mesmo critério, um critério idêntico para todos os destinatários do dever de pagar impostos. E quanto a qual deve ser esse critério, não há

---

[407] CASALTA NABAIS, José. *Estudos de Direito Fiscal*: por um estado fiscal suportável. Coimbra: Almedina, 2005, p. 464.

[408] Com essa necessária advertência é que deve ser considerado o princípio do Estado Social como fundamento da capacidade contributiva. Nesse sentido explica Casalta Nabais (2004): É certo que o princípio do estado social tem importantes implicações para a constituição fiscal, pois ele é que, se as disposições específicas nesse sentido não houver, constitui, em articulação com a garantia da propriedade privada ou do estado fiscal, o fundamento da admissibilidade ou não e em termos da tributação do capital, da progressividade dos impostos ou do sistema fiscal e, bem assim, dos impostos extrafiscais orientadores ou reguladores. E também é ele que influencia a própria configuração concreta da capacidade contributiva, ao fornecer-nos a base, seja do concreto mínimo de existência a ter em conta em cada momento, seja das prestações sociais a considerar na quantificação da capacidade contributiva. Mas, concluir-se daqui que o princípio do estado social é fundamento do princípio da capacidade contributiva, parece-nos inaceitável, já que é sobejamente sabido que o princípio da capacidade contributiva foi tão válido no estado liberal como o é no estado social. CASALTA NABAIS, José. *O Dever Fundamental de Pagar Impostos*. Coimbra: Almedina. 2004, p. 462.

[409] ATALIBA, Geraldo. Do Sistema Constitucional Tributário. In: *Curso Sobre Teoria do Direito Tributário*. São Paulo: Tribunal de Impostos e Taxas, 1975, p. 251.

178

atualmente divergências que o mesmo deve ser o da capacidade contributiva, capacidade econômica ou capacidade de pagar, expressões que utilizamos aqui como sinônimas, muito embora seja a primeira a mais tradicional, a mais freqüentemente utilizada, e a que goza da nossa preferência, [...].[410]

No Estado Democrático de Direito, o princípio da capacidade contributiva sofistica-se, pois passa a ser um instrumento de concretização desse modelo estado. Se, para o Estado Liberal, a tributação deveria ser desigual na medida das desigualdades econômicas, no novo modelo estatal esse tratamento diferenciado passa a ter uma concepção teleológica. Ou seja, no Estado Democrático de Direito agrega-se um *plus* ao tratamento diferenciado conforme a capacidade contributiva, pois este passa a ter como finalidade a redução das desigualdades econômicas e sociais.

Pode-se afirmar que o princípio da capacidade contributiva está intrinsecamente relacionado com idéia de solidariedade que deve nortear uma sociedade, razão pela qual Moschetti sustenta que a solidariedade e a capacidade contributiva são dois aspectos de uma mesma realidade.[411]

Verifica-se, pois, que a doutrina – sobretudo a italiana, a alemã e a espanhola – fundamenta o princípio da capacidade contributiva no princípio da solidariedade ou da igualdade. Na Alemanha, o princípio da capacidade contributiva não está expressamente previsto na Constituição,[412] todavia a jurisprudência da Corte Constitucional entende plenamente aplicável tal princípio, como corolário dos direitos fundamentais (sobretudo princípio da igualdade), ou como decorrência lógica do Estado Social e da função social da propriedade. Nesse sentido, relata Moschetti:

> Nella giurisprudenza della Corte Cost. Tedesca esso é dunque considerato como una massima applicativa del principio di eguaglianza (cfr. Lang, Die Bemess. der Einkomm., p. 124-125), anche se non manca in dottrina (da ultima, Bach, Die Perspekt. des Leistung. Im gegen Stever., in Stuw., 2/1991, p. 119 ed ivi ulteriori citazioni) chi deducendo il principio di capacità contributive dai diritti fondamentali contenutti nella prima parte della Grundgesetz, dal principio dello Stato sociali e dalla funzione sociale della proprietà, gli riconosce rango costituziona-

---

[410] CASALTA NABAIS, José. *O Dever Fundamental de Pagar Impostos*. Coimbra: Almedina. 2004, p. 441.

[411] Conforme afirma textualmente o autor italiano: "Solidaritá e capacità contributiva sono due aspetti della stessa realtà". MOSCHETTI, Franscesco. *La Capacità Contributiva*. Padova: CEDAM, 1993, p. 6.

[412] A previsão expressa do princípio da capacidade contributiva está contida em diversos textos constitucionais do ocidente, dentre os quais, cabe destacar, os dispositivos das Constituições italiana e espanhola. Na Itália o princípio da capacidade contributiva está positivado no art. 53 da Constituição, estabelecendo que "todos têm a obrigação de contribuir para as despesas públicas na medida de sua capacidade contributiva". Sendo que, conforme a parte final do referido dispositivo, "o sistema tributário é inspirado nos critérios da progressividade" Na Espanha, a Constituição estabelece, no art. 31, que "todos contribuirão para as despesas públicas de harmonia com a sua capacidade econômica, mediante um sistema tributário justo, inspirado nos princípios de igualdade e progressividade, que, em caso algum, poderá ter alcance confiscatório" Noutros países, como, por exemplo, Chile, Venezuela, Equador, Argentina, México, a necessidade da observância da capacidade contributiva aparece, explícita ou implicitamente, conforme exaustivamente relaciona Victor Uckmar (1976). UCKMAR, Victor. *Princípios Comuns de Direito Tributário*. Trad.: Marco Aurélio Greco. São Paulo: Revista dos Tribunais / EDUC, 1976.

le. Il principio do capacità contributiva viene dunque assunto a principio giuridico che fonda e presidia il giusto diritto tributario".[413]

No Brasil, tal discussão está ainda sob as amarras de ranços ideológicos anacrônicos, ou melhor, está fundada em prejuízos inautênticos, sobretudo em relação aos meios através quais a carga tributária seja dimensionada de acordo com a capacidade contributiva do cidadão.

Não obstante isso, a tributação segundo a efetiva capacidade econômica é um instrumento à disposição do Estado Democrático de Direito para que este possa atingir seus fins. Em se tratando de Brasil, corresponde a um meio de concretização, principalmente, dos objetivos preconizados no arts. 1° e 3° da Magna Carta brasileira.

Ou seja, a aplicação do princípio da capacidade contributiva é um poderoso instrumento para a construção de uma sociedade livre, justa e solidária, na qual as desigualdades sociais sejam reduzidas, e a pobreza e a marginalização erradicadas ou minizadas. Com isso, por evidência, a tributação é um meio potencialmente eficaz na construção de uma sociedade fundada na dignidade da pessoa humana.

Em vista disso, a compreensão, interpretação e aplicação do referido princípio devem ser intentadas, por óbvio, no sentido de concretizar aquilo que foi posto como fundamental pela própria Constituição, razão pela qual Helenilson Cunha entende:

> No Brasil, a atividade de imposição tributária, como de resto todas as demais atividades estatais, deve ser dirigida para o atingimento dos objetivos fundamentais elencados no art. 3° da Constituição Brasileira. Tal dispositivo prescreve os princípios jurídicos que, pela alta carga axiológica que albergam, devem nortear o processo interpretativo das demais regras e princípios constitucionais. Neste sentido, o princípio da capacidade contributiva constitui um importante instrumento constitucional para o atingimento do objetivo de construção de uma sociedade livre justa e solidária, dever fundamental imposto à República Federativa do Brasil (art. 3°, I).[414]

Segundo Herrera Molina, há um direito fundamental de contribuir de acordo com a capacidade econômica, sendo que esse direito pode se estruturar em três aspectos: determinação da capacidade econômica objetiva, da capacidade subjetiva e da intensidade do gravame. Conforme o autor, a determinação da capacidade econômica objetiva abarcar três princípios: o do rendimento líquido (o gravame só pode recair sobre a riqueza disponível); o da continuidade na determinação da capacidade econômica, mediante a intercomunicação entre os diversos períodos impositivos (que visa evitar as distorções provocadas pela progressividade do imposto, dado que os acréscimos e perdas patrimoniais ocorrem de uma maneira ir-

---

[413] MOSCHETTI, Franscesco. *La Capacità Contributiva*. Padova: CEDAM, 1993, p. 7.

[414] PONTES, Helenilson Cunha. *Ordem Econômica e Social: estudos em homenagem a Ary Brandão de oliveira*. Coord.: Fernando Facury Scaff. São Paulo: LTr, 1999, p. 147.

regular); o da riqueza efetiva, que exclui gravar rendimentos puramente nominais, salvo se existirem motivos razoavelmente justificáveis.[415]

Entre os aspectos referidos, esse autor salienta que a tributação apenas poderá recair sobre parcela do rendimento que exceder ao valor das despesas necessárias à própria subsistência. Em vista disso, de uma forma não restrita à questão da renda, faz-se necessário examinar a impossibilidade de que a tributação atinja o mínimo vital à existência humana.

3.2.2. A intributabilidade do mínimo existencial

Ao se analisar a temática da capacidade contributiva, percebe-se o pilar sobre o qual está alicerçado este princípio: a idéia, de que todos os cidadãos devem ser tratados com igual dignidade. Tal ocorre porque, se, por um lado, o princípio da capacidade contributiva exige que o dever fundamental de pagar tributos seja absorvido, de uma forma mais expressiva, por parte daqueles que estão no topo da pirâmide social e econômica, por outro lado, acarreta a impossibilidade de se tributar o mínimo vital à existência humana, sendo que essa talvez seja sua face mais expressiva.

Num Estado que existe em razão do homem, é imperiosa a necessidade de que as condições de sobrevivência da pessoa não estejam aquém de um patamar mínimo. Para que se efetive, portanto, o princípio da dignidade da pessoa humana, deve o Estado assegurar um conjunto de direitos, absolutamente indispensáveis para uma vida digna. Ou seja, não se pode falar em dignidade da pessoa humana, se não for garantido o denominado "mínimo existencial". Para que isso se concretize, por um lado, o Estado deverá dar a máxima eficácia aos direitos sociais de cunho prestacional, que estejam aptos a assegurar condições minimamente necessárias a uma existência digna. Por outro lado, é defeso ao Estado exigir tributos que possam atingir aquele mínimo essencial a uma existência digna.

Em qualquer modelo estatal – e no Estado Social principalmente – é inadmissível que o cidadão desprovido de capacidade para prover o seu próprio sustento seja compelido a contribuir para o Estado, especialmente quando este lhe sonega aquilo de mais básico que prometeu prover (saúde, educação, segurança, habitação, salário digno, etc.).

Herrera Molina lembra que a capacidade econômica subjetiva exige a preservação do mínimo existencial, pessoal e familiar, que consiste numa existência com um nível de vida que se considera mínimo, de acordo com a dignidade humana.[416]

---

[415] HERRERA MOLINA, Pedro Manuel. *Capacidad Económica Y Sistema Fiscal*: análisis del ordenamiento español a la luz del Derecho alemán. Madrid: Marcial Pons, 1998, p. 17.

[416] Para exemplificar a aplicabilidade de tal princípio, o autor cita a decisão do Tribunal Constitucional Alemão (*BverfGE* 82,60,85), a qual define que o ponto de partida do juízo constitucional é o princípio de que o Estado deve deixar isenta a renda do contribuinte, enquanto essa seja necessária para obter as condições mínimas que requer uma existência humana digna. Nos termos da referida decisão, este mandato constitucional deriva do art. 1.1 GG, com-

O denominado mínimo existencial se traduz naquele conjunto de circunstâncias materiais mínimas às quais todos os homens têm direito, condição de observância da própria dignidade. De acordo com Lobo Torres:

> Conseguintemente, há um direito às condições mínimas de existência humana digna que não pode ser objeto da intervenção do Estado, sequer na via fiscal, e que ainda exige prestações estatais positivas. Esse mínimo necessário à existência constitui um direito fundamental, posto que sem ele cessa a possibilidade de sobrevivência do homem, por desaparecerem as condições iniciais da liberdade.[417]

Assim, o mínimo existencial é direito protegido negativamente contra a intervenção do Estado e, ao mesmo tempo, garantido positivamente pelas prestações estatais. Trata-se, portanto, de direito de dupla face, uma vez que se apresenta de uma forma negativa e positiva, sempre buscando preservar as condições mínimas de existência e a própria liberdade.

Na forma positiva, o mínimo existencial se revela através de prestações gerais e igualitárias do Estado, que tenham como norte assegurar ao cidadão condições básicas de sobrevivência, pois sem isso restaria prejudicada a possibilidade de existir dignamente. Por sua vez, na forma negativa, o mínimo existencial se revela, no campo tributário, através das imunidades fiscais, na medida em que o poder de imposição fiscal do Estado não pode invadir a esfera da liberdade mínima do cidadão, representada pelo direito à subsistência.[418] Isto é, o dever de contribuir para a manutenção do Estado não poderá vilipendiar aquela parcela de recursos necessários para que o cidadão possa existir com dignidade, especialmente no que tange à satisfação de suas necessidades básicas, como alimentação, vestuário, moradia, educação e saúde.

Historicamente, a preocupação com a preservação do mínimo existencial nasceu, de forma tímida, com a Revolução Francesa, adquirindo um perfil mais intervencionista a partir da segunda metade do século XIX, quando foi um dos parâmetros fixados na busca da diminuição das desigualdades sociais. Inicialmente na Alemanha – seguida por vários Estados europeus – determinou-se que quem não tivesse as mínimas condições necessárias a uma vida digna deveria, além de receber do Estado a garantia do direito a um auxílio social econômico, estar desonerado do dever de pagar tributos.[419]

---

binado com o princípio do Estado Social do art. 20.1. Assim como o Estado – de acordo com essas normas – está obrigado a assegurar ao cidadão sem recursos tais condições mínimas, por meio de prestações sociais em caso de necessidade (cfr. BverfGE 40, 121-133), o Estado não pode privar o cidadão da sua própria renda que esse obtém até o limite do mínimo necessário para a existência. Das mencionadas normas constitucionais, assim como também do art. 6.1 GG, se deduz também que no que se refere à tributação da família, o mínimo existencial de toda família deve ficar isento. HERRERA MOLINA, Pedro Manuel. *Capacidad Económica Y Sistema Fiscal*: análisis del ordenamiento español a la luz del Derecho alemán. Madrid: Marcial Pons, 1998, p. 57.

[417] TORRES, Ricardo Lobo. *Tratado de Direito Constitucional Financeiro e Tributário*. v. III: Os Direitos Humanos e a Tributação: imunidades e isonomia. Rio de Janeiro: Renovar, 1999, p. 67.

[418] Idem, p. 165.

[419] ZILVETI, Fernando Aurélio. *Princípios de Direito Tributário e a Capacidade Contributiva*. São Paulo: Quartier Latin, 2004, p. 204.

Sob o enfoque da obrigatoriedade do Estado de prover um mínimo vital à existência, Sarlet reconhece que, entre os estudiosos alemães, um dos precursores foi Otto Bachof, que já sustentava, no início da década de cinqüenta, que o princípio da dignidade da pessoa humana não reclama apenas a garantia da liberdade, mas também um mínimo de segurança social, visto que restaria impedido de efetivação, se o indivíduo não tivesse os recursos materiais básicos para uma existência digna.[420]

Nessa mesma linha, logo em seguida, o recém-criado Tribunal Federal Administrativo da Alemanha reconheceu a existência de um mínimo existencial a ser preservado pelo Estado. Duas décadas adiante, isso também foi consagrado pelo Tribunal Constitucional Federal, em decisão histórica referida por Ingo Sarlet:

> [...] certamente a assistência aos necessitados integra as obrigações essenciais de um Estado Social. [...] Isto inclui, necessariamente, a assistência social aos concidadãos, que, em virtude de sua precária condição física e mental, se encontram limitados nas suas atividades sociais, não apresentando condições de prover a sua própria subsistência. A comunidade estatal deve assegurar-lhes pelo menos as condições mínimas para uma existência digna e envidar os esforços necessários para integrar estas pessoas na comunidade, fomentando seu acompanhamento e apoio na família ou por terceiros, bem como criando as indispensáveis instituições assistenciais (BVerfGE 40, 121:133).[421]

Na Itália, após a Segunda Guerra Mundial, uma corrente doutrinária passou a repudiar a então vigente teoria da utilidade, difundida pela "Escola de Pavia", segundo a qual o cidadão deveria contribuir para as despesas públicas na proporção dos serviços públicos indivisíveis postos à sua disposição. Esse novo pensamento, que teve em Emilio Giardina um de seus expoentes, sustentava que a tributação deveria sempre seguir a máxima latina *"primum vivere, deinde tributum solvere"*, podendo incidir apenas a partir do limite mínimo necessário para a sobrevivência individual, num claro sinal de respeito ao mínimo existencial.[422]

Conforme explica Becker, esse mínimo indispensável seria uma das deformações que o princípio da capacidade contributiva precisa sofrer para ingressar no mundo jurídico, podendo incidir apenas a partir da renda ou capital, essenciais para a sobrevivência.[423] Nessa linha, exemplifica:

> Constitui renda e capital abaixo do mínimo indispensável: o salário que as leis trabalhistas definirem como salário-mínimo; o consumo de bens indispensáveis à sobrevivência, exemplo: água, sal, açúcar, leite, pão, carne, verduras, a utilização de bens indispensáveis, exemplo: casa de moradia e vestuário.[424]

---

[420] SARLET, Ingo Wolfgang. *A Eficácia dos Direitos Fundamentais.* 3. ed. rev. e ampl. Porto Alegre: Livraria do Advogado, 2003, p. 296.

[421] Idem, p. 297.

[422] ZILVETI, Fernando Aurélio. *Princípios de Direito Tributário e a Capacidade Contributiva.* São Paulo: Quartier Latin, 2004, p. 210.

[423] BECKER, Alfredo Augusto. *Teoria Geral do Direito Tributário.* 3. ed. São Paulo: Lejus, 1998, p. 497.

[424] Idem, p. 498.

Outro país em que o desenvolvimento do princípio do mínimo existencial merece destaque é a Espanha, onde foi relacionado diretamente com a justiça tributária. A Corte Constitucional espanhola, nesse sentido, decidiu:

> Es incompatible con la dignidad de la persona el que la efectividad de los derechos patrimoniales se leve al extremo de sacrificar el mínimo vital del deudor, privándole de los medios indispensables para la realización de sus fines personales. Se justifica, así, junto a otras consideraciones, la inembargabilidad de bienes y derechos como límite del derecho a la ejecución de las sentencias firmes. (Sentença nº 113-1989).[425]

Um aspecto do mínimo existencial desenvolvido pelos espanhóis foi a questão da tributação da família, no sentido de se entender que a igualdade horizontal exige afastar da incidência de tributos a renda indisponível em função das necessidades familiares. Esse aspecto foi incorporado na lei do imposto de renda das pessoas físicas, de 9 de dezembro de 1998, artigo 2.2, que trouxe o conceito da *renta disponible* como resultado da subtração do *mínimo personal y familiar*.[426]

Outro ponto a ser destacado é o aparecimento constante do mínimo existencial em declarações internacionais de direitos humanos. A Declaração Universal dos Direitos do Homem, de 1948, em seu art. 25, prevê que "toda pessoa tem direito a um nível de vida suficiente para assegurar a sua saúde, o seu bem-estar e o de sua família, especialmente para a alimentação, o vestuário, a moradia, a assistência médica e para os serviços sociais necessários", preservando, assim, as parcelas básicas formadoras do mínimo existencial.[427]

Especificamente no caso do Brasil, a Constituição Federal de 1946, no §1º de seu art. 15, determinava que "são isentos do imposto de consumo os artigos que a lei classificar como o mínimo indispensável a habitação, vestuário, alimentação e tratamento médico das pessoas de restrita capacidade econômica".

Por sua vez, a Constituição vigente não contempla regra igual ou análoga àquela mencionada na Carta de 1946. Apesar disso, a impossibilidade de se tributar o mínimo existencial decorre do próprio modelo de Estado constituído em 1988 e dos seus princípios peculiares, especialmente o princípio da dignidade da pessoa humana.

Se o princípio da capacidade contributiva constitui o norte que alumia o sistema tributário e sua adequada compreensão implica o direito/dever de contribuir conforme a efetiva possibilidade, nada parece mais lógico, óbvio e natural do que não se admitir a exigência de tributos, nos casos em que capacidade contributiva não existe, preservando-se assim o mínimo existencial.

---

[425] SARLET, Ingo Wolfgang. *A Eficácia dos Direitos Fundamentais*. 3. ed. rev. e ampl. Porto Alegre: Livraria do Advogado, 2003, p. 299.

[426] ZILVETI, Fernando Aurélio. *Princípios de Direito Tributário e a Capacidade Contributiva*. São Paulo: Quartier Latin, 2004, p. 212-213.

[427] TORRES, Ricardo Lobo. *Tratado de Direito Constitucional Financeiro e Tributário*. v. III: Os Direitos Humanos e a Tributação: imunidades e isonomia. Rio de Janeiro: Renovar, 1999, p. 142.

Em vista disso, não se deve admitir a exigência de Imposto de Renda sobre salários cujos valores sejam insuficientes para fazer frente àquelas necessidades básicas, as quais a própria constituição determinou deveriam ser satisfeitas com o salário mínimo (art. 7° inciso IV). Nem se admite, também, que as despesas essenciais, notadamente despesas com saúde, educação e moradia, não possam ser, integralmente, deduzidas da renda líquida.

Tampouco se admite a exigência de tributos que incidam sobre o patrimônio de valores irrisórios (imóveis urbanos ou rurais, veículos automotores, transmissão de propriedade via compra e venda, doação ou *causa mortis*), pois a titularidade de patrimônio de valor insignificante, denota, em tese, a inexistência de capacidade contributiva, razão pela qual a exigência de tributos sobre tais bens se constituiria afronta à idéia do mínimo existencial.

Não se admite, outrossim, a exigência de tributos vinculados (taxas e contribuições de melhoria principalmente) daqueles cidadãos cuja renda mensal seja insuficiente para prover a própria sobrevivência, embora se reconheça que essas espécies tributárias sejam menos afeitas ao princípio da capacidade contributiva.

Além disso, não obstante se venha a sustentar adiante que as contribuições sociais sinalagmáticas (previdenciárias principalmente) não se coadunam, perfeitamente, com o princípio da capacidade contributiva, é inegável que a incidência dessas contribuições sobre o salário mínimo, por exemplo, constitui afronta ao mínimo existencial. Ou alguém olvida que exigir um percentual mínimo que seja (atualmente 7,65%) de quem já recebe o insignificante salário mínimo não represente o sacrifício, para si e sua família, da própria dignidade? Com certeza, não há como negar que necessidades básicas já desatendidas serão maximizadas, em vista da impositiva exigência fiscal (descontada diretamente pelo empregador e recolhida aos cofres públicos).

Enfim, uma vez que se tenha clara a idéia da necessidade de preservação do mínimo existencial como condição inafastável de observância do princípio da capacidade contributiva e, por decorrência, de densificação do princípio da dignidade da pessoa humana, pode-se conceber um sistema tributário em consonância com o Estado Democrático de Direito. É certo que há um longo caminho a percorrer nesse sentido, e os exemplos de agressão ao mínimo vital à existência humana não se esgotam naqueles referidos há pouco.

De qualquer maneira, é preciso encontrar a forma mais apropriada de se adequar a tributação ao princípio da capacidade contributiva. Entre os muitos meios para que a carga tributária seja repartida de acordo com o referido princípio, talvez, um dos mais importantes e polêmicos seja a adoção da progressividade das alíquotas dos tributos, ou seja, alíquotas tanto maiores quanto maior a base imponível.

Entretanto, não será em todos os casos que a adoção da progressividade significará a adequação da carga fiscal à efetiva capacidade econômica do contribuinte. Não obstante isso, é possível sustentar que a progressividade tributária tem um importante papel a cumprir, no sentido de viabilizar a máxima eficácia do princípio da capacidade contributiva, conforme abordagem específica a seguir.

3.2.3. A progressividade como meio de concretização do princípio da capacidade contributiva

Sabe-se que a progressividade tributária implica exacerbação da exigência fiscal à medida que cresce a capacidade de contribuir para com a coletividade, sendo tal operacionalizado pela imposição de alíquotas tanto maiores quanto maior a base de cálculo do tributo, isto é, a grandeza econômica representativa do fato gerador.

Paralelamente a isso, há a progressividade tributária com conotação extrafiscal, isto é, a elevação das alíquotas de um tributo, independentemente da capacidade contributiva, para que o Estado possa estimular ou desestimular determinada situação, desde que isso esteja em consonância com os fins da existência do próprio Estado.

A primeira hipótese de progressividade está alicerçada no princípio da capacidade contributiva, constituindo-se, pois, numa decorrência lógica desse princípio. Várias teorias econômicas foram desenvolvidas com o objetivo de encontrar um fundamento científico para a existência da progressividade tributária, de tal forma que a tributação corresponderia ao meio adequado para tributar de acordo com a capacidade econômica de cada indivíduo. Essas teorias podem ser agrupadas em três espécies: a do sacrifício igual;[428] a do sacrifício proporcional e a do sacrifício mínimo.[429] Em relação a essas teorias, Victor Uckmar faz a seguinte síntese:

> Pelo princípio do sacrifício igual, que é atribuído a Mill, os impostos devem ser distribuídos de maneira que cada contribuinte sacrifique uma quantidade igual de utilidade. Tal princípio, porém, não leva necessariamente á progressividade da tributação, e poderia dar lugar a uma alíquota proporcional ou mesmo, regressiva.[430]
>
> Pelo princípio do sacrifício proporcional a igualdade na tributação é obtida, se o imposto não determina iguais sacrifícios em termos de utilidade globalmente subtraída, mas sacrifícios proporcionais à utilidade total de cada contribuinte. Apesar de não ser necessário confrontar as curvas de utilidade dos vários indivíduos, a proporção do sacrifício está sempre em relação à curva de utilidade da renda de cada contribuinte: mas também o princípio do sacrifício proporcional pode levar a um imposto progressivo, proporcional ou regressivo, conforme a curva de utilidade [...]. O princípio do sacrifício mínimo, pelo contrário, tem em vista a conve-

---

[428] De acordo com o princípio da igualdade de sacrifícios, o justo esquema tributário distingue os contribuintes de acordo com sua renda e pede mais dos que têm mais, de modo a garantir que cada contribuinte arque com a mesma perda do bem-estar – ou seja, de modo que o custo real, e não o custo monetário, seja o mesmo para todos. MURPHY, Liam; NAGEL, Thomas. *O Mito da Propriedade*: os impostos e a justiça. Trad.: Marcelo Brandão Cipolla. São Paulo: Martins Fontes, 2005, p. 34.

[429] UCKMAR, Victor. *Princípios Comuns de Direito Tributário*. Trad.: Marco Aurélio Greco. São Paulo: Revista dos Tribunais / EDUC, 1976, p. 77.

[430] Idem, ibidem.

niência da distribuição dos impostos do ponto de vista da coletividade; o objetivo é o mínimo sacrifício do grupo.[431]

No entanto, como o próprio jurista italiano reconhece, as três doutrinas de fundamentação científica da progressividade tributária não se prestam mais para tal fim. Segundo Uckmar, as referidas teorias:

[...] estão desacreditadas sobretudo pela necessidade que elas impõem, ou da comparação da utilidade relativa a diversos indivíduos, ou então, da mensuração da utilidade para uma mesma pessoa, com uma precisão que não se pode, de forma alguma, considerar razoável. Como não é dimensionável a utilidade, assim também não é dimensionável o sacrifício suportado por causa da exigência, e isto porque é absolutamente impossível exprimir qualquer juízo sensato sobre a capacidade dos indivíduos.[432]

Sob a ótica de Herrera Molina, a progressividade é uma das três dimensões do princípio da capacidade contributiva e serve para reforçar seu conteúdo social.[433] Para Albano Santos, o critério da progressividade justifica-se em face das potencialidades a serem exploradas para fins de redistribuição de renda. Por isso sustenta:

De facto, é a própria dinâmica do sistema econômico que, exigindo um volume crescente de mão-de-obra concentrada nos centros urbanos, muitas vezes em condições deploráveis, torna evidente a incompatibilidade da excessiva concentração da riqueza com os padrões morais dominantes. O imposto progressivo surge, assim, como a figura tributária mais adequada à orientação política desta nova fase histórica em que os problemas da repartição prevalecem sobre os da produção. Trata-se, com efeito, do tipo de imposto que mais se coaduna com o objectivo da redistribuição do rendimento e da riqueza, uma vez que com a progressividade, pretende-se que os contribuintes com maior capacidade tributária sejam chamados a contribuir, em maior ou menor medida, para os menos afortunados, tendo em vista assegurar, deste modo, o nível desejável de coesão social.[434]

Com a progressividade das alíquotas, superou-se a simples regra da proporcionalidade (alíquotas iguais independentemente da base imponível), pois esta se mostrou incompatível com a crescente demanda por uma maior justiça fiscal. Conforme lembra Sacchetto:

Foi a mudança de perspectiva – no fim do século XIX – da concepção de tributo como preço dos serviços prestados pelo Estado para o da solidariedade que justificou a passagem do tributo proporcional ao progressivo. A mera proporcionalidade do imposto não parecia mais

---

[431] UCKMAR, Victor. *Princípios Comuns de Direito Tributário*. Trad.: Marco Aurélio Greco. São Paulo: Revista dos Tribunais / EDUC, 1976, p. 78.

[432] Idem, p. 79.

[433] HERRERA MOLINA, Pedro Manuel. *Capacidad Económica Y Sistema Fiscal*: análisis del ordenamiento español a la luz del Derecho alemán. Madrid: Marcial Pons, 1998, p. 57.

[434] SANTOS, J. Albano. *Teoria Fiscal*. Lisboa: Universidade Técnica de Lisboa – Instituto Superior de Ciências Sociais e Políticas, 2003, p. 426-427.

satisfatória para manter a equidade fiscal, porque ela não conseguia garantir a igualdade de sacrifícios entre os cidadãos.[435]

Tal ocorre, porque a aplicação da progressividade tributária dá ensejo a uma efetiva justiça fiscal, estando, assim, em perfeita harmonia com os objetivos do Estado Democrático de Direito. Com isso, a tributação atinge, de uma forma mais expressiva, aqueles que ocupam o topo da pirâmide social e exonera aqueles que estão na base dessa.

Por decorrência, a progressividade tributária é plenamente justificável e, portanto, compatível com o princípio da igualdade, de acordo com uma concepção mais adequada ao novo Estado Democrático de Direito. Não se trata, pois, de uma justificativa meramente ideológica.[436] Trata-se da concretização do Estado Social, no qual o princípio da igualdade é invocado para justificar as desigualdades de tratamento em favor dos economicamente mais fracos, com o fim de reduzir as grandes disparidades e favorecer a igualação das condições concretas (ser igual em dignidade), conforme explica Misabel Derzi.[437]

Entretanto, no Brasil, a discussão acerca da progressividade tributária está ainda sob as amarras de ranços ideológicos anacrônicos,[438] especialmente forjados a partir de concepções ditas neoliberais, capitaneadas principalmente por Friedrich Hayek, que entendia indesejável a progressividade, pois, conforme afirmava:

> Não só os serviços que antes da tributação recebem a mesma recompensa produzirão recompensas líquidas muito diferentes aos que os prestam, como é possível que um pagamento muito maior por um serviço disponibilize menos para aquele que o prestou do que um pagamento menor para uma outra pessoa. Isso significa, numa primeira instância, que a tributação progressiva fere inevitavelmente aquilo que me parece o princípio mais básico de justiça econômica, o princípio de "pagamento igual para trabalho igual".
>
> [...]
>
> Se, somando-se a isso, considera-se a perda de energia e esforço aos quais a tributação progressiva induz de tantas maneiras, e somente a umas poucas abordadas por nós aqui, não deveria parecer impossível convencer pessoas razoáveis quanto à sua indesejabilidade.[439]

---

[435] SACCHETTO, Cláudio. O Dever de Solidariedade no Direito Tributário: o ordenamento italiano. Trad.: Milene Eugênio Cavalcante Greco e Marco Aurélio Greco. In: GRECCO, Marco Aurélio; GODOI, Marciano Seabra (Coords). *Solidariedade Social e Tributação*. São Paulo: Dialética 2005, p. 26.

[436] Cabe referir que, conforme constata Ovídio Baptista (2004): Tudo o que questiona a realidade, construída pelo pensamento conservador, é ideológico, no sentido de irreal, pois a visão conservadora supõe que nosso mundo seja o único possível. BAPTISTA DA SILVA, Ovídio A. *Processo e Ideologia*: o paradigma racionalista. Rio de Janeiro: Forense, 2004, p. 9.

[437] BALLEIRO, Aliomar. *Limitações Constitucionais ao Poder de Tributar*. 7. ed. ver. e compl. à luz da Constituição de 1988 até a Emenda Constitucional nº 10/1996 por Mizabel Abreu Machado Derzi, 1997, p. 541.

[438] Roberto Campos (1990) sustentou que "a progressividade é uma coisa charmosa, principalmente quando ela é aplicada à custa do bolso alheio. No fundo, entretanto, a progressividade é uma iniquidade. Significa não só obrigar os que ganham mais a pagar mais, mas também punir mais que proporcionalmente os ousados e criadores". CAMPOS Roberto. As tentações de São João Batista. Artigo publicado no *jornal O Estado de São Paulo*, p. 2, 04 mar. 1990.

[439] HAYEK, Friedrich. Reexaminando a Taxação Progressiva. Trad.: Edson Bini. In: FERRAZ, Roberto Catalano Botelho (coord.). *Princípios e Limites da Tributação*. São Paulo: Quartier Latin, 2005, p. 756/763 respect.

Mais recentemente, Michael Livingston explica as razões por que existe a resistência, em seu país,[440] à tributação progressiva:

> Os principais argumentos contra a progressividade derivaram tradicionalmente, em primeiro lugar, da noção de liberdade individual (as pessoas devem ter o direito de dispor de seus rendimentos como entenderem adequado sem interferência estatal) e, segundo, do efeito de incentivo ou desincentivo (a tributação progressiva atinge mais pesadamente aqueles com maior iniciativa que irão em conseqüência trabalhar com menor intensidade, em prejuízo de toda sociedade). Um modo inteligente mais simplista de colocar isto é que a tributação progressiva pode aumentar a distribuição do bolo, mas vai torna-lo menor. Alguns conservadores tentaram ligar a tributação progressiva ao marxismo ou ao socialismo e uma tributação fixa (isto é, não progressiva) com o dízimo ou tributo de 10% descrito na Bíblia, apesar de este se aproximar mais de um tributo sobre a propriedade do que sobre a renda.[441]

Ocorre que, conforme já exposto, no Brasil a progressividade tributária encontra fundamento no próprio modelo de Estado constituído em 1988, ou seja, para o Estado Democrático de Direito o sistema tributário deve estar fundado no princípio da capacidade contributiva, o que, em regra, implica imposição fiscal progressiva.[442]

Por isso, a tributação progressiva deve ser aplicada a todas espécies tributárias em relação às quais não exista um óbice intransponível para tanto, conforme será examinado a seguir. Nessa linha, Elizabeth Carrazza sustenta que, pelo menos quanto aos impostos, a progressividade tributária é aplicável em relação a todos:

> Em verdade, a progressividade é uma característica de todos os impostos, da mesma forma que a todos eles se aplicam os princípios da legalidade, da generalidade e da igualdade tributária, que não são expressamente referidos na Constituição Federal, quando traça suas hipóteses de incidência genéricas. Inexistindo progressividade descumpre-se o princípio da isonomia, uma vez que, como visto, a mera proporcionalidade não atende aos reclamos da igualdade tributária.[443]

Para essse sentido também converge a posição de Geraldo Ataliba, segundo a qual, a progressividade tributária fundamenta-se, principalmente, no princípio,

---

[440] Conforme o próprio autor relata: "Tributação progressiva da renda existe nos Estados Unidos desde 1913, quando a Décima Sexta Emenda à Constituição tornou o tributo – anteriormente considerado inconstitucional pela Suprema Corte – legalmente admissível. Alíquotas tributárias marginais, que nos anos 70 alcançaram 70% ou mesmo 90%, tornaram-se desde 1986 mais baixas e, atualmente, alcançam de 10% a 35%, de modo que o tributo situa-se atualmente em algo entre uma alíquota fixa e um completo e sem limites sistema progressivo. LIVINGSTON, Michael A. Progressividade e Solidarietà: uma perspectiva norte-americana. Trad.: Marco Aurélio Greco. In: GRECCO, Marco Aurélio; GODOI, Marciano Seabra. *Solidariedade Social e Tributação*. São Paulo: Dialética, 2005, p. 191.

[441] Idem, p. 192.

[442] Rejeitando, sob ponto de vista econômico, a idéia da progressividade, mas reconhecendo sua consagração constitucional, afirma Ives Gandra que: "Embora a teoria da progressividade, por apresentar feição mais ideológica que prática, esteja em franca decadência no mundo inteiro, houve por bem o constituinte tentar reabilitá-la, tornando-a expressa algumas vezes, muito embora seja uma teoria de restrição de direitos e de desestímulo ao trabalho, à poupança e ao investimento". GANDRA DA SILVA MARTINS, Ives. Sistema Constitucional Tributário. In: GANDRA DA SILVA MARTINS, Ives (coord.). *Curso de Direito Tributário*. 8. ed. São Paulo: Saraiva, 2001, p. 33.

[443] CARRAZZA, Elizabeth Nazar. *Progressividade e IPTU*. 1. ed., 3. tir., Curitiba: Juruá, 1999, p. 102.

de que um dos objetivos da existência do Estado Brasileiro é a redução das desigualdades sociais, mediante a construção de uma sociedade justa e solidária. Por isso sustentava:

> Conforme sua natureza e características – no contexto de cada sistema tributário – alguns impostos são mais adequadamente passíveis de tratamento progressivo e outros menos. De toda maneira, como todos os impostos, sem nenhuma exceção, necessariamente são baseados no princípio da capacidade contributiva, todos são passíveis de tratamento progressivo. No Brasil, mais intensamente do que alhures, dado que a Constituição põe especial ênfase na necessidade de tratamento desigual às situações desiguais, na medida dessa desigualdade (art. 150, II), além de propor normativamente serem objetivos fundamentais da República, o 'construir uma sociedade [...] justa e solidária (art. 3º).[444]

É necessário, no entanto, examinar se a imposição fiscal segundo a efetiva capacidade econômica é aplicável a todos os tributos, ou se esse princípio constitucional é aplicável apenas aos impostos. Superado isso, impõe-se analisar possibilidade de aplicação de tal princípio a todos os impostos.

Volta-se a ressaltar, no entanto, que a expressão contida no § 1° do art. 145 da Constituição: *"sempre que possível, os impostos terão caráter pessoal e serão graduados segundo a capacidade econômica do contribuinte"* não constitui óbice a graduação progressiva das espécies tributárias que não se enquadram na classificação de "imposto pessoal", conforme já exposto na parte inicial deste capítulo.

De qualquer forma, deve-se examinar, pontualmente, a possibilidade de aplicação da progressividade às diversas espécies de tributos, no sentido de verificar em quais situações esse mecanismo pode se traduzir em um efetivo instrumento de concretização do princípio da capacidade contributiva.

3.2.3.1. A progressividade do imposto incidente sobre a renda e a preservação do mínimo existencial

Como se sabe, a incidência de um imposto pressupõe, em tese, uma manifestação de capacidade contributiva. Em vista disso, apenas poderá ser instituído um imposto em relação a uma situação que seja economicamente relevante e revele uma presumível possibilidade de que o sujeito passivo eleito contribua para a manutenção dos gastos do Estado.

Uma das manifestações de capacidade contributiva tradicionalmente mais evidente e considerável é a obtenção de renda, entendida como tal o acréscimo patrimonial[445] alcançado em um determinado tempo por uma pessoa natural ou jurídica.

---

[444] ATALIBA, Geraldo. IPTU: progressividade. *Revista de Direito Público*, São Paulo, v. 23, n. 93, jan. / mar. 1991, p. 233.

[445] Conforme define Carrazza (2005): "Em suma, o imposto sobre a renda e proventos de qualquer natureza só pode alcançar os acréscimos patrimoniais (das pessoas físicas ou jurídicas), obtidos durante certo lapso de tempo, em decorrência de uma relação jurídica que tenha por origem o capital do contribuinte, seu trabalho ou a combinação de ambos". E arremata concluindo que: "Estamos notando, assim, que, para o Direito, os conceitos

Em face às características que marcam a tributação da renda, pode-se dizer que o imposto respectivo[446] se mostra como um dos tributos mais compatíveis com o princípio da capacidade contributiva, especialmente em decorrência do caráter da pessoalidade, visivelmente presente no Imposto sobre a Renda, exigido das pessoas naturais ou físicas.

Por conseguinte, esse imposto tem a obrigação de servir ao propósito redistributivo da renda, uma vez que se mostra aparentemente simples identificar a capacidade contributiva de cada qual, com vistas a exigir, mais acentuadamente, o imposto daqueles que obtêm maior renda e, com isso, revelam ter maior capacidade de contribuir para a coletividade.

Em contrapartida, há de se exigir o imposto de uma forma menos acentuada, ou até mesmo não exigi-lo, daqueles que, em face à baixa renda que obtêm, relevam ter reduzida capacidade contributiva, ou, até mesmo, demonstram não possuí-la.

Tal ocorre, para que seja preservado da tributação o denominado mínimo vital, antes examinado, o qual, vale lembrar, "gravita em torno dos bens mais preciosos do ser humano: a vida; a saúde, a cultura – quer próprias, quer dos familiares e dependentes".[447] Por conseguinte, não podem ser atingidos pela incidência do imposto sobre a renda os valores necessários para assegurar tais direitos, podendo-se afirmar que o disposto no inciso IV do art. 7° da Constituição brasileira serve de parâmetro dogmático para tal definição,[448] muito embora seja forçoso reconhecer que, historicamente, o salário-mínimo fixado em lei não atende às necessidades básicas que deveriam ser satisfeitas.

A adequação do imposto sobre a renda ao princípio da capacidade contributiva ocorre mediante o mecanismo da progressividade tributária. Com isso, as alí-

---

de renda e proventos não coincidem com os da Economia, que considera qualquer acréscimo patrimonial passível de sofrer a tributação em pauta. Nas hostes jurídicas tais conceitos têm uma extensão bem mais restrita: acréscimo patrimonial, experimentado durante certo lapso de tempo, que só pode ser levado à tributação, quando atende aos princípios da isonomia, da capacidade contributiva e da não-confiscatoriedade – e, portanto, prestigia a vida, a dignidade da pessoa humana e a propriedade, preservando "o exercício dos direitos sociais e individuais, a liberdade, a segurança, o bem-estar, o desenvolvimento, a igualdade e a justiça como valores supremos de uma sociedade fraterna, pluralista e sem preconceitos". CARRAZZA. Roque Antonio. *Imposto Sobre a Renda*: perfil constitucional e temas específicos. São Paulo: Malheiros. 2005, p. 44 / 48 respect.

[446] O Imposto sobre a Renda teve sua origem histórica na Inglaterra, por volta do ano de 1798, sendo, contudo que, somente no Século XIX, é que a tributação sobre a renda foi implantada em definitivo nesse país, como o nome de "income tax". No Brasil, a tributação sobre a renda passou a existir apenas em 1910, sendo que, no entanto, Constituição de 1891, vigente à época, não fazia qualquer menção ao imposto. O primeiro Regulamento do Imposto sobre a Renda data de 1926 (Decreto n° 17.390, que regulamentou a Lei n° 4.625/1922), sendo que o status constitucional do referido imposto somente foi alcançado em 1934. QUEIROZ, Mary Elbe. O Imposto Sobre a Renda das Pessoas Físicas e as Distorções na sua Incidência: injustiça fiscal? In: MARTINS, Ives Gandra da Silva (coord.). *O Tributo*: reflexão multidisciplinar sobre sua natureza. Rio de Janeiro: Forense, 2007, p. 242.

[447] CARRAZZA. Roque Antonio. *Imposto Sobre a Renda*: perfil constitucional e temas específicos. São Paulo: Malheiros. 2005, p. 49.

[448] Art. 7° São direitos dos trabalhadores urbanos e rurais, além de outros que visem à melhoria de sua condição social: IV – salário mínimo, fixado em lei, nacionalmente unificado, capaz de atender a suas necessidades vitais básicas e às de sua família com moradia, alimentação, educação, saúde, lazer, vestuário, higiene, transporte e previdência social, com reajustes periódicos que lhe preservem o poder aquisitivo, sendo vedada sua vinculação para qualquer fim.

quotas do imposto serão maiores, quanto maior for a renda obtida. Cabendo frisar que, para haver uma efetiva adequação ao princípio, deve-se excluir, por um lado, o mínimo vital da incidência do imposto e, por outro, fixar alíquotas progressivas do imposto, conforme as faixas de rendimentos, aplicando-se com isso a denominada progressividade complexa.[449]

Como relata Rafaello Lupi, atualmente, em todos os países desenvolvidos, percebe-se uma fase de atenuação da progressividade tributária. Isso se verifica, especialmente, nas sociais-democracias escandinavas, nas quais as alíquotas do imposto de renda chegaram a alcançar 70 ou 80%, relativamente a faixas de rendimentos mais elevados. Essa atenuação ocorreu, porque alíquotas tão elevadas tornaram-se contraproducentes, pois haviam se transformado em um desestímulo ao trabalho, pois quando a alíquota é de 70%, trabalhar não é mais conveniente. Como menciona o autor, há uma tendência de que as alíquotas sobre os maiores rendimentos não ultrapassem 30 a 40%. Ou seja, mostraram-se insustentáveis alíquotas excessivamente elevadas sobre os maiores rendimentos.[450]

Todavia, isso não é um problema que afeta o Brasil, cuja maior alíquota que incide sobre a renda das pessoas físicas é de 27,5%; já em relação às pessoas jurídicas, não ultrapassa 25%.[451] Especificamente no caso das pessoas físicas, é inaceitável que haja um irrisório limite de isenção e, acima deste, existam apenas duas únicas alíquotas (15% e 27,5%).

Cabe lembrar que, no passado, quando ainda não havia previsão constitucional, a legislação estabelecia várias alíquotas de imposto de renda, progressivamente maiores; enquanto, agora, com previsão constitucional expressa (art. 153, § 2°, inciso I), essas alíquotas são apenas duas e, portanto, tem-se um arremedo de progressividade. Como lembra Roque Carrazza, "só com a adoção da progressividade das alíquotas restam atendidas, in concreto, as exigências do art. 145 § 1°, da Carta Federal e, por extensão, as do próprio princípio da igualdade".[452]

Por muito mais razão, seria juridicamente insustentável, por afronta ao princípio da capacidade contributiva, igualdade e dignidade da pessoa humana, a fi-

---

[449] Essa sistemática evita o que seria uma evidente injustiça fiscal, uma vez que, não fosse assim, aquele contribuinte cujo valor da renda viesse a ultrapassar, mesmo que minimamente, o limite de isenção teria sua renda integralmente tributada pela primeira alíquota prevista na tabela respectiva. No caso do Brasil, por exemplo, se o contribuinte tem renda mensal de R$ 1.315,00, não significa que terá retido na fonte 15 % sobre o valor total do rendimento, pois desse valor será deduzido o limite de isenção previsto na atualmente pela legislação (R$ 1.313,69), razão por que, não considerando qualquer outra dedução, o imposto será apurado sobre a diferença R$ 1.315,00 (-) R$ 1.313,69 = R$ 1,31 X 15% = R$ 0,20. Esta mesma sistemática aplica-se em relação a rendimentos maiores, submetidos às alíquotas progressivas, pois as mesmas serão impostas sobre faixas de rendimentos, motivo pelo qual é incorreto dizer que aquele que tem, por exemplo, uma renda mensal de R$ 20.000,00 terá o imposto calculado mediante a aplicação da maior alíquota (27,5%), sobre o total do rendimento.

[450] LUPI, Raffaello. *Diritto Tributário*: Parte especiali. I Sistema Dei Singoli Tributi. 7. ed. Milano: Giuffré, 2002, p. 32-33.

[451] Nesse percentual não está considerada a incidência da Contribuição Social sobre o Lucro das Pessoas Jurídicas, cuja alíquota é 9%.

[452] CARRAZZA. Roque Antonio. *Imposto Sobre a Renda*: perfil constitucional e temas específicos. São Paulo: Malheiros. 2005, p. 112.

xação de uma alíquota única,[453] independentemente da base de cálculo do imposto (renda). Como menciona Carrazza:

> É certo que, com isto, o contribuinte que tivesse rendimentos mais expressivos pagaria proporcionalmente mais tributo que aquele que os experimentasse em escala menor. Igualmente certo, porém, que com alíquota única o imposto oneraria proporcionalmente mais os contribuintes com renda tributável menor, tendendo a incidir sobre suas despesas necessárias (mínimo vital).[454]

Diferentemente do que se poderia pensar em uma análise superficial, uma efetiva progressividade de alíquotas significaria redução do imposto de renda a pagar, para a maioria dos contribuintes. Basta fazer uma projeção matemática para se constatar isso, pois, hoje, a maior parte dos contribuintes, embora não tenham uma renda tão elevada, submetem-se à incidência da maior alíquota existente (27,5%). Desse modo, após a devida readequação das alíquotas progressivas, haveria uma redução do imposto a pagar, justamente por parte daqueles que tem menor renda, pois parte dos rendimentos passaria a ser tributada com uma alíquota menor, comparativamente àquela hoje incidente.

De qualquer sorte, o princípio da capacidade contributiva não será concretizado apenas com a adoção da técnica da progressividade tributária. É preciso harmonizar essa técnica com outros mecanismos, para que a progressividade de alíquotas não resulte – ela própria – num instrumento de afronta ao princípio da capacidade contributiva.

Para tanto, há de se harmonizar a progressividade tributária com uma política extrafiscal que tenha como norte a observância e concretização dos direitos fundamentais, dando-se um especial tratamento à proteção do meio ambiente, da família, das crianças e dos idosos.

Isso pode ser realizado de diferentes formas, porém, mostra-se inarredável que a legislação possibilite a integral dedução, da renda tributável pelo imposto, de valores que tenham sido utilizados para a subsistência digna, do próprio contribuinte ou de sua família: as despesas com à moradia, educação, saúde, etc.[455]

---

[453] Questionando sobre a possibilidade de existir um imposto fixo individual, respondem Murphy e Nagel (2005): Dada a equidade superficial de um esquema que tira de cada pessoa a mesma quantia em dinheiro, por que o imposto fixo individual é visto por quase todos como evidentemente injusto? Uma das respostas é que existem diferenças entre os contribuintes que justificam que se lhes dê um tratamento diferenciado – com efeito, injusto seria tratá-los da mesma maneira. MURPHY, Liam; NAGEL, Thomas. *O Mito da Propriedade*: os impostos e a justiça. Trad.: Marcelo Brandão Cipolla. São Paulo: Martins Fontes, 2005, p. 19.

[454] CARRAZZA, op. cit., p. 112.

[455] O princípio da solidariedade deve parar nos patamares mínimos da sobrevivência puramente física? A solidariedade associa-se, rectius deve associar-se, ao desenvolvimento da pessoa humana, destinatária de direitos que não se reduzem ao simples alimento e alojamento, mas também à informação, instrução etc. Todos valores tutelados constitucionalmente. O direito à cultura em todas as suas formas não pode ser um prêmio ligado ao status social, reservado somente aos ricos e merecedores com base nos parâmetros clássicos. SACCHETTO, Cláudio. O Dever de Solidariedade no Direito Tributário: o ordenamento italiano. Trad.: Milene Eugênio Cavalcante Greco e Marco Aurélio Greco. In: GRECCO, Marco Aurélio; GODOI, Marciano Seabra (Coords). *Solidariedade Social e Tributação*. São Paulo: Dialética 2005, p. 35.

Além disso, é imprescindível que seja elevado o limite máximo de isenção do imposto de renda das pessoas físicas, pois o atual é insuficiente para que o cidadão atenda às suas – e as de sua família – necessidades básicas. Com esse reduzido limite, o contribuinte de baixa renda fica privado de viver dignamente, para que possa recolher seu imposto, no mais das vezes descontado diretamente na fonte, como ocorre com a renda oriunda do trabalho.

3.2.3.2. A progressividade dos impostos incidentes sobre o patrimônio

Um dos pontos mais polêmicos acerca da progressividade tributária reside na graduação das alíquotas dos impostos incidentes sobre o patrimônio do contribuinte (IPTU, ITBI, IPVA, ITCD, ITR), cuja base de cálculo corresponde ao valor dos bens respectivos. Ou seja, a imposição de alíquotas mais elevadas quanto maior o valor venal dos bens.

O ponto central dessa discussão está em uma suposta classificação dos impostos que incidem sobre o patrimônio como impostos reais. Em decorrência disso, esses impostos não poderiam ser graduados segundo a capacidade contributiva do sujeito passivo, justamente em face de o § 1° do art. 145 da Constituição mencionar que, sempre que possível, os impostos terão caráter pessoal e serão graduados segundo a capacidade econômica do contribuinte.

Em que pese esse trabalho tenha afastado a possibilidade de uma interpretação meramente literal do referido dispositivo constitucional, mostra-se pertinente demonstrar as razões por que, parte da doutrina e da jurisprudência entende ser inconstitucional a progressividade dos impostos incidentes sobre o patrimônio. Para tanto, faz-se necessário, primeiramente, examinar a razão pela qual esses impostos são denominados de reais. Como explica Albano Santos:

> [...] um imposto diz-se *real* (ou *objectivo*) quando considera apenas a matéria tributável, sem atender a quaisquer aspectos pessoais do contribuinte; um imposto diz-se pessoal (ou subjectivo) sempre que, ao incidir sobre a matéria tributável, tem em conta aspectos pertinentes da vida do contribuinte.[456]

Nessa mesma linha, explica Geraldo Ataliba que a distinção entre impostos reais e pessoais consistiria no seguinte:

> 56.2 São impostos reais aqueles cujo aspecto material da h.i. limita-se a descrever um fato, ou estudo de fato, independentemente do aspecto pessoal, ou seja, indiferente ao eventual sujeito passivo e suas qualidades. A h.i. é um fato objetivamente considerado, com abstração feita das condições jurídicas do eventual sujeito passivo; estas condições são desprezadas, não são consideradas na descrição do aspecto material da h.i. (o que não significa que a h.i. não tenha aspecto pessoal; tem porém, este é indiferente à estrutura do aspecto material ou do próprio imposto).

---

[456] SANTOS, J. Albano. *Teoria Fiscal*. Lisboa: Universidade Técnica de Lisboa – Instituto Superior de Ciências Sociais e Políticas, 2003, p. 247.

56.3 São impostos pessoais, pelo contrário, aqueles cujo aspecto material da h.i. leva em consideração certas qualidades, juridicamente qualificadas, dos possíveis sujeitos passivos. Em outras palavras: estas qualidades jurídicas influem, para estabelecer diferenciações de tratamento relativo, inclusive do aspecto material da h.i. Vale dizer: o legislador, ao descrever a hipótese de incidência, faz refletirem-se decisivamente, no trato do aspecto material, certas qualidades jurídicas do sujeito passivo. A lei, nestes casos, associa tão intimamente os aspectos pessoal e material da h.i. que não pode conhecer este sem considerar concomitantemente aquele.[457]

Em decorrência dessa distinção, a aplicação do princípio da capacidade contributiva, relativamente aos impostos de natureza real, é entendida por muitos como inviável, à medida que, na apuração e quantificação dessa suposta espécie de impostos, seriam considerados apenas os aspectos objetivos da matéria tributável, sendo irrelevante os aspectos pessoais diferenciadores do sujeito passivo. Em vista disso, sustenta Aires Barreto:

> É de bom aviso ter presente: o princípio da capacidade contributiva encerra, em seu bojo, uma autorização e uma limitação. Visto da perspectiva positiva, o princípio contém autorização para a criação de impostos progressivos, desde que estes sejam pessoais. Examinada a perspectiva negativa, o princípio veda a instituição da progressividade, quando de impostos reais.[458]

Em que pese a clareza da distinção conceitual, é muito difícil encontrar um imposto cuja hipótese de incidência seja destituída de qualquer fator relacionado com as qualidades jurídicas do sujeito passivo, ou seja, é muito difícil sustentar que determinado imposto seja puramente de natureza real.[459]

Conforme reconhece Conti, existe uma tendência, cada vez mais visível, de que os impostos de natureza real levem em consideração elementos de ordem pessoal do sujeito passivo, por isso afirma:

> A introdução destes elementos tem levado inclusive a uma perda da nitidez da classificação, fazendo surgir determinadas situações em que se torna difícil estabelecer uma clara distinção entre a natureza do imposto – se real ou pessoal.[460]

Na verdade, essa classificação dos impostos obedece a um critério meramente pedagógico, pois serve muito mais para tentar explicar a natureza dos elementos da hipótese de incidência do que para estabelecer distinções constitucionais efetivas existentes entre os impostos. De qualquer forma, quando se faz uma classificação ou se formula um conceito, deve-se ter modéstia para reconhecer que

---

[457] ATALIBA, Geraldo. *Hipótese de Incidência Tributária*. 5. ed., 5. tir., São Paulo: Malheiros, 1996, p. 125.

[458] BARRETO, Aires Ferdinando. Imposto Predial e Territorial Urbano – IPTU. In: GANDRA DA SILVA MARTINS, Ives (coord.). *Curso de Direito Tributário*. 8. ed. São Paulo: Saraiva, 2001, p. 719.

[459] O próprio verbete da Súmula 539 do STF entende ser possível a inserção destes elementos: É constitucional a lei do Município que reduz o imposto predial urbano sobre o imóvel ocupado pela residência do proprietário, que não possua outro.

[460] CONTI, José Maurício. *Princípios Tributários da Capacidade Contributiva e da Progressividade*. São Paulo: Dialética, 1997, p. 71.

nem uma das duas atividades tem a possibilidade de resultar em algo absoluto ou indiscutível.

É certo que determinados impostos são mais compatíveis com a possibilidade de graduação segundo a capacidade contributiva, como ocorre, indiscutivelmente, em relação ao imposto de renda das pessoas físicas. No entanto, é mister lembrar que há outros critérios para se aferir a possibilidade de o cidadão contribuir para com a coletividade, ou seja, manifestações de riqueza que, em tese, externam uma capacidade contributiva, como ocorre com o consumo, a titularidade de um patrimônio, etc.

Como ocorre em relação ao consumo de bens sofisticados, os quais são submetidos a uma tributação mais gravosa em vista do princípio da seletividade, a existência de um patrimônio denota, em princípio, uma nítida manifestação de capacidade de contribuir, visto que, em tese, corresponde a uma expressão de renda acumulada pelo proprietário.

Em vista disso, é possível afirmar que os impostos relacionados com o direito de propriedade – classicamente denominados de impostos reais – possam ser graduados segundo as peculiaridades do sujeito passivo, mesmo porque, do contrário, chegar-se-ia à inaceitável conclusão de que, em um Estado Democrático de Direito, haveria a proibição de serem quase todos os tributos efetivamente graduados segundo a capacidade econômica do cidadão.

Em vista do exposto, pode-se sustentar ser possível a aplicabilidade do princípio da capacidade contributiva – mediante a imposição de alíquotas progressivas – relativamente aos impostos classificados como reais, mesmo porque, hodiernamente, a distinção destes, em relação aos impostos de natureza pessoal, possui uma tênue nitidez.[461]

Há de se reconhecer, contudo, que existe a necessidade de se harmonizar a técnica da progressividade com a extrafiscalidade, com vistas a evitar uma insuportável imposição a cidadãos que, embora sejam titulares de um patrimônio (bens móveis e imóveis principalmente), estejam destituídos de renda suficiente para arcar com o ônus das alíquotas progressivas, especialmente os idosos, os portadores de moléstias graves, etc.

A extrafiscalidade, dessa forma, além de ser um meio eficaz na concretização de outros direitos fundamentais, pode ser utilizada com vistas à observância do direito fundamental de pagar tributos conforme a capacidade contributiva, evitando-se, com isso, os efeitos perversos em que a progressividade poderia resultar com a exigência de alíquotas excessivamente onerosas, em relação aos bens, cujo

---

[461] Discordando desta posição Antonio Manoel Gonçalves sustenta que "somente os impostos pessoais podem ser objeto do princípio da capacidade contributiva e, conseqüentemente, pode ser admitida a progressividade das alíquotas. É que ocorre com o imposto de renda. Quanto maior a renda, maior é a alíquota. Somente sobre impostos pessoais é que se pode aferir a capacidade contributiva do contribuinte. Nestes, impostos pessoais, é que a progressividade das alíquotas pode ser admitida, ao contrário dos impostos reais que não admitem tal progressividade". GONÇALVES, Antonio Manoel. Alíquota Progressiva do IPTU: inconstitucionalidade. In: *Revista de Direito Constitucional e Internacional.* São Paulo: RT, ano 9, out. / dez. 2001, p. 144.

proprietário estiver destituído de fonte de renda ou quando esta estiver significativamente comprometida com a própria sobrevivência daquele.

Enfim, é possível afirmar que o princípio da capacidade contributiva alicerça-se no princípio do Estado Social e no inescapável laço de solidariedade que ata aqueles que nele vivem. Em decorrência disso, impõe-se que a carga tributária seja suportada, de uma forma mais significativa, por parte daqueles com maior capacidade econômica, sendo imperioso, então, que aqueles com capacidade nula ou próxima à nulidade sejam excluídos do alcance da tributação.

Ademais, conforme exposto, a aplicação do princípio da capacidade contributiva corresponde ao meio de concretização do princípio da dignidade da pessoa humana e da igualdade material, preconizada pela Constituição Federal em diversos dispositivos. A graduação dos impostos incidentes sobre o patrimônio se constitui, pois, um meio legítimo e tendencialmente eficaz à busca da supressão das desigualdades econômicas e sociais.

De qualquer sorte, em face da divergência doutrinária e jurisprudencial, será a seguir examinada a aplicabilidade da progressividade tributária – fundada na capacidade contributiva –, relativamente aos tributos historicamente entendidos como de natureza real, o que até momento tem gerado maior discussão.

3.2.3.2.1. *A progressividade do Imposto sobre a Propriedade Predial e Territorial Urbana – IPTU e do Imposto sobre a Transmissão "inter vivos" de Bens Imóveis – ITBI.*

Historicamente, uma das principais contendas acerca da progressividade dos impostos reais dizia respeito à graduação das alíquotas do IPTU de acordo com o valor venal do imóvel, com vistas à concretização e observância do princípio da capacidade contributiva.

Vários municípios brasileiros, entre os quais Porto Alegre – RS, Belo Horizonte – MG e São Paulo – SP, editaram leis instituindo IPTU progressivo, de acordo com o valor venal, isto é, a alíquota do imposto era maior quanto maior fosse o valor do bem imóvel. Tais leis deram ensejo a uma série de ações judiciais que discutiam a constitucionalidade dessa progressividade, uma vez que os contribuintes entendiam que, uma vez classificado como imposto real, a única possibilidade de progressividade do IPTU deveria ter conotação extrafiscal, estando adstrita ao cumprimento da função social da propriedade, conforme preconizava o disposto no § 1º do art. 156, na redação original da Constituição de 1988.[462]

O Supremo Tribunal Federal, instado a se manifestar sobre o assunto, julgou inconstitucionais as leis municipais que estabeleciam a progressividade do IPTU de acordo com o valor venal do imóvel. Quando do julgamento do Recurso Extra-

---

[462] Art. 156, § 1º: "O imposto previsto no inciso I poderá ser progressivo, nos termos de lei municipal, de forma a assegurar o cumprimento da função social da propriedade".

ordinário n° 153.771-0-MG,[463] a Suprema Corte definiu os limites constitucionais à instituição, pelos Municípios, do IPTU progressivo. Este caso referia-se à Lei Municipal de Belo Horizonte – MG (Lei n° 5.641, de 22/12/89), a qual fixava alíquotas progressivas de acordo com o valor venal do imóvel, sendo que tal sistemática muito se assemelhava à sistemática de tributação progressiva instituída por outros municípios brasileiros. A ementa do acórdão foi assim redigida:

IPTU. Progressividade.

- No sistema tributário nacional, o IPTU, inequivocamente, é um imposto real.

- Sob o império da atual Constituição, não é admitida a progressividade fiscal do IPTU, quer com base exclusivamente no seu artigo 145, § 1º, porque esse imposto tem caráter real, que e incompatível com a progressividade decorrente da capacidade econômica do contribuinte, quer com arrimo na conjugação desse dispositivo constitucional (genérico) com arrimo no art. 156, § 1º (específico).

- A interpretação sistemática da Constituição conduz inequivocamente à conclusão de que o IPTU com finalidade extrafiscal a que alude o inciso II do § 4º do artigo 182 é a explicação especificada, inclusive com limitação temporal, do IPTU com finalidade extrafiscal aludido no art. 156, I, § 1º.

- Portanto, é inconstitucional qualquer progressividade, em se tratando de IPTU, que não atenda exclusivamente ao disposto no artigo 156, §1º, aplicado com as limitações expressamente constantes dos §§ 2º e 4º do artigo 182, ambos da Constituição Federal.

Recurso Extraordinário conhecido e provido, declarando-se inconstitucional o subitem 2.2.3. do setor II da Tabela III da Lei nº 5.641, de 22.12.1989, no Município de Belo Horizonte.

Como se percebe, segundo o entendimento da Suprema Corte, o óbice maior à constitucionalidade do IPTU progressivo decorria do fato de esse imposto ter natureza real, razão pela qual não poderia estar adstrito à capacidade econômica do sujeito passivo, uma vez que ela se manifesta, nesse caso, através da titularidade de um patrimônio imobiliário de valor mais elevado, não podendo, assim, ser progressivo de acordo com o valor venal do imóvel objeto da tributação.

Por isso, o Supremo Tribunal Federal entendeu que haveria necessidade de constar, expressamente, no texto constitucional, a possibilidade da exigência do IPTU progressivo de acordo com o valor do imóvel. Do voto do relator para o acórdão, Ministro Moreira Alves, cabe transcrever a seguinte passagem, na qual o mesmo conclui o porquê de o IPTU não estar apto a submeter-se à progressividade fundada na capacidade contributiva:

[...] porque esse imposto tem, como disciplinado no sistema tributário brasileiro, caráter real que é incompatível com a progressividade decorrente de capacidade econômica do contribuinte, quer com arrimo – como pretende o eminente relator – na conjugação desse dispositivo constitucional (genérico) com o artigo 156, § 1º (específico), pela singela razão de que este último dispositivo, por admitir a progressividade para fins extrafiscais ("de forma a assegurar o cumprimento da função social da propriedade") não pode, obviamente, servir de esteio para justificar progressividade fiscal.

---

[463] Acórdão publicado no DJU, Seção 1, em 05 set. 1997 e na LEX-STF, v. 229, p. 177-219.

O entendimento consagrado pelo Supremo Tribunal Federal, seguido pelos demais tribunais,[464] está contaminado pelo positivismo jurídico, sendo, portanto, hermeneuticamente inadequado. Dizer que o fato de não constar a expressão "progressivo de acordo com o valor venal" impediria a graduação das alíquotas do IPTU, significa dizer que norma e texto se confundem e, portanto, significa mergulhar no fosso da metafísica e esquecer a diferença ontológica entre ser e ente. Especificamente no campo jurídico, tal posição implica negar que a norma sempre será fruto da interpretação de um texto.

Há de se frisar que a progressividade não é apenas uma regra constitucional a qual, para que possa ser aplicada, necessita de expressa previsão, mesmo porque isso corresponderia a restringir as possibilidades interpretativas à aplicação do anacrônico método gramatical de interpretação.

Além disso, a posição ora atacada corresponde a uma clara adoção de preconceitos inautênticos acerca do próprio texto constitucional e demonstra que o entendimento da Corte Maior brasileira[465] está divorciado da autoridade da tradição, na medida em que se revela incompatível com o caminho que deve ser trilhado no sentido de tornar efetivo nosso Texto Maior.

Conforme exposto, a progressividade tributária, no mais das vezes, decorre do princípio da capacidade contributiva, razão pela qual tal mecanismo não necessita de expressa previsão no Texto Constitucional, uma vez que corresponde a um dos meios para a efetivação do Estado Democrático de Direito, mediante a concretização de seus princípios basilares.

---

[464] Esse, pois, é o entendimento do Tribunal de Justiça do Estado do Rio Grande do Sul, conforme a ementa a seguir: EMENTA: APELAÇÃO CÍVEL. DIREITO TRIBUTÁRIO E FISCAL. EMBARGOS À EXECUÇÃO. PRELIMINAR DE ILEGITIMIDADE AFASTADA. IPTU. MUNICÍPIO DE ALVORADA. LEI N. 40/77. ALÍQUOTAS PROGRESSIVAS EM RAZÃO DA LOCALIZAÇÃO DO IMÓVEL. SÚMULA N. 688 DO STF. INOVAÇÃO NO FEITO. IMPOSSIBILIDADE. I. Antes da edição da EC Nº 29/2000, segundo orientação consolidada no âmbito do Supremo Tribunal Federal, é inconstitucional qualquer progressividade do IPTU, que não atenda exclusivamente ao disposto no artigo 156, § 1º, aplicado com as limitações expressamente constantes dos §§ 2º e 4º do artigo 182, ambos da Constituição Federal. Somente a partir do advento da aludida EC n 29/00, que deu nova redação ao art. 156, § 1º, da CF/88, passou-se a admitir a progressividade do IPTU em razão do valor do imóvel, bem como a adoção de alíquotas diferenciadas de acordo com a localização e uso do imóvel, conforme estabelecido no RE n. 293.451, STF, 2ª T., Rel. Min. Carlos Velloso, julgado em 04.12.01. II. Não se conhece do recurso na parte em que inova em relação à matéria submetida à apreciação do primeiro grau. PRELIMINAR REJEITADA, À UNANIMIDADE. APELAÇÃO CONHECIDA EM PARTE E IMPROVIDA, POR MAIORIA. (Apelação Cível nº 70019834019, Primeira Câmara Cível, Tribunal de Justiça do RS, Relator: Luiz Felipe Silveira Difini, Julgado em 27/06/2007).

[465] Cabe lembrar, no entanto, que esse entendimento, embora majoritário, não é unânime no Supremo Tribunal Federal. O (ex) Ministro Carlos Veloso (relator original do acórdão que julgou o RE 153.771), afirmou seu sobre a possibilidade da progressividade tributária do IPTU: "De todo o exposto, ressai a conclusão no sentido de que, forte na Constituição, art. 145, § 1º, as alíquotas do IPTU deverão ser progressivas, forma aliás, de se emprestar a esse imposto caráter de pessoalidade, dado que a progressividade, segundo M. Duverger, lembra Hugo de Brito Machado, "constitui um dos meios mais eficazes de personalização do imposto". Nessa linha, também observou o Min. Marco Aurélio, relativamente ao disposto no § 1º do art. 145 da Constituição, por ocasião de seu voto proferido no RE 234.105: "Ao meu ver, não temos, no dispositvo, qualquer distinção, qualquer limitação ao alcance do que nele se contém. O alvo do preceito é único, a estabelecer uma gradação que leve à justiça tributária, ou seja, onerando aqueles com maior capacidade para o pagamento do imposto".

Considerando que esse modelo de Estado somente se concretiza com a observância do princípio da dignidade da pessoa humana; considerando que esse princípio obtém sua máxima eficácia mediante a realização dos direitos fundamentais; considerando que estes, para serem concretizados e observados, exigem que a tributação esteja em consonância com a efetiva capacidade econômica; e considerando, por fim, que a progressividade é o mecanismo adequado para tributar-se conforme a capacidade contributiva, conclui-se que a graduação das alíquotas de todos impostos ditos reais (e o IPTU em especial), corresponde a um instrumento plenamente adequado à viabilização do Estado Democrático de Direito.

Em relação ao Imposto sobre a Transmissão de Bens Imóveis – ITBI, a Suprema Corte tem idêntica posição, conforme se pode aferir do julgamento ocorrido em 08-04-99, no qual foi declarada a inconstitucionalidade da tributação progressiva do ITBI do Município de São Paulo – art. 10, II, da Lei nº 11.154/91 – sob o fundamento de que, como imposto de natureza real que é, não pode variar na razão da capacidade contributiva do sujeito passivo.[466]

Em verdade, a graduação de alíquotas de acordo com o valor venal dos bens adquiridos pelo contribuinte confere caráter pessoal a esse imposto. Com a sua supressão, o ITBI passou a ser imposto de natureza real, e todos os contribuintes, independentemente da capacidade econômica, sujeitar-se-ão a uma mesma alíquota deste imposto. Dessa forma, nota-se que o princípio de que o Estado deve buscar minimizar as desigualdades mediante uma tributação de acordo com a efetiva capacidade contributiva é realizado às avessas, isto é, as desigualdades não só são mantidas, como são intensificadas.

De qualquer modo, especificamente em relação ao IPTU, os supostos obstáculos vislumbrados na Constituição Federal foram removidos pela Emenda Constitucional 29/2000, a qual estabeleceu uma nova redação para o disposto no § 1º do art. 156 da Carta de 1988, conforme a análise que segue.

3.2.3.2.2. A progressividade e seletividade do IPTU instituída pela Emenda Constitucional nº 29/2000

Uma vez consolidada a jurisprudência do Supremo Tribunal Federal contrariamente à progressividade com fins fiscais, foi necessário o Congresso Nacional aprovar uma Emenda Constitucional, para fazer constar, expressamente, no texto

---

[466] RECURSO EXTRAORDINÁRIO Nº 234.105/SP. EMENTA: CONSTITUCIONAL. TRIBUTÁRIO. IMPOSTO DE TRANSMISSÃO DE IMÓVEIS, *INTER VIVOS* – ITBI. ALÍQUOTAS PROGRESSIVAS. C.F., art. 156, II, § 2º da Lei nº 11.154, de 30.12.91, do Município de São Paulo, SP. I – Imposto de transmissão de imóveis, *inter vivos* – ITBI: alíquotas progressivas: a Constituição Federal não autoriza a progressividade das alíquotas, realizando-se o princípio da capacidade contributiva proporcionalmente ao preço da venda. II. – R.E. conhecido e provido. Votação: Unânime. Resultado: Conhecido e provido". (DJ -31-03-00 PP-61). O Ministro Relator na justificativa de seu voto reproduziu parte do voto do Ministro Néri da Silveira proferido ao negar seguimento ao AG 228.666 – SP, nos seguintes termos: "Afigura-se inegável que a lei do Município ao instituir a progressividade da alíquota do imposto, o fez por presumir a maior capacidade contributiva do sujeito passivo, a conferir a um tributo real, uma personalização ilegítima, que descaracteriza juridicamente o adicional progressivo".

da Lei Maior, a possibilidade de que o IPTU pudesse ser cobrado de forma progressiva, de acordo com o valor venal do imóvel.

Assim, em 13 de setembro de 2000, foi aprovada a Emenda Constitucional nº 29, que modificou o disposto no § 1º do art. 156 da Constituição Federal, o qual passou a viger com a seguinte redação:

> Art. 156. Compete aos Municípios instituir impostos sobre:
>
> I – propriedade predial e territorial urbana;
>
> § 1º Sem prejuízo da progressividade no tempo a que se refere o art. 182, § 4º, inciso II, o imposto previsto no inciso I poderá:
>
> II – ser progressivo em razão do valor do imóvel;
>
> III – ter alíquotas diferentes de acordo com a localização e o uso imóvel.

Em vista disso – embora neste trabalho seja sustentando que isso já era possível – a partir do termo inicial de vigência da Emenda Constitucional nº 29 (13 de setembro de 2000), a legislação municipal pode, finalmente, impor ao IPTU um caráter de progressividade vinculada à concretização do princípio de que a tributação deve ser imposta segundo a capacidade contributiva do sujeito passivo.

Assim, mediante edição da lei municipal, pode ser implementado, enfim, esse importante instrumento de justiça fiscal, isto é, finalmente, o IPTU estará apto a ser progressivo em relação ao valor do imóvel. Dessa forma, aquele contribuinte que, em tese, possui uma maior capacidade contributiva, eis que é proprietário de um imóvel de valor mais significativo, recolherá aos cofres públicos municipais o imposto com alíquotas mais elevadas do que aquele contribuinte proprietário de um imóvel de menor valor.[467]

É certo, contudo, que existe uma forte resistência doutrinária quanto à implementação da progressividade fiscal do IPTU. Conforme sustenta Aires Barreto a constituição vedaria a progressividade de impostos de caráter real, sendo que isso seria uma "área constitucional intocável, por integrar o conjunto de direitos e garantias atribuídas ao contribuinte pela Constituição". Por decorrência, seria inconstitucional a Emenda nº 29, que estabeleceu a possibilidade de progressividade do IPTU, na medida em que haveria uma Cláusula Pétrea garantindo "aos

---

[467] Portanto, pode ser fixada, por exemplo, uma alíquota de 0% em relação a imóveis cujo valor venal não ultrapasse a R$ 30.000,00 (preservação do mínimo existencial); 0,5 % para imóveis cujo valor venal não ultrapasse a R$ 50.000,00, outra alíquota de 1% a ser exigida dos proprietários de imóveis, com valores venais superiores a R$ 50.000,00 até R$ 100.000,00, uma terceira alíquota de 1,5% para imóveis com valor venal superior a R$ 100.000,00 e assim sucessivamente. No exemplo mencionado, em observância ao princípio da capacidade contributiva e da igualdade material, é imperioso que a legislação municipal estabeleça um mecanismo para que a alíquota incidente até determinado valor seja igual para todos, como ocorre com o imposto de renda das pessoas físicas. Tal mecanismo, denominado de progressividade complexa, evita a situação de que determinado contribuinte, como aquele proprietário, no exemplo mencionado, de um imóvel cujo valor venal seja R$ 31.000,00, venha a recolher um valor de imposto significativamente superior àquele contribuinte que possui imóvel cujo valor venal seja R$ 30.000,00. Como se pode aferir, o primeiro contribuinte pagaria R$ 155,00 de imposto, enquanto o segundo nada recolheria, não obstante, em tese, possuírem quase a mesma capacidade contributiva.

contribuintes o direito de só serem submetidos à progressividade em face de impostos pessoais".[468]

Por sua vez, Manoel Gonçalves entende que, mesmo com a Emenda Constitucional 29/2000, seria necessário lei complementar federal para regulamentar essa progressividade. Segundo o autor, a lei complementar é imprescindível porque: "esta é a uma lei nacional, dirigida a todas as pessoas políticas", pois, segundo ele, "os critérios deverão, à evidência, ser idênticos para todos os municípios".[469]

Parece despiciendo repisar as razões pelas quais se entende que o IPTU pode ser progressivo de acordo com o valor venal do imóvel, como forma de observância e adequação ao princípio da capacidade contributiva. Se parece inaceitável rejeitar tal possibilidade, mostra-se muito mais inaceitável entender-se que a Emenda Constitucional n° 29/2000 estaria eivada de inconstitucionalidade, porque permitiu, agora expressamente, a progressividade fiscal do IPTU.

Cabe lembrar que, para que uma Emenda Constitucional venha a ser declarada inconstitucional, há de se constatar afronta ao disposto no art. 60 § 4° da Constituição Federal.[470] Especificamente nesse caso, dizer que foi violado direito fundamental significa dizer que, num Estado Democrático de Direito, todos devem contribuir, independentemente da capacidade econômica. Nem aqui, nem em qualquer outro lugar do mundo cuja constituição assegura esse modelo de Estado, é possível dizer que o princípio da igualdade, no campo tributário, significa que todos devam contribuir da mesma forma.

Na verdade, o que se percebe com tais considerações é uma clara manifestação dos prejuízos inautênticos acerca do novo modelo de Estado vigente. Essas posições revelam o quanto fundamental se faz "desvelar" o novo – Constituição – que está entre os brasileiros desde 1988, embora permaneça ainda como um estranho, razão pela qual não é compreendida e interpretada adequadamente.

Também não se faz necessário haver uma lei complementar federal para estabelecer critérios uniformes de progressividade do IPTU, aplicáveis a todos

---

[468] BARRETO, Aires Ferdinando. Imposto Predial e Territorial Urbano – IPTU. In: GANDRA DA SILVA MARTINS, Ives (coord.). *Curso de Direito Tributário*. 8. ed. São Paulo: Saraiva, 2001, p. 719. Noutra passagem, assim sustenta referido autor: "Ora, no caso da progressividade, é inquestionável que a Emenda Constitucional n° 29 não apenas tende a abolir, como de fato, aniquila, suprime, destrói, anula a restrição posta pelo princípio de que progressivos só podem ser os impostos pessoais. A Constituição veda a progressividade de impostos de caráter real, como o IPTU. Trata-se de área constitucional intocável, por integrar o conjunto de direitos atribuídos ao contribuinte pela Constituição. É que compõem esse rol todos os princípios constitucionais, inclusive e especialmente aqueles ligados à matéria tributária. Essa exegese decorre de interpretação sistemática, fruto da conjugação do disposto no § 2°, do art. 5° , com o art. 60, § 4°, IV, ambos da Constituição. Por outras palavras: a) os princípios (§ 2° do art. 5°) configuram direitos individuais, b) a capacidade contributiva é princípio, c) sendo princípio, configura cláusula pétrea, à luz do disposto no inciso IV, do § 4°, do art. 60; logo, d) não pode ser modificado por emenda constitucional". BARRETO, Aires Ferdinando. IPTU: progressividade e diferenciação. In: *Revista Dialética de Direito Tributário*. n. 76, jan. 2002, p. 8.

[469] GONÇALVES, Antonio Manoel. Alíquota Progressiva do IPTU: inconstitucionalidade. In: *Revista de Direito Constitucional e Internacional*. São Paulo: RT, ano 9, out. / dez. 2001, p. 144.

[470] Art. 60... § 4° – Não será objeto de deliberação a proposta de emenda tendente a abolir: I – a forma federativa de Estado; II – o voto direto, secreto, universal e periódico; III – a separação dos Poderes; IV – os direitos e garantias individuais.

os municípios do país. Primeiro, porque a constituição só exige que uma lei complementar federal estabeleça uniformidade em relação àqueles tributos potencialmente causadores da denominada "guerra fiscal" entre os entes federados (ICMS, ISS), o que não se verifica com o referido imposto municipal. Segundo, relativamente ao IPTU, há autonomia municipal garantida pelo princípio federativo, observando-se, tão-somente, as normas estabelecidas pelo Código Tributário Nacional, como ocorre com os outros impostos, em face do disposto no art. 146, inciso III, alínea "a" da Constituição. Não bastasse isso, a uniformidade impediria que as peculiaridades de cada município fossem devidamente levadas em consideração e contempladas.

Com o advento da Emenda Constitucional nº 29/2000, além da progressividade de acordo com o valor venal, os municípios passaram a ter a possibilidade de estabelecer alíquotas diferenciadas em razão da localização e do uso do imóvel, conforme dispõe a redação do inciso II do § 1º do art. 156 da Constituição brasileira, introduzido pela referida emenda.

É certo que o disposto no inciso II do § 1º do art. 156[471] não corresponde a uma progressividade, nos moldes tradicionalmente conhecidos. A natureza de tal dispositivo está bem mais próxima da seletividade tributária, isto é, as alíquotas do IPTU seriam seletivas de acordo com a localização e do uso do imóvel.

Da análise precedente, pode-se sustentar que a nova redação do inciso II do § 1º do art. 156 comporta, num primeiro momento, um entendimento sob dois enfoques. Por um lado, é possível entendê-lo como meio de concretização do princípio da capacidade contributiva e igualdade, e, por outro, é possível vislumbrá-lo com uma espécie de seletividade, com nítida função extrafiscal.

É possível sustentar que alíquotas progressivas de IPTU viessem a ser impostas em relação aos imóveis localizados em determinadas regiões mais valorizadas, o que, por si só, revelaria uma maior capacidade econômica do sujeito passivo. Nessa mesma linha também, entender-se-ia possível a aplicação de uma alíquota mais elevada em face do uso dos imóveis, desde que esse uso, por si só, revelasse uma maior capacidade econômica do proprietário.

Todavia, parece mais adequado construir o sentido deste texto na direção que aponta a seletividade com fins extrafiscais. Primeiro, porque os imóveis situados em regiões mais valorizadas já seriam tributados de uma forma progressivamente superior, à medida que, justamente por possuírem valor venal mais elevado, a alíquota seria mais elevada, sendo, portanto, difícil sustentar uma dúplice progressividade de alíquotas.

Tal conclusão, entretanto, não se aplica na situação inversa, pois parece perfeitamente compatível com os princípios da capacidade contributiva e da igualdade material que a lei municipal fixe alíquotas de IPTU significativamente menores – inclusive alíquota zero – em relação àqueles imóveis situados em regiões pau-

---

[471] Art. 156, §1º: "Sem prejuízo da progressividade no tempo a que se refere o art. 182, §4º, inciso II, o imposto previsto no inciso I poderá: I –... II – ter alíquotas diferentes de acordo com a localização e o uso imóvel".

pérrimas, mesmo porque, não fosse assim, a tributação poderia alcançar o mínimo vital à sobrevivência e caracterizar-se, enfim, como instrumento de perpetuação das desigualdades econômicas e sociais, o que se mostra incompatível com a atual idéia de Estado Democrático de Direito.

A segunda razão pela qual se deve entender que o disposto no inciso II do § 1º do art. 156 possui exclusiva conotação extrafiscal diz respeito ao uso do imóvel, eis que seria muito improvável que uma lei pudesse identificar, tão-somente por esse critério (uso), uma maior capacidade econômica do sujeito passivo.

Em vista do exposto, ressalvada a hipótese de regressividade comentada supra, é possível sustentar que a legislação municipal venha a estabelecer uma seletividade de alíquotas – em razão da localização ou do uso do imóvel – com uma finalidade extrafiscal. Dessa forma, se o Município, por exemplo, pretender estimular a ocupação de uma determinada área, ou desestimular a ocupação de outra, poderá utilizar-se do IPTU com alíquotas diferenciadas para tanto. Além disso, se o Município pretender estimular ou desestimular determinada utilização dos imóveis, poderá fazê-lo via seletividade do IPTU em razão do uso.

Nota-se, pois, nesses casos, uma nítida conotação extrafiscal no cumprimento da função social da propriedade, objeto da análise específica a seguir. Com isso, a ordenação da cidade expressa no plano diretor poderá ter, a partir de agora, um forte aliado: o IPTU com alíquotas diferenciadas. Essa possibilidade não fere o princípio da igualdade tributária; ao contrário, reafirma-o de acordo com a sua atual concepção constitucional.

De toda a análise precedente, constata-se que o óbice outrora vislumbrado por parte da doutrina e jurisprudência – no sentido de que o IPTU, por se tratar de um imposto real, não poderia submeter-se à progressividade – está enfim superado, em face da expressa previsão constitucional que autoriza a progressividade de alíquotas de acordo com o valor venal,[472] bem como a adoção de alíquotas seletivas em razão da localização e utilização do bem.

Diante disso, e considerando, sobretudo, o exposto ao longo deste trabalho, a instituição de IPTU progressivo ou seletivo, nas hipóteses mencionadas nos dois incisos do § 1º do art. 156 – na sua atual redação – é plenamente válida e de indiscutível constitucionalidade.

Enfim, se o entrave vislumbrado pela jurisprudência à progressividade fiscal do IPTU residia na ausência de disposição constitucional expressa, pode-se afirmar que, muito provavelmente, a modificação estatuída pela Emenda Consti-

---

[472] Amparando tal entendimento, cabe citar a recente decisão do Tribunal de Justiça do Estado do Rio Grande do Sul: EMENTA: DIREITO TRIBUTÁRIO E FISCAL. IPTU. TERRENO. MUNICÍPIO DE PORTO ALEGRE. PROGRESSIVIDADE INSTITUÍDA PELA EC. Nº 29/00 E PELA LEI COMPLEMENTAR MUNICIPAL Nº 461/00. TRIBUTÁRIO. As alíquotas progressivas de IPTU instituídas pela Lei Complementar nº 461/00, do Município de Porto Alegre, posterior à EC nº 29/00, não se afiguram inconstitucionais, diferentemente daquelas previstas na LC nº 212/89. HIPÓTESE DE NEGATIVA DE SEGUIMENTO DO APELO. (Apelação Cível Nº 70020203923, Vigésima Segunda Câmara Cível, Tribunal de Justiça do RS, Relator: Rejane Maria Dias de Castro Bins, Julgado em 29/06/2007).

tucional n° 29 será entendida como válida na Corte Constitucional, mesmo porque dificilmente poderá ser acolhida a tese de que a tributação progressiva dos impostos reais contraria o princípio da igualdade e que, portanto, sequer por uma Emenda poderia ser instituída.

Cabe ressaltar, todavia, que a legislação municipal não pode ultrapassar os limites da exigência tributária progressiva de tal forma que possa caracterizar um confisco, visto que, conforme prevê o disposto no inciso IV do art. 150, é vedado a qualquer esfera de Poder utilizar tributo com efeitos de confisco.

É certo que os limites da tributação confiscatória são bastante difíceis de ser aferidos. No entanto, em relação aos tributos incidentes sobre patrimônio, parece que esses limites são mais visíveis, sendo muito difícil entender-se não-confiscatória, por exemplo, a exigência de IPTU à alíquota de vinte por cento, a menos que tal exigência pudesse ser fortemente alicerçada em outro princípio constitucional – função social da propriedade.

3.2.4. Capacidade contributiva e tributos vinculados

A questão da abrangência da aplicação do princípio da capacidade contributiva encontra um outro foco de discussão relativamente à possibilidade de haver a graduação, conforme a capacidade econômica do contribuinte, dos denominados tributos vinculados.

Cabe lembrar que, de acordo com a doutrina majoritária, seriam espécies de tributos vinculados: as taxas; as contribuições de melhoria; as contribuições sociais; e os empréstimos compulsórios. Por outro lado, restariam como espécie de tributo não-vinculado apenas os impostos.

Conforme já mencionado quando se examinou o dever fundamental de pagar tributos, no Brasil as espécies tributárias não guardam um rigor terminológico bem definido, sendo que isso se constata particularmente em relação às contribuições sociais, que hoje são significativamente representativas no conjunto da arrecadação.

De qualquer forma, vale reiterar que, além das taxas e das contribuições de melhoria, poderiam ser classificadas como tributos vinculados aquelas contribuições sociais cuja exigibilidade esteja condicionada a uma contrapartida do Estado ou de uma entidade não-estatal de fins de interesse público. Nesse rol se enquadrariam as contribuições de interesse de categoria profissional e às contribuições previdenciárias devidas pelos trabalhadores, com vistas à concessão de futuros benefícios (contribuições sinalagmáticas).

No entendimento de Conti, o critério a ser adotado para atingir a idéia de justiça fiscal, com relação aos tributos vinculados, é adequá-los segundo o princípio do benefício, ou seja, é justificável que contribuam mais os que mais recebem benefícios relativamente aos serviços prestados pelo estado,[473] razão pela qual sustenta que esse princípio deve ser restritivamente aplicável em relação aos tributos vinculados.[474]

De qualquer sorte, não é aceitável que tal princípio seja aplicável apenas em relação aos tributos não-vinculados, pela simples razão de que, no texto do § 1º do art. 145 da Constituição Brasileira, consta apenas a espécie "imposto", e portanto, as demais espécies tributárias não poderiam ser graduadas segundo a capacidade contributiva do sujeito passivo.

Não obstante isso, existem outras razões por que tal princípio não pode ser aplicado a todas às espécies tributárias, especialmente às taxas e contribuições de melhoria, bem como existem razões suficientes para aplicação do princípio da capacidade contributiva, às demais espécies tributárias, o que se verá na exposição que segue.

3.2.4.1. Aplicabilidade em relação às taxas e contribuições de melhoria

Primeiramente, será analisada a possibilidade de aplicação do princípio da capacidade contributiva – via imposição fiscal progressiva – às taxas e contribuições de melhoria, as quais se constituem nos tributos classicamente entendidos como vinculados.

As referidas espécies tributárias são classificadas como tributos vinculados, pois implicam um agir do Estado em contrapartida à imposição fiscal. No caso das taxas, esse agir se consubstancia através da prestação de serviços públicos, específicos e divisíveis, ou através do efetivo exercício do poder de polícia. No caso da contribuição de melhoria, a contrapartida estatal ocorre mediante a realização de uma obra pública da qual decorra valorização imobiliária.

Vislumbra-se, indubitavelmente, uma forte resistência à aplicação do princípio da capacidade contributiva relativamente às taxas. Segundo Seabra de Godoi:

> É vedado ao legislador erigir taxas que diferenciem os contribuintes em função da maior ou menor capacidade econômica de cada um, porque, neste caso o cânone do benefício ou equivalência, próprio dos tributos contraprestacionais, estaria sendo que substituído pela capacidade contributiva, o que é vedado pelo art. 145 § 2º, da Constituição e o art. 77, parágrafo único, do Código Tributário Nacional.[475]

O Supremo Tribunal Federal já admite a aplicabilidade do princípio da capacidade contributiva relativamente à taxa de polícia, notadamente porque essa

---

[473] CONTI, José Maurício. *Princípios Tributários da Capacidade Contributiva e da Progressividade.* São Paulo: Dialética, 1997, p. 63-64.

[474] Idem, p. 97.

[475] SEABRA DE GODOI, Marciano. *Justiça, Igualdade e Direito Tributário.* São Paulo: Dialética, 1999, p. 204.

espécie de taxa seria mais adequável ao referido princípio.[476] Não obstante tais decisões, há posicionamento na mesma Corte no sentido de que as taxas não poderiam se submeter a graduação segundo a capacidade econômica, em face do seu caráter de retributividade, consoante se pode aferir neste trecho do voto do Ministro Carlos Veloso, proferido quando do julgamento do RE 234.105 – 3/SP (DJ 31.03.00, p. 61):

> Quanto às taxas, o princípio da igualdade realiza-se pelo específico princípio da retribuição ou remuneração. Cada um consome uma certa quantidade de serviço público e remunera o custo daquela quantidade que consumiu, certo que nas taxas não há cogitar do princípio da capacidade contributiva.

Tanto as taxas como as contribuições de melhoria estão claramente vinculadas a uma contraprestação estatal, sendo que, inclusive, o fato gerador dessas espécies se consubstancia com o agir estatal. Se a atuação do Estado não correspondesse a uma exigência tributária específica (do beneficiário), os custos relativos a ela seriam suportados por toda a coletividade, eis que seria necessária a utilização de recursos provenientes da arrecadação de tributos não-vinculados (impostos), para que o Estado pudesse fazer frente a tais dispêndios.

Sendo assim, não há sentido na progressividade das taxas, pois a capacidade econômica do sujeito passivo não se constitui aspecto relevante na exigência da mesma, à medida que, em última análise, a taxa é exigida porque o Estado realiza algo em benefício de um cidadão, tendo, em razão de tanto, o direito/dever de exigir, em contrapartida, o que até pode ser entendido como uma espécie de ressarcimento do beneficiário da atuação.

Em relação às contribuições de melhoria, esse raciocínio é plenamente aplicável, visto que essa espécie tributária tem por hipótese de incidência uma atuação estatal indiretamente referida ao contribuinte. Essa atuação corresponde à realiza-

---

[476]ADI 453/DF Rel. Min.GILMAR MENDES Julgamento: 30/08/2006 Publicação DJ 16-03-2007, p. 19. Ementa. Vol. 2268-01, p. 16. Ementa: 1. Ação Direta de Inconstitucionalidade. 2. Art. 3°, da Lei n° 7.940, de 20.12.1989, que considerou os auditores independentes como contribuintes da taxa de fiscalização dos mercados de títulos e valores mobiliários. 3. Ausência de violação ao princípio da isonomia, haja vista o diploma legal em tela ter estabelecido valores específicos para cada faixa de contribuintes, sendo estes fixados segundo a capacidade contributiva de cada profissional. 4. Taxa que corresponde ao poder de polícia exercido pela Comissão de Valores Mobiliários, nos termos da Lei n° 5.172, de 1966 – Código Tributário Nacional. 5. Ação Direta de Inconstitucionalidade que se julga improcedente.

RE – 216.259, DJ 19.05.2000, p. 18. Rel. Ministro Celso de Mello. Ementa: Taxa de Fiscalização dos Mercados de Títulos e Valores Mobiliários – Comissão de Valores Mobiliários – Lei n° 7.940/89 – Legitimidade Constitucional – Precedentes Firmados pelo Plenário do Supremo Tribunal Federal – Possibilidade de Julgamento Imediato de Outras Causas Versando o Mesmo Tema pelas Turmas ou Juízes do Supremo Tribunal Federal, Com Fundamento do Leading Case (Ristf, Art. 101) – Agravo Improvido. A Taxa de Fiscalização da Comissão de Valores Mobiliários, instituída pela Lei n° 7.940/89, é constitucional. – A taxa de fiscalização da CVM, instituída pela Lei n° 7.940/89, qualifica-se como espécie tributária cujo fato gerador reside no exercício do Poder de polícia legalmente atribuído à Comissão de Valores Mobiliários. A base de cálculo dessa típica taxa de polícia não se identifica com o patrimônio líquido das empresas, inocorrendo, em conseqüência, qualquer situação de ofensa à cláusula vedatória inscrita no art. 145, § 2°, da Constituição da República. O critério adotado pelo legislador para a cobrança dessa taxa de polícia busca realizar o princípio constitucional da capacidade contributiva, também aplicável a essa modalidade de tributo, notadamente quando a taxa tem, como fato gerador, o exercício do poder de polícia. Precedentes.

ção de uma obra pública que tem como conseqüência uma valorização imobiliária, isto é, os imóveis adjacentes têm valor de mercado elevado.

A atuação estatal (realização de obra pública), que torna vinculado este tipo de tributo, é apenas indiretamente referida ao contribuinte, pois é a valorização imobiliária que justifica sua cobrança. Ou seja, não basta a mera realização de obra pública para se exigir tal contribuição, sendo necessário, também, que dessa obra pública decorra valorização imobiliária.[477]

Em decorrência do exposto, vê-se que graduar uma contribuição de melhoria segundo a capacidade econômica do sujeito passivo não tem sustentação jurídica, pois a exigência tributária deve necessariamente ser proporcional à valorização imobiliária decorrente da obra realizada, e não proporcional à capacidade econômica do contribuinte.

Assim, a exigência progressiva – de acordo com a capacidade econômica do sujeito passivo –, tanto em relação a taxas como em relação à contribuição de melhoria, parece contrariar a razão pela qual aquelas são cobradas (contrapartida de uma ação estatal específica). Isto ocorre, enfim, pelo simples fato de que a capacidade econômica do sujeito passivo é completamente irrelevante ao fato (gerador) que faz nascer a obrigação tributária respectiva.

Há de se reconhecer, no entanto, que a capacidade econômica pode ser entendida como relevante, no que tange às taxas e contribuições de melhoria, quando ela inexistir, hipótese em que não se legitima a exigência dos referidos tributos, uma vez que isso daria ensejo ao desrespeito de outros direitos fundamentais con-

---

[477] Neste sentido, cabe transcrever a seguinte decisão da Primeira Turma do Superior Tribunal de Justiça. RESP 647134/SP. 10/10/2006. Rel Min. Luiz Fux. TRIBUTÁRIO. AÇÃO DE REPETIÇÃO DE INDÉBITO. CONTRIBUIÇÃO DE MELHORIA. OBRA INACABADA. HIPÓTESE DE INCIDÊNCIA E FATO GERADOR DA EXAÇÃO. OBRA PÚBLICA EFETIVADA. VALORIZAÇÃO DO IMÓVEL. NEXO DE CAUSALIDADE. INOCORRÊNCIA. DIREITO À RESTITUIÇÃO. 1. Controvérsia que gravita sobre se a obra pública não finalizada dá ensejo à cobrança de contribuição de melhoria. 2. Manifesta divergência acerca do atual estágio do empreendimento que deu origem à exação discutida, sendo certo é vedado à esta Corte Superior, em sede de Recurso Especial, a teor do verbete Sumular nº 07/STJ, invadir a seara fática-probatória, impondo-se adotar o entendimento unânime da época em que proferido o julgamento pelo Tribunal a quo, tanto pelo voto vencedor, como pelo vencido, de que quando foi instituída a contribuição de melhoria a obra ainda não havia sido concluída porquanto pendente a parte relativa à pavimentação das vias que circundavam o imóvel de propriedade da recorrente. 3. A base de cálculo da contribuição de melhoria é a diferença entre o valor do imóvel antes da obra ser iniciada e após a sua conclusão (Precedentes do STJ: RESP nº 615495/RS, Rel. Min. José Delgado, DJ de 17.05.2004; RESP 143996 / SP ; Rel. Min. Francisco Peçanha Martins, DJ de 06.12.1999). 4. Isto porque a hipótese de incidência da contribuição de melhoria pressupõe o binômio valorização do imóvel e realização da obra pública sendo indispensável o nexo de causalidade entre os dois para sua instituição e cobrança. 5. Consectariamente, o fato gerador de contribuição de melhoria se perfaz somente após a conclusão a obra que lhe deu origem e quando for possível aferir a valorização do bem imóvel beneficiado pelo empreendimento estatal. 6. É cedico em doutrina que: "(...) Só depois de pronta a obra e verificada a existência da valorização imobiliária que ela provocou é que se torna admissível a tributação por via de contribuição de melhoria." (Roque Antonio Carrazza, in "Curso de Direito Constitucional Tributário", Malheiros, 2002, p. 499). 7. Revela-se, portanto, evidente o direito de a empresa que pagou indevidamente a contribuição de melhoria, uma vez que incontroversa a não efetivação da valorização do imóvel, haja vista que a obra pública que deu origem à exação não foi concluída, obter, nos termos do art. 165, do CTN, a repetição do indébito tributário. 8. Precedentes: RESP 615495/RS, Rel. Min. José Delgado, DJ de 17.05.2004; RESP 143996/SP, Rel. Min. Francisco Peçanha Martins, DJ de 06.12.1999. 9. Recurso Especial provido.

sagrados na Constituição Federal, notadamente a impossibilidade de tributar o mínimo existencial.

Dessa forma, relativamente a esse ponto específico, assiste razão a Sacha Calmon, que assim se posiciona:

> Parece indiscutível hoje, na doutrina do Direito romano-germânico, que os impostos se baseiam no princípio da capacidade contributiva, numa característica do contribuinte, externa ao Estado enquanto ente público, e que as taxas e as contribuições se baseiam no princípio da retribuição, segundo o qual os contribuintes pagam um quantum para retribuir um serviço, benefício, ato ou obra, específicos e divisíveis, realizados pelo Estado para satisfazer demandas ou necessidades próprias daqueles, não havendo, por princípio, lugar para a capacidade contributiva, somente para a incapacidade contributiva (caso da isenção da taxa judiciária para os pobres em sentido legal).[478]

Enfim, em que pese o exposto quanto aos fundamentos da tributação progressiva, não parece ser sustentável a sua aplicação às taxas e à contribuição de melhoria, em face do nítido caráter de tributo vinculado das referidas exações. Em relação a essa questão, ainda existem duas espécies de exações vinculadas não especificamente examinadas neste trabalho: as contribuições especiais e os empréstimos compulsórios. Tal análise será feita a seguir.

3.2.4.2. Aplicabilidade em relação às contribuições especiais e aos empréstimos compulsórios

A Constituição brasileira contempla a hipótese de instituição de contribuições especiais, nos termos dos seus artigos 149 e 195. Embora exista ainda divergência quanto à terminologia adequada,[479] pode-se dizer que as contribuições especiais são as contribuições de intervenção no domínio econômico, as contribuições do interesse de categorias profissionais ou econômicas e as contribuições sociais.

As denominadas contribuições especiais suscitavam muitas discussões, relativamente à sua natureza jurídica.[480] Inicialmente, discutia-se, inclusive, se estas

---

[478] COELHO, Sacha Calmon Navarro. Proposta para uma Nova Classificação dos Tributos a partir de um Estudo sobre a Instituição de Contribuição Previdenciária pelos Estados, Distrito Federal e Municípios. In: *Contribuições Previdenciárias*: questões atuais. São Paulo: Dialética, 1996, p. 166.

[479] Como menciona Coelho (2003): No particular, a Constituição Federal de 1988, de resto como as anteriores, ao referir-se a empréstimos compulsórios e contribuições especiais, corporativas, de intervenção no domínio econômico, previdenciária e sociais, parece ter embaralhado as noções teóricas sobre o assunto. Ademais disso, doutrina ligeira e leviana, quando não oportunista, casuística, procura, por motivos práticos, inserir distinções que tumultuam mais ainda o trato da matéria. Por último o legislador, até por ser leigo, contraditoriamente se desdiz, a todo momento, ao fazer as leis. COELHO, Sacha Calmon Navarro. *Curso de Direito Tributário Brasileiro*. 6. ed. Rio de Janeiro: Saraiva, 2003, p. 399.

[480] Cabe lamentar, com todo respeito, que as discussões acerca da natureza de determinado instituto jurídico, no mais das vezes, correspondem a discussões estéreis e inúteis. No campo tributário, a maioria dessas discussões, ao invés de auxiliarem no processo de redução da complexidade, tornaram os institutos ininteligíveis e difíceis de serem compreendidos por todos. Enfim, nesse caso, a função teórica é cumprida às avessas, pois ela acaba se transformando em algo que torna complexo o que pode ser simples.

contribuições possuíam natureza tributária. A Suprema Corte, no entanto, pacificou tal discussão, no sentido de que as contribuições têm intrínseca natureza tributária.[481]

Uma vez reconhecida a natureza tributária das contribuições especiais, subsiste a discussão concernente à sua classificação entre as espécies tributárias. Em razão disso, essa questão é ainda muito controversa, pois a doutrina nacional ainda não chegou a um consenso sobre qual a natureza jurídica específica das contribuições sociais. Persiste, pois, o debate. Uma corrente entende que as contribuições especiais seriam impostos com destinação específica; enquanto outra corrente entende que seriam contribuições propriamente ditas, não obstante, por vezes, terem base de cálculo própria de impostos.

Tendo em vista que este trabalho não comporta uma análise mais aprofundada sobre o tema, será adotada a classificação proposta por Sacha Calmon, no sentido de que o termo contribuição social é utilizado para classificar duas espécies de contribuições: os denominados impostos finalísticos e as contribuições propriamente ditas.[482]

Conforme previsão contida no art. 149, combinado com o disposto no art. 195 da Constituição, a União pode instituir contribuições sociais, cuja exigência não implica atuação estatal específica, sendo que o produto da arrecadação serve como meio para financiamento da ação do Estado no campo social.

Em decorrência dessa destinação previamente estabelecida para o produto da arrecadação, essas contribuições são denominadas de impostos finalísticos. Em termos concretos, essas contribuições se distinguem dos impostos apenas porque, em relação a eles, não pode haver a afetação da receita obtida; já em relação àquelas, tal afetação é condição de possibilidade. Entre essas contribuições, cabe citar: a Contribuição para o PIS, a COFINS, Contribuição Social sobre o Lucro, a Contribuição para o INSS incidente sobre folha de salários e a CPMF.

Por outro lado, existem as contribuições propriamente ditas, em que é possível enquadrar as contribuições previdenciárias e assistenciais sinalagmáticas, as quais Sacha Calmon assim descreve:

> Dentre as sociais ressaltam as previdenciárias, pagas por todos os segurados proporcionalmente aos seus ganhos, para garantirem serviços médicos, auxílios diversos e aposentado-

---

[481] Esta posição do Pleno do Supremo Tribunal Federal foi externada por ocasião do julgamento do RE 146.733 – Relator Ministro Moreira Alves (DJ de 06.11.92 p. 201110) a respeito da constitucionalidade Contribuição Social sobre o Lucro das Pessoas Jurídicas. (Lei nº 7.689/88), cuja ementa foi assim redigida: "CONTRIBUIÇÃO SOCIAL SOBRE O LUCRO DAS PESSOAS JURÍDICAS.LEI 7689/88. Não é inconstitucional a instituição da *contribuição social sobre o lucro das pessoas jurídicas, cuja natureza é tributária.* Constitucionalidade dos arts 1º, 2º e 3º da Lei 7.689/88. Refutação dos diferentes argumentos com que se pretende sustentar a inconstitucionalidade desses dispositivos legais. Ao determinar, porém, o artigo 8º da Lei 7.689/88 que a contribuição em causa já seria devida a partir do lucro apurado no período-base a ser encerrado em 31 de dezembro de 1988, violou ele o princípio da irretroatividade contido no art. 150, III, *a,* da Constituição Federal, que proíbe que a lei que institui tributo tenha como fato gerador deste, fato ocorrido antes do início da vigência dela".

[482] COELHO, Sacha Calmon Navarro. *Curso de Direito Tributário Brasileiro.* 6. ed. Rio de Janeiro: Saraiva, 2003, p. 402-411.

rias. Estas são verdadeiras contribuições que podem ser incluídas na espécie dos tributos vinculados a uma atuação específica do Estado relativamente à pessoa do contribuinte. Os fatos geradores são prestações do Estado, eventuais (auxílios diversos, serviços médicos a qualquer momento, e, por último, aposentadoria e pensões ad faturam). Para obter tais prestações do Estado, específicas e pessoais, os segurados obrigatórios pagam contribuições compulsórias ao mesmo [...] Nas contribuições previdenciárias, o caráter sinalagmático da relação jurídica é irrecusável. Nas demais contribuições, inclusive as sociais, este aspecto inexiste.[483]

A partir dessa classificação, é possível sustentar que, em relação às contribuições sociais passíveis de serem enquadradas como impostos finalísticos, é plena a aplicabilidade do princípio segundo o qual a exigência fiscal deve estar em consonância com a efetiva capacidade econômica do contribuinte – via progressividade tributária.

É possível sustentar a referida graduação, porque tais contribuições têm caráter de imposto, sendo que apenas ocorre uma destinação previamente estabelecida para o produto da arrecadação – por isso o termo finalístico – sem que, no entanto, haja uma contraprestação estatal específica. Uma vez que possuem tal caráter, nada mais lógico do que aplicar, em relação às mesmas, o regime constitucional próprio dos impostos, notadamente o princípio da progressividade tributária. Lobo Torres sustenta:

O fundamento dessas anômalas contribuições não é a "solidariedade do grupo", mas a "solidariedade" que informa a capacidade contributiva. Por evidente que, se transformaram em impostos com destinação especial, passaram a exibir a mesma justificativa dos impostos: a capacidade contributiva fundada na solidariedade.[484]

Em relação às contribuições propriamente ditas, estaria afastada a possibilidade de aplicação do princípio da capacidade contributiva, justamente pelo caráter sinalagmático das mesmas, haja vista que, conforme sustenta Sacha Calmon, o contribuinte financia o sistema para si próprio, e não para os outros,[485] tendo, portanto, uma retribuição de acordo com sua contribuição.

Desse modo, é possível sustentar que, em relação às contribuições especiais classificáveis como impostos finalísticos, é viável a aplicação do princípio da tributação segundo a efetiva capacidade econômica, mediante a progressividade tributária.

Transcendendo a questão de terem esse caráter de imposto, é possível sustentar que tal conclusão segue a linha defendida neste trabalho. Ou seja, a exigência tributária conforme a capacidade contributiva se constitui num importante instru-

---

[483] COELHO, Sacha Calmon Navarro. *Curso de Direito Tributário Brasileiro*. 6. ed. Rio de Janeiro: Saraiva, 2003, p. 404-405.

[484] TORRES, Ricardo Lobo. *Tratado de Direito Constitucional Financeiro e Tributário*. v. II: Valores e Princípios Constitucionais Tributários. Rio de Janeiro: Renovar, 2005, p. 586-587.

[485] COELHO, Sacha Calmon Navarro. Proposta para uma Nova Classificação dos Tributos a partir de um Estudo sobre a Instituição de Contribuição Previdenciária pelos Estados, Distrito Federal e Municípios. In: *Contribuições Previdenciárias*: questões atuais. São Paulo: Dialética, 1996, p. 173.

mento de busca da concretização do princípio de que todos merecem ser tratados com igual dignidade. Ao se aplicar o referido princípio em relação às contribuições com essa característica, inequivocamente se obtêm os mesmos fins logrados com a exigência de outros impostos conforme a capacidade contributiva.

Noutras palavras, os denominados impostos finalísticos servem de instrumentos à concretização do Estado concebido pela Carta de 1988, desde que efetivamente cobrados de acordo com a capacidade econômica do contribuinte, o que ocorre, no mais das vezes, via progressividade tributária, conforme sustentado até este momento.

Quanto aos empréstimos compulsórios previstos no art. 148 da Constituição Federal, não se vislumbra nenhum óbice em que, na eventualidade da instituição dos mesmos, haja uma graduação segundo a capacidade econômica do contribuinte, tendo em vista que a natureza dos empréstimos compulsórios é muito símile à natureza das contribuições especiais enquadráveis como impostos finalísticos. Dessa forma, é sustentável que, em relação aos empréstimos compulsórios, sejam aplicados os mesmos critérios de progressividade aplicáveis em relação àquelas.

Outro ponto que se faz necessário abordar, diz respeito à aplicação do princípio da capacidade contributiva aos denominados tributos indiretos, entre os quais as contribuições sociais não-sinalagmáticas também se enquadram, especialmente no que tange à face mais importante do princípio: a preservação do mínimo existencial.

3.2.5. Capacidade contributiva e tributos indiretos: a preservação do mínimo existencial

Talvez, no Brasil, uma das manifestações mais evidentes de desrespeito à intributabilidade do mínimo existencial resida na tributação indireta, a qual, de uma forma invisível e sorrateira, erode os parcos recursos daqueles destituídos de capacidade contributiva. Nesse ponto, há de se dirigir esforços no sentido de encontrar fórmulas que sejam eficazes para fazer cessar ou minimizar esse vilipendio diário à dignidade humana.

Em vista disso, o que se pretende analisar neste subitem é, primeiramente, a possibilidade de se aplicar o princípio da capacidade contributiva, relativamente aos tributos indiretos e, em seguida, examinar se existem meios que possibilitem preservar o mínimo existencial da imposição fiscal indireta.

3.2.5.1. A seletividade como instrumento de adequação dos tributos indiretos à capacidade contributiva

Embora existam justificadas restrições à classificação dos impostos em diretos e indiretos,[486] entende-se como diretos aqueles impostos cujo ônus tributário

---

[486] Geraldo Ataliba (1996) é enfático ao afirmar que esta classificação "nada tem de jurídica; seu critério é puramente econômico. Foi elaborado pela ciência das finanças, a partir da observação do fenômeno econômico da

é assumido pela pessoa do sujeito passivo (ex: imposto de renda e imposto de importação); seriam indiretos, por sua vez, aqueles impostos cujo ônus é, efetivamente, suportado por um terceiro, que não corresponde ao sujeito passivo da obrigação tributária.

Cabe ressaltar que, no caso do Brasil, deve-se falar em tributos indiretos, pois, além dos impostos com tal característica (ICMS, IPI e ISS principalmente), há contribuições sociais (impostos finalísticos) que possuem características idênticas, como ocorre com a Contribuição para o PIS, COFINS e CIDE sobre os combustíveis, por exemplo.

A discussão reside na questão concernente à aplicabilidade do princípio da capacidade contributiva aos tributos indiretos, uma vez que, em relação aos tributos assim classificados, o sujeito passivo da obrigação tributária repassa ao preço dos produtos e serviços o custo respectivo, sendo que, dessa forma, o ônus tributário é suportado, de fato, pelo consumidor final.

Essa questão pode ser resolvida mediante a aplicação de uma das regras concretizadoras do princípio da capacidade contributiva: a seletividade. Mediante a aplicação de alíquotas seletivas, bens indispensáveis à subsistência poderiam ser gravados com alíquotas menores ou, até mesmo, não serem gravados; já bens supérfluos seriam tributados com alíquotas maiores, pois o consumo corresponde a uma razoável forma de graduar os tributos indiretos conforme a capacidade econômica do cidadão.

É claro que, normativamente falando, já há a previsão de aplicabilidade da seletividade tributária relativamente ao IPI e ao ICMS.[487] Todavia, o fato de haver tal previsão constitucional não tem garantido uma efetiva observância do princípio da capacidade contributiva, uma vez que produtos essenciais à existência daquela parcela da população com menor poder aquisitivo continuam a ser significativamente tributados pelos referidos impostos.

Dentro dessa linha, Américo Lacombe entende que o princípio da capacidade contributiva pode ser aplicado em relação a todos os impostos, conforme afirma:

> Não se diga que os impropriamente chamados impostos indiretos não podem estar sujeitos a tal princípio. Tal afirmação é errônea, visto que a classificação dos impostos em diretos e indiretos não tem qualquer amparo científico, e além disso tais impostos hoje, podem ser graduados conforme o grau de essencialidade do produto. A Constituição, no par. 3º, I, do art. 153, determina que o imposto sobre produtos industrializados seja seletivo (vale dizer

---

transação ou repercussão dos tributos". ATALIBA, Geraldo. *Hipótese de Incidência Tributária*. 5. ed., 5. tir., São Paulo: Malheiros, 1996, p. 126.

[487] A Constituição determina em seu Art. 153, § 3º, I, que o Imposto Sobre Produtos Industrializados será seletivo, em função da essencialidade do produto; enquanto que o disposto no art. 155, § 2º, inciso III faculta tal seletividade, relativamente ao ICMS instituído pelos Estados.

tenha alíquota variável) em função da essencialidade do produto. Da mesma forma, o inc III, do par. 2º, do art. 155, admite que o ICMS seja também seletivo.[488]

Também nesse sentido, Conti aponta que o princípio da seletividade deveria servir de instrumento de adequação dos impostos indiretos ao princípio-guia da tributação:

> O princípio da capacidade contributiva aplica-se tanto aos impostos diretos quanto aos indiretos; o que os diferencia é a maneira pela qual se aplica o princípio a cada uma dessas espécies de impostos, pois utilizam critérios diferentes para a mensuração da capacidade contributiva. Há mecanismos para a adequação dos impostos indiretos ao princípio da capacidade contributiva, como é a seletividade em função da essencialidade.[489]

É indiscutível, pois, que bens indispensáveis à subsistência, embora não sejam consumidos exclusivamente por cidadãos de menor potencial aquisitivo (capacidade econômica), representam, para estes, um custo mais significativo. De outro lado, bens de menor essencialidade ou de luxo são objeto de consumo de cidadãos de alto nível econômico, ou seja, de notória capacidade contributiva, razão pela qual tais bens devem ser onerados de uma forma mais elevada, com vistas à concretização, em ambas as hipóteses, do princípio da capacidade contributiva.

De outra forma, pode-se defender que existem vários critérios, que demonstram a efetiva capacidade de contribuir para a coletividade, mediante o pagamento de impostos. Entre esses critérios desponta naturalmente o consumo, pois, *a priori*, a capacidade contributiva está diretamente ligada ao potencial aquisitivo de produtos e, principalmente, ao potencial para adquirir produtos tradicionalmente classificados como supérfluos.[490] Em decorrência disso, Conti entende:

> [...] a utilização de outros critérios, como o consumo e o patrimônio, é imprescindível para que se conheça a real capacidade econômica do contribuinte. Por esta razão, os impostos indiretos também devem incidir com observância do princípio da capacidade contributiva, pois em regra atingem eles a renda consumida.[491]

Cabe lembrar que, os impostos diretos são mais afeitos à aplicabilidade do princípio da capacidade contributiva, pois são facilmente identificáveis, no sujeito

---

[488] LACOMBE Américo M. Igualdade e Capacidade Contributiva. In: V Congresso Brasileiro de Direito Tributário: princípios constitucionais tributários, Idepe/RT. *Separata da Revista de Direito Tributário*, 1991, p. 158.

[489] CONTI, José Maurício. *Princípios Tributários da Capacidade Contributiva e da Progressividade*. São Paulo: Dialética, 1997, p. 97.

[490] De qualquer sorte não é possível desconsiderar a outra faceta do princípio da seletividade, a qual corresponde a imposição de alíquotas mais elevadas em relação àqueles produtos que podem ser entendidos como supérfluos, muito embora sejam consumidos, também, – e muitas vezes principalmente – por camadas da população de menor poder aquisitivo. Isto ocorre com os produtos supérfluos de consumo popular como, por exemplo, com cigarros e bebidas (aguardente, cervejas, refrigerantes). Neste caso, a razão da seletividade não tem a conotação sustentada neste trabalho (instrumento de concretização do princípio da capacidade contributiva), uma vez que, a exigência de IPI e ICMS, com alíquotas mais elevadas, funciona como um inibidor do consumo destes produtos, alguns dos quais prejudicais à saúde. Constata-se, assim, uma típica função extrafiscal, nos termos que será abordado na parte final desse capítulo.

[491] CONTI, José Maurício. *Princípios Tributários da Capacidade Contributiva e da Progressividade*. São Paulo: Dialética, 1997, p. 67.

passivo da obrigação tributária, características que revelam uma maior ou menor capacidade econômica para fazer frente à exigência fiscal. Tal ocorre com indiscutível propriedade em relação ao imposto de renda, cuja ocorrência do fato gerador (aquisição da disponibilidade jurídica ou econômica da renda ou proventos de qualquer natureza – art. 43 do CTN) bem revela uma maior ou menor capacidade de contribuir, a qual é explorada mediante a imposição de alíquotas tanto maiores, quanto maior a renda ou o provento objeto de aquisição.

Já em relação aos tributos indiretos, o critério mais apto à sua adequação ao princípio da capacidade contributiva parece ser a aplicação da seletividade tributária, de uma forma ampla e geral, não restrita apenas ao impostos, mas também aplicável às contribuições não-sinalagmáticas, especialmente a contribuição para o PIS e a COFINS. O objetivo maior dessa seletividade reside na preservação do mínimo existencial, conforme abordado a seguir.

3.2.5.2. A preservação do mínimo existencial da tributação indireta

Uma vez verificado que os tributos indiretos podem, respeitados determinados limites fáticos, se adequar ao princípio da capacidade contributiva, há de se examinar qual a forma mais adequada para preservar o mínimo existencial da incidência das referidas exações.

Cabe reconhecer, previamente, que um dos pontos mais tortuosos relativamente à intributabilidade do mínimo existencial refere-se à questão da tributação indireta. Isso ocorre, porque, conforme já mencionado, os tributos indiretos incidem sobre os bens e serviços consumidos por todos, sendo que o custo dos tributos está embutido dentro do preço final daqueles, motivo pelo qual os cidadãos, independentemente da capacidade econômica, arcam indistintamente com tal ônus.

Ocorre que esse ônus é indiscutivelmente insuportável para aqueles que não possuem renda suficiente para prover suas necessidades básicas. Como exigir, então, tributos de cidadãos que apenas sobrevivem? É evidente, pois, que outra perspectiva não tem quem vive abaixo da linha de pobreza – cerca de um terço da população brasileira.

Esses subcidadãos, sem que eles próprios percebam, transferem uma parte dos seus ínfimos rendimentos para o Estado (cerca de 25% da renda das famílias que vivem abaixo da linha de pobreza),[492] pois, ao adquirir produtos essenciais à sobrevivência (alimentos quando possível), arcam com o ônus da carga tributária indireta (ICMS, PIS, COFINS, IPI, ISSQN, etc).

Por isso, não se admite falar em observância do princípio da dignidade da pessoa humana, quando o cidadão, desprovido de capacidade econômica, é compelido a pagar tributos e, com isso, agrava seu estado de pobreza e miséria.

---

[492] Dados apurados pelo IBGE na Pesquisa de Orçamentos Familiares 2002/2003. *IBGE*. Pesquisa de Orçamentos Familiares 2002 / 2003: primeiros resultados: Brasil e grandes regiões / IBGE, Coordenação de Índices de Preços. Rio de Janeiro: IBGE, 2004.

Isso é tão grave no Brasil que, sem demagogia, é possível afirmar que a tributação serviu como um eficaz instrumento da "redistribuição de renda às avessas". Isto é, o Estado, através da tributação, colaborou fortemente no sentido de ampliar as desigualdades, de tal forma que hoje o Brasil disputa com Serra Leoa e outros países africanos o título de "campeão mundial em desigualdade social".

Não se pode, evidentemente, atribuir exclusivamente à questão tributária tal situação, mas é inegável que, ao se tributar tão fortemente aqueles desprovidos de qualquer capacidade contributiva e, paralelamente, deixar de tributar de uma maneira efetiva aqueles que se encontram no topo da pirâmide econômica, o fosso da desigualdade cresceu de uma forma vexatória neste país, cuja constituição diz ser um Estado Democrático de Direito.

Por isso, impõe-se a busca de alternativas eficazes para, pelo menos, preservar o mínimo existencial da imposição tributária indireta. Conforme sustenta Herrera Molina, a solução para garantir-se o mínimo vital à existência humana nos tributos indiretos consistiria em duas alternativas: a) a exoneração dos bens de primeira necessidade; b) o pagamento de uma compensação equivalente à imposição indireta suportada por um consumo mínimo, sendo que a compensação poderia ser efetivada através de um crédito a ser deduzido do imposto sobre a renda ou, nos casos de renda abaixo de determinados níveis mínimos, através de um sistema de transferência estatal que beneficiasse esses indigentes.[493]

Conforme já mencionado, diferentemente do que ocorre com os impostos que incidem sobre o rendimento ou patrimônio, existe uma notória dificuldade de graduar os impostos indiretos segundo a efetiva capacidade contributiva do cidadão, haja vista que integram o preço final dos produtos e serviços consumidos. Ou seja, uma vez que os preços são livremente fixados pelo mercado (na maioria dos casos), fica bastante restrita a possibilidade de se adequar o custo tributário suportado indiretamente pelo cidadão (ao adquirir os bens e serviços), à sua efetiva capacidade econômica.

Não obstante, é preciso levar em consideração que o mercado se mostra cada vez mais competitivo, havendo uma constante oferta de preços menores para atrair consumidores e, além disso, a demanda – em regra – é menor que a oferta. Em vista disso, pode-se pensar em uma forma, mesmo em relação à tributação indireta, que seja adequada à capacidade contributiva do cidadão consumidor dos produtos e serviços.

Inegavelmente, os tributos constituem um importante componente do preço final dos produtos ou serviços fornecidos aos consumidores, podendo-se inclusive afirmar que, conquanto não sejam o sujeito passivo da obrigação tributária, são eles que efetivamente arcam com o ônus econômico decorrente da exação fiscal.

Em vista disso, se houvesse, por exemplo, redução ou, até mesmo, isenção total de tributos indiretos incidentes sobre uma gama de produtos e serviços con-

---

[493] HERRERA MOLINA, Pedro Manuel. *Capacidad Económica Y Sistema Fiscal*: análisis del ordenamiento español a la luz del Derecho alemán. Madrid: Marcial Pons, 1998, p. 126-127.

sumidos, notória e principalmente, pelas classes sociais menos abastadas, haveria uma inequívoca redução do preço final dos referidos bens e, com isso, essa parcela da população deixaria de suportar o sacrifício do seu mínimo existencial.

Dessa forma se poderia dar a máxima eficácia ao princípio da capacidade contributiva, especialmente em sua faceta mais relevante, isto é, aquela segundo a qual o cidadão não pode submeter-se a uma escolha verdadeiramente impossível: pagar tributos ou sobreviver dignamente.[494]

É certo que a idéia proposta possibilitaria a todos cidadãos usufruírem às benesses da redução ou isenção dos tributos indiretos, até porque aqueles com maior capacidade contributiva não estão proibidos de consumir produtos e serviços que, notoriamente, são consumidos pela parcela da população com menor poder aquisitivo. No entanto, essa suposta injustiça seria pouco considerável ante os efeitos indiscutivelmente positivos que a desoneração fiscal propiciaria, especialmente aqueles que mais necessitam de proteção social.

A partir da análise realizada, constata-se que o princípio da capacidade contributiva corresponde ao inescapável norte da tributação de um Estado Democrático de Direito, fundado no princípio da dignidade da pessoa humana.

Contudo, há casos em que o tributo não se presta satisfatoriamente à graduação segundo a capacidade econômica do contribuinte. Nessas situações, faz-se necessário que essa deficiência seja compensada por outro tributo do sistema que se ajuste adequadamente à capacidade econômica do contribuinte, utilizando-se a técnica da extrafiscalidade para fins de concretização do princípio da capacidade contributiva.

Ademais, a extrafiscalidade tem um importante papel a cumprir no que tange à concretização dos direitos fundamentais, especialmente os de segunda e terceira dimensão/geração, para a concretização do princípio da dignidade da pessoa humana, conforme a seguir será examinado.

Parte II – A extrafiscalidade como instrumento de concretização dos direitos fundamentais de ordem social, econômica, cultural e de solidariedade

A razão pela qual o Estado arrecada tributos decorre da necessidade recursos para que possa atingir os seus fins. Isto é, através da arrecadação de tributos, o Estado tem meios para garantir o seu custeio e buscar a concretização do "bem comum", sendo que essa busca constitui, em última análise, a razão de existir do próprio Estado.

---

[494] É quase um absurdo que os contemplados com o programa Bolsa-família tenham que destinar, sem que eles próprios saibam, cerca de um quarto da parcela recebida com o programa social para pagamento de tributos indiretos incidentes sobre os bens essenciais à sobrevivência que conseguem adquirir, com os recursos respectivamente recebidos.

Os contornos conceituais do denominado bem comum não ficam à mercê de programas governamentais unilateralmente elaborados. Em um Estado Democrático de Direito, a idéia de bem comum está constitucionalmente prevista, por isso existe uma vinculação e um comprometimento de todos os Poderes e em todas as esferas com a sua realização. Em síntese, pode-se dizer que o bem comum corresponde à concretização dos objetivos e princípios constitucionalmente postos, especialmente mediante a realização dos direitos fundamentais.

Portanto, à medida que os direitos fundamentais alcançam um grau satisfatório de realização, automaticamente se pode dizer que se trilha o caminho da maximização da densidade normativa do princípio da dignidade da pessoa humana e, num plano pragmático, caminha-se na direção da realização do bem comum.

Na primeira parte do capítulo, foi sustentado que a adequação da tributação à efetiva capacidade contributiva corresponderia a um pilar de sustentação do princípio da dignidade da pessoa humana, haja vista que, com isso, o Estado teria recursos para fazer frente ao ônus decorrente da realização dos direitos fundamentais de cunho prestacional. Por outro lado, a não-tributação do mínimo vital asseguraria o mesmo respeito ao princípio da dignidade da pessoa humana.

Em vista do exposto, faz-se necessário examinar como a tributação pode servir de instrumento à realização dos direitos fundamentais denominados de segunda e terceira dimensão. A questão a ser discutida não diz respeito à aplicação dos recursos obtidos com a exigência de tributos para concretizar o bem comum, isto é, a fórmula segundo a qual os direitos sociais se realizariam mediante a instituição de uma fonte de custeio e a aplicação do produto da arrecadação em programas sociais tendentes a tal fim (parafiscalidade).

Refere-se, sim, à possibilidade de que o Estado utilize a tributação como instrumento de intervenção na sociedade, sobretudo no campo econômico e social, com vistas a concretizar suas diretrizes constitucionalmente previstas. Ou seja, ao invés de apenas arrecadar tributos e aplicar os recursos respectivos, o Estado estimula ou desestimula comportamentos, visando a atingir os mesmos fins que tradicionalmente buscava atingir tributando. Esse fenômeno é denominado de extrafiscalidade.

Não seria possível sustentar que a extrafiscalidade viesse a substituir, completamente, a fórmula da parafiscalidade, pois o Estado continuará a ter que arrecadar recursos para fazer frente ao ônus decorrente da sua própria razão de existir, sobretudo com a realização dos direitos sociais, de cunho prestacional. No entanto, paralelamente a isso, é possível que políticas tributárias extrafiscais cumpram um importante papel na realização dos objetivos constitucionalmente postos, em especial os direitos fundamentais.

Assim, serão analisados os requisitos, pressupostos, limites e fins possíveis dessas políticas extrafiscais, além da forma como poderão ser efetivadas e operacionalizadas.

3.1. OS CONTORNOS CONCEITUAIS DA EXTRAFISCALIDADE

A princípio, a compreensão da extrafiscalidade ocorre pela via da exclusão. Uma vez que se compreende a idéia da fiscalidade, percebe-se que a idéia da extrafiscalidade gravita no seu espaço entorno. Isto é, se a fiscalidade se refere à forma como o Estado arrecada tributos para que, com isso, tenha recursos para realizar seus fins, a extrafiscalidade, por óbvio, corresponde a uma fórmula que ocupa um espaço alternativo a essa idéia.

Lobo Torres caracteriza a extrafiscalidade como a "utilização do tributo para obter certos efeitos na área econômica e social, que transcendem à mera finalidade de fornecer recursos para atender às necessidades do tesouro".[495] Dentro dessa linha, menciona Casalta Nabais:

> A extrafiscalidade traduz-se no conjunto de normas que, embora formalmente integrem o direito fiscal, tem por finalidade principal ou dominante a consecução de determinados resultados económicos ou sociais através da utilização do instrumento fiscal e não a obtenção de receitas para fazer frente face às despesas públicas.[496]

Cabe frisar que a extrafiscalidade não significa que o Estado deixe de arrecadar tributo. Ocorrre que a finalidade visada com ela não é meramente arrecadatória, ainda que ingressem recursos aos cofres públicos. O objetivo transcende, pois, o arrecadar e direciona-se a estímulos comportamentais que tenham como fim objetivos constitucionalmente positivados. Nesse sentido, Lapatza explica:

> Entendido assim, o "sustento da despesa pública" permite que o legislador estabeleça tributos com fins distintos da simples arrecadação, isto é, com fins neste exato sentido, "extrafiscais", sempre que, como já dissemos, se respeitem as exigências mínimas do princípio de capacidade; que os fins desejados pelo legislador sejam também desejados e protegidos pela constituição; que sua consecução esteja encomendada por ela ao Estado e aos demais entes públicos; e que consecução influa ou se reflita, direta ou indiretamente, no nível de despesa publica ou em sua distribuição.

> Penso que neste âmbito devem ser inseridos os chamados fins extrafiscais dos tributos. Com eles o Estado pode, por exemplo, buscar uma redução dos gastos (na conservação do meio ambiente através dos chamados tributos meioambientais; em saúde, através de impostos sobre o álcool ou o tabaco) ou um aumento do nível de renda ou uma melhor distribuição dela (através, por exemplo, de tributos que estimulam a utilização de terras ou outros elementos improdutivos).[497]

Em última análise, toda imposição fiscal representa, em maior ou menor grau, uma espécie de intervenção do Estado na economia, mesmo que *a priori* o objetivo seja puramente arrecadatório. Assim, mesmo na fiscalidade, haverá sempre um espaço para a extrafiscalidade.

---

[495] TORRES, Ricardo Lobo. *Tratado de Direito Constitucional Financeiro e Tributário*. v. III: Os Direitos Humanos e a Tributação: imunidades e isonomia. Rio de Janeiro: Renovar, 1999, p. 135.

[496] CASALTA NABAIS, José. *O Dever Fundamental de Pagar Impostos*. Coimbra: Almedina. 2004, p. 629.

[497] LAPATZA, José Juan Ferreiro. *Direito Tributário*: teoria geral do tributo. Trad.: Roberto Barbosa Alves. Barueri: Manole; Madrid: Marcial Pons, 2007, p. 25.

Conforme sustenta a doutrina espanhola, não se pode desconhecer o fato de que, como aponta o art. 4º da Lei Geral Tributária (espanhola), os impostos, além de representarem o meio de ingressos públicos, devem servir como instrumentos de política econômica geral, atender às exigências de estabilidade e progresso social e procurar uma melhor distribuição da renda nacional. Nesse sentido, o Tribunal Constitucional espanhol (STC 46-2000 de 17-02) entendeu, relativamente ao Imposto de Renda Pessoa Física, que esse é um instrumento idôneo para alcançar os objetivos de redistribuição de renda e de solidariedade que a Constituição propugna e que dota de conteúdo o Estado Social e Democrático de Direito.[498]

A extrafiscalidade não constitui uma novidade que tenha surgido com o advento do Estado Social. Com esse modelo do Estado, porém, a extrafiscalidade ampliou seu grau de importância, estando apta a fazer frente às multifacetadas realidades sociais e econômicas que reclamam a intervenção estatal. Explicando isso, menciona Casalta Nabais:

> A título de primeira nota trata-se de lembrar que os impostos extrafiscais não constituem uma novidade do estado social, já que neles sempre se incluíram os clássicos impostos aduaneiros proctetivos, bem antigos e conhecidos do estado liberal cuja finalidade era (e é)a de proteger os respectivos espaços económicos nacionais, pelo que a actual forma de estado – o estado social – se limitou a acrescentar a esses os chamados impostos ordenadores ou orientadores que, justamente por terem objectivos dominantes de intervenção económica e social, desencadearam a ampla problemática da sua legitimidade constitucional. Como segunda nota, há que assinalar que estes últimos impostos extrafiscais – os únicos que constituem portanto um verdadeiro apport do estado social – são bastante mais raros do que, à primeira vista se possa pensar, pois o legislador (fiscal) escassamente erige em finalidade dominante dum imposto a intervenção económica e social, convertendo-a, assim, numa medida de política económica-social por via fiscal.[499]

Conforme lembra Baleeiro, uma das mais remotas formas de aplicação do tributo com fins extrafiscais refere-se à exigência de direitos alfandegários altamente onerosos na importação de mercadorias.[500] A cobrança de tributo dessa natureza não tinha, e ainda não tem, o fim precípuo de gerar arrecadação, mas sim equilibrar a balança comercial e proteger a indústria nacional, ou ainda, em sentido inverso, incentivar a entrada de produtos que, por serem escassos no mercado interno, pressionam as taxas inflacionárias.

O mesmo acontece com outros impostos – Imposto de Exportação, IPI e IOF – os quais têm uma nítida conotação extrafiscal. Tanto é assim que, a própria Constituição excluiu os referidos impostos da observância da regra da anterioridade anual (art. 150 § 1º)[501] e permitiu que suas alíquotas fossem modificadas por

---

[498] LOZANO SERRANO, Carmelo; QUERALT, Juan Martín; OLLERO, Gabriel Casado; LÓPEZ, José Manuel Tejerizo. *Curso de Derecho Financiero Y Tributario.* 13. ed. Madrid: Tecnos, 2002, p. 111.

[499] CASALTA NABAIS, José. *O Dever Fundamental de Pagar Impostos.* Coimbra: Almedina. 2004, p. 630.

[500] BALEEIRO, Aliomar. *Uma Introdução à Ciência das Finanças.* 15. ed. ver. e atual. por Dejalma Campos, 1998, p. 190.

[501] Cabe mencionar que a Emenda Constitucional n° 42/2003 instituiu a regra da anterioridade nonagesimal, excluíndo, porém sua aplicabilidade relativamente ao Imposto de Importação, ao Imposto de Exportação e ao IOF, entre outros tributos.

ato do Poder Executivo (art. 153, § 1º), observados os limites previstos em lei. Isto ocorre, porque tais tributos servem de instrumento à política econômica/cambial, sendo imprescindível que esses instrumentos sejam ágeis.[502]

Pode-se constatar ainda uma típica extrafiscalidade na exigência do Imposto sobre a Propriedade Territorial Rural – ITR, de forma seletiva, com vistas a desestimular a manutenção de propriedades improdutivas (art. 153, § 4º), bem como na exigência do IPTU progressivo no tempo, nos termos do inciso II do § 4º do art. 182 da CF/88.

Além disso, a extrafiscalidade se verifica no disposto nos arts. 153, § 3º, inciso I e art. 155, § 2º, inciso III, os quais estabelecem que as alíquotas do IPI e do ICMS serão seletivas em função da essencialidade do produto, visando, neste caso, à adequação desses impostos ao princípio da capacidade contributiva. Percebe-se também a extrafiscalidade no art. 156 § 1º, inciso II, ao estabelecer que o IPTU terá alíquotas diferentes de acordo com a localização e o uso do imóvel. Ou ainda, no disposto no art. 146, inciso III, alínea "d", ao estabelecer a necessidade de um tratamento tributário diferenciado e favorecido para micro e pequenas empresas.

De qualquer forma, as hipóteses de extrafiscalidade não se esgotam nas já referidas, assim como se reconhece que toda imposição fiscal implica um certo grau de intervenção do Estado no campo econômico e social, razão pela qual, até os impostos que visam precipuamente arrecadar estão imbuídos de uma conotação extrafiscal, mesmo que tênue.

Enfim, não é pelo fato de a Constituição prever algumas hipóteses de extrafiscalidade, que a tributação não poderia servir de instrumento de intervenção do Estado, com vistas a obter outros fins também constitucionalmente postos, embora não-reservados expressamente à tributação como meio de realização.

Antes de examinar as hipóteses constitucionais de extrafiscalidade, faz-se necessário analisar a face da desoneração fiscal com finalidade extrafiscal, ou seja, quais são requisitos e pressupostos constitucionais que devem ser observados para a concessão de benefícios fiscais mediante redução de alíquotas, base de cálculo, isenções, suspensões ou diferimentos da incidência tributária.

3.2. EXTRAFISCALIDADE E BENEFÍCIOS FISCAIS

A extrafiscalidade manifesta-se através da majoração da carga tributária, com vistas a desestimular comportamentos que sejam contrários à maximização da eficácia social dos direitos fundamentais e dos princípios constitucionais.

---

[502] Para exemplificar a necessidade de urgência, cabe lembrar que em fevereiro de 1995, no auge da "fantasia cambial" (sobrevalorização do real frente ao dólar) o automóvel mais vendido no país foi o FIAT TIPO, importado da Itália. Esta situação, por óbvio, estava destruindo a indústria automobilística nacional, razão pela qual o Poder Executivo duplicou a alíquota do imposto de importação incidente sobre automóveis (35 % para 70 %), exigindo imediatamente o imposto calculado de acordo com a nova alíquota.

De outro modo, a extrafiscalidade se manifesta mediante a desoneração fiscal, desde que tenha os mesmos objetivos visados pela exacerbação da exigência fiscal comentada. Casalta Nabais explica as duas faces da extrafiscalidade:

> De outro lado, é de salientar que a extrafiscalidade se expande por dois grandes domínios, cada um deles traduzindo uma técnica de intervenção ou de conformação social por via fiscal: a dos impostos extrafiscais, orientados para a dissuação ou evitação de determinados comportamentos (em que são de integrar os chamados agravamentos extrafiscais de impostos fiscais), e a dos benefícios fiscais dirigidos ao fomento, incentivo ou estímulo de determinados comportamentos.[503]

Assim, a extrafiscalidade, em sua face de exoneração, se consubstancia na concessão de isenções ou benefícios fiscais, com vistas a concretizar direitos fundamentais, assegurar e estimular o desenvolvimento socioeconômico de determinada região ou incentivar determinada atividade que seja de interesse da coletividade. Por decorrência, explica Casalta Nabais:

> Efectivamente, é no domínio dos chamados benefícios fiscais que a extrafiscalidade se revela em termos mais significativos e freqüentes, pois que é geralmente reconhecido integrar o seu próprio conceito a natureza ou carácter extrafiscal como, de resto, se verifica no conceito legal que a nossa ordem jurídica nos fornece – o art. 2º, nº 1, do EBF, que define os benefícios fiscais como medidas de caráter excepcional instituídas para tutela de interesses públicos extrafiscais relevantes e que sejam superiores aos da própria tributação que impedem. Pelo que os benefícios fiscais são, em si mesmos, medidas extrafiscais, o que os distingue designadamente dos chamados desagravamentos fiscais *stricto sensu* (não-sujeições tributárias que consubstanciadas em medidas fiscais estruturais de carácter normativo que estabeleçam delimitações negativas expressas da incidência,os quais, muito embora também possam ter por base, como de resto é freqüente, razões de natureza extrafiscal, não integram a verdadeira extrafiscalidade ou extrafiscalidade externa, já que eles sempre se conformam com as normas e princípios especificamente respeitantes à estrutura do imposto cuja incidência visam delimitar negativamente, configurando-se assim como medidas de política fiscal e não medidas de política económica e social por via fiscal, ou seja medidas que embora traduzam despesas fiscais enquanto diminuem as receitas ou a produtividade dos correspondentes impostos, são adoptadas pelo legislador fiscal no exercício do seu poder tributário, isto é, enquanto seleciona e delimita os factos tributários pro-nunciando-se sobre o que pretende tributar e o que não pretende tributar em função da política de impostos adoptada. Em suma, dos benefícios fiscais são de afastar estes desagravamentos que se situam no domínio da chamada erosão fiscal (pela erosão da matéria colectável ou do imposto que provocam) ou da extrafiscalidade interna.[504]

No que tange à concessão de benefícios fiscais, a doutrina espanhola entende que ela pode estar materialmente justificada e portanto ser constitucionalmente legítima, sempre que tal concessão seja um expediente para a consecução de objetivos que gozam de respaldo constitucional.

---

[503] CASALTA NABAIS, José. *O Dever Fundamental de Pagar Impostos*. Coimbra: Almedina. 2004, p. 630.

[504] Idem, ibidem.

Em vista disso, não se poderá, em tais casos, falar de privilégios contrários ao princípio constitucional da generalidade ou capacidade contributiva. O princípio da capacidade contributiva, em muitos casos, não é o meio mais adequado para se alcançar uma melhor distribuição de renda, devendo ceder lugar a outros princípios constitucionais mais aptos para a obtenção de uma distribuição de renda mais justa para o seu próprio crescimento.[505]

Todavia esses benefícios fiscais não podem acarretar uma quebra total do princípio da capacidade contributiva, bem como desconsiderar esse princípio, pois isso significa uma discriminação injustificada e uma inaceitável exclusão do dever fundamental de pagar impostos (dever de solidariedade).[506]

Desse modo, conforme examinado no segundo capítulo deste trabalho, o dever fundamental de pagar tributos não pode ser, injustificadamente, dispensado, pois isso quebra os vínculos de solidariedade que pressupõem a cidadania, em sua contemporânea concepção. Ser cidadão significa ter deveres – entre os quais o de pagar tributos – mas significa também ter direitos, especialmente o de exigir que não haja a ilegítima dispensa, por outrem, do principal dever de cidadania.

A concessão de benefícios e incentivos fiscais não pode ficar à mercê de interesses políticos e econômicos, fortemente defendidos por lobbies, no mais das vezes, obscuros. As referidas desonerações deverão submeter-se a mecanismos, substancialmente democráticos, de aprovação, sendo que só serão legítimos se os objetivos visados forem – de fato – constitucionalmente fundamentados.

Em nome da geração de empregos, muitos incentivos e benefícios de ordem financeira e fiscal foram concedidos no Brasil, principalmente na última década. Em muitos casos, pouco tempo depois, constatou-se que se tratava de empreendimentos oportunistas e não-comprometidos com os objetivos que serviram de pretexto à concessão das benesses fiscais e financeiras. Essas distorções colaboraram, inequivocamente, para o atual processo de crise vivenciado por boa parte das Unidades da Federação.

Enfim, a matéria relativa à concessão de benefícios e incentivos fiscais merece ter uma redobrada atenção no debate acerca do tipo de Estado que se quer ter, do tamanho desse Estado e dos objetivos que ele deve atingir. Há de se com-

---

[505] LOZANO SERRANO, Carmelo; QUERALT, Juan Martín; OLLERO, Gabriel Casado; LÓPEZ, José Manuel Tejerizo. *Curso de Derecho Financiero Y Tributario*. 13. ed. Madrid: Tecnos, 2002, p. 111. Conforme mencionam os autores, O Tribunal Constitucional espanhol já reconheceu a finalidade extrafiscal e a possibilidade da utilização do tributo como instrumento de política econômica conforme as seguintes decisões (SSTC 197/2002, de 19/11, 186/1993 de 07/06 e 134/1996 de 22/07), fazendo referências ainda nas decisões SSTC 276/2000 de 16-11 e 289/2000 de 30/11. (p. 111-112).

[506] Nesse sentido, a decisão do TSJ do País Basco de 30 de setembro de 1999, que declarou a nulidade de determinados benefícios fiscais que implicavam uma redução de 99% da base imponível do Imposto sobre as Sociedades a empresas novas estabelecidas no referido território, posto que isto supunha uma redução tão acentuada na carga tributária que afetava o dever básico de contribuir previsto no art. 31.1 da Constituição Espanhola, em conexão com o princípio da capacidade contributiva. Tais benefícios foram considerados desproporcionais e inidôneos e provocavam a quebra do princípio da generalidade no dever de contribuir para com a coletividade. LOZANO SERRANO, Carmelo; QUERALT, Juan Martín; OLLERO, Gabriel Casado; LÓPEZ, José Manuel Tejerizo. *Curso de Derecho Financiero Y Tributario*. 13. ed. Madrid: Tecnos, 2002, p. 112.

preender que, quando determinada benesse fiscal é concedida, não se trata de uma manifestação de generosidade do ente "Estado" para determinado setor ou empreendimento. Trata-se, sim, da transferência de recursos de toda a sociedade, feita através do administrador do Estado (governo), razão pela qual é imperioso que haja uma substancial participação de toda sociedade no processo decisório da concessão da benesse.

Mesmo com uma efetiva participação da sociedade no processo decisório acerca da concessão do incentivo ou benefício fiscal, a constituição estabelece, explícita ou implicitamente, pressupostos, limites e objetivos que condicionam a legitimidade da extrafiscalidade.

3.3. A LEGITIMIDADE CONSTITUCIONAL DA EXTRAFISCALIDADE

Sabe-se que a tributação extrafiscal implica discriminações, ou seja, implica tratamento diferenciado para aqueles que se encontram em situação de igualdade. Em vista disso, se poderia afirmar que a extrafiscalidade não encontraria fundamento constitucional por ferir o pilar da isonomia.

No entanto, a extrafiscalidade, além de possuir alicerce constitucional, serve de meio de concretização da própria Magna Carta. Por óbvio, isso só é sustentável se a discriminação perpetrada pela extrafiscalidade tiver como objetivo atingir uma meta que a própria Constituição determina deva ser atingida, razão pela qual Murphy e Nagel sustentam que a questão da justiça de determinado tratamento tributário não poderá ser considerada isoladamente. Conforme dizem:

> Temos de saber: (a) se ela distorce o padrão mais amplo de redistribuição e financiamento da ação pública exigido pela nossa concepção geral de justiça, ou seja, se ela redireciona alguns custos e aumenta ou diminui sub-repticiamente a quantidade de redistribuição; e (b) se serve a outras finalidades, legítimas para a política fiscal, que sejam importantes o suficiente para neutralizar uma possível desvantagem do primeiro tipo.[507]

Não se pode falar, desse modo, que, uma vez observados determinados limites, as discriminações perpetradas pela extrafiscalidade sejam contrárias à constituição por afronta ao princípio da igualdade, tendo em vista que elas devem ter por objetivo efetivar e concretizar aqueles princípios consagrados no próprio texto constitucional.

A *priori*, portanto, a extrafiscalidade se legitima na exata proporção da legitimidade dos objetivos visados, e isso se verificará, certamente, quando os fins visados passarem pela realização dos direitos fundamentais. Por isso, Helenilson Pontes sustenta que:

> O Estado quando edita uma regra tributária com objetivo extrafiscal, o faz após uma interpretação/aplicação dos demais princípios do sistema jurídico. O Estado, assim, não obstante te-

---

[507] MURPHY, Liam; NAGEL, Thomas. *O Mito da Propriedade*: os impostos e a justiça. Trad.: Marcelo Brandão Cipolla. São Paulo: Martins Fontes, 2005, p. 236.

nha motivações extrafiscais, não está livre para atuar contra o Direito, ou mesmo à margem do Direito e dos fins que este estabelece. A extrafiscalidade constitui, em regra, a utilização da competência impositiva como instrumento na busca do atingimento de outros princípios igualmente albergados pela ordem constitucional.[508]

Na doutrina italiana, Moschetti entende legítima a extrafiscalidade, quando seja fruto de uma adequada interpretação da constituição, observando-se: a) que não seja taxado fato ou situação destituída de capacidade econômica; b) que os interesses merecedores da extrafiscalidade sejam aqueles que efetivamente norteiam a Constituição; c) que sejam respeitados os princípios constitucionais que protegem outros setores da economia no sentido de não prejudicá-los; d) sejam observados os limites da coerência, *in verbis*:

> La discriminazione deve essere sempre frutto di una corretta interpretazione costituzionale e a tal fine: a) in nessun caso possono essere tassati fatti o situazione non manifestanti capacità contributiva; b) la qualifica della capacità econômica in termini di capacità contributiva deve risultare da un'interpretazione sistematica dell'art. 53 e delle altre norme costituzionali, non dunque qualsiasi interesse, opinabilmente scelto dal legislatore ordinario, legitima l'utilizzo extrafiscale, ma solo l'interesse collettivo che si inquadra nelle idee guida della carta costituzionale; c) devone essere quindi rispettati anche i principi costituzionali che nei diversi settori economici e sociali siano indirettamente intaccati dalle norme tributarie; d) infine ulteriori limite à rappresentato dal principio di coerenza.[509]

Seguindo essa mesma linha, o também italiano Enrico de Mita sustenta que a extrafiscalidade só é legítima, e, portanto, compatível com os princípios da igualdade e da capacidade contributiva, se o objetivo visado, tanto em relação aos impostos incentivadores quanto os desestimuladores, for digno de tutela pelo Ordenamento Jurídico, observando-se, especificamente em relação à capacidade contributiva, que a imposição fiscal corresponda a um fato economicamente relevante e que represente uma manifestação de riqueza:[510]

> Ora sia le imposte incentivanti che quelle disincentivanti sono costituzionali quando il fine è degno di tutela dal punto di vista dell'ordinamento giurídico. Una volta stabilito che il fine è degno di tutela la scelta del mezzo prescelto è rimessa alla valutazione discrezionale del legislatore.
>
> Anche l'imposizione extra-fiscale deve rispettare il principio di capacità contributiva nel senso che, pur essendo preordinata a scopi extra-fiscali e pur realizzandosi tal scopi proprio quando il presupposto non si verifica, essa deve avere come presupposto un fatto economicamente rilevante, un fatto che sia manifestazione di ricchezza.

Conforme sustenta Herrera Molina, o direito fundamental de contribuir de acordo com a capacidade econômica pode sofrer restrições pela finalidade extrafiscal de um tributo, com um caráter social, desde que: a) a medida seja idônea;

---

[508] PONTES, Helenilson Cunha. *Ordem Econômica e Social: estudos em homenagem a Ary Brandão de oliveira.* Coord.: Fernando Facury Scaff. São Paulo: LTr, 1999, p. 153.

[509] MOSCHETTI, Franscesco. *La Capacità Contributiva.* Padova: CEDAM, 1993, p. 46-47.

[510] MITA, Enrico de. *Principi de Diritto Tributario.* Milano: Giuffrè, 1999, p. 92.

b) a medida seja necessária, e, portanto, não haja outro instrumento que atinja os mesmos fins e respeite a capacidade econômica; c) a medida seja proporcional, isto é, a lesão sofrida pela capacidade econômica seja menor que os benefícios trazidos pela obtenção dos fins visados pela extrafiscalidade.[511]

É possível sustentar, portanto, que, em vista da extrafiscalidade, a capacidade contributiva seja desconsiderada, desde que os objetivos visados sejam constitucionalmente legitimados. Na doutrina nacional, Seabra Godoi argumenta nesse sentido:

> Ora, se a justiça tributária reduzir-se exclusivamente ao critério da capacidade contributiva, o atendimento daquela dimensão de construção de igualdade substancial ficaria prejudicado, pois o que a capacidade contributiva aponta é para um critério de neutralidade, segundo o qual os indivíduos devem submeter-se a um mesmo sacrifício tributário. Assim sendo, a tributação extrafiscal, com seus vários objetivos e princípios informadores, choca-se com o princípio da capacidade contributiva, mas deste choque nem decorre a derrogação da capacidade contributiva (ver colisão de princípios na teoria de Alexy), nem decorre que a igualdade foi desrespeitada, desde que a extrafiscalidade não se dê pela via dos favoritismos ilegítimos e da criação de privilégios e discriminações odiosos.[512]

Do exposto, é possível concluir que a exigência tributária poderá ter conotação extrafiscal, sem que isso implique afronta aos princípios constitucionais dentro de um Estado Democrático de Direito. Isso ocorre, porque a extrafiscalidade corresponde a uma forma de efetivar os princípios constitucionais e os direitos fundamentais, sendo que, através dela, é possível reduzir as desigualdades fáticas produzidas pelo modelo econômico vigente e alcançar a máxima densidade normativa do princípio da dignidade da pessoa humana.

Para tanto, é imprescindível que o objetivo a ser alcançado com a extrafiscalidade esteja de acordo com os grandes objetivos visados na Carta Constitucional (por exemplo: os arts. 1°, 3°, 6° e 170 da CF/88), isto é, encontre fundamentação constitucional. Além disso, a extrafiscalidade, em concordância com a visão da doutrina italiana, não pode implicar exigência de tributo em relação a fato ou situação destituída de relevância econômica.

Enfim, o segundo pilar sobre o qual se alicerça este trabalho refere-se à possibilidade de que, através da extrafiscalidade, sejam concretizados os direitos fundamentais e, ao concretizá-los, seja dada a máxima eficácia ao princípio da dignidade da pessoa humana, haja vista que tal princípio corresponde ao elemento comum – em maior ou menor grau – de todos os direitos fundamentais.

Em decorrência do exposto, serão examinadas, casuisticamente, as condições de possibilidade de realização de determinados princípios constitucionais e direitos fundamentais, mediante a extrafiscalidade. Serão abordados apenas al-

---

[511] HERRERA MOLINA, Pedro Manuel. *Capacidad Económica Y Sistema Fiscal*: análisis del ordenamiento español a la luz del Derecho alemán. Madrid: Marcial Pons, 1998, p. 128-129.

[512] SEABRA DE GODOI, Marciano. *Justiça, Igualdade e Direito Tributário*. São Paulo: Dialética, 1999, p. 215.

guns direitos fundamentais e o critério para o destaque será o grau de importância deles para fins de concretização do princípio da dignidade da pessoa humana.

3.4. A REALIZAÇÃO DE DIREITOS FUNDAMENTAIS MEDIANTE A TRIBUTAÇÃO E A PREVALÊNCIA DO INTERESSE HUMANO

Da análise precedente, constata-se que o Estado utiliza a tributação para intervir em questões econômicas, sociais e culturais, ou seja, através do que se denomina de extrafiscalidade, ocorre desoneração (parcial/total) ou majoração da exigência tributária.

O objetivo a ser atingido com a exigência do tributo extrafiscal não é meramente arrecadatório, mesmo que ocorra o ingresso de recursos aos cofres públicos. A exação extrafiscal está direcionada a servir como meio de obtenção do bem comum, o qual deve ser entendido como a concretização dos objetivos constitucionalmente postos, via materialização dos direitos fundamentais e dos princípios constitucionais.

Em vista disso, a tributação representa um instrumento potencialmente eficaz à realização indireta dos direitos fundamentais. Cabe lembrar que este trabalho propugna a idéia de que é perfeitamente possível que a tributação sirva à realização dos direitos fundamentais econômicos, sociais e culturais, sem deixar de observar os direitos fundamentais limitadores da ação estatal.

Noutras palavras, não se faz necessário que aqueles direitos fundamentais, representativos do princípio da segurança jurídica, sejam sacrificados para que o intento propugnado com a extrafiscalidade possa ser alcançado. Como menciona Carrazza:

> De qualquer modo, os tributos extrafiscais, tanto quanto os fiscais, devem submeter-se aos princípios que informam a tributação: igualdade, legalidade, generalidade, proporcionalidade, não-confiscatoriedade etc. Além disso, a medida em que interferem nas condutas das pessoas, precisam encontrar respaldo num valor constitucionalmente consagrado, nunca em concepções ideológicas ou morais, incompatíveis com a liberdade na atuação da vida privada das pessoas, que deve imperar num Estado Democrático como o nosso.[513]

Reconhece-se, por conseguinte, a importância de se observar as denominadas "limitações constitucionais ao poder de tributar", especialmente no que tange a legalidade, anterioridade, irretroatividade, igualdade perante lei, livre circulação e vedação ao confisco, nos termos preconizados pelo artigo 150 da Constituição brasileira.[514]

---

[513] CARRAZZA. Roque Antonio. *Imposto Sobre a Renda*: perfil constitucional e temas específicos. São Paulo: Malheiros. 2005, p. 132.

[514] O respeito às mencionadas regras limitadoras do exercício do Poder de tributar, não significa que, em um determinado caso concreto, não possa haver uma colisão do princípio da segurança jurídica que as fundamenta, com outro princípio igualmente tutelado pela Constituição, que o tributo extrafiscal vise concretizar. Numa hipótese assim, um dos princípios deve recuar, não significando, contudo, que aquele princípio que deixou de ser considerado ou aplicado seja nulo ou que tenha sido introduzida uma cláusula de exceção. Isso ocorre, de acordo

Parafraseando Herrera Molina,[515] é imprescindível que seja introduzido e considerado o que se poderia denominar de "interesse humano" na tributação. Ou seja, defende-se a gestação de um sistema tributário que tenha como norte e razão de ser a realização dos direitos fundamentais econômicos, sociais e culturais e, por conseguinte, vise assegurar e preservar a dignidade do ser humano.

Tradicionalmente, essa idéia foi desenvolvida mediante a simples instituição de impostos afetados ou contribuições sociais, cujo produto da arrecadação estava previamente destinado a servir de fonte de recursos para o desenvolvimento de políticas públicas de caráter social, especialmente. Pode-se lembrar, no caso de Brasil, da CPMF, Contribuição para o Seguro Acidente de trabalho – SAT, da COFINS, da Contribuição para o PIS, da Contribuição denominada de Salário-Educação, da Contribuição Social sobre o Lucro, Contribuição Social sobre a Folha de Salários, etc.

Entretanto, a simples instituição de uma contribuição, cujo produto da arrecadação seja destinado para um fim social, não significa que, de fato, tal fim seja alcançado, através das políticas públicas para as quais os recursos foram carreados. Não bastasse isso, os recursos com destinação previamente estabelecida são, por vezes, destinados para "outras áreas" de atuação do Estado, as quais, nas raras oportunidades, estão descomprometidas com as finalidades sociais que deram ensejo à instituição da exação fiscal.

O mais lamentável, porém, é que os recursos arrecadados sequer chegam a ser empregados em quaisquer áreas de atuação estatal, porquanto, de uma forma inaceitavelmente significativa, são usurpados mediante ações ilícitas, as quais endemicamente permanecem presentes na cultura nacional. Por isso, Carrazza reconhece e sustenta:

> Por outro lado, ao utilizar o mecanismo da extrafiscalidade para estimular comportamentos (comissivos ou omissivos) dos contribuintes o Estado quase sempre obtém vantagens maiores do que se previamente arrecadasse os tributos para, depois, aplicá-los aos gastos públicos. Realmente, com a supressão das instâncias burocráticas encarregadas de controlar a destinação do dinheiro obtido mediante o exercício da tributação a despesa pública tende a diminuir, sem prejuízo do atendimento das exigências de estabilidade e progresso sociais. E isso para não falar dos inevitáveis "desvios" e "perdas" no longo acidentado caminho que vai da obtenção dos recursos públicos.[516]

Dessa forma, não obstante as intenções sejam meritórias, a instituição de uma contribuição social não garante que o objetivo originalmente visado, ainda que nobre, seja efetivamente atingido. Tampouco significa que os recursos ob-

---

com Dworkin, porque a colisão de princípios é resolvida na dimensão do valor, preponderando o princípio de maior peso ou relevância para solução do caso concreto correspondente.

[515] O mencionado autor defende a introdução de reforma que denomina de ecológica, no sentido de introduzido o interesse ecológico no sistema fiscal. HERRERA MOLINA, Pedro Manuel. Derecho Tributário Ambiental: la introducción del interés ambiental en el ordenamiento tributario. Madrid: Marcial Pons, 2000, p. 46.

[516] CARRAZZA. Roque Antonio. *Imposto Sobre a Renda*: perfil constitucional e temas específicos. São Paulo: Malheiros. 2005, p. 131.

tidos sejam utilizados para alcançar os fins almejados quando da instituição da contribuição social respectiva, em razão de ações lícitas ou ilícitas.

Por isso, urge encontrar meios indiretos de atuação estatal, através de políticas tributárias cujo objetivo seja garantir a máxima eficácia aos direitos fundamentais econômicos, sociais e culturais. Isto é, uma vez que se constata a inefetividade de políticas sociais financiadas com arrecadação de tributos afetados, impõe-se direcionar ações com vistas à implementação de uma fórmula alternativa à desgastada opção de se instituir uma contribuição para financiar a realização de cada direito fundamental.

Seguir essa proposta alternativa também se faz necessário, porque há um relativo consenso acerca da impossibilidade de ampliação da carga tributária brasileira, tendo em vista que esta já alcançou o patamar próximo à insuportabilidade. Portanto, deve-se buscar meios de reduzir a carga tributária, e não ampliá-la com a majoração ou instituição de novas contribuições, pretensamente destinadas a servir de fonte de custeio para o cumprimento das promessas constitucionais.

Não se pretende sustentar que as contribuições que servem de fonte ao financiamento da atuação estatal no campo social possam ser extintas ou progressivamente suprimidas. Sustenta-se apenas que, uma vez que a fórmula adotada não obteve êxito, sejam implementados, paralela e alternativamente, meios que a complementem. Isso significa optar por um caminho oposto à lógica que conduziu a temática da tributação afetada, até o momento.

Nesse contexto, portanto, emerge a extrafiscalidade para fins de realização dos direitos fundamentais. Não se trata, por óbvio, de algo inédito, pois há muito tempo a extrafiscalidade vem sendo utilizada com vistas à realização de direitos fundamentais, notadamente mediante a concessão de benefícios e incentivos fiscais.

O que se advoga neste trabalho é a ampliação do uso da tributação como meio direcionador de comportamentos potencialmente úteis à realização dos direitos fundamentais. Isto é, o sistema tributário deve ser moldado, levando-se em consideração o interesse humano, para que a tributação passe a existir em função do ser humano, e não vice-versa.

Muitas objeções podem ser levantadas à ampliação dessa fórmula, especialmente uma aparente quebra da neutralidade econômica do sistema tributário, bem como a maximização de sua complexidade.

Todavia, não se podem negar, em face disso, as possibilidades de uma ampla utilização da extrafiscalidade, com vistas a conferir máxima eficácia aos direitos fundamentais. Ainda que, para o mercado, o ideal é que o sistema tributário seja economicamente neutro, não é necessariamente o interesse econômico que deve preponderar. Ao contrário disso, como sustentam Murphy e Nagel:

> Há muito se reconhece que o sistema tributário tem de levar em consideração a moralidade política ou justiça. Todo aquele que defende um sistema tributário que seja simplesmente "o

melhor para o crescimento econômico" ou " o mais eficiente" tem de fornecer não somente uma explicação de por que o sistema de sua predileção tem essas virtudes, mas também um argumento de moralidade política que justifique a busca do crescimento ou da eficiência sem que se levem em conta outros valores sociais.[517]

Embora se tenha sustentado a necessidade de se reduzir a complexidade no campo tributário – especialmente no que tange à gama infindável de deveres instrumentos – isso não significa que se defenda um modelo tributário, voltado, exclusivamente, à simplificação, desconsiderando o princípio da capacidade contributiva e as possibilidades de utilização da extrafiscalidade. Como lembra Albano Santos:

> Um sistema fiscal constitui uma realidade complexa, isto é irredutível a um único elemento, desde logo porque só uma pluralidade de impostos é capaz de corresponder adequadamente a uma base econômica multifacetada onde coexistem as formas mais desencontradas de matéria tributável. Do mesmo modo, também a diversidade de objectivos que, geralmente, se colocam ao sistema tributário, sobretudo com o desenvolvimento do moderno intervencionismo – alguns deles, aliás, contraditórios entre si –, exige a conveniente combinação de diferentes impostos, por forma a que, visando um leque de bases de incidência suficientemente largo, possam, para além de gerar indispensável receita, produzir efeitos distintos no plano social e económico.[518]

Ratifica-se, então, a impraticabilidade e a própria inconstitucionalidade da hipótese da existência de um imposto único, seja qual for sua base de incidência, mesmo porque, se é muito difícil corrigir as imperfeições existentes em cada tributo, certamente seria impossível conviver com a soma de todas elas, concentradas no denominado "imposto único". Sobretudo, seria inviável conviver com o insanável vício da injustiça fiscal, decorrente da afronta direta ao princípio da capacidade contributiva.

Outrossim, se reprova que, em nome da simplificação, rejeite-se a extrafiscalidade e, com isso, sejam negadas as concretas possibilidades de que, através da tributação, se possa dar uma eficácia social maior aos direitos fundamentais sociais, econômicos e culturais. Se um sistema tributário de reduzida complexidade é entendido como incompatível com o mecanismo da extrafiscalidade, por que optar pela simplificação em detrimento e com o sacrifício da realização dos direitos fundamentais?

Além disso, a realidade multifacetada que ora se apresenta, forjada a partir de uma crescente complexidade das relações sociais e econômicas, torna a simplificação do sistema tributário um objetivo muito próximo da utopia. Não obstante, conforme já sustentado na parte inicial deste trabalho, o combate à evasão fiscal está intimamente ligado a um eficaz combate à burocracia, o que passa, também, pela diminuição e simplificação da indecifrável teia de obrigações acessórias.

---

[517] MURPHY, Liam; NAGEL, Thomas. *O Mito da Propriedade*: os impostos e a justiça. Trad.: Marcelo Brandão Cipolla. São Paulo: Martins Fontes, 2005, p. 16.

[518] SANTOS, J. Albano. *Teoria Fiscal*. Lisboa: Universidade Técnica de Lisboa – Instituto Superior de Ciências Sociais e Políticas, 2003, p. 371.

Enfim, o que se sustenta na questão da complexidade é que ela é inerente à realidade socioeconômica atual, razão pela qual um modelo tributário que tenha por objetivo se aproximar da justiça fiscal necessariamente será um modelo identificado como complexo. Não contraditoriamente a isso, existe um espaço bastante expressivo de simplificação do sistema, sem a necessidade de sacrificar objetivos mais significativos, como a realização indireta de direitos fundamentais.

Assim, superando as objeções que tradicionalmente são levantadas, constata-se que a extrafiscalidade tem um importante papel a desempenhar em um cenário que vise à densificação do princípio sobre o qual se funda o Estado Democrático de Direito brasileiro. Com isso, retoma-se o ponto de partida desse tópico, pois a mencionada introdução do "interesse humano" na tributação tem o condão de privilegiar a concretização dos direitos fundamentais e, por conseguinte, de maximizar a eficácia do princípio da dignidade da pessoa humana.

Uma vez pensada a tributação a partir do elemento humano, não parece difícil encontrar os meios através do quais se poderá garantir que, indiretamente, seu formato privilegie os direitos fundamentais. É certo também que não se pode mergulhar no fosso da ingenuidade, mediante a adoção da crença de que a tributação tenha condições de realizar todos os direitos sociais, econômicos e culturais constitucionalmente previstos. De um lado, a generosa quantidade destes inviabiliza a concretização efetiva de todos e, de outro lado, as possibilidades da extrafiscalidade em defesa do interesse humano estão submetidas a evidentes limitações.

Por isso, há de se pensar, num primeiro momento, na introdução do interesse humano via extrafiscalidade, adotando-se, como critério de escolha, a materialização dos direitos sociais, econômicos e culturais que estejam mais intimamente ligados ao princípio da dignidade da pessoa humana. Pode-se dizer, com todo risco que qualquer escolha desse tipo represente, que saúde, educação, trabalho, moradia e assistência social ocupam um espaço de privilegiada importância em um rol dessa natureza.

A partir disso, questiona-se: como pode a tributação servir de instrumento de concretização desses direitos, via extrafiscalidade? Dificilmente, a resposta a essa questão poderá ser esgotada, uma vez em que, no momento que o paradigma do interesse humano torna-se o norte do sistema tributário, surgem variadas possibilidades de efetivá-lo.

Este trabalho, por isso mesmo, apontará algumas sugestões reputadas como úteis para o intento que se entendeu correto perseguir, sem ter a inadequada pretensão de apresentar todas as alternativas. Inicialmente, tal intento será buscado, de uma forma genérica para, depois, mais especificamente, examinarem-se as hipóteses de extrafiscalidade mais aptas à densificação do princípio da dignidade da pessoa humana.

Antes disso, cabe lembrar que nem todos os direitos fundamentais têm idêntica densidade normativa, isto é, nem todos, por decorrência, dão ensejo a um direito subjetivo de ação, com vistas a garanti-lo. No entanto, isso não significa que o Estado não tenha o dever de desenvolver políticas públicas que possam propiciar a máxima eficácia de todos os direitos fundamentais. Tais políticas, por óbvio, englobam o sistema tributário.

Do exposto, mostra-se inaceitável e incompreensível que um dos direitos fundamentais que ocupam espaço de privilegiada importância no rol daqueles íntimos da dignidade humana seja tão vilipendiado pela tributação. Trata-se do direito fundamental ao trabalho. Não há discussão razoável que possa negar a importância do trabalho para uma existência digna, pois, salvo exceções, ninguém prefere viver de esmolas – mesmo que travestidas de programas estatais – se puder optar por prover seu sustento através do trabalho.

Sendo assim, como aceitar que a alta carga tributária, conforme já explicitado no capítulo inicial deste trabalho, seja um dos principais óbices ao acesso ao emprego formal neste país? Como admitir que ela cumpra, assim, uma função diametralmente oposta à eficácia do direito ao trabalho?

Nesse contexto, o papel da extrafiscalidade parece ser bastante simples e, talvez, nem possa ser identificado como uma típica política extrafiscal. Impõe-se, sobremaneira, a necessidade de reduzir a carga tributária incidente sobre o trabalho, especialmente em relação àqueles setores da economia que ainda se caracterizam pela utilização intensiva de mão-de-obra. Para sofisticar essa fórmula e privilegiar a dignidade, essa redução poderia estar condicionada a uma gradativa melhora nas condições de trabalho, em relação àquelas atividades insalubres e penosas, por exemplo.

Sabe-se, no entanto, que o grande entrave ao exposto, diz respeito à necessidade de viabilizar a deficitária Previdência Social, tradicionalmente financiada com a arrecadação de contribuições incidentes sobre os salários. Primeiramente, há de se pensar, porém, em outras fórmulas viáveis de combate ao crescente déficit previdenciário, passando-se pela real identificação da fonte de tal déficit. Em segundo lugar, deve-se encontrar fontes alternativas de custeio da previdência social, mesmo porque não se pode olvidar que a tributação deveria alcançar e atingir manifestações de riqueza (capacidade contributiva), o que não pode ser entendida como presente quando ocorre o pagamento ou quando alguém recebe salários, sobretudo aqueles pagos à maioria dos brasileiros.

Existem, enfim, outras inequívocas e expressivas manifestações de capacidade econômica, as quais poderiam ser adequadamente alcançadas pela tributação, com vistas ao custeio da previdência social, possibilitando-se, assim, uma redução expressiva da carga fiscal sobre o trabalho. Isso superaria, em parte, a lógica de que deve prevalecer o interesse econômico, dando-se espaço para que o interesse humano seja o horizonte tributário.

Quanto ao direito à saúde, poderia haver a redução, ou a total desoneração da carga fiscal incidente sobre medicamentos essenciais ou sobre alimentos e produtos que sejam recomendáveis à mantença de condições adequadas de saúde. Da mesma forma, poder-se-ia tributar, mais significativamente, alimentos ou produtos que causam reconhecidas avarias à boa saúde da população.

Além disso, em relação ao imposto de renda das pessoas físicas deve-se admitir como dedutíveis as despesas com medicamentos ou quaisquer produtos que sejam necessários, especialmente porque a não-dedutibilidade implica, concomitantemente, afronta ao princípio da capacidade contributiva.

De qualquer sorte, relativamente ao direito fundamental à saúde, as hipóteses de utilização da extrafiscalidade são múltiplas, não sendo possível, por decorrência, referi-las todas neste trabalho.

Como ocorre com os outros direitos fundamentais, a forma como a tributação poderá servir de instrumento e os casos contemplados pelo tratamento diferenciado deverão ser objeto de uma escolha substancialmente democrática.[519] Ou seja, essa escolha passa pelo efetivo exercício da cidadania fiscal, no viés correspondente à tomada da decisão acerca da carga tributária, até porque, parafraseando Casalta Nabais, a definição da carga tributária – onerações e desonerações – é tão importante que não pode ficar, exclusivamente, sob a responsabilidade de técnicos e políticos.

Quanto ao direito fundamental à educação e à cultura, existe uma gama de benefícios e incentivos fiscais a serem concedidos a setores da economia que investem na formação técnica ou cultural de pessoas, sejam seus trabalhadores vinculados ao não. Há vários tributos no sistema que podem servir para tanto, especialmente o imposto de renda e a contribuição social sobre o lucro, permitindo-se que as despesas suportadas em vista de tais investimentos sejam consideradas na apuração do lucro tributável, ou sejam deduzidas dos próprios tributos a pagar.

Nesse ponto, contudo, demanda-se o máximo zelo e critério, pois, em nome da cultura, muitos recursos oriundos de incentivos fiscais foram empregados inadequadamente em pretensas obras culturais de, no mínimo, duvidosa validade. Basta, pois, lembrar a gama significativa de recursos que foram carreados para determinadas produções cinematográficas, festivais e eventos, os quais pouco se justificam sob o aspecto cultural, ou atingem, exclusivamente, uma parcela da população que não necessita de tais recursos, sem levar em consideração, a deficitária, quando não inexistente, fiscalização do efetivo emprego dos recursos.

---

[519] Relativamente a essa questão, como lembra Bolzan de Morais, faz sentido a advertência de François Ost: "E voltamos assim (...) ao essencial: a pratica renovada e aprofundada da democracia. O 'meio justo' não derivará nunca da planificação de especialistas, por mais bem intencionados que sejam e qualquer que seja o nível, mesmo mundial, das suas intervenções. É do debate democrático, agora interpelado pela urgência de desafios inéditos, que deverão proceder as decisões susceptíveis de inflectir a nossa forma de habitar a Terra (...) Resta, portanto, inventar práticas concertadas, públicas, privadas ou associativas, para dar corpo a um outro modelo de desenvolvimento. BOLZAN DE MORAIS, José Luis. Novos Direitos e Tributação: perspectivas necessárias para uma eco-tributação. Anotações Preliminares. In: TORRES, Heleno Taveira (org.). *Direito Tributário Ambiental*. São Paulo: Malheiros, 2005, p. 620.

Neste estudo, a intenção não é esgotar os exemplos de possibilidades de se utilizar a extrafiscalidade para realizar direitos fundamentais, mas sim analisar os seus requisitos e as condições, traçando-se os contornos dentro dos quais poderão ser delineadas inúmeras alternativas de efetivação.

Para tanto, será examinada a extrafiscalidade como forma de garantir o cumprimento da função social da propriedade, tendo em vista que a observância de tal princípio constitucional, inequivocamente, está relacionada com os direitos fundamentais à moradia, ao trabalho, ao meio ambiente ecologicamente equilibrado, etc.

Noutras palavras, o cumprimento da função social da propriedade está profundamente vinculado ao princípio da dignidade da pessoa humana, uma vez que a sua eficácia potencializa não apenas a eficácia dos referidos direitos como também a de outros direitos fundamentais, os quais, por sua vez, densificam o princípio vetor deste trabalho, como tantas vezes referido.

3.4.1. A tributação como meio de cumprimento da função social da propriedade

Quando se aborda a questão da função social da propriedade, deve-se ter presente, previamente, que a razão pela qual esse, princípio foi consagrado, por inúmeros Ordenamentos Jurídicos, reside no desejo, em suma, de uma divisão igualitária dos bens da vida. Por decorrência, esse princípio tem uma íntima conexão com os direitos fundamentais, cuja concretização, num plano fático, tem inegável potencial de densificação do princípio da dignidade da pessoa humana.

Porquanto tenha havido o reconhecimento formal da sua importância, constata-se resistência a sua implementação, justamente porque esse princípio limita, significativamente, um dos direitos fundamentais que estão na raiz do próprio constitucionalismo liberal: o direito de propriedade.

Não se pode olvidar a importância histórica do reconhecimento do direito de propriedade. É possível dizer que ele ocupou o espaço central nos primórdios do constitucionalismo, juntamente com o direito à vida e à liberdade, razão por que esses direitos são classificados como direitos fundamentais de primeira geração ou dimensão.

Cabe ressaltar, no entanto, que o direito de propriedade, diferentemente do que sustentava Locke,[520] atualmente não pode ser considerado um direito absoluto.[521] Tal direito apenas é legitimo quando a propriedade cumpre com sua função

---

[520] LOCKE, John *Segundo Tratado Sobre o Governo*. Trad.: E. Jacy Monteiro. São Paulo: IBRASA, 1965, p. 83-90.

[521] Conforme explicam Murphy e Nagel (2005): "as teorias deontológicas, derivadas da tradição de Locke, sustentam que os direitos de propriedade são determinados em parte pela nossa soberania sobre a nossa própria pessoa, que inclui o direito fundamental ao livre exercício de nossas capacidades, o direito de cooperar livremente com os outros em vista de um benefício recíproco e o direito de dispor livremente daquilo que legitimamente"

social.[522] Ou seja, a Constituição assegura o direito de propriedade, porém condiciona essa garantia ao efetivo cumprimento de um requisito: função social. Por decorrência lógica, essa garantia não está assegurada em *relação "ao direito de propriedade causador de disfunção social"*.[523]

Tendo por base a Constituição Portuguesa, Jorge Miranda concebe o direito de propriedade nos seguintes termos:

> Localizando a propriedade privada entre os direitos econômicos, sociais e culturais, e não entre os direitos, liberdades e garantias do título II, a Lei Fundamental de 1976 vem salientar que os direitos, liberdades e garantias respeitam, primeiro que tudo, ao ser da pessoa e não ao ter; que a liberdade prima sobre a propriedade; que a proteção que a pessoa como titular de bens possa merecer na vida econômica se oferece secundária em face da protecção do seu ser; e que pode a proteção do ser de todas as pessoas exigir a diminuição do ter de algumas das pessoas (daí a incumbência prioritária do Estado, no art. 80°, alínea b) de operar as necessárias correções das desigualdades na distribuição da riqueza e do rendimento.[524]

A necessidade de a propriedade cumprir com sua função social não se trata propriamente de uma novidade no constitucionalismo brasileiro. Já na Constituição de 1934 – vigente até 1937 – existia previsão nesse sentido. Na Carta de 1946, a necessidade da observância da função social da propriedade foi restabelecida, tendo sido inserida entre os princípios que regiam a ordem econômica (art. 174), no sentido de que o uso da propriedade privada estava condicionado ao bem-estar social. Entretanto, nessa Constituição, o disposto no § 16 do art. 141 – que arrolava os direitos e garantias individuais – contemplava o direito de propriedade sem mencionar a necessidade que a mesma cumprisse sua função social.[525]

O tratamento constitucional a respeito da propriedade e da necessidade do cumprimento de sua função social não foi significativamente alterado até o advento da Constituição de 1988, quando ocorreu uma substancial inovação no tratamento conferido à propriedade. O inciso XXIII do art. 5° – que consagra os direitos e garantias individuais – estabeleceu que o direito de propriedade só poderia ser entendido como legítimo se o bem respectivo cumprisse com sua função social. Conforme explica Fernando Scaff, "da propriedade com direito de pleno

---

adquirimos. MURPHY, Liam; NAGEL, Thomas. *O Mito da Propriedade*: os impostos e a justiça. Trad.: Marcelo Brandão Cipolla. São Paulo: Martins Fontes, 2005, p. 59.

[522] Para exemplificar, a Constituição determina uma tributação diferenciada (mais onerosa) em relação aos imóveis rurais improdutivos (art. 153, § 4°, da CF/88) e uma tributação progressiva no tempo, em relação aos imóveis urbanos, que não sejam utilizados de acordo com a função social da propriedade urbana, definida em lei (art. 182, § 4°, da CF/88), o que será objeto de análise específica.

[523] COELHO, Sacha Calmon Navarro. *Comentários à Constituição Federal de 1988*: sistema tributário. Rio de Janeiro: Forense, 1994, p. 330.

[524] MIRANDA, Jorge. *Manual de Direito Constitucional*. Tomo IV – Direitos Fundamentais. 3. ed. Coimbra: Coimbra, 2000, p. 191-192.

[525] LEONETTI, Carlos Araújo. O IPTU e a Função Social da Propriedade. *Revista Dialética de Direito Tributário*. São Paulo, n. 37, out. 1998, p. 23.

uso, gozo e disposição, passamos a uma exigência funcional da propriedade, sendo determinante sua utilização produtiva e não mais seu título formal".[526]

Além disso, a Carta de 1988 manteve, no dispositivo relativo aos princípios da ordem econômica (art. 170), a função social da propriedade (inciso III), fixando os requisitos a serem observados para que a propriedade, urbana ou rural, cumpra com sua função social nos artigos 182 e 186.[527]

Com isso, a discussão outrora existente acerca do conceito de "função social da propriedade" parece que deixa de ter razão de existir. De qualquer sorte, conforme sustenta Diniz de Moraes, a denominada 'função social da propriedade' não é:

> [...] senão o concreto modo de funcionar da propriedade, seja como exercício do direito de propriedade ou não, exigido pelo ordenamento jurídico, direta ou indiretamente, por meio de imposição de obrigações, encargos, limitações, restrições, estímulos ou ameaças, para satisfação de uma necessidade social, temporal e espacialmente considerada.[528]

Em relação ao novo tratamento constitucional da questão da função social, Bessa Antunes faz a seguinte crítica, especificamente quanto à resistência a sua implementação:

> [...] desde o momento em que a Constituição definiu que a propriedade deve desempenhar a sua função social para que, legitimamente, possa continuar a ser exercida, não se pode mais – com fundamento jurídico – pensar no direito de propriedade com base no Código Civil, eis que este espelha, pura e simplesmente, o aspecto referente à propriedade civil que não é mais uma cláusula geral, pois este papel é deferido à propriedade tal qual esta se encontra regrada pela Lei Fundamental, ou seja, se existente uma "propriedade em geral" esta é aquela subordinada ao conceito jurídico constitucional de função social. Impressiona o fato de que a função social da propriedade tenha ingressado em nosso direito positivo pela Constituição de 1934 e que, ainda hoje, seja necessário relembrar que a propriedade é um instituto constitucional e não meramente do direito civil. Há que se repudiar a tendência de interpretar a Constituição conforme o Código Civil, eis que esta espelha uma concepção absurda de ordem jurídica que não mais se sustenta nos dias atuais.[529]

Enfim, neste atual estágio do direito brasileiro – que se caracteriza pela busca da implementação do Estado Democrático de Direito – pode-se sustentar que o direito de propriedade não é ilimitado, porquanto está condicionado ao cumpri-

---

[526] SCAFF, Fernando Facury. *Responsabilidade Civil do Estado Intervencionista*. 2. ed. rev. e ampl., Rio de Janeiro: Renovar, 2001, p. 92.

[527] Art. 182...§ 2º. A propriedade urbana cumpre sua função social quando atende às exigências fundamentais de ordenação da cidade expressas no plano diretor. Art. 186. A função social é cumprida quando a propriedade rural atende, simultaneamente, segundo critérios e graus de exigência estabelecidos em lei, aos seguintes requisitos: I – aproveitamento racional e adequado; II – utilização adequada dos recursos naturais disponíveis e preservação do meio ambiente; III – observância das disposições que regulam as relações de trabalho; IV – exploração que favoreça o bem-estar dos proprietários e dos trabalhadores.

[528] MORAES, José Diniz. *A Função Social da Propriedade e a Constituição Federal de 1988*. São Paulo: Malheiros, 1999, p. 111.

[529] ANTUNES, Paulo de Bessa. Poder Judiciário e Reserva Legal: análise de recentes decisões do Superior Tribunal de Justiça. In: *Revista de Direito Ambiental*. São Paulo: RT, v. 21, 2001, p. 113.

mento da função social. Dessa forma, o proprietário tem o direito de usar, gozar e fruir de seu bem, desde que o faça com a observância do interesse social.

Ou seja, como defende Gesta Leal, a propriedade é garantida "desde que atenda a sua função social", sendo que isso implica "assegurar a todos existência digna, conforme os ditames de uma justiça social efetivamente econômica".[530] Como forma de a função social atingir a sua finalidade, o autor entende:

> [...] devem ser assegurados, dentre outras coisas: acesso de todos à moradia; a justa distribuição dos benefícios e ônus decorrentes do processo de urbanização; a urbanização das áreas ocupadas por população de baixa renda; a proteção, preservação e recuperação do meio ambiente natural e construído.[531]

Entre os instrumentos para o cumprimento da função social da propriedade tem-se, destacadamente, a possibilidade de utilização da tributação progressiva do Imposto Territorial Rural – ITR e do Imposto sobre a Propriedade Predial e Territorial Urbana – IPTU, conforme será examinado a seguir.

3.4.1.1. A progressividade com conotação extrafiscal do IPTU

Conforme já exposto, a progressividade do IPTU, por um lado, uma conotação predominantemente fiscal, uma vez que é possível graduar progressivamente as alíquotas desse imposto de acordo com o valor do imóvel, com vistas à observância do princípio da capacidade contributiva.

Por outro lado, conforme o disposto no inciso II do § 1º do art. 156 da Constituição do Brasil – introduzido pela EC nº 29/2001 – os Municípios poderão instituir alíquotas diferenciadas (seletivas), consoante o uso ou a localização do imóvel, o que permite vislumbrar uma nítida conotação extrafiscal, vinculada à função social da propriedade.

Além disso, os Municípios poderão estabelecer tributação progressiva do IPTU como meio para o cumprimento da função social da propriedade por excelência, conforme o disposto no inciso II do § 4º do art. 182 da Constituição do Brasil,[532] percebendo-se, assim, uma manifesta conotação extrafiscal dessa exigência do imposto progressivo no tempo.

A progressividade temporal do IPTU representa uma espécie de sanção aplicada ao proprietário do imóvel urbano não edificado, subutilizado ou não-utili-

---

[530] GESTA LEAL, Rogério. *A função Social da Propriedade e da Cidade na Brasil:* aspectos jurídicos e políticos. Porto Alegre: Livraria do Advogado; Santa Cruz do Sul: EdUNISC, 1998, p. 120.

[531] Idem, p. 121.

[532] Art. 182, § 4º É facultado ao Poder público municipal, mediante lei específica para área incluída no plano diretor, exigir, nos termos da lei federal, do proprietário do solo urbano não edificado, subutilizado ou não utilizado, que promova seu adequado aproveitamento, sob pena, sucessivamente, de: I – parcelamento ou edificação compulsórios; II – imposto sobre a propriedade predial e territorial urbana progressivo no tempo; III – desapropriação com pagamento mediante títulos da dívida pública de emissão previamente aprovada pelo Senado Federal, com prazo de resgate de até dez anos, em parcelas, iguais e sucessivas, assegurados o valor real da indenização e os juros legais.

zado, na hipótese do mesmo negar-se a dar um adequado aproveitamento a seu imóvel, de acordo com o estabelecido no Plano Diretor do Município.[533] Cabe ressaltar que o dispositivo constitucional que estabelece a progressividade temporal é aplicável subsidiariamente à imposição de parcelamento ou edificação compulsória.

Em que pese seu caráter aparentemente sancionatório, não se pode afirmar que a progressividade temporal implicaria perda da natureza tributária da exigência fiscal respectiva, por inobservância ao disposto no art. 3º do Código Tributário Nacional – CTN, o qual exclui do conceito de tributo as obrigações decorrentes de lei que sejam aplicadas em vista do cometimento de um ato ilícito (penalidades pecuniárias em geral).

Tal não ocorre, porque esta denominada sanção (IPTU progressivo no tempo) é imposta pelo fato de o contribuinte (proprietário) não ter usado adequadamente a propriedade urbana, nos termos preconizados na lei municipal. Por óbvio, o mau uso do imóvel, embora entendido como uma forma de disfunção da propriedade, não pode ser caracterizado como um ato ilícito, razão pela qual a progressividade temporal do IPTU está em perfeita consonância com o conceito de tributo previsto no art. 3º do CTN.

A partir da promulgação do Estatuto das Cidades – Lei Ordinária nº 10.257/2001 – passou a existir lei federal regulamentando o disposto no § 4º do art. 182 da Constituição. Com a edição das normas gerais estabelecidas no denominado Estatuto da Cidade, os municípios estão aptos a elaborar seus Planos Diretores, considerando, por evidência, as particularidades locais, exercendo, com isso, plenamente a competência legislativa outorgada pelo inciso I do art. 30 da Constituição do Brasil, o qual estabelece que compete aos mesmos "legislar sobre assuntos de interesse local".

Em vista disso, passa-se a examinar os dispositivos do Estatuto da Cidade relativos à progressividade do IPTU no tempo, uma vez que tal progressividade tem uma evidente função extrafiscal, objeto do tópico a seguir.

3.4.1.2. A progressividade do IPTU no Estatuto da Cidade

Depois de longos debates, foi aprovado no Congresso Nacional o denominado Estatuto da Cidade, através da Lei 10.257, de 10.07.2001, a qual regulamenta o disposto nos arts. 182 e 183 da Constituição Brasileira. O referido diploma legal contempla várias medidas que têm o condão de possibilitar o desenvolvimento da política urbana, a aplicação de instrumentos de reforma urbana, com vistas a promover a inclusão social e territorial nas cidades brasileiras. Assim sendo, esta lei pode se constituir – se efetivamente implementada – num importante meio de

---

[533] Conforme sustenta Gesta Leal, o Plano Diretor das cidades "enquanto idéia política e mesmo constitucional, surge como instrumento que deve promover o adequado planejamento e controle do uso, parcelamento e ocupação do solo urbano" GESTA LEAL, Rogério. *A função Social da Propriedade e da Cidade na Brasil:* aspectos jurídicos e políticos. Porto Alegre: Livraria do Advogado; Santa Cruz do Sul: EdUNISC, 1998, p. 133.

supressão das notórias desigualdades existentes na ocupação do espaço urbano em nosso país.

A referida lei federal especifica os instrumentos postos à disposição do Poder Público municipal, para que este possa fazer frente aos problemas decorrentes das desigualdades sociais e econômicas existentes nas cidades. Cabe a cada Município legislar, no sentido de adequar as normas gerais, contidas no Estatuto, à realidade local. Isso passa, sobretudo, pela implantação de um Plano Diretor, à medida que, consoante o disposto no § 2º do art. 182 da CF/88, a propriedade urbana cumpre sua função social quando atende às exigências fundamentais de ordenação da cidade expressas no Plano Diretor.

Entre os instrumentos do Estatuto da Cidade está prevista a imposição da progressividade do IPTU no tempo. Tal progressividade tem indiscutível caráter extrafiscal e legitima-se pelo fato de que os fins visados com a extrafiscalidade estão em perfeita consonância com os objetivos fundamentais que norteiam o Estado Brasileiro – condição de possibilidade à existência da imposição tributária com conotação extrafiscal, conforme examinado neste trabalho.

A progressividade no tempo – com caráter sancionatório – é aplicável, de forma subsidiária, ao parcelamento ou edificação compulsórios. Assim, se o proprietário do solo urbano não-edificado, subutilizado ou não-utilizado deixar de promover o seu adequado aproveitamento, o Poder Público municipal estará legitimado, através de lei específica a determinar, em primeiro lugar, o parcelamento, a edificação, ou a utilização compulsórios do imóvel, fixando prazos e condições para tanto, nos termos do art. 5º do Estatuto da Cidade.

Caso ocorra o descumprimento das condições e prazos referidos, o Município poderá exigir IPTU progressivo no tempo, mediante a majoração da alíquota pelo prazo de cinco anos consecutivos, conforme o disposto no *caput* do art. 7º da Lei 10.257/2001. O percentual da alíquota – obrigatoriamente fixado por lei – não excederá a duas vezes o valor referente ao ano anterior, tendo como limite máximo a alíquota de quinze por cento. Essa exigência progressiva permanecerá até que o proprietário cumpra com a obrigação de promover o adequado aproveitamento do bem respectivo.

A exigência do IPTU progressivo no tempo, relativamente ao proprietário de um bem imóvel urbano que não cumpre uma função social, tem típica natureza extrafiscal. Resta evidente que o objetivo dessa progressividade é motivar o adequado aproveitamento da propriedade urbana, com vistas a garantir, nos termos do plano diretor, o cumprimento da função social da propriedade, o que, em última análise, vai ao encontro dos objetivos que fundamentam a existência do Estado.

A acepção da extrafiscalidade, neste caso, deve ser entendida apenas no sentido de que o objetivo visado pelo Município, ao exigir IPTU progressivo no tempo, não é meramente arrecadatório. A finalidade, pois, consiste em compelir o proprietário do imóvel urbano a cumprir com a obrigação estabelecida no plano diretor local, a de parcelar ou edificar, isto é, de utilizar a propriedade urbana de forma a atender sua função social.

Se essa obrigação deixar de ser atendida no prazo de cinco anos, o Município manterá a cobrança pela alíquota máxima, até que se cumpra a referida obrigação. Isso, contudo, não prejudica a prerrogativa prevista no art. 8º do Estatuto,[534] a qual permite ao Município promover a desapropriação do imóvel, após decorridos cinco anos de cobrança do IPTU progressivo, sem que o proprietário tenha cumprido a obrigação de parcelamento, edificação ou utilização, nos termos do § 2 º do artigo 7º[535] da mesma norma.

Enfim, o Estatuto das Cidades tem potencialidade de se transformar em um instrumento fundamental de (re)organização da ocupação do espaço urbano e, portanto, tem possibilidades de servir como meio de realização do direito fundamental à moradia e a uma existência digna. Resta, contudo, direcionar esforços no sentido de que essa norma, conforme vem acontecendo, não se transforme em uma daquelas "obras de arte" legislativas tão ineficazes quanto belas, justamente porque contrariam importantes interesses econômicos.

3.4.1.3. A progressividade com conotação extrafiscal do Imposto Territorial Rural

Se, em relação aos imóveis urbanos, a Constituição possibilitou a progressividade no tempo do IPTU, com vistas a estimular o cumprimento da função social da propriedade, relativamente aos imóveis rurais ela também estabeleceu a possibilidade de que tributação servisse de instrumento para o mesmo fim.

Na redação original do disposto no § 4º do art. 153 da Constituição de 1988, havia a previsão da progressividade do Imposto Territorial Rural – ITR, com uma nítida função extrafiscal, a de desestimular a manutenção de propriedades improdutivas.[536] Com a nova redação do referido § 4º, estabelecida pela Emenda Constitucional n° 42/2003,[537] foi acrescentada a expressa possibilidade de que o

---

[534] Art. 8º Decorridos cinco anos de cobrança do IPTU progressivo sem que o proprietário tenha cumprido a obrigação de parcelamento, edificação ou utilização, o Município poderá proceder à desapropriação do imóvel, com pagamento em títulos da dívida pública.

[535] Art. 7º, § 2º: Caso a obrigação de parcelar, edificar ou utilizar não esteja atendida em cinco anos, o Município manterá a cobrança pela alíquota máxima, até que se cumpra a referida obrigação, garantida a prerrogativa prevista no art. 8º.

[536] Art. 153. Compete a União instituir impostos sobre:.. VI – propriedade territorial rural. § 4º O imposto previsto no inciso VI terá suas alíquotas fixadas de forma a desestimular a manutenção de propriedades improdutivas e não incidirá sobre pequenas glebas rurais, definidas em lei, quando as explore, só ou com sua família, o proprietário que não possua outro imóvel.

[537] 4º O imposto previsto no inciso VI do *caput*: I – será progressivo e terá suas alíquotas fixadas de forma a desestimular a manutenção de propriedades improdutivas; II – não incidirá sobre pequenas glebas rurais, definidas em lei, quando as explore o proprietário que não possua outro imóvel; III – será fiscalizado e cobrado pelos Municípios que assim optarem, na forma da lei, desde que não implique redução do imposto ou qualquer outra forma de renúncia fiscal.

ITR, além de ter suas alíquotas fixadas de forma a desestimular a manutenção de imóveis improdutivos, fosse progressivo de acordo com o valor venal do imóvel.

É certo que a nova redação do dispositivo constitucional referido não menciona o termo progressivo com vistas ao cumprimento da função social. Não obstante isso, pode-se entender que a lei reguladora de tal tributo deverá estabelecer alíquotas progressivamente elevadas na inversa proporção da utilização ou produtividade da propriedade rural, em relação à qual ocorre a incidência do imposto. Isto é, será exigido dos proprietários de áreas rurais – que não cumprem adequadamente sua função social – o Imposto Territorial Rural de uma forma progressivamente mais significativa.

O disposto no § 4º do art. 153 da Magna Carta está em perfeita consonância com o princípio esculpido no art. 5º, inciso XXIII, segundo o qual o direito de propriedade está condicionado a cumprimento da função social. Assim, um imóvel rural improdutivo não cumpre sua função social, dado que um imóvel dessa natureza precisa fornecer os alimentos de que o homem necessita, direta ou indiretamente, à sua subsistência.

Outrossim, são consideradas como propriedades que não observam a sua função social as extensas áreas de terras que, embora sejam utilizadas, tenham uma baixa produtividade, ou não propiciem um adequado retorno à coletividade.

A divisão da propriedade rural é uma questão ainda não resolvida no Brasil, sendo que a existência de grandes latifúndios, concomitantemente à existência de tantos trabalhadores rurais desprovidos de terra, vai de encontro aos princípios que fundamentam o Estado Democrático de Direito, especialmente o princípio da igualdade e da dignidade da pessoa humana, uma vez que resta inviabilizada a concretização de direitos fundamentais, como o trabalho e a moradia. Por conseguinte, como afirma Vidigal de Oliveira, não podem existir dúvidas quanto:

> à necessidade premente de os imóveis rurais estarem a serviço e à disposição do bem-estar do ser humano, não se admitindo hoje, no novo miLenio, que estes (imóveis rurais) sirvam apenas a objetivos de interesses meramente particulares, permitindo e incrementando o êxodo rural, massacrando indivíduos e jogando trabalhadores rurais ao estado de completa miserabilidade.[538]

De qualquer forma, a Lei 9.393/96 regulamentou a tributação progressiva do ITR, com vistas a atingir a função social da propriedade, estabelecendo alíquota de até vinte por cento, em relação aos imóveis com área total acima de 5.000 hectares, cujo grau de utilização, apurado nos termos do art. 10, seja inferior a 30 % (art. 11 e anexo da referida lei).

Os critérios de aferição do Valor da Terra Nua Tributável – VTVt estão vinculados à área total do imóvel e a seu Grau de Utilização – GU. Isto é, os referidos critérios estão de acordo com o dispositivo constitucional que determina

---

[538] OLIVEIRA, Artur Vidigal. Função Social da Propriedade Rural na Democracia. *Revista Consulex*. São Paulo: Consulex, ano V, n. 97, jan. 2001, p. 12.

que o Imposto Territorial Rural deverá ser exigido de tal forma que desestimule a manutenção de propriedades improdutivas.

Vale ressaltar que, quando se menciona que a propriedade deva cumprir com sua função social, isso não significa que, para tanto, deva ela, necessariamente, ser utilizada com vistas à realização de uma atividade econômica (agricultura, agropecuária, extrativismo, etc.). Ou seja, ninguém ousa afirmar que a não-utilização de áreas de preservação ambiental represente a disfunção do exercício do direito de propriedade.

Por óbvio, uma propriedade rural cumpre com sua função social quando esteja ambientalmente adequada, isto é quando o exercício da atividade correspondente respeite e zele pela preservação do meio ambiente e sejam devidamente respeitadas as normas restritivas ao exercício do direito de propriedade em prol de um meio ambiente ecologicamente equilibrado.

Em face do exposto, pode-se falar que outrora "função social" transformou-se, dentro dessa perspectiva, em "função sócio-ambiental" da propriedade. Por isso, faz-se necessário examinar a forma como a tributação pode servir de instrumento para a concretização do direito fundamental de coexistir em um meio ambiente equilibrado.

3.4.2. O direito ao meio ambiente ecologicamente equilibrado e a tributação

Analisada a temática dos direitos fundamentais, verificou-se que o meio ambiente ecologicamente equilibrado é entendido como um direito fundamental de terceira geração ou dimensão, pois poderia ser usufruído coletivamente por toda a sociedade.[539]

Conforme menciona Bonavides, o direito ao meio ambiente insere-se na terceira geração de direitos fundamentais. Esses direitos são dotados de alto teor de humanismo e universalidade e têm por destinatário o gênero humano. Dessa forma, tal dimensão de direitos releva uma fraternidade emergente, de altíssimo caráter de humanismo, solidariedade e universalidade.[540] Nessa mesma linha, Jorge Miranda explica as características dos direitos fundamentais dessa dimensão:

> Aquilo a que se vai dando o nome de interesses difusos é uma manifestação da existência ou do alargamento de necessidades colectivas individualmente sentidas; traduz um dos entrosamentos específicos de Estado e sociedade; e implica formas complexas de relacionamento entre as pessoas e os grupos no âmbito da sociedade política que, só podem ser aprendido numa nova perspectiva de cultura cívica e jurídica. Trata-se de necessidades

---

[539] Na Constituição brasileira, o Direito Fundamental ao meio ambiente ecologicamente equilibrado está previsto no art. 225, cuja redação do caput assim estabelece: Art. 225. Todos têm direito ao meio ambiente ecologicamente equilibrado, bem de uso comum do povo e essencial à sadia qualidade de vida , impondo-se ao Poder público e à coletividade o dever de defendê-lo e preservá-lo para as presentes e futuras gerações.

[540] BONAVIDES, Paulo. *Curso de Direito Constitucional*. 11. ed. São Paulo: Malheiros, 2001, p. 523.

comuns a conjuntos mais ou menos largos e indeterminados de indivíduos e que somente podem ser satisfeitas numa perspectiva comunitária.[541]

Segundo Lobo Torres, o meio ambiente participa do rol dos direitos fundamentais, sendo que tal direito é expressão moderna do direito natural, que pertence indistintamente a todos os homens, "pois que os rios e as florestas não possuem direitos em nome próprio. A pessoa humana é que tem o direito inalienável de viver em meio ambiente sadio e de ver por todos a natureza que a cerca".[542]

Constatou-se ainda que esse direito de terceira geração ou dimensão representa, concomitantemente, um direito e um dever, ou seja, se há o direito de exigir do Estado a realização de políticas públicas protetivas do meio ambiente, há o dever fundamental de cada cidadão concernente à adoção de condutas que preservem o meio ambiente, para esta e futuras gerações.[543] Em vista disso, resta evidente que esse direito funciona, também, como limitador do exercício de outros direitos fundamentais, especialmente a liberdade e a propriedade.[544]

Dessa forma, constata-se que, na questão ambiental, está muito visível e presente a idéia de solidariedade social. Há de se reconhecer também, que essa idéia apresenta-se de uma forma mais exigente e sofisticada do que se apresenta na questão da tributação, pois a solidariedade no campo ambiental é devida, inclusive, em relação àquelas gerações que estão por vir, isto é, há um compromisso com as futuras gerações de transmitir a elas condições de vida no planeta, que lhes garantam um existir minimamente digno. Como menciona Jorge Miranda:

> [...] esta solidariedade assenta ainda no valor da dignidade: é para que as gerações futuras, compostas por homens e mulheres com a mesma dignidade dos de hoje, possam igualmen-

---

[541] MIRANDA, Jorge. *Manual de Direito Constitucional*. Tomo IV – Direitos Fundamentais. 3. ed. Coimbra: Coimbra, 2000, p. 68-69.

[542] TORRES, Ricardo Lobo. *Os Direitos Humanos e a Tributação*: imunidades e isonomia. Rio de Janeiro: Renovar, 1995, p. 12.

[543] Nesse sentido, Fernanda Medeiros menciona: Intrinsecamente vinculado ao direito de proteção ambiental existe um dever fundamental. Esse dever fundamental caracteriza-se pela obrigação incumbida ao Estado e a cada um dos indivíduos partícipes de nossa sociedade em manter um ambiente saudável, sadio e equilibrado, seja por intermédio de cuidados básicos para com o meio, seja através de grandes participações populares na luta pela não-destruição do *habitat* natural... O zelo e o dever de cuidado é de toda a sociedade, todas as pessoas têm o dever de preservar o meio ambiente de nosso planeta adequado para a sadia qualidade de vida das presentes e das futuras gerações, aplicando, assim, o princípio da dignidade da pessoa humana em conexão com um princípio muito maior, qual seja, a dignidade da própria vida. MEDEIROS, Fernanda Luiza Fontoura. *Meio Ambiente*: Direito e Dever Fundamental. Porto Alegre: Livraria do Advogado, 2004, p. 124-125.

[544] Explicando a relação desse direito fundamental com os demais direitos, Boó e Villar (1999) afirmam que: "Como los derechos de la tercera generación condicionan el obrar humano (límites a la libertad, a la autonomía de la libertad, al derecho de propiedad, a la explotación, etc.) podemos decir que el derecho humano al ambiente es continente y cauce para los demás derechos humanos y, a la vez, es una garantía de realización de todos los derechos sociales e individuales (limitándolos a fin de que no degraden el ambiente). Por estas características afirmamos que es un derecho inseparable de sus valores fundantes: paz y solidaried, pero ésta implica hoy una solidaried planetaria que debe trascender las fronteras estatales, dado que pronto deverán superarse las soberanías si se quiere salvar el mundo (como sinónimo de género humano)". BOÓ, Daniel; VILLAR, Ariel. *El Derecho Humano Al Medio Ambiente*. Buenos Aires: Némesis, 1999, p. 34.

TRIBUTAÇÃO E DIGNIDADE HUMANA

te desfrutar dos bens da natureza que importa salvaguardar a capacidade de renovação desses recursos e a estabilidade ecológica.[545]

A questão ambiental passa, então, a ser entendida como relevante a partir do momento em que se adquire a consciência de que a degradação do meio ambiente ameaça não só a natureza e o bem-estar social, mas também a própria mantença da vida humana.

Não há, portanto, como dissociar o ambiente da própria condição humana, Sem respeito àquele, muitos dos direitos inerentes à referida condição, simplesmente carecem de sentido e de razão. Quer se trate de saúde, quer se trate de condições mínimas de existência, a relação com o meio ambiente é um critério fundamental para se avaliar a dignidade das condições de vida.

Ocorre, pois, uma verdadeira relação de interdependência do homem com a natureza, uma vez que a existência humana depende da natureza. No dizer de Branco, essa interdependência é assim exemplificada:

> O homem pertence à natureza tanto quanto – numa imagem que me parece apropriada – o embrião pertence ao ventre materno: originou-se dela e canaliza todos os seus recursos para as próprias funções e desenvolvimento, não lhe dando nada em troca. É seu dependente, mas não participa (pelo contrário, interfere) de sua estrutura e função normais. Será um simples embrião se conseguir sugar a natureza, permanentemente de forma compatível, isto é, sem produzir desgastes significativos e irreversíveis; caso contrário, será um câncer, o qual se extinguirá com a extinção do hospedeiro.[546]

Essa relação também foi preconizada no Princípio n° 1 da Declaração de Estocolmo sobre o Meio Ambiente (1972), ao estabelecer que: "Os seres humanos estão no centro das preocupações com o desenvolvimento sustentável. Têm direito a uma vida saudável e produtiva, em harmonia com a natureza".[547] Para viabilizar tal intento, Morato Leite sugere o chamado antropocentrismo alargado, que seria a passagem do antropocentrismo puro e simples, no qual o homem era o centro de tudo, para uma espécie de comunhão do homem com a natureza:

> [...] a perspectiva antropocêntrica alargada coloca o homem como integrante (art. 3, inc. I, Lei n. 6.938/81) da comunidade biota. Ademais, impõe-se uma verdadeira solidariedade e comunhão de interesses entre o homem e a natureza, como condição imprescindível a assegurar o futuro de ambos e dependente de forma insofismável da ação do primeiro, como verdadeiro guardião da biosfera. Nesta proposta há uma ruptura com a existência de dois universos distantes, o humano e o natural, e avança-se no sentido da interação destes.

---

[545] MIRANDA, Jorge. *Manual de Direito Constitucional*. Tomo IV – Direitos Fundamentais. 3. ed. Coimbra: Coimbra, 2000, p. 193.

[546] BRANCO, Samuel Murgel. Conflitos Conceituais nos Estudos sobre Meio Ambiente. In: *Estudos Avançados*. São Paulo: v. 9, n. 23, 1995, p. 231.

[547] SILVA, Geraldo Eulálio do Nascimento e. *Direito Ambiental Internacional*. Rio de Janeiro: Thex, 1995, p. 168.

Abandonam-se as idéias de separação, dominação e submissão e busca-se uma interação entre os universos distintos e a ação humana.[548]

Enfim, é inegável que se impõe um redirecionamento das ações humanas, no sentido de que a preservação da natureza passe a ser o norte a ser perseguido – mesmo que isso seja aparentemente indesejável, para muitos, sob o ponto de vista econômico – pois as conseqüências do modo de viver adotado são, no mínimo, imprevisíveis e muito preocupantes.[549] Ademais, há um evidente compromisso moral de transmitir um legado ambiental que ainda permita uma existência digna às futuras gerações.

A partir do exposto, será examinado o conteúdo do denominado princípio do "poluidor-pagador", no sentido de se verificar sua compatibilidade com a extrafiscalidade, isto é, verificar a possibilidade e a forma de tornar esse princípio o mote inspirador da tributação ambiental.

3.4.2.1. O princípio do poluidor-pagador

A priori, o denominado princípio do poluidor-pagador está conectado à idéia de responsabilização pelos danos causados ao meio ambiente. Assim, o causador do dano (poluidor) é impelido a pagar uma espécie de indenização pelo dano causado, com vistas a corrigir ou recuperar o ambiente degradado.[550]

Contudo, o fato de se exigir uma indenização pecuniária pelo dano causado não pode significar uma autorização para poluir mediante o pagamento de um preço. Além disso, a penalidade não tem apenas o mero caráter indenizatório, pois ela traduz, mais do que apenas punir, uma vez que serve de desestímulo à prática do ilícito ambiental,[551] mesmo porque é bastante difícil mensurar valor pecuniário

---

[548] MORATO LEITE, José Rubens; AYALA, Patryck de Araújo. *Direito Ambiental na Sociedade de Risco*. Rio de Janeiro: Forense Universitária, 2002, p. 48.

[549] Ao se referirem sobre a evolução da humanidade e as conseqüências geradas pelos processos de desenvolvimento, Daniel Boó e Ariel Villar (1999) sustentam que: Hace falta una revolución que tranforme por completo el modo de producción existente hasta hoy día, y con él, el orden social vigente. Ahora bien, Engels también há manifestado: "No debemos vanagloriarnos demasiado de nuestras victorias sobre la naturaleza. Por cada victoria, toma una venganza sobre nosotros", así como "...tanto de cara a la naturaleza como a la sociedad no se consideran, principalmente, en las formas de producción actual, más que los resultados inmediatos, los más tangibles: y en seguida nos asombramos de que las consecuencias lejanas de las acciones en relación con estos resultados inmediatos sean bien distintas y muy frecuentemente, radicalmente opuestas". BOÓ, Daniel; VILLAR, Ariel. *El Derecho Humano Al Medio Ambiente*. Buenos Aires: Némesis, 1999, p. 29.

[550] Tal prerrogativa foi incorporada ao Ordenamento Jurídico brasileiro através do § 1º do artigo 14, da Lei Federal 6938/81, que instituiu a Política Nacional de Meio Ambiente, cujo texto assim dispõe: Sem obstar a aplicação das penalidades previstas neste artigo, é o poluidor obrigado, independentemente da existência de culpa, a indenizar ou reparar os danos causados ao meio ambiente e a terceiros, afetados por sua atividade. O Ministério Público da União e dos Estados terá legitimidade para propor ação de responsabilidade civil e criminal, por danos causados ao meio ambiente. E ainda no § 3º do artigo 225 da CF/88 ao dispor que: As condutas e atividades consideradas lesivas ao meio ambiente sujeitarão os infratores, pessoas físicas ou jurídicas, a sanções penais e administrativas, independentemente da obrigação de reparar os danos causados.

[551] Nessa linha a decisão do Tribunal de Justiça do Rio Grande do Sul. APELAÇÃO CÍVEL. CONSTITUCIONAL E ADMINISTRATIVO. PROCESSUAL CIVIL. AÇÃO CIVIL PÚBLICA. RESPONSABILIDADE CIVIL POR DANO AMBIENTAL. RESPONSABILIDADE OBJETIVA. MULTA COMPENSATÓRIA.

suficiente para fazer frente ao ônus a ser suportado com a efetiva recuperação ambiental.

Enfim, como afirma Celso Fiorillo, o princípio poluidor-pagador reclama atenção, pois não traz como indicativo: "pagar para poder poluir", "poluir mediante pagamento" ou "pagar para evitar a contaminação". Não se podem buscar, através dele, formas de contornar a reparação do dano, estabelecendo-se uma liceidade para o ato poluidor, como se alguém pudesse afirmar que polui mediante pagamento.[552]

Além do caráter repressivo, quando o dano já tenha ocorrido, o princípio poluidor pagador busca evitar a ocorrência de danos ambientais (caráter preventivo) Desse modo, em um primeiro momento, impõe-se ao poluidor o dever de arcar com as despesas de prevenção dos potenciais danos ao meio ambiente, que a sua atividade possa ocasionar. Conforme sustenta Morato Leite, utilizando-se de um conceito concebido por Gomes Canotilho:

> [...] em seu aspecto econômico, o princípio poluidor-pagador tem ligações subjacentes ou funciona como auxiliar do instituto da responsabilidade, pois é um princípio multifuncional, na medida em que visa à precaução e à prevenção de atentados ambientais ou como instrumento de redistribuição dos custos da poluição. Multifuncional, no sentido dado por Canotilho, significa: "1) [...] uma diretiva da política de prevenção, evitando que as externalidades sejam cobertas por subsídios do Estado; 2) [...] um princípio de tributação; 3) [...] um princípio tendencialmente conformador do instituto da responsabilidade".[553]

Conforme Lobo Torres, tal princípio sinaliza que os potenciais poluidores devem arcar com a responsabilidade pelo pagamento das despesas estatais relacionadas com a precaução e a prevenção dos riscos ambientais. Trata-se de um princípio de justiça porque busca evitar que repercuta sobre a sociedade a obrigação de suportar os custos da sustentação do meio ambiente sadio.[554]

Noutras palavras, pode-se sustentar que o princípio do poluidor-pagador está ligado à idéia de assunção, pelo causador do dano, do ônus decorrente de eventuais prejuízos ambientais, pois, se isso não ocorresse, tal ônus seria suportado

---

OBRIGAÇÃO DO CAUSADOR DO DANO. PRINCÍPIO DO POLUIDOR PAGADOR. PROCEDÊNCIA NA ORIGEM. IMPROVIMENTO EM GRAU RECURSAL. 1. Ante a incidência ao meio ambiente do instituto da responsabilidade civil objetiva, estando comprovada a existência do dano e o nexo de causalidade, exsurge a obrigação de reparar, sendo de todo desnecessária a prova da culpa. 2. Ademais, a multa compensatória tem como função a punição do poluidor lato sensu, objetivando a sua conscientização para que não mais cause danos ao meio ambiente. Assim, o valor arbitrado deve ir além do que seria suficiente para mera recomposição do prejuízo, sob pena de ser mais vantajoso ao causador do dano causar o dano e pagar a multa, do que respeitar o objetivo constitucional de um meio ambiente ecologicamente equilibrado. 3. APELO IMPROVIDO. (Apelação Cível Nº 70012156220, Quarta Câmara Cível, Tribunal de Justiça do RS, Relator: Wellington Pacheco Barros, Julgado em 21/09/2005).

[552] FIORILLO, Celso Antonio Pacheco. *Curso de Direito Ambiental Brasileiro*. São Paulo: Saraiva, 2004.

[553] GOMES CANOTILHO, José Joaquim. Direito Público do ambiente. Coimbra: Faculdade de Direito de Coimbra, 1995 *apud* CANOTILHO, José Joaquim Gomes. MORATO LEITE, José Rubens. Direito Constitucional Ambiental Brasileiro. São Paulo: Saraiva, 2007, p. 181

[554] TORRES, Ricardo Lobo. *Os Direitos Humanos e a Tributação*: imunidades e isonomia. Rio de Janeiro: Renovar, 1995.

pela coletividade, à medida que o dano seria sanado com o produto da arrecadação de tributos não-vinculados (impostos). Não fosse assim, o poluidor, que em tese apura lucro com sua atividade poluente, repassaria para a coletividade o ônus e os riscos ambientais dela decorrentes.[555]

Dessa forma, o princípio visa, no plano econômico, a atenuar as falhas do mercado, provocadas pela desigual e incorreta utilização dos recursos naturais, motivo pelo qual Gomes Canotilho entende que, "nos planos jurídico e político, o princípio atenua a injustiça social resultante de encargos à sociedade (efeitos secundários) não incluídos nas decisões de produção ou de consumo por parte dos agentes poluidores".[556]

Em vista disso, Morato Leite entende que o princípio do poluidor-pagador visa à "internalização dos custos externos de deterioração ambiental", pois que sua aplicabilidade resulta uma maior prevenção e precaução, em virtude do conseqüente maior cuidado com situações de potencial poluição.[557]

Como reconhece Palao Taboada, a internalização dos custos ambientais obedece a uma lógica econômica, mas também a um princípio de justiça: o indivíduo não deve locupletar-se às custas da sociedade. Conforme diz, seguramente, por ter esse componente de justiça é que esse princípio não teve dificuldade de tornar-se um princípio jurídico, inclusive sendo incorporado em textos legais, como ocorre com o disposto no art. 174.2 do Tratado Constitutivo da Comunidade Européia, o qual estabelece: A política da Comunidade no âmbito do meio ambiente terá como objetivo alcançar um nível de proteção elevado, tendo presente a diversidade das situações existentes nas distintas regiões da Comunidade. Alicerçar-se-á nos princípios da cautela e da ação preventiva, no princípio da correção dos atentados ao meio ambiente, preferencialmente na mesma fonte e no princípio de quem contamina paga.[558]

A maior virtude do princípio do poluidor-pagador é reconhecer que a atividade econômica é essencialmente poluidora ou causadora de impactos ambientais e que os agentes poluidores devem ser responsabilizados pelos prejuízos ambientais que dela decorrem, sendo necessário, contudo, articulá-lo com outros mecanismos e princípios, com vistas a assegurar uma efetiva proteção ambiental, motivo pelo qual Morato Leite afirma:

---

[555] Cabe lembrar que, a Lei 6.938/81 estabelece que a Política Nacional do Meio Ambiente visará a imposição, ao poluidor e ao predador, a obrigação de recuperar e/ou indenizar os danos causados, conforme o disposto no inciso VII do art. 4º, in verbis: Art 4º – A Política Nacional do Meio Ambiente visará: VII – à imposição, ao poluidor e ao predador, da obrigação de recuperar e/ou indenizar os danos causados e, ao usuário, da contribuição pela utilização de recursos ambientais com fins econômicos.

[556] GOMES CANOTILHO, José Joaquim. *Direito Público do Ambiente*. Lisboa: Universidade Aberta, 1998, p. 43.

[557] GOMES CANOTILHO, José Joaquim; MORATO LEITE, José Rubens. Direito Constitucional Ambiental Brasileiro. São Paulo: Saraiva. 2007, p. 181.

[558] TABOADA. Carlos Palao. El Principio "Quien Contamina Paga" Y el Principio de Capacidad Económica. In: TÔRRES, Heleno Taveira (org.). *Direito Tributário Ambiental*. São Paulo: Malheiros, 2005, p. 80.

TRIBUTAÇÃO E DIGNIDADE HUMANA

Assim, o princípio do poluidor pagador deve ser articulado com outros princípios, bem como o instituto de responsabilização ambiental. Pactua-se, desta forma, de acordo com o entendimento de Derani, verificando-se que o "princípio poluidor pagador deve ser considerado um princípio ponte ao diálogo interdisciplinar para a proteção do ambiente". Outrossim, deve ser articulado com outros meios, principalmente proibições e imposições, como também obrigações de fazer e não fazer, orientadas pelo direito civil, além da atenuação jurídico processual pela ação de responsabilidade por danos ambientais se fazem presentes, para o preenchimento da relação causa e efeito entre a produção e a compreensão.[559]

Segundo Lobo Torres, porém, trata-se de um problema complexo a tipificação do poluidor, uma vez que tal conceito não é jurídico, nem mesmo indeterminado, mas um tipo que existe na realidade da sociedade de riscos, sendo inicialmente tipificado por leis recentes, suscetíveis de regulamentação. Na verdade, conforme menciona o autor, a grande dificuldade reside em determinar a figura do poluidor,[560] haja vista que todos, na sociedade de riscos, poluem: da fábrica de cigarros ao fumante; da indústria de petróleo ao proprietário do automóvel.[561]

De qualquer forma, o princípio do poluidor-pagador não poderá ser aceito a partir de uma lógica meramente indenizatória, como se a questão ambiental pudesse ser reduzida ao elemento patrimonial. Ou seja, é importante ter presente sua insuficiência e, até mesmo, sua inadequação (se pensado como representação do custo de poluir) para garantir um meio ambiente ecologicamente equilibrado. Nessa linha, Bolzan de Morais sustenta:

> [...] não há como, em particular, tratar a *questão ambiental,* de fora de sua compreensão como um tipo de interesse que não admite, como formula eficiente para o seu enfrentamento, a patrimonialização de seus conteúdos, como até então feito com os interesses individuais e, até mesmo, com os interesses coletivos, ou com simples (simplistas) mecanismos de compensação muito em voga hoje em dia, como se observa inclusive do Protocolo de Kioto e da regulamentação decorrente, ou como nos exemplos tributários das fórmulas poluidor-pagador.[562]

Além disso, cabe ressaltar que a utilização desse princípio em sua face repressiva (como punição pela prática de ilícito ambiental), não é matéria pertinente à tributação, pois esta apenas poderá ser imposta em relação a fatos lícitos. As eventuais sanções aplicadas serão de caráter administrativo, econômico ou penal,

---

[559] MORATO LEITE, José Rubens. *Dano Ambiental*: do individual ao coletivo, extrapatrimonial. São Paulo: Revista dos Tribunais, 2000, p. 67.

[560] A Legislação brasileira (Lei Federal 6.938/81) adota o seguinte conceito de poluidor: "pessoa física ou jurídica, de direito público ou privado, responsável, direta ou indiretamente, por atividade causadora de degradação ambiental"; e de poluição: "a degradação da qualidade ambiental resultante de atividades que direta ou indiretamente: a) prejudiquem a saúde, a segurança e o bem-estar da população; b) criem condições adversas às atividades sociais e econômicas; c) afetem desfavoravelmente a biota; d) afetem as condições estéticas ou sanitárias do meio ambiente; e) lancem matérias ou energia em desacordo com os padrões ambientais estabelecidos".

[561] TORRES, Ricardo Lobo. *Os Direitos Humanos e a Tributação*: imunidades e isonomia. Rio de Janeiro: Renovar, 1995.

[562] BOLZAN DE MORAIS, José Luis. Novos Direitos e Tributação: perspectivas necessárias para uma eco-tributação. Anotações Preliminares. In: TORRES, Heleno Taveira (org.). *Direito Tributário Ambiental.* São Paulo: Malheiros, 2005, p. 618.

isto é, não poderão ser entendidas, em nenhum momento, como de caráter tributário.[563]

No campo tributário, portanto, o lugar que poderia ser ocupado pelo princípio do poluidor-pagador reside na possibilidade de serem instituídos tributos, proporcionalmente mais significativos em relação àquelas atividades potencialmente poluidoras, com vistas à obtenção de recursos que sirvam de fonte de custeio de políticas públicas voltadas a minimizar os efeitos decorrentes da prática de tais atividades. Tal intento poderia ser viabilizado mediante a instituição de contribuições sociais (impostos finalísticos) ou de intervenção no domínio econômico, cujo produto da arrecadação seja destinado ao desenvolvimento de políticas públicas de proteção ou preservação do meio ambiente.

Esse trabalho examina as possibilidades da utilização da extrafiscalidade como forma de concretização de direitos fundamentais para, com isso, atingir o fim propugnado: densificação do princípio da dignidade da pessoa humana. Ou seja, examina a forma como a tributação pode servir de instrumento à preservação ambiental mediante a utilização de impostos ou contribuições sociais com fins extrafiscais. Tal intento, por sua vez, pode ser viabilizado através da oneração de produtos, atividades ou situações que sejam prejudiciais ao meio ambiente ou através da desoneração fiscal daqueles que sejam ambientalmente corretos.

Em vista disso, objetiva-se tratar tão-somente da possibilidade de utilização da extrafiscalidade como um instrumento de concretização do direito ao meio ambiente ecologicamente equilibrado (art. 225 da Constituição Brasileira), mesmo porque, na questão ambiental, parece não ser muito eficaz a fórmula de se instituir um tributo para que se tenham recursos para a realização do direito fundamental em questão, conforme abordagem que segue.

3.4.2.2. Os instrumentos extrafiscais de preservação e proteção ambiental

Uma vez reconhecida como legítima a extrafiscalidade para fins de realização de direitos fundamentais, cabe examinar as hipóteses factíveis de utilizá-la para preservação do meio ambiente e, por conseguinte, para proteção da própria dignidade humana, à medida que a coexistência em um ambiente degradado e insalubre, inegavelmente, fere o valor-guia do Estado Democrático de Direito.

Em vista disso, Casalta Nabais entende que se faz necessário implementar políticas extrafiscais que estimulem comportamentos ambientalmente corretos e desestimulem aqueles em sentido contrário. Afirma o autor:

> Assim, no respeitante ao suporte financeiro da acção do estado em matéria de proteção do ambiente, há quem defenda e proponha a instituição de tributos ou taxas ambientais que, para além de constituírem um suporte financeiro da acção do estado nessa área, teriam

---

[563] O próprio conceito legal de tributo, contido no art. 3º do Código Tributário Nacional, afasta, claramente, as prestações pecuniárias de caráter sancionatório das espécies tributárias possíveis de serem instituídas por lei.

também por objetivo a orientação dos comportamentos dos indivíduos e das empresas no sentido da defesa ambiental.[564]

Com isso, supera-se a concepção, de que a defesa do meio ambiente se daria apenas pela aplicação de sanções – quando do cometimento de atos que causam degradação ambiental – como forma de ressarcir a coletividade pelos danos causados. Menciona Casalta Nabais:

> Entende-se, como efeito, que está defesa não pode, hoje em dia, bastar-se com um modelo exclusivamente sancionatório, assente em proibições de comportamentos anti-ecológicos que ultrapassem certos valores limites. Antes requer a sua combinação e articulação com um modelo incentivador e desincentivador de comportamentos, traduzido, designadamente, na utilização da fiscalidade para incentivar, através da beneficiação fiscal, os comportamentos filo-ambientais e para desincentivar, através do estabelecimento e exigência de tributos ou taxas ambientais, os comportamentos anti-ambientais, que embora permitidos, provoquem danos ecológicos.[565]

Dessa forma, a extrafiscalidade seria o instrumento capaz de desestimular certas atividades, a ponto de ser economicamente mais vantajoso encontrar formas menos poluentes para o exercício da atividade respectiva, do que exigir pagamento exacerbado de tributos. Seria ainda um meio adequado de estimular comportamentos, atividades ou consumo de determinados produtos, os quais, sob o ponto de vista ambiental, pudessem ser entendidos como corretos.

A utilização de impostos ou contribuições sociais (com características de impostos afetados), para assegurar o direito ao meio ambiente ecologicamente equilibrado, é possível por meio do mecanismo da seletividade, ou seja, a denominada tributação ambiental, via extrafiscalidade, pode ser implementada mediante a fixação de alíquotas seletivas, conforme o grau de adequação da atividade, produtos ou serviços com o objetivo constitucional de assegurar a todos um meio ambiente ecologicamente equilibrado.

Além disso, a extrafiscalidade pode ser implementada mediante a concessão de benefícios e incentivos fiscais ou, até mesmo, mediante total desoneração da incidência tributária, perfectibilizada com a concessão de isenções fiscais ou com a fixação de alíquota zero, em relação a atividades, produtos e serviços compatíveis com objetivo da preservação do meio ambiente.

É importante lembrar que os impostos não poderão ter o produto de sua arrecadação vinculado a fundo, órgão ou despesa, motivo pelo qual não se pode pensar em utilizá-los como forma direta de prover recursos, em favor dos chamados bens ambientais. Conquanto tal proibição constitucional seja inarredável, a via da extrafiscalidade mostra-se extremamente útil para atingir os mesmos fins

---

[564] CASALTA NABAIS, José. *Estudos de Direito Fiscal*: por um estado fiscal suportável. Coimbra: Almedina, 2005, p. 50.

[565] Idem, ibidem.

que poderiam ser atingidos mediante a arrecadação e destinação dos recursos em prol do meio ambiente.[566]

Aliás, conforme já sustentado, talvez a extrafiscalidade, no campo ambiental, possa ser uma alternativa bastante interessante à superação de um tradicional problema que se constata em relação às contribuições sociais: a não-destinação efetiva dos recursos para os fins visados com a instituição da exação afetada. Como se percebe, o caminho percorrido entre a arrecadação e a utilização dos recursos está, em regra, repleto de pontos obscuros e submete-se a todo tipo de tentações, as quais, invariavelmente, levam a resultados bastante diversos daqueles que justificaram a criação do tributo afetado.

Assim, ao se entender a extrafiscalidade como mais adequada, concorda-se com Herrera Molina, quando diz que não se transforma em ambiental um tributo pelo simples fato de ter seu produto de arrecadação destinado à proteção ambiental.[567] Ou seja, embora as boas intenções possam estar presentes no momento da instituição da exação fiscal, não há qualquer garantia de que a aplicação (se houver) dos recursos obtidos com a arrecadação respectiva sirva, adequadamente, à proteção ambiental.

Além disso, parece desgastada a idéia de que deveriam ser instituídos novos impostos ou contribuições sociais, com fins ambientais, no uso da competência residual prevista nos artigos 154, inciso I, e 195, § 4°, da Constituição do Brasil. Como menciona Herrera Molina, é necessário evitar uma proliferação de novos impostos especiais. Para ele, a verdadeira reforma ecológica deve ser levada a efeito introduzindo-se o interesse ecológico no sistema fiscal, e não convertendo o ordenamento tributário em uma selva de impostos indiretos.[568]

Em vista do exposto, a extrafiscalidade mostra-se como a melhor aliada em prol de uma paulatina introdução do interesse ecológico no campo tributário. Ou seja, a utilização criteriosa e substancialmente democrática da extrafiscalidade tem a faculdade de se transformar num elemento de especial importância para assegurar um meio ambiente ecologicamente equilibrado.

Outrossim, vale lembrar, que a extrafiscalidade pode dar-se por meio da oneração e da desoneração fiscal. Na maioria das hipóteses de extrafiscalidade, verifica-se que a alternativa encontrada foi sua utilização pela desoneração, mediante a concessão de isenções e benefícios ou incentivos fiscais.

---

[566] Nessa linha, Celso Fiorillo e Renata Ferreira (2005) explicam: Os valores provenientes da arrecadação, por meio dos impostos não podem ser destinados, por exemplo, a financiar a proteção ambiental, em nenhuma de suas formas, por força de imperativo constitucional traduzido pelo princípio expresso na Carta Maior. Isso não quer dizer, no entanto, que nossa Constituição não tenha amparado determinados impostos e lhes conferido, indiscutivelmente, como no caso do IPTU, natureza típica de tributo ambiental, imposto direcionado à viabilização de um bem ambiental, como as cidades. FIORILLO, Celso Antônio Pacheco; FERREIRA, Renata Marques. Direito Ambiental Tributário. São Paulo: Saraiva, 2005, p. 58.

[567] HERRERA MOLINA, Pedro Manuel. Derecho Tributário Ambiental: la introducción del interés ambiental en el ordenamiento tributario. Madrid: Marcial Pons, 2000, p. 61.

[568] Idem, p. 46.

No Ordenamento Jurídico Pátrio, pode-se pensar na utilização da extrafiscalidade em relação a vários impostos. Em vista disso, passam-se a examinar possíveis hipóteses de valer-se da tributação para tal fim, conforme segue.

No caso do Imposto de Importação, por exemplo, uma vez constatada a ocorrência da importação de produtos potencialmente nocivos ao meio ambiente, o próprio Poder Executivo, no uso da prerrogativa contida do disposto no § 1° do art. 153 da Constituição, poderá majorar a alíquota desse imposto, com vistas a desestimular o importador a realizar tais operações; em sentido contrário também poderá agir, com vistas a estimular a importação de produtos que contribuam com a preservação ambiental.

Relativamente ao Imposto sobre Produtos Industrializados – IPI, cujas alíquotas seletivas, de acordo com a essencialidade do produto (art. 153, § 3°, inciso I, da CF/88), podem ser fixadas por ato do Poder Executivo (art. 153, § 1°), a aplicabilidade da extrafiscalidade, com fins ambientais, mostra-se bem visível. O sentido que se pode validamente construir em relação ao termo "essencialidade" aponta para uma adequação ao meio ambiente, isto é, um produto é essencial não só porque é imprescindível ao cidadão, mas também por ser fundamental ao meio nem que está inserido o ser humano. Por evidência, não pode ser entendido como essencial, num sentido hermeneuticamente adequado, um produto cujo consumo provoque degradação ambiental, razão pela qual poderá ter suas alíquotas majoradas para desestimular o consumo.

O exposto relativamente ao IPI aplica-se integralmente ao ICMS, ressalvado o fato de ser um imposto estadual e ter suas alíquotas fixadas, impreterivelmente, através de lei. Não parece ser razoável negar a possibilidade da aplicação plena de alíquotas seletivas tão-somente porque a Constituição menciona que o ICMS "poderá ter" (e não "deverá ter") alíquotas seletivas em razão da essencialmente das mercadorias ou serviços por ele alcançados (art. 155, § 2°, III).[569]

No que tange ao Imposto sobre a Propriedade Territorial Rural (ITR) também pode se vislumbrar a extrafiscalidade voltada à proteção ambiental, uma vez que há previsão, conforme já examinado, de que suas alíquotas sejam fixadas de forma a desestimular a manutenção de propriedades improdutivas (art. 153, § 4°). Isto é, tributa-se mais significativamente aqueles imóveis que não cumprem sua função social, e isso ocorre também quando não se verifica uma adequada utilização dos recursos naturais para a preservação do meio ambiente, nos termos preconizados pelo inciso II do art. 186 da Constituição do Brasil.[570]

---

[569] Art. 155. Compete aos Estados e ao Distrito Federal instituir impostos sobre: § 2° O imposto previsto no inciso II (ICMS) atenderá ao seguinte III – poderá ser seletivo, em função da essencialidade das mercadorias e dos serviços.

[570] O Decreto N° 5.746, de 05 de abril de 2006, ao regulamentar o art. 21 da Lei no 9.985, de 18 de julho de 2000, que dispõe sobre o Sistema Nacional de Unidades de Conservação da Natureza institui as chamadas Reservas Particulares do Patrimônio Nacional – RPPNs definindo as mesmas em seu artigo 1° como uma unidade de conservação de domínio privado, com o objetivo de conservar a diversidade biológica, gravada com perpetuidade, por intermédio de Termo de Compromisso averbado à margem da inscrição no Registro Público de Imóveis, sendo exoneradas da incidência fiscal nos termos do art. 8°: A área criada como RPPN será excluída da área

Quanto ao Imposto sobre a Renda, que incide tanto sobre a renda das pessoas naturais como das pessoas jurídicas, pode-se pensar na possibilidade de utilizar a extrafiscalidade, para permitir que despesas suportadas em face à preservação do meio ambiente ou com aquisição de bens, os quais tenham a função, entre outras, de reduzir a emissão de poluentes, possam ser integralmente deduzidas da renda tributável. Como refere Carrazza:

De fato, viria ao encontro da idéia de preservação ambiental lei que permitisse fossem deduzidas da base de cálculo do IR as despesas da pessoa jurídica com o tratamento do lixo industrial, com a preservação de imóveis revestidos de vegetação arbórea (declarada preservação permanente perpetuada, nos termos do art. 6º do Código Florestal) e com aquisições de equipamentos e máquinas que impedem a contaminação de rios ou da atmosfera (catalisadores, filtros etc), de produtos ecologicamente corretos (por exemplo, biodegradáveis), de materiais fabricados com a reciclagem de resíduos industriais ou que não causam danos à camada de ozônio, de bens não-descartáveis (copos de vidro, talheres de metal), de dínamos (no lugar de pilhas comuns, que, lançadas no meio ambiente, acabam por degradá-lo).[571]

O Imposto sobre a Propriedade de Veículos automotores – IPVA, por sua vez, também pode atender ao propósito ambiental, tendo em vista que as alíquotas desse imposto podem ser diferenciadas em função do tipo e utilização do veículo (art. 155, § 6º, II).[572] Dessa forma, existe a possibilidade de as alíquotas do imposto serem fixadas de uma forma inversamente proporcional ao consumo de combustíveis, ou até mesmo em razão do combustível utilizado, com vistas à diminuição da emissão de gases que colaboram na ampliação do efeito estufa. Poderia haver, assim, um estímulo à utilização de combustíveis ecologicamente limpos e um desestímulo àqueles mais poluentes, mediante a desoneração ou oneração da incidência do imposto que incide sobre a propriedade de veículos automotores.

Quanto ao impostos de competência dos Municípios e do Distrito Federal, dois poderão ser utilizados com a finalidade extrafiscal ambiental: o Imposto sobre a Propriedade Predial e Territorial Urbana – IPTU e o Imposto sobre Serviços – ISS.

O IPTU poderá ter alíquotas fixadas de forma a estimular o cumprimento da função social da propriedade. Como ocorre com a propriedade rural, a urbana observa sua função social mediante a preservação do meio ambiente, de tal forma que tem se utilizado hodiernamente a expressa "função sócio-ambiental da propriedade". Em razão disso, um IPTU ecologicamente correto, deve considerar o uso ambientalmente adequado do imóvel, com a preservação de áreas verdes,

---

tributável do imóvel para fins de cálculo do Imposto sobre a Propriedade Territorial Rural – ITR, de acordo com a norma do art. 10, § 1o, inciso II, da Lei no 9.393, de 19 de dezembro de 1996.

[571] CARRAZZA. Roque Antonio. *Imposto Sobre a Renda*: perfil constitucional e temas específicos. São Paulo: Malheiros. 2005, p.134.

[572] Art. 155. Compete aos Estados e ao Distrito Federal instituir impostos sobre: § 6º O imposto previsto no inciso III: II – poderá ter alíquotas diferenciadas em função do tipo e utilização.

TRIBUTAÇÃO E DIGNIDADE HUMANA

manutenção de áreas de preservação permanente (definidas pelo artigo 2º da Lei Federal 4.771/65), áreas de interesse ambiental, entre outras.[573]

Quanto ao Imposto sobre Serviços – ISS, desde que observado o limite mínimo previsto no art. 88 do ADCT (2%) e o limite máximo previsto pela Lei Complementar Federal 116/2003, a lei municipal poderá adotar alíquotas menores para determinados serviços que estejam relacionados à preservação e proteção do meio ambiente, como ocorre, por exemplo, com o tratamento de efluentes, ou serviços relacionados com o ecoturismo, entre outros.

É evidente, no entanto, que os exemplos sugeridos não esgotam todas as potencialidades de utilização da extrafiscalidade para fins de concretização do direito ao meio ambiente ecologicamente equilibrado. As possibilidades aventadas apenas demonstram algumas hipóteses, juridicamente viáveis, de estímulo ou desestímulos de condutas, as quais tenham como norte a prevalência do interesse ecológico.

Por fim, cabe lembrar que é dever desta e também das futuras gerações legar condições de sobrevivência neste planeta, que propiciem um existir com dignidade. Por isso, todos os instrumentos que estejam à disposição para tal fim, a tributação entre eles, devem ser adequadamente utilizados, haja vista que se vive um dramático momento, no qual se constata que o modo de vida ora adotado poderá inviabilizar a própria existência humana num tempo bem mais curto do que irresponsavelmente se imaginava.

---

[573] O Município de Porto Alegre adotou a prática do IPTU ecológico, concedendo incentivos fiscais para aqueles que mantém em seus imóveis uma área definida como de interesse ambiental. Os critérios que definem as áreas consideradas de interesse ambiental estão no Decreto nº 14.265/2003. O proprietário deve solicitar à Secretaria Municipal do Meio Ambiente (Smam) o reconhecimento do imóvel, ou parte dele, como sendo de interesse ambiental, anexando a matrícula do imóvel e a planta com a sua localização. (Lei Complementar 396/96).

Conclusão

A partir do estudo realizado, foi possível concluir que é imprescindível recuperar princípios como o da igualdade, da dignidade humana e da solidariedade e (re) projetá-los dentro da realidade multifacetada e fragmentada deste século. Nesta perspectiva, a tributação se apresenta como um importante instrumento de concretização dos referidos princípios, bastando, para tanto, que rompa com os fundamentos que hoje a alicerçam e recupere suas clássicas e ainda não-substituídas funções.

Neste contexto, embora haja uma gama de variações de modelos estatais, pode-se identificar um núcleo comum entre os denominados Estado Social, de Bem-Estar Social ou Providência, uma vez que todos compartilham o objetivo de assegurar ao cidadão uma vida protegida contra os riscos sociais, variando, no entanto, a intensidade e a amplitude dessa proteção.

Com o aprofundamento das experiências e em face às circunstâncias e contingências históricas, ocorre uma sofisticação desse modelo estatal, o qual se transforma no denominado Estado Democrático de Direito. Esse modelo estatal assume uma inegável função transformadora da realidade social, haja vista que essa nova concepção impõe ao Estado o papel de direcionar suas ações no sentido da construção de uma sociedade menos desigual.

Com a associação de um baixo crescimento econômico, aceleração inflacionária e desequilíbrios orçamentários, começam a faltar os recursos materiais para que esse modelo de Estado cumpra seu papel e consiga fazer frente às novas demandas da sociedade, decorrentes, principalmente, da emergência dos novos riscos sociais.

Surgem, assim, os primeiros conflitos entre política econômica e política social, os quais vão, paulatinamente, implicando descrença na possibilidade de se compatibilizar o crescimento econômico com justiça social, principalmente através de transferência de renda e de gastos sociais dos governos. Por decorrência, os ideólogos da minimização estatal passam a pregar que a ação do Estado no campo social deve estar restrita à caridade pública, de forma complementar à caridade privada, sendo que a política social passa a ser entendida como um mero apêndice da política econômica.

Para essa nova concepção, discutivelmente denominada de neoliberal, ao Estado cabia apenas não prejudicar o desenvolvimento econômico, pois se acreditava que a maneira mais eficiente de reduzir pobreza e desigualdade social seria através do crescimento econômico acelerado, porquanto, quando o "bolo" crescesse, seria automaticamente dividido. Nessa linha, a opção pela liberdade excluiria a opção pela redução das desigualdades, pois conforme sustenta tal ideário, caso se optasse pela igualdade, não haveria nem liberdade, nem igualdade.

Pode-se afirmar, também, que esse novo ideário acerca do Estado mínimo é causa e, concomitantemente, conseqüência de um fenômeno que se aprofunda de uma forma vertiginosa, sobretudo nas últimas duas décadas do século XX. Trata-se do fenômeno denominado de globalização, o qual produz uma mutação radical das relações econômicas e dá ensejo ao surgimento de um cenário perverso no campo social.

Se for possível entender que a crise estrutural do Estado Social é causa da emergência do denominado neoliberalismo econômico, também é razoável sustentar que esse ideário colabora, decisivamente, na construção de um modelo de globalização que desconsidera, quase por completo, as questões sociais, dado que concebido dentro da lógica da "não-intervenção" Estatal.

Cumpre reconhecer que um agravante do processo de exclusão social foi a deliberada opção de combater o déficit público, em detrimento de investimentos aptos a minimizar os efeitos decorrentes dos novos riscos sociais, muitos deles advindos do modelo de globalização. Não obstante ser indubitável que o processo inflacionário é algo negativo, mostra-se necessário rediscutir se as políticas públicas para o controle de tal fenômeno excluiriam as possibilidades de que investimentos nas áreas sociais fossem mais generosos e minimamente efetivos.

É certo, pois, que a retórica contrária à globalização, culpando-a por todas as mazelas sociais e econômicas, é um discurso que, embora impressione, não procede, pois ser contra a globalização é tão irracional como ser contra a comunicação. Todavia, isso não significa que se aprove o modelo de globalização ora vigente, o qual se reduziu, quase que exclusivamente, ao aspecto econômico, em detrimento de outros aspectos, sobretudo os sociais.

O atual processo de globalização está gerando resultados desiguais entre os países e dentro deles, uma vez que, não obstante seja gerada riqueza, poucos são aqueles que dela usufruem. Aos demais, resta a frustração de não verem realizadas suas simples e legítimas aspirações de um trabalho decente e um futuro melhor, enquanto apenas sobrevivem, de forma precária, no limbo da economia informal, sem direitos reconhecidos à margem da economia global.

Em vista disso, parece ser insustentável a mantença desse modelo de globalização econômica, razão pela qual se percebem movimentos que se tornam, cada vez mais sólidos, no sentido de se buscarem alternativas viáveis à construção de um novo formato das relações econômicas e sociais, no qual o primeiro aspecto não seja o único a ser considerado.

Demonstraram-se, assim, insubsistentes as teses do ideário neoliberal, segundo as quais o Estado não poderia ter, como uma de suas razões para existir, o combate às desigualdades. Tampouco se comprovaram as teses que defendiam que, a longo prazo, haveria uma distribuição de renda em vista do crescimento econômico. Ao contrário, o crescimento resultou numa concentração ainda maior da renda e implicou um processo de exclusão social, potencialmente explosivo.

Em poucos momentos da história foi tão necessário que a cooperação e a solidariedade dos povos abandonassem a condição de postulado teórico e passassem a ser, a despeito de naturais conflitos de interesses, os elementos norteadores da nova lógica global, pois a pobreza e a desigualdade extremas mostram-se, cada vez mais, intoleráveis.

No campo tributário, o ideário neoliberal deu ensejo ao surgimento de um modelo que incrivelmente serviu a um fim diametralmente oposto àquele que deveria ser pretendido pela tributação. A denominada neotributação colaborou no processo de concentração de renda e, por conseguinte, possibilitou a ampliação da desigualdade social. Tal ocorreu, porque a parcela da população com menor capacidade contributiva, além de não ter garantidos minimamente os direitos sociais, passou a arcar com uma parcela significativa e insuportável da carga tributária; enquanto isso, minorias economicamente privilegiadas, usufruem de benesses fiscais.

Esse quadro retrata a mais clara manifestação da face perversa do que se pode denominar de déficit democrático, isto é, trata-se de uma incontroversa demonstração de que a atual democracia representativa corresponde a um processo em que as minorias detentoras do poder econômico e, portanto, político moldam a carga tributária, em detrimento das maiorias desorganizadas que estão na base da pirâmide social.

Em países como o Brasil, a tributação passou a ser um importante instrumento de concretização e ampliação das desigualdades econômicas e sociais, transformando-se num modelo que colaborou decisivamente na construção de uma das sociedades mais desiguais do mundo, estando, dessa forma, na via contrária ao modelo de Estado formalmente instituído pela Constituição de 1988.

Assim como o modelo de globalização, construído a partir do ideário neoliberal, mostrou-se inaceitável, a neotributação, gestada por esse mesmo paradigma, encontrou seu ocaso e necessariamente deverá ser objeto de uma profunda reflexão, a partir da qual seja possível firmar os pilares de um novo modelo que, no mínimo, esteja apto a recuperar os compromissos históricos da tributação, sobretudo no que tange ao fundamento solidariedade.

A crise do Estado social, igualmente, não poderia implicar o retorno ao Estado mínimo, sobretudo em países periféricos, onde sequer se pode afirmar que o modelo de Estado que entrou em crise tenha sido implementado. Isto é, como defender que o Estado Brasileiro, por exemplo, seja minimizado, quando o tamanho da proteção social, historicamente, foi tão pouco perceptível?

De uma forma mais abrangente, a reconstrução da idéia de solidariedade social passa a ser a condição de possibilidade para a construção de um novo formato Estatal. A consciência de sentir-se parte de um todo (sociedade) e por ele ser proporcionalmente responsável, corresponde ao passo inicial para que tal reconstrução tome forma.

Faz-se necessário, também, substantificar a democracia, mediante a ampliação da visibilidade social do Estado e a introdução de mecanismos que propiciem uma efetiva participação popular, não obstante as tensões e os conflitos sociais daí decorrentes. Isso, pois, constitui um instrumento potencialmente eficaz ao combate da corrupção endêmica, que corrói os alicerces estruturais do Estado.

Num plano interno, a substancialização da democracia possibilita a construção de um modelo tributário, que, pelo menos, rompa com o processo de ampliação das desigualdades sociais, mediante a tributação. Esse novo modelo deverá ter como norte a correção das distorções decorrentes de uma lógica concebida sob os auspícios do neoliberalismo, a qual privilegiou, exclusivamente, elemento o econômico, em detrimento do interesse humano.

No plano externo, o reconhecimento, por parte daqueles países ditos desenvolvidos, de que o processo de exclusão que ora se constata é um importante componente dos inúmeros conflitos existentes pode representar um avanço importante no sentido de multiplicar os mecanismos de cooperação entre os povos para um efetivo progresso da humanidade, não só no campo econômico, mas também, e especialmente, no campo social.

Qualquer solução imaginada passa por forjar uma nova cultura de aceitação às diferenças, passa por romper com o nacionalismo anacrônico, passa pelo reconhecimento de que há ainda um importante papel a ser cumprido pelo Estado, e começa, sobretudo, pela crença de que a espécie humana ainda dispõe de caminhos factíveis para uma coexistência distanciada da irracionalidade e da violência.

A partir do exposto, no segundo capítulo deste trabalho, examina-se como a realização dos direitos fundamentais, especialmente os sociais, pode conferir a máxima eficácia ao princípio da dignidade da pessoa humana. Verifica-se que não há como exigir a concretização dos direitos fundamentais, sem que haja o cumprimento, por parte dos cidadãos, de um dos principais deveres de cidadania: o dever fundamental de pagar tributos.

Admite-se que, no pós-guerra principalmente, ocorreu um fenômeno que pode ser denominado de "hipertrofia de direitos fundamentais", haja vista que as constituições passaram a assegurar uma expressiva gama desses direitos, sem que houvesse a concomitante preocupação acerca das possibilidades de que esses direitos viessem a se tornar realidade. Paralelamente a isso, houve um cômodo abandono da idéia de dever social, estimulada pelo marcante individualismo do tempo contemporâneo, que empalideceu e fez tornar-se anacrônica a imprescindível solidariedade social.

A questão dos deveres fundamentais não pode continuar ocupando um espaço tão pouco significativo na teoria constitucional, pois isso significa um pacto de hipocrisia, no qual se faz de conta que se têm direitos – visto que formalmente consagrados – e imagina-se que tais direitos possam ser assegurados por um ente "sobrenatural" – Estado –, esquecendo-se de que esse ente nada mais é do que a soma de todos, não o contraponto da sociedade.

A hipertrofia dos direitos fundamentais, paralelamente ao esquecimento dos deveres fundamentais, causa um nocivo efeito nas bases estruturais da sociedade, pois a idéia de solidariedade se esvazia e, paulatinamente, frustram-se as expectativas de concretização daqueles direitos mais fundamentais, justamente por parte daqueles que necessitam, substancialmente, de que tais direitos deixem de ser apenas parte de uma "bela obra de arte literária" (constituição).

Da mesma forma que ocorre com os direitos fundamentais, cabe reconhecer que os deveres fundamentais sofrem evidentes limitações, porquanto eles existem a partir de dispositivos constitucionais que, implícita ou explicitamente, os estabelecem.

O denominado estado fiscal social é financiado, basicamente, pelo pagamento de tributos não-vinculados a uma atuação estatal específica, os quais são exigidos do cidadão, simplesmente por fazerem parte da sociedade. Assim, também admite-se que a própria idéia de estado fiscal social encerra, inequivocamente, a idéia de solidariedade, porque implica um dever solidário de contribuir para a manutenção e o desenvolvimento de toda a sociedade.

Por mais paradoxal que seja, submeter-se à tributação corresponde a um imperativo de liberdade, uma vez que a tributação corresponde à condição de possibilidade de concretização das promessas contidas nos direitos fundamentais, especialmente os de cunho social, o que permitirá que se usufrua uma efetiva liberdade.

Se o papel do Estado, dentro de uma concepção social-contemporânea, é intervir na economia e promover a justiça social, faz-se necessário que este Estado disponha de recursos para fazer frente a tal dever. Numa economia capitalista, tais recursos são originados da arrecadação de tributos, ou seja, do cumprimento do dever fundamental de pagar tributos.

A idéia de solidariedade pela fiscalidade implica a exigência de tributos de acordo com a capacidade contributiva do cidadão e, portanto, há um direito/dever de contribuir conforme a referida capacidade. A solidariedade pela extrafiscalidade, por sua vez, se constitui um importante instrumento de concretização de objetivos e direitos fundamentais.

Pode-se afirmar, assim, que o dever de pagar tributos é o principal dever de cidadania, justamente porque, caso tal dever seja sonegado por parte dos componentes de uma sociedade, restarão inviabilizadas as possibilidades de realização dos próprios direitos.

Se, por um lado, a construção de uma concepção adequada de cidadania fiscal passa pelo reconhecimento do dever fundamental de pagar tributos, por outro, assegura o direito de participação efetiva na tomada de decisão acerca da divisão da carga tributária, bem como de impedir que haja exoneração ilegítima do referido dever fundamental. Tal concepção tem potencialidades para tornar-se um elemento importante à máxima concretização possível das promessas constitucionais (direitos fundamentais sociais, especialmente).

Não são aceitáveis as idéias que sustentam uma redução das hipóteses de manifestações de riqueza passíveis de serem alcançadas pela tributação, especialmente a simplista idéia de instituição de um imposto único, seja qual for sua materialidade ou hipótese de incidência. Isso demandaria optar por um caminho diametralmente oposto àquele consagrado pelo Texto Constitucional, por evidente afronta ao princípio da capacidade contributiva e da dignidade da pessoa humana.

É certo que o princípio da dignidade da pessoa humana não está diretamente relacionado, na mesma intensidade, com todos os direitos fundamentais – entendidos estes como "direitos positivados no seio de um ordenamento constitucional". Em que pese isso, pode-se entender que – em maior ou menor grau – tal princípio constitui elemento comum dos direitos dessa natureza, num Estado Democrático de Direito.

A hodierna concepção da idéia de igualdade exige que o Estado não apenas trate, formalmente, os iguais como iguais e os desiguais como desiguais, mas também desenvolva ações – políticas públicas – no sentido de que as desigualdades econômicas e sociais, que produziram essas diferenças, sejam combatidas, minimizadas e eliminadas.

A questão da igualdade no Estado Democrático de Direito passa pela discussão acerca do princípio da dignidade da pessoa humana, e das possibilidades de que a tributação possa servir de meio de implementação desse princípio.

O princípio da dignidade da pessoa humana constitui uma categoria axiológica aberta, não podendo ser conceituado restritivamente, pois não seria harmônico com o pluralismo e a diversidade de valores que se manifestam nas sociedades democráticas contemporâneas. É evidente que o princípio da dignidade da pessoa humana, em face de todas as suas implicações axiológicas, difícilmente pode ter o seu conteúdo normativo perfeitamente demarcado. Todavia, devem-se direcionar todos os esforços para que aquilo que ele não é, não venha a acontecer.

Em face de sua condição de sustentáculo constitucional, toda atividade estatal e todos os órgãos públicos se encontram vinculados ao princípio da dignidade da pessoa humana, impondo-lhes um dever de respeito e proteção, externado tanto na abstenção pelo Estado de determinadas ingerências na esfera individual, insultantes à dignidade, quanto no dever de protegê-la diante de agressões de terceiros.

O Estado Brasileiro, assim como outros denominados de "democráticos de direito", passa a ter como razão de sua existência o respeito à dignidade da pessoa humana, devendo considerar esse princípio-guia em todas as suas ações e políticas. A tributação se revela como um elemento de especial importância nesse cenário, uma vez que, se adequadamente implementada, estará apta a servir como um eficaz instrumento na obtenção do referido "fim maior do Estado".

A concretização dos direitos fundamentais é um processo inter-relacionado, no qual os direitos ditos de primeira dimensão dependem dos direitos de segunda e terceira dimensão e vice-versa. Ou seja, embora se adote a classificação que distingue os direitos fundamentais por dimensão ou geração, é inegável que eles são interdependentes, até porque não se pode, por exemplo, falar em direito à livre manifestação do pensamento (1ª dimensão), sem que os pressupostos socio-econômicos tenham sido devidamente assegurados para tanto (saúde, educação, cultura, etc.).

É certo que as normas constitucionais que consagram os direitos fundamentais não estão plenamente aptas a produzir a plenitude de seus efeitos no campo jurídico. No entanto, é insustentável a posição de que os direitos fundamentais careceriam de eficácia jurídica, enquanto inexistissem, em relação a eles, leis que regulamentassem os dispositivos constitucionais respectivos.

As normas constitucionais que consagram os direitos fundamentais têm inegável força normativa e eficácia jurídica, existindo apenas o que se poderia denominar de densidade normativa diferenciada, ou seja, alguns direitos fundamentais nem sequer necessitam de uma regulação para que possam produzir a plenitude de seus efeitos, enquanto outros exigem uma ação dos poderes estatais para dar-lhes a máxima eficácia jurídica.

Os direitos fundamentais sociais constituem exigência imprescindível para o exercício efetivo das liberdades e a garantia de uma igualdade substancial. Assegurar tais direitos é, pois, condição à concretização da promessa de tratar a todos com igual dignidade. Tal promessa é requisito para o reconhecimento de uma democracia substancial e de um modelo de Estado de direito de conteúdo não meramente formal.

A denominada "reserva do possível" não pode significar a ausência de um "mínimo social", isto é, uma prestação estatal que garanta um mínimo necessário a uma existência digna, mesmo porque os direitos fundamentais, os sociais especialmente, têm como norte a concretização do princípio que alicerça o modelo constitucional ora vigente: dignidade da pessoa humana·

É possível sustentar que a tributação, concomitantemente à observância dos clássicos direitos fundamentais de primeira dimensão, tem por objetivo a concretização dos direitos fundamentais sociais econômicos e culturais. Assim, através dela é possível dar a máxima eficácia ao princípio da dignidade da pessoa humana, haja vista que esse princípio se faz presente em todos os direitos fundamentais, especialmente aqueles ditos de segunda dimensão. Por decorrência, pode-se dizer que, ao observá-los e concretizá-los, automaticamente, se estará propiciando a máxima eficácia ao "valor-guia" da constituição.

A densificação do princípio da dignidade da pessoa humana, no campo tributário, passa, necessariamente, pela adequação da carga fiscal à efetiva capacidade econômica do cidadão. Para tanto, faz-se necessário compreender e adequadamente interpretar os dispositivos constitucionais que estejam aptos a concretizar tal fim, especialmente o denominado princípio da capacidade contributiva. Tal intento pode ser alcançado utilizando-se dos aportes teóricos da hermenêutica filosófica.

O pressuposto a ser observado passa pelo "dar-se conta" da diferença ontológica existente entre texto e norma. Com isso, rompe-se com as concepções metafísicas, que adequavam o "olhar ao objeto" e entificavam o ser. No plano jurídico (constitucional), isso representa uma inequívoca evolução no que tange à compreensão, interpretação e aplicação da norma jurídica, sob um enfoque hermenêutico.

Nessa linha, compreender não é um modo de conhecer, mas um modo de ser, determinante do processo de interpretação. Pressupõe a pré-compreensão e esta será adequada, se estiver embasada em preconceitos legítimos, fundados na autoridade da tradição. O ato de interpretar, nessa perspectiva, sempre corresponderá a um processo de construção de sentidos a partir de uma tradição existente.

Embora se diga que a interpretação não significa a reprodução do sentido original, isso não significa que o intérprete esteja liberado para agir arbitrariamente. A compreensão e, por decorrência, todo processo de interpretação, apenas será adequado, se as opiniões prévias estiverem destituídas de arbitrariedade, isto é, se os preconceitos forem legítimos e, portanto, validamente fundados na autoridade da tradição.

Por decorrência, não será mediante o emprego de um método que se obterá a verdade, motivo pelo qual, no plano jurídico, não há de se falar na utilização dos métodos (gramatical, sistemático, teleológico, histórico, etc.), com vistas a se interpretar, adequadamente, um determinado texto jurídico.

Constata-se, assim, que o disposto no § 1º do artigo 145 da Constituição Brasileira vem sendo interpretado – por uma significativa parcela da doutrina e da jurisprudência – de uma forma hermeneuticamente inadequada, haja vista que não é levada em consideração a diferença entre texto e norma (diferença ontológica), restringindo-se ao mero exame da literalidade do texto e desconsiderando-se os princípios que fundamentam tal regra.

Uma vez que se passou a admitir que os princípios estão impregnados de normatividade, tem-se que o gênero "norma" contempla duas espécies: as regras e os princípios. A partir de uma adequada compreensão da diferença entre regra e princípio, pode-se afirmar que o elemento principal que os distingue constitui a denominada função normogenética exercida pelos princípios, relativamente às regras. Isto é, os princípios desempenham função de alicerce das regras.

Pode-se afirmar que as regras operam a concreção dos princípios, razão pela qual a interpretação ou aplicação das regras, não obstante sejam de ordem constitucional, deve estar em consonância com os princípios que as fundamentam.

Mostra-se insubsistente o entendimento de que aos princípios estaria reservada, tão-somente, a função de resolver casos difíceis, enquanto a aplicação de regras solucionaria os casos ditos fáceis. No momento em que se constata a função de alicerce que os princípios desempenham, percebe-se que estes serão, direta ou indiretamente, sempre considerados.

Na medida em que se reconhece a função normogenética dos princípios, resta também inaceitável admitir que possa haver conflito entre regra e princípio jurídico. Com muito mais razão, mostra-se inadmissível pensar que, em uma inimaginável hipótese de conflito, possa prevalecer a regra, em detrimento do princípio.

Não é hermeneuticamente aceitável restringir a discussão acerca da interpretação do disposto no § 1º do art. 145 da Constituição do Brasil à análise dos termos contidos no referido dispositivo, pois isso implicaria reduzir o processo interpretativo à mera tradução dos termos contidos no texto, o que é incompatível com o modelo hermenêutico, uma vez que seria desprezada a diferença ontológica do ente (texto) em relação ao ser (norma), optando-se pelo mergulho no fosso da anacrônica metafísica.

Além disso, não é possível interpretar literalmente a regra contida no § 1º do art. 145 da CF/88, porque isso levaria a contrariar e negar eficácia jurídica dos princípios que a fundamentam (capacidade contributiva, dignidade da pessoa humana, igualdade substancial e solidariedade).

Dessa forma, a expressão contida na primeira parte do § 1º do art. 145 da Constituição: "sempre que possível os impostos terão caráter pessoal e serão graduados segundo a capacidade econômica do sujeito passivo", em absoluto, pode ser entendida no sentido de que apenas os impostos classificados como pessoais poderiam estar adstritos à efetiva capacidade econômica do sujeito passivo.

Para se compreender adequadamente a constituição, faz-se necessário livrar-se dos prejuízos inautênticos, isto é, romper com os preconceitos concebidos a partir de uma realidade superada, para que o texto possa dizer algo. Isso só ocorrerá se a autoridade da tradição – de uma constituição dirigente e compromissária do (modelo) Estado Social e Democrático de Direito – for reconhecida.

Assim, devem-se suspender os preconceitos ilegítimos para que se possa compreender, interpretar e aplicar o texto da Constituição do Brasil de 1988, deixando-se que ele diga algo, pois só assim se poderá perceber/descobrir o novo contido no referido texto (que não se confunde com mero enunciado lingüístico) para que, com isso, se possa laborar no seu imprescindível, embora tardio, processo de desvelamento e descoberta.

O princípio da capacidade contributiva é uma decorrência lógica do modelo de Estado constituído pela Carta brasileira de 1988, o qual está alicerçado nos princípios da dignidade da pessoa humana, da igualdade substancial e da solidariedade. Tal ocorre porque, não se pode reconhecer um Estado Democrático de Direito, se ele não tiver como objetivo a redução das desigualdades sociais, a construção de uma sociedade solidária, apta a assegurar igual dignidade a todos os seus membros.

Os princípios basilares e os objetivos fundamentais mencionados pela Constituição do Brasil (arts. 1° e 3°) só poderão ser alcançados, se a carga tributária for dividida de uma forma proporcional à efetiva capacidade contributiva do cidadão, tendo em vista que, se isso não ocorrer, as desigualdades sociais serão ampliadas, a pobreza continuará aviltando a dignidade humana, e a meta da solidariedade social permanecerá como mera utopia.

Em face do princípio da capacidade contributiva, cada cidadão contribui para coletividade de acordo com a sua capacidade de fazê-lo, ou seja, o ônus tributário será tanto maior, quanto maior for sua capacidade de arcar com tal ônus e, ao contrário, será menor, ou até mesmo inexistente, quanto menor – ou nula – for tal capacidade. Através dessa fórmula, concretiza-se o princípio da igualdade, tanto no sentido de que a norma tratará igualmente aqueles com igual capacidade, como no sentido de que ela tratará desigualmente aqueles com desigual capacidade econômica.

Tributar os cidadãos com adequação à capacidade contributiva viabiliza as possibilidades de se construir uma sociedade livre, justa e solidária, permitindo que as desigualdades sociais sejam reduzidas e a pobreza, bem como a marginalização, sejam erradicadas ou minizadas. Nesse novo formato estatal, portanto, agrega-se um *plus* à regra do tratamento diferenciado conforme a capacidade contributiva, pois esse passa a ter uma finalidade: a redução das desigualdades econômicas e sociais e a construção de uma sociedade fundada na dignidade da pessoa humana.

Não se pode falar em dignidade da pessoa humana, se não for garantido o denominado "mínimo existencial". Para tanto, de um lado, o Estado deverá dar a máxima eficácia aos direitos fundamentais; de outro, é-lhe defeso exigir tributos que possam atingir aquele mínimo essencial a uma existência digna. A necessidade de preservação do mínimo existencial é uma condição inafastável de observância do princípio da capacidade contributiva e, por decorrência, de densificação do princípio da dignidade da pessoa humana.

A progressividade tributária é compatível com o princípio da igualdade, de acordo com uma concepção mais adequada ao novo Estado Democrático de Direito, pois serve de meio de concretização do princípio da capacidade contributiva.

O imposto sobre a renda mostra-se como um dos tributos mais compatíveis com o princípio da capacidade contributiva, razão pela qual tem a obrigação de servir ao propósito redistributivo da renda. Para tanto, há de se exigir, mais acentuadamente, esse imposto daqueles que obtém maior renda e, com isso, demonstram ter maior capacidade de contribuir para a coletividade. Em sentido contrário, deve-se exigir, de uma forma menos acentuada, ou até mesmo não exigir daqueles que, em face à exígua renda, revelam ter uma reduzida capacidade contributiva, ou, até mesmo, demonstram não possuí-la.

A adequação do imposto sobre a renda ao princípio da capacidade contributiva ocorre mediante o mecanismo da progressividade tributária, cabendo frisar que, para haver uma efetiva adequação ao princípio, deve-se excluir, por um lado, o mínimo vital da incidência do imposto e, por outro, fixar alíquotas progressivas do imposto conforme as faixas de rendimentos, aplicando-se com isso a denominada progressividade complexa.

Além da renda, existem outros critérios para se aferir a possibilidade de o cidadão contribuir para com a coletividade, ou seja, manifestações de riqueza que, em tese, externam uma capacidade contributiva, como ocorre com o consumo e a titularidade de um patrimônio.

Os impostos relacionados com o direito de propriedade – classicamente denominados de impostos reais – podem ser graduados segundo a capacidade contributiva – via progressividade –, mesmo porque, do contrário, chegar-se-ia à inaceitável conclusão de que, em um Estado Democrático de Direito, haveria a proibição de que tributos incidentes sobre uma inequívoca manifestação de capacidade econômica pudessem ser graduados conforme essa capacidade.

Existe, no entanto, a necessidade de se harmonizar a técnica da progressividade com a extrafiscalidade, com vistas a evitar uma insuportável imposição a cidadãos que, embora sejam titulares de um patrimônio, estejam destituídos de renda suficiente para arcar com o ônus das alíquotas progressivas.

O entendimento de parte da doutrina e da jurisprudência nacional, a partir do qual, para que um imposto denominado de real pudesse ser progressivo, seria necessário que tal possibilidade constasse expressamente na constituição, implica confundir texto e norma, deixando-se de reconhecer que esta sempre será fruto da interpretação daquele, e, portanto, significa desconsideração da diferença ontológica.

O modelo de Estado ora vigente somente se concretiza com a observância do princípio da dignidade da pessoa humana, e esse princípio, por sua vez, alcança sua máxima eficácia mediante a realização dos direitos fundamentais. Considerando que tais direitos impõem que a tributação esteja em consonância com a capacidade contributiva; e considerando que a progressividade é o mecanismo adequado para tanto, conclui-se que a graduação das alíquotas de todos os impostos reais corresponde a um instrumento plenamente adequado ao Estado Democrático de Direito.

Por muito mais razões é inaceitável entender-se que a Emenda Constitucional n° 29/2000, ao permitir expressamente a progressividade fiscal do IPTU, teria violado direito fundamental e, portanto, estaria eivada de inconstitucionalidade. Se isso fosse procedente, significaria dizer que, num modelo de Estado como o brasileiro, todos devem contribuir independentemente da capacidade econômica e, dessa forma, compreender-se-ia e aplicar-se-ia o princípio da igualdade substancial às avessas.

O óbice outrora vislumbrado no sentido de que o IPTU, por se tratar de um imposto real, não poderia submeter-se à progressividade está, enfim, superado, em face da expressa previsão constitucional que autoriza a progressividade de alíquotas de acordo com o valor venal. Além disso, restou textualmente autorizada a adoção de alíquotas seletivas em razão da localização e utilização do bem.

Não é aceitável ainda que princípio da capacidade contributiva seja aplicável, em regra, apenas em relação aos tributos não-vinculados, tão-somente por constar o termo "imposto" no texto do § 1° do art. 145 da Constituição brasileira. Não obstante, é difícil sustentar-se a progressividade das taxas ou das contribuições de melhoria, pois a capacidade econômica do sujeito passivo não se constitui aspecto relevante à exigência fiscal respectiva. Relativamente a essas duas espécies de tributos, a capacidade contributiva apenas poderá ser entendida como relevante, quando ela inexistir ou se manifestar de forma insuficiente, pois nesse caso a exigência fiscal resta inviabilizada, em face à intributabilidade do mínimo existencial.

Em relação às contribuições sociais passíveis de serem enquadradas como impostos finalísticos, é plena a aplicabilidade do princípio de que a exigência fiscal deve estar em consonância com a efetiva capacidade econômica do contribuinte – via progressividade tributária. Tais contribuições têm natureza semelhante aos impostos, pois destes diferenciam apenas pelo fato de haver uma destinação previamente estabelecida para o produto da arrecadação. Em vista disso, ao graduá-las conforme a capacidade contributiva, atingem-se os mesmos fins preconizados com a exigência de impostos também assim graduados.

Em relação aos tributos indiretos, a adequação ao princípio da capacidade contributiva pode dar-se através da aplicação de alíquotas seletivas, conforme a essencialidade dos bens ou produtos, pois o consumo corresponde a uma razoável forma de adequação desses tributos ao princípio basilar da tributação.

Uma vez que o ônus fiscal é repassado pelo sujeito passivo da obrigação tributária ao consumidor final, faz-se necessário reduzir, ou até mesmo isentar totalmente, uma gama de produtos e serviços adquiridos, notória e principalmente, por cidadãos menos abastados. Com isso, haveria uma redução do preço final dos referidos, e essa parcela da população deixaria de suportar o sacrifício do seu mínimo existencial.

O princípio da capacidade contributiva, enfim, deve nortear a tributação de um Estado Democrático de Direito. Na hipótese de o tributo não se prestar satisfatoriamente à graduação segundo a capacidade econômica do contribuinte, impõe-se que essa deficiência seja compensada mediante a técnica da extrafiscalidade.

Os contornos conceituais do denominado bem comum não podem ser aleatoriamente definidos, pois essa idéia está constitucionalmente prevista e, desse modo, vincula e compromete todos os Poderes, e em todas as esferas. Num plano pragmático, a realização do bem comum passa pela concretização dos objetivos e princípios constitucionalmente postos, especialmente mediante a realização dos direitos fundamentais.

Com a extrafiscalidade, embora ingressem recursos aos cofres públicos, o Estado utiliza-se da tributação para estímular ou desestimular comportamentos, visando atingir os fins e objetivos constitucionalmente positivados. O que torna uma imposição extrafiscal é o predomínio de outro interesse, que não a obtenção de receitas públicas derivadas, devendo-se reconhecer, no entanto, que, em maior ou menor grau, todo tributo corresponde a uma intervenção do Estado na economia, mesmo que o objetivo seja puramente arrecadatório.

O fato de a Constituição prever algumas hipóteses de extrafiscalidade não significa que a tributação não possa servir de instrumento de intervenção do Estado, com vistas a obter outros fins também constitucionalmente postos, embora não-reservados expressamente à tributação como meio de realização.

De um lado, a extrafiscalidade propicia exonerações mediante a concessão de isenções ou benefícios fiscais, com vistas a concretizar direitos fundamentais, assegurar e estimular o desenvolvimento socioeconômico de determinada região, ou incentivar determinada atividade que seja de interesse da coletividade. Esses benefícios fiscais não podem desconsiderar totalmente o princípio da capacidade contributiva, pois isso significaria uma discriminação injustificada e uma inaceitável exclusão do principal dever de cidadania.

O dever fundamental de pagar tributos não pode ser, injustificadamente, dispensado, pois isso quebra os vínculos de solidariedade que pressupõem a cidadania, em sua contemporânea concepção, a qual passa pelo reconhecimento de que, além de direitos, têm-se deveres, entre os quais o de pagar tributos. Entre aqueles, destaca-se o direito de exigir que não haja a ilegítima fuga ao dever tributário.

A concessão de benefícios fiscais deve submeter-se aos mecanismos substancialmente democráticos de discussão e aprovação. Assim, os objetivos visados só serão legítimos se forem – de fato – constitucionalmente fundamentados. Portanto, só será sustentável a discriminação perpetrada pela extrafiscalidade, se esta tiver como objetivo uma meta que a própria Constituição dirigente determina seja atingida.

A extrafiscalidade adequadamente utilizada corresponde a uma forma de efetivar os princípios constitucionais e os direitos fundamentais. Por isso, é possível alcançar a máxima densidade normativa do princípio da dignidade da pessoa humana. Através dela, mostra-se possível introduzir e considerar o "interesse humano" na tributação.

A simples instituição de uma contribuição, cujo produto da arrecadação seja destinado para um fim social, não significa que, de fato, tal fim seja alcançado através das políticas públicas para as quais os recursos foram carreados. Além disso,deve-se reconhecer que a carga tributária brasileira não suporta a majoração ou instituição de novas contribuições, pretensamente destinadas a servir de fonte de custeio para o cumprimento das promessas constitucionais.

Nessa perspectiva, a extrafiscalidade ganha força e notoriedade, pois se apresenta como um meio indireto de atuação estatal, apto a colaborar no intento da máxima eficácia aos direitos fundamentais econômicos, sociais e culturais. Isto é, defende-se que o sistema tributário seja moldado, levando-se fortemente em consideração o interesse humano, para que, com isso, a tributação passe a existir em função do ser humano, e não vice-versa.

Num primeiro momento, cabe pensar a introdução do interesse humano via extrafiscalidade, adotando-se, como critério de escolha, a materialização dos direitos sociais, econômicos e culturais que estejam mais intimamente ligados ao princípio da dignidade da pessoa humana. Pode-se tranqüilamente dizer que saúde, educação, trabalho, moradia e assistência social ocupam um espaço de privilegiada importância em um rol dessa natureza.

O direito de propriedade não pode ser considerado um direito absoluto, pois que está adstrito ao princípio da função social. Esse princípio, por sua vez, tem uma íntima conexão com os direitos fundamentais, e, portanto, sua concretização, num plano fático, tem inegável potencial de densificação do princípio da dignidade da pessoa humana.

A progressividade temporal do IPTU constitui-se uma espécie de sanção aplicável ao proprietário do imóvel urbano causador de disfunção social que se negar a dar um adequado aproveitamento a seu imóvel, de acordo com o estabelecido no Plano Diretor do Município. Tal exação tem, portanto, típica natureza extrafiscal e visa garantir o cumprimento da função social da propriedade, o que, em última análise, vai ao encontro dos objetivos que fundamentam a existência do Estado.

O Estatuto das Cidades tem potencialidade de se transformar em um instrumento fundamental de (re)organização da ocupação do espaço urbano e, portanto, tem possibilidades de servir como meio de realização do direitos fundamental à moradia e a uma existência digna.

A divisão da propriedade rural é uma questão recorrente no Brasil, tendo em vista que a existência de grandes latifúndios, concomitantemente à existência de tantos trabalhadores rurais desprovidos de terra, vai de encontro aos princípios que fundamentam o Estado Democrático de Direito, especialmente o princípio da igualdade e da dignidade da pessoa humana, uma vez que resta inviabilizada a concretização de direitos fundamentais, como o trabalho e a moradia. Nessa perspectiva, a exigência de Imposto Territorial Rural, levando-se em consideração o cumprimento da função social da propriedade rural, corresponde a um imperativo constitucional imprescindível.

Na questão ambiental, está muito visível e presente a idéia de solidariedade social, devida, inclusive, àquelas gerações que estão por vir, isto é, há o compromisso de transmitir a elas condições de vida no planeta que lhes garantam um existir minimamente digno. Não há como dissociar o ambiente da própria condição humana, pois, sem respeito àquele, muitos dos direitos inerentes à referida condição simplesmente carecem de sentido e de razão.

O denominado princípio do poluidor-pagador está conectado à idéia de responsabilização pelos danos causados ao meio ambiente, sendo que o causador do dano (poluidor) é impelido a pagar uma espécie de indenização pelo dano causado, com vistas a corrigir ou recuperar o ambiente degradado. Assim, esse princípio está conectado à idéia de assunção dos ônus decorrente de eventuais prejuízos ambientais. Não fosse assim, o poluidor, que em tese apura lucro com sua atividade poluente, repassaria para a coletividade o ônus e os riscos ambientais dela decorrentes.

O princípio do poluidor-pagador não poderá ser pensado a partir de uma lógica meramente indenizatória, como se a questão ambiental pudesse ser reduzida ao elemento patrimonial. Ou seja, há de se ter presente sua insuficiência e, até mesmo, sua inadequação (se pensado como representação do custo de poluir) para fins de garantir um meio ambiente ecologicamente equilibrado. Relativamente a esse, ainda deve-se frisar que, as eventuais sanções aplicadas não poderão ser entendidas como de caráter tributário.

A extrafiscalidade parece ser um instrumento mais adequado à preservação ambiental, pois é possível, através dela, estimular ou desestimular comportamentos, com o objetivo de ter um meio ambiente ecologicamente equilibrado. Ela se apresenta como alternativa à superação da desgastada e não-efetiva fórmula de se instituir uma exação, cujo produto da arrecadação venha a ser destinado à preservação ambiental.

A utilização de impostos ou contribuições sociais – com conotação extrafiscal – que visem à defesa do meio ambiente opera-se mediante o mecanismo da seletividade, ou seja, a denominada tributação ambiental pode ser implementada através da fixação de alíquotas seletivas, conforme o grau de adequação da atividade, produtos ou serviços, com o objetivo constitucional de assegurar a todos um meio ambiente ecologicamente equilibrado. A extrafiscalidade com tal fim pode também ser implementada mediante a concessão de benefícios e incentivos fiscais, ou, até mesmo, mediante total desoneração da incidência tributária, em relação a atividades, produtos e serviços compatíveis com o objetivo da preservação do meio ambiente.

Referências bibliográficas

ALEXY, Robert. *Teoria da Argumentação Jurídica*: a teoria do discurso racional como teoria da fundamentação jurídica. Trad.: Zilda H. Silva. 2. ed. São Paulo: Landy, 2005.

——. *Teoria de Los Derechos Fundamentales*. Madrid: Centro de Estúdios Políticos y Constitucionales, 2003.

ANTUNES, Paulo de Bessa. Poder Judiciário e Reserva Legal: análise de recentes decisões do Superior Tribunal de Justiça. In: *Revista de Direito Ambiental*. São Paulo: RT, v. 21, 2001.

ARAGON, Manuel. *Constituición Y Democracia*. Madrid: Tecnos, 1990.

ATALIBA, Geraldo. Do Sistema Constitucional Tributário. In: *Curso Sobre Teoria do Direito Tributário*. São Paulo: Tribunal de Impostos e Taxas, 1975.

——. *Hipótese de Incidência Tributária*. 5. ed., 5. tir., São Paulo: Malheiros, 1996.

——. IPTU: progressividade. *Revista de Direito Público*, São Paulo, v. 23, n. 93, jan. / mar. 1991.

ATIENZA, Manuel. Argumentación Jurídica. In: *Derecho e Y la Justicia*. Madrid: Trota, 2000.

ÁVILA, Humberto. Teoria dos Princípios e o Direito Tributário. *Revista Dialética de Direito Tributário*, São Paulo, n. 125, fev. 2006.

BALEEIRO, Aliomar. *Limitações Constitucionais ao Poder de Tributar*. 7. ed. ver. e compl. à luz da Constituição de 1988 até a Emenda Constitucional nº 10/1996 por Mizabel Abreu Machado Derzi, 1997.

——. *Uma Introdução à Ciência das Finanças*. 15. ed. ver. e atual. por Dejalma Campos, 1998.

BAPTISTA DA SILVA, Ovídio A. *Processo e Ideologia*: o paradigma racionalista. Rio de Janeiro: Forense, 2004.

BARRETO, Aires Ferdinando. Imposto Predial e Territorial Urbano – IPTU. In: GANDRA DA SILVA MARTINS, Ives (coord.). *Curso de Direito Tributário*. 8. ed. São Paulo: Saraiva, 2001.

——. IPTU: progressividade e diferenciação. In: *Revista Dialética de Direito Tributário*. n. 76, jan. 2002.

BAUMAN, Zygmunt. *Modernidade Líquida*. Trad.: Plínio Dentzien. Rio de Janeiro: Jorge Zahar, 2001.

——. *Europa*. Trad.: Carlos Alberto Medeiros. Rio de Janeiro: Jorge Zahar, 2006.

BECKER, Alfredo Augusto. *Teoria Geral do Direito Tributário*. 3. ed. São Paulo: Lejus, 1998.

BOBBIO, Norberto. *Dicionário de Política*. Brasília: UnB, 1986.

——. Liberalismo Velho e Novo. In: *O Futuro da Democracia*. Rio de Janeiro: Paz e Terra, 1992.

BOLZAN DE MORAIS, José Luis (org.). *O Estado e suas Crises*. Porto Alegre: Livraria do Advogado, 2005.

——. As Crises do Estado e da Constituição e a Transformação Espacial dos Direitos Humanos. Porto Alegre: Livraria do Advogado, 2002.

——. Novos Direitos e Tributação: perspectivas necessárias para uma eco-tributação. Anotações Preliminares. In: TORRES, Heleno Taveira (org.). *Direito Tributário Ambiental*. São Paulo: Malheiros, 2005.

——, José Luis. Revisitando o Estado!: da crise conceitual à crise institucional (constitucional). In: *Anuário do Programa de Pós-Graduação em Direito – Mestrado / Doutorado*. São Leopoldo: Unisinos – Centro de Ciências Jurídicas, 2000.

BONAVIDES, Paulo. *Curso de Direito Constitucional*. 11. ed. São Paulo: Malheiros, 2001.

BOÓ, Daniel; VILLAR, Ariel. *El Derecho Humano Al Medio Ambiente*. Buenos Aires: Némesis, 1999.

BOUVIER, Michel. Introduction au Droit Fiscal Général et à la Theorie de l'ímpôt. 6. ed. Paris: LGDJ, 2001.

BOVERO, Michelangelo. Entrevista coletiva concedida após sua conferência no ciclo de palestras denominado Fronteiras do Pensamento. *Jornal Zero Hora*, Porto Alegre, 08 ago. 2007, p. 37.

BRANCO, Samuel Murgel. Conflitos Conceituais nos Estudos sobre Meio Ambiente. In: *Estudos Avançados*. São Paulo: v. 9, n. 23, 1995.

CALERA, Nicolas Maria López. *Yo, el Estado*. Madrid: Trota, 1992.

CAMPOS Roberto. As tentações de São João Batista. Artigo publicado no *jornal O Estado de São Paulo*, p. 2, 04 mar. 1990.

CANCLINI, Néstor Garcia. *A Globalização Imaginada*. trad.: Sérgio Molina. São Paulo: Iluminuras, 2003.

CARRAZZA, Elizabeth Nazar. *Progressividade e IPTU*. 1. ed., 3. tir., Curitiba: Juruá, 1999.

CARRAZZA. Roque Antonio. *Imposto Sobre a Renda*: perfil constitucional e temas específicos. São Paulo: Malheiros. 2005.

CARRIÓ, Genaro R. *Notas Sobre Derecho Y Lenguaje*. 3. ed. Buenos Aires: Abeledo-Perrot, 1986.

CARVALHO, Paulo de Barros. *Curso de Direito Tributário*. São Paulo: Saraiva, 1993.

CASALTA NABAIS, José. *Algumas Reflexões Críticas sobre os Direitos Fundamentais*: ab uno ad omnes. 75 anos da Coimbra Editora. Coimbra: Coimbra, 1998.

———. *Estudos de Direito Fiscal*: por um estado fiscal suportável. Coimbra: Almedina, 2005.

———. O Dever Fundamental de Pagar Impostos. Coimbra: Almedina. 2004.

———. Avaliação Indireta e Manifestações de Fortuna na Luta Contra a Evasão Fiscal. *Separata*. Direito e Cidadania. Praia – Cabo Verde: ana VI, n. 20-21, mai. / dez. 2004.

CHULVI, Cristina Pauner. *El Deber Constitucional de Contribuir al Sostenimiento de los Gastos Públicos*. Madrid: Centro de Estudios Políticos e Constituionales, 2001.

COELHO, Sacha Calmon Navarro. *Comentários à Constituição Federal de 1988*: sistema tributário. Rio de Janeiro: Forense, 1994.

———. *Curso de Direito Tributário Brasileiro*. 6. ed. Rio de Janeiro: Saraiva, 2003.

———. Proposta para uma Nova Classificação dos Tributos a partir de um Estudo sobre a Instituição de Contribuição Previdenciária pelos Estados, Distrito Federal e Municípios. In: *Contribuições Previdenciárias*: questões atuais. São Paulo: Dialética, 1996.

COMPARATO. Fábio Konder. *Ética*: direito moral e religião no mundo moderno. São Paulo: Companhia das Letras, 2006.

CONTI, José Maurício. Princípios Tributários da Capacidade Contributiva e da Progressividade. São Paulo: Dialética, 1997.

DERZI, Mizabel A. M. Pós-modernismo e Tributos: complexidade, descrença e corporativismo. In: *Revista Dialética de Direito Tributário*, São Paulo, n. 100, jan. 2004.

DOWBOR, Ladislau. Globalização e Tendências Institucionais. In: DOWBOR, Ladislau; IANNI, Octavio; RESENDE, Paulo-Edgar A. (orgs). *Desafios da Globalização*. Petrópolis: Vozes, 1997.

DUBOIS, Christian. *Heidegger*: introdução a uma leitura. Trad.: Bernardo Barros Coelho de Oliveira. Rio de Janeiro: Jorge Zahar, 2004.

DUPAS, Gilberto. *Economia Global e Exclusão Social*: pobreza, emprego, estado e o futuro do capitalismo. São Paulo: Paz e Terra, 1999.

DUVIGNAUD, Jean. *A Solidariedade*: laços de sangue, laços de razão. Trad.: Vasco Casimiro. Lisboa: Instituto Piaget, 1986.

DWORKIN, Ronald. *A Virtude Soberana*: a teoria e a prática da igualdade. Trad.: Jussara Simões. São Paulo: Martins Fontes, 2005.

———. *Los Derechos en Serio*. Trad.: Marta Gustavino. Barcelona: Planeta Agostini, 1993.

———. *Uma Questão de Princípio*. Justiça e direito. Trad.: Luis Carlos Borges. São Paulo: Martins Fontes, 2000.

ESTERUELAS, Cruz Martinez. *La Agonía del Estado*: ¿un nuevo orden mundial? Madrid: Laxes, S.L. Ediciones.

FARIA, José Eduardo. *O Direito na Economia Globalizada*. 1. ed., 2. tir., São Paulo: Malheiros. 2000.

FAVEIRO, Vitor. *O Estatuto do Contribuinte*: a pessoa do contribuinte no estado social de direito. Coimbra: Coimbra, 2002.

FERRAJOLI, Luigi. O Direito como Sistema de Garantias. In: OLIVEIRA JUNIOR José Alcebíades de (org.). *O Novo em Direito e Política*. Porto Alegre: Livraria do Advogado, 1997.

FIORILLO, Celso Antonio Pacheco. *Curso de Direito Ambiental Brasileiro*. São Paulo: Saraiva, 2004.

———; FERREIRA, Renata Marques. *Direito Ambiental Tributário*. São Paulo: Saraiva, 2005.

FUKUYAMA, Francis. *O Fim da História e o Último Homem*. Rio de Janeiro: Rocco, 1992.

GADAMER, Hans-Georg. *Verdade e Método*: traços fundamentais de uma hermenêutica filosófica. Trad.: Flávio Paulo Meurer. Petrópolis: Vozes, 1997.

GANDRA DA SILVA MARTINS, Ives. Sistema Constitucional Tributário. In: GANDRA DA SILVA MARTINS, Ives (coord.). *Curso de Direito Tributário*. 8. ed. São Paulo: Saraiva, 2001.

GARCIA-PELAYO, Manuel. *Las Transformaciones del Estado Contemporáneo*. 4. ed. Madrid: Ralianza, 1996.

GESTA LEAL, Rogério. *A função Social da Propriedade e da Cidade na Brasil*: aspectos jurídicos e políticos. Porto Alegre: Livraria do Advogado; Santa Cruz do Sul: EdUNISC, 1998.

———. Perspectivas Hermenêuticas dos Direitos Humanos e Fundamentais no Brasil. Porto Alegre: Livraria do Advogado, 2000.

GIANNINI, Massimo Severo. *Diritto Pubblico dell'Economia*. Bologna: Mulino, 1977.

GOMES CANOTILHO José Joaquim. *Direito Constitucional e Teoria da Constituição*. 4. ed. Coimbra: Almedina, 2000.

———. Constituição Dirigente e Vinculação do Legislador. 2. ed. Coimbra: Coimbra, 2001.

———. *Direito Constitucional e Teoria da Constituição*. 7. ed., 2. reimpr. Coimbra: Almedina. 2006.

———. Direito Público do ambiente. Coimbra: Faculdade de Direito de Coimbra, 1995 *apud* CANOTILHO, José Joaquim Gomes. MORATO LEITE, José Rubens. Direito Constitucional Ambiental Brasileiro. São Paulo: Saraiva, 2007.

———. *Direito Público do Ambiente*. Lisboa: Universidade Aberta, 1998.

———. Estudos Sobre Direitos Fundamentais. Coimbra: Coimbra, 2004.

———; LEITE, José Rubens Morato. *Direito Constitucional Ambiental Brasileiro*. São Paulo: Saraiva. 2007.

GONÇALVES, Antonio Manoel. Alíquota Progressiva do IPTU: inconstitucionalidade. In: *Revista de Direito Constitucional e Internacional*. São Paulo: RT, ano 9, out. / dez. 2001.

GRAU, Eros Roberto. *A Ordem Econômica na Constituição de 1988*: interpretação e crítica. 3. ed. São Paulo: Malheiros, 1997.

HÄBERLE. Peter. A Dignidade Humana como Fundamento da Comunidade Estatal. In: *Dimensões da Dignidade*: ensaios de filosofia do direito e direito constitucional. Org.: Ingo Wolfgang Sarlet. Trad.: Ingo Wolfgang Sarlet, Pedro Scherer de Mello Aleixo e Rita Dostal Zanini. Porto Alegre: Livraria do Advogado, 2005.

HAYEK, Friedrich. Reexaminando a Taxação Progressiva. Trad.: Edson Bini. In: FERRAZ, Roberto Catalano Botelho (coord.). *Princípios e Limites da Tributação*. São Paulo: Quartier Latin, 2005.

HEIDEGGER, Martin. *Introdução à Metafísica*: apresentação e tradução Emanuel Carneiro Leão. 4. ed. Rio de Janeiro: Tempo Brasileiro, 1987.

———. *Ontologia*: hermenêutica de la facticidad. Versión de Jaime Aspiunza. Madrid: Alianza, 2000.

———. *Ser e Tempo*. Parte I. Trad.: Márcia de Sá Cavalcante. Petrópolis: Vozes, 1995.

HERRERA MOLINA, Pedro Manuel. *Capacidad Económica Y Sistema Fiscal*: análisis del ordenamiento español a la luz del Derecho alemán. Madrid: Marcial Pons, 1998.

———. *Derecho Tributário Ambiental*: la introducción del interés ambiental en el ordenamiento tributario. Madrid: Marcial Pons, 2000.

HESPANHA, Pedro. Mal-Estar e Risco Social num Mundo Globalizado: novos problemas e novos desafios para a teoria social. In: SOUSA SANTOS, Boaventura de. (org.). Os Processos da Globalização. In: SOUSA SANTOS, Boaventura de. *A Globalização e as Ciências Sociais*. São Paulo: Cortez, 2005.

———; CARPINTEIRO, Graça (orgs). *Risco Social e Incerteza*: pode o estado social recuar mais? Porto: Afrontamento, 2001.

HOUAISS, Antônio; VILLAR, Mauro de Salles. *Dicionário Houaiss da Língua Portuguesa*. Rio de Janeiro: Objetiva. 2001.

IBGE. Pesquisa de Orçamentos Familiares 2002 / 2003: primeiros resultados: Brasil e grandes regiões / IBGE, Coordenação de Índices de Preços. Rio de Janeiro: IBGE, 2004.

KLIKSBERG, Bernardo. La Sed de Ética. In: KLIKSBERG, Bernardo (org.). *Ética y Desarrollo*. Buenos Aires: El Ateneo, 2002.

———. Por uma Economia com Face mais Humana. Brasília: UNESCO, 2003.

TRIBUTAÇÃO E DIGNIDADE HUMANA

KLIKSBERG, Bernardo. *Repensando o Estado para o Desenvolvimento Social*: superando dogmas e convencionalismos: Trad.: Joaquim Ozório Pires da Silva. 2. ed. São Paulo: Cortez, 2002.

LACOMBE Américo M. Igualdade e Capacidade Contributiva. In: V Congresso Brasileiro de Direito Tributário: princípios constitucionais tributários, Idepe/RT. *Separata da Revista de Direito Tributário*, 1991.

LAPATZA, José Juan Ferreiro. *Direito Tributário*: teoria geral do tributo. Trad.: Roberto Barbosa Alves. Barueri: Manole; Madrid: Marcial Pons, 2007.

LEONETTI, Carlos Araújo. O IPTU e a Função Social da Propriedade. *Revista Dialética de Direito Tributário*. São Paulo, n. 37, out. 1998.

LIVINGSTON, Michael A. Progressividade e Solidarietà: uma perspectiva norte-americana. Trad.: Marco Aurélio Greco. In: GRECCO, Marco Aurélio; GODOI, Marciano Seabra. *Solidariedade Social e Tributação*. São Paulo: Dialética, 2005.

LOCKE, John *Segundo Tratado Sobre o Governo*. Trad.: E. Jacy Monteiro. São Paulo: IBRASA, 1965.

LOZANO SERRANO, Carmelo; QUERALT, Juan Martín; OLLERO, Gabriel Casado; LÓPEZ, José Manuel Tejerizo. *Curso de Derecho Financiero Y Tributario*. 13. ed. Madrid: Tecnos, 2002.

LUÑO, Antonio Enrique Pérez. *Derechos Humanos, Estado de Derecho Y Constitución*. 9 ed. Madrid: Tecnos, 2005.

LUPI, Raffaello. *Diritto Tributário*: Parte especiali. I Sistema Dei Singoli Tributi. 7. ed. Milano: Giuffré, 2002.

MACDOWELL, João Augusto A. Amazonas. *A Gênese de Ontologia Fundamental de Martin Heidegger*: ensaio de caracterização do modo de pensar de Sein und Zeit. São Paulo: Loyola, 1993. (Coleção Filosofia).

MARINONI, Luiz Guilherme. *Estudos de Direito Processual Civil*. Homenagem ao Professor Egas Dirceu Moniz de Aragão. "A jurisdição no Estado Contemporâneo". São Paulo: Revista dos Tribunais, 2005.

MAURER, Béatrice. Notas Sobre o Respeito da Dignidade da Pessoa Humana... ou Pequena Fuga Incompleta em Torno do Tema Central. In: SARLET, Ingo Wolfgang (org.) *Dimensões da Dignidade*: ensaios de filosofia do direito e direito constitucional. Trad.: Ingo Wolfgang Sarlet, Pedro Scherer de Mello Aleixo e Rita Dostal Zanini. Porto Alegre: Livraria do Advogado, 2005.

MEDEIROS, Fernanda Luiza Fontoura. *Meio Ambiente*: Direito e Dever Fundamental. Porto Alegre: Livraria do Advogado, 2004.

MIRANDA, Jorge. *Manual de Direito Constitucional*. 2. ed. tomo IV, Coimbra: Coimbra, 1998.

——. *Manual de Direito Constitucional*. Tomo IV – Direitos Fundamentais. 3. ed. Coimbra: Coimbra, 2000.

MITA, Enrico de. *Principi de Diritto Tributario*. Milano: Giuffrè, 1999.

MORAES, José Diniz. A Função Social da Propriedade e a Constituição Federal de 1988. São Paulo: Malheiros, 1999.

MORATO LEITE, José Rubens. *Dano Ambiental*: do individual ao coletivo, extrapatrimonial. São Paulo: Revista dos Tribunais, 2000.

——; AYALA, Patryck de Araújo. *Direito Ambiental na Sociedade de Risco*. Rio de Janeiro: Forense Universitária, 2002.

MOSCHETTI, Franscesco. *La Capacità Contributiva*. Padova: CEDAM, 1993.

MURPHY, Liam; NAGEL, Thomas. *O Mito da Propriedade*: os impostos e a justiça. Trad.: Marcelo Brandão Cipolla. São Paulo: Martins Fontes, 2005.

NOGUEIRA, Roberto Wagner Lima. *Direito Financeiro e Justiça Tributária*. Rio de Janeiro: Lumen Juris, 2004.

OIT. Organização Internacional do Trabalho. A dimensão social da globalização. Disponível em <www.oit.org> Acesso fev. 2004.

OLIVEIRA, Artur Vidigal. Função Social da Propriedade Rural na Democracia. *Revista Consulex*. São Paulo: Consulex, ano V, n. 97, jan. 2001.

OST, François. *O Tempo do Direito*. Lisboa: Instituto Piaget, 1999.

PERELMAN, Chain. *Ética e Direito*. São Paulo: Martins Fontes, 1996.

PONTES, Helenilson Cunha. *Ordem Econômica e Social*: estudos em homenagem a Ary Brandão de oliveira. Coord.: Fernando Facury Scaff. São Paulo: LTr, 1999.

PRAHALAD, C.K. *A Riqueza na Base da Pirâmide*: como erradicar a pobreza com o lucro. Trad.: Bázan Tecnologia e Lingüística. Porto Alegre: Bookman, 2005.

QUEIROZ, Cristina M. M. *Direitos Fundamentais*. Coimbra: Coimbra, 2002.

QUEIROZ, Mary Elbe. Imposto Sobre a Renda e Proventos de Qualquer Natureza. São Paulo: Manole, 2004.

——. O Imposto Sobre a Renda das Pessoas Físicas e as Distorções na sua Incidência: injustiça fiscal? In: MARTINS, Ives Gandra da Silva (coord.). *O Tributo*: reflexão multidisciplinar sobre sua natureza. Rio de Janeiro: Forense, 2007.

REIS, Elcio Fonseca. O Imposto de Renda das Pessoas Físicas e a Dignidade da Pessoa Humana: intributabilidade do mínimo existencial. *Revista Dialética de Direito Tributário*. São Paulo, n. 65, p. 33-40, fev. 2001.

ROBLES, Gregorio. Os Direitos Fundamentais e a Ética na Sociedade Atual. São Paulo: Manole, 2005.

——. Os Direitos Fundamentais e a Ética na Sociedade Atual. São Paulo: Manole, 2005.

ROSANVALLON, Pierre. *A Crise do Estado-Providência*. Trad.: Joel Pimentel de Ulhôa. Goiânia: UFG; Brasília: UnB, 1997.

SACCHETTO, Cláudio. O Dever de Solidariedade no Direito Tributário: o ordenamento italiano. Trad.: Milene Eugênio Cavalcante Greco e Marco Aurélio Greco. In: GRECCO, Marco Aurélio; GODOI, Marciano Seabra (Coords). *Solidariedade Social e Tributação*. São Paulo: Dialética 2005.

SANTOS, J. Albano. *Teoria Fiscal*. Lisboa: Universidade Técnica de Lisboa – Instituto Superior de Ciências Sociais e Políticas, 2003.

SARLET, Ingo Wolfgang. *A Eficácia dos Direitos Fundamentais*. 3. ed. rev. e ampl. Porto Alegre: Livraria do Advogado, 2003.

——. Dignidade da Pessoa Humana e Direitos Fundamentais na Constituição Federal de 1988. 4. ed. rev. atual. Porto Alegre: Livraria do Advogado, 2006.

SCAFF, Fernando Facury. *Responsabilidade Civil do Estado Intervencionista*. 2. ed. rev. e ampl., Rio de Janeiro: Renovar, 2001.

SEABRA DE GODOI, Marciano. *Justiça, Igualdade e Direito Tributário*. São Paulo: Dialética, 1999.

SEN, Amartya. *O Desenvolvimento como Liberdade*. Trad.: Laura Teixeira Motta. São Paulo: Companhia das Letras, 2000.

——. Una Mirada Desde la Economia. In: KLIKSBERG, Bernardo. *Ética y Desarrollo*. Buenos Aires: El Ateneo, 2002.

SEVILLA SEGURA, José V. *Políticas Y Técnica Tributárias*. Madrid: Instituto de Estudios Fiscales – Escuela de la Hacienda Pública, 2004.

SILVA, Geraldo Eulálio do Nascimento e. *Direito Ambiental Internacional*. Rio de Janeiro: Thex, 1995.

SILVA, Sérgio André R. G. da. A Tributação na Sociedade de Risco. *Revista Tributária e de Finanças Públicas*. n. 67, jul. 2006.

SOUSA SANTOS, Boaventura de. (org.). Os Processos da Globalização. In: SOUSA SANTOS, Boaventura de. *A Globalização e as Ciências Sociais*. São Paulo: Cortez, 2005.

——. A Crítica da Governação Neoliberal. In: *Revista Crítica de Ciências Sociais*, Coimbra, n. 72, Centro de Estudos Sociais, out. 2005.

——. A Reforma do Estado-Providência entre Globalizações Conflitantes. In: HESPANHA, Pedro; CARPINTEIRO, Graça (orgs). *Risco Social e Incerteza*: pode o estado social recuar mais? Porto: Afrontamento, 2001.

SOUZA OLIVEIRA, Maria José Galleno de. A Globalização da Pobreza. In: *Revista da Faculdade de Direito da Universidade de São Paulo – USP*, São Paulo, v. 99, 2004.

STEIN, Ernildo. *Diferença e Metafísica*: ensaios sobre a desconstrução. Porto Alegre: EDIPUC, 2000. (Coleção Filosofia nº 114).

STIGLITZ, Joseph E. *A Globalização e seus Malefícios*. Trad.: Balzan Tecnologia e Lingüística. São Paulo: Futura, 2002.

STRECK, Lenio Luiz. A Hermenêutica e o Acontecer (Ereignen) da Constituição. In: *Anuário do Programa de Pós-Graduação em Direito – Mestrado / Doutorado*. São Leopoldo: Unisinos – Centro de Ciências Jurídicas, 2000.

——. A Hermenêutica Filosófica e a Teoria da Argumentação na Ambiência do Debate Positivismo (neo) Constitucionalismo. In: *Diálogos Constitucionais*: direito, neoliberalismo e desenvolvimento em países periféricos. Rio de Janeiro: Renovar, 2006.

——. Da Interpretação de Textos à Concretização de Direitos. In: COPETTI, André; STRECK, Lenio Luiz; ROCHA, Leonel Severo; PEPE, Albano Marcos Bastos *et al.* (orgs.). *Constituição, Sistemas Sociais e Hermenêutica*: programa de pós-graduação em Direito da UNISINOS: mestrado e doutorado. Porto Alegre: Livraria do Advogado; São Leopoldo: UNISINOS, 2006.

——. *Hermenêutica Jurídica e(m) Crise*: uma exploração hermenêutica da construção do direito. Porto Alegre: Livraria do Advogado, 2001.

TRIBUTAÇÃO E DIGNIDADE HUMANA

——. In: ROCHA; Leonel Severo; STRECK; Lenio Luiz; BOLZAN DE MORAIS; José Luis et al. (orgs.). *Constituição, Sistemas Sociais e Hermenêutica*: programa de pós-graduação em Direito da UNISINOS: mestrado e doutorado. Porto Alegre: Livraria do Advogado; São Leopoldo: UNISINOS, 2005.

——. *Jurisdição Constitucional e Hermenêutica*: uma nova crítica do direito. 2. ed. Rio de Janeiro: Forense, 2004.

——. *Verdade e Consenso*: constituição, hermenêutica e teorias discusivas. Rio de Janeiro: Lúmen Júris, 2006.

TABOADA. Carlos Palao. El Principio "Quien Contamina Paga" Y el Principio de Capacidad Económica. In: TÔRRES, Heleno Taveira (org.). *Direito Tributário Ambiental*. São Paulo: Malheiros, 2005.

TIPKE, Klaus. Sobre a Unidade da Ordem Jurídica. In: SCHOUERI, Luiz Eduardo; ZILVETI, Fernando Aurélio (coords.). *Direito Tributário*: Estudos em Homenagem a Brandão Machado. São Paulo: Dialética, 1998.

TORRES, Ricardo Lobo. *Os Direitos Humanos e a Tributação*: imunidades e isonomia. Rio de Janeiro: Renovar, 1995.

——. *Tratado de Direito Constitucional Financeiro e Tributário*. v. II: Valores e Princípios Constitucionais Tributários. Rio de Janeiro: Renovar, 2005.

——. *Tratado de Direito Constitucional Financeiro e Tributário*. v. III: Os Direitos Humanos e a Tributação: imunidades e isonomia. Rio de Janeiro: Renovar, 1999.

UCKMAR, Victor. *Princípios Comuns de Direito Tributário*. Trad.: Marco Aurélio Greco. São Paulo: Revista dos Tribunais / EDUC, 1976.

VERGOPOULOS, Kostas. *Globalização, o Fim de um Ciclo*: ensaio sobre a instabilidade internacional. Trad.: Estela dos Santos Abreu. Rio de Janeiro: Contraponto, 2005.

VIEIRA DE ANDRADE, José Carlos. *Os Direitos Fundamentais na Constituição Portuguesa de 1976*. 3. ed. Coimbra: Almedina, 2004.

ZILVETI, Fernando Aurélio. Princípios de Direito Tributário e a Capacidade Contributiva. São Paulo: Quartier Latin, 2004.

Impressão:
Evangraf
Rua Waldomiro Schapke, 77 - P. Alegre, RS
Fone: (51) 3336.2466 - Fax: (51) 3336.0422
E-mail: evangraf.cdm@terra.com.br